许中缘 崔雪炜 著

◎「十三五」国家重点图书出版规划项目
◎ 国家出版基金资助项目
◎ 国家社科基金重大项目「中外土地征收制度的资料整理与比较研究」（14ZDB125）研究成果

总论卷

中外土地征收制度比较研究

湖南人民出版社 · 长沙 ·

图书在版编目（CIP）数据

中外土地征收制度比较研究. 总论卷 / 许中缘，崔雪炜著. —长沙：湖南人民出版社，2022.12

ISBN 978-7-5561-2456-5

Ⅰ. ①中… Ⅱ. ①许… ②崔… Ⅲ. ①土地征用—土地制度—对比研究—世界 Ⅳ. ①D912.304

中国版本图书馆CIP数据核字（2022）第245867号

ZHONGWAI TUDI ZHENGSHOU ZHIDU BIJIAO YANJIU · ZONGLUN JUAN

中外土地征收制度比较研究·总论卷

著　　者　许中缘　崔雪炜
策划编辑　欧阳臻莹　黎红霞
责任编辑　黎红霞　欧阳臻莹
装帧设计　杨发凯
责任印制　肖　晖
责任校对　蔡娟娟

出版发行　湖南人民出版社［http://www.hnppp.com］
地　　址　长沙市营盘东路3号
邮　　编　410005

印　　刷　长沙鸿发印务实业有限公司
版　　次　2022年12月第1版
印　　次　2022年12月第1次印刷
开　　本　710 mm × 1000 mm　　1/16
印　　张　28
字　　数　415千字
书　　号　ISBN 978-7-5561-2456-5
定　　价　98.00元

营销电话：0731-82221529　　（如发现印装质量问题请与出版社调换）

绪 论

一、现有土地征收制度存在的问题

2011 年 12 月 27 日中央农村工作会议上，国务院时任总理温家宝指出，推进集体土地征收制度改革，关键在于保障农民的土地财产权，分配好土地非农化和城镇化产生的增值收益。《中共中央关于全面深化改革若干重大问题的决定》提出，"建立城乡统一的建设用地市场。在符合规划和用途管制前提下，允许农村集体经营性建设用地出让、租赁、入股，实行与国有土地同等入市、同权同价。缩小征地范围，规范征地程序，完善对被征地农民合理、规范、多元保障机制"。城镇化作为国家新一轮经济社会发展的重要内容与促进经济社会发展的重要措施，正在我国如火如荼地开展。随着我国城市化进程的加快，在未来 50 年内，中国将有 10 亿人涌入城市。在城镇化加快发展的这一大背景下，土地征收制度的安排必须有利于而不是阻碍城镇化的进程。由于农村土地的身份属性以及土地制度和户籍、社会保障之间千丝万缕的联系，土地承载着包括社会稳定、经济效率以及社会公平等诸多社会功能属性，决定着土地征收制度变革过程中必然存在格外复杂的利益格局和较量，也使得土地征收制度改革方略成为一个见仁见智的话题，同时颇具争议性。[①]

《中共中央关于全面深化改革若干重大问题的决定》提出"缩小征地范围，规范征地程序，完善对被征地农民合理、规范、多元保障机制"，集体土地征收中要保障被征收人"生活水平不下降，长远生计有保障"已然成为当下中国土地征收制度改革的前景性预设，必须在改革中细化为具体的判定标准和程序性细则。土地征收制度改革作为全面深化改革的关键一环，作为有效地利用与整合土地资源、改善生活环境的方法，在中国城镇化发展中具有不可替代的作用。一方面，土地征收制度承担着建设我国新型城镇化建设与农村现代化的使命，中国的城镇化建设需要依靠土地征收制度。城镇化建设的发展道路已经成为中国经济与社会发展的必然道路，要让农民切实享受土地增值收益，缩小城乡差距，促进城乡经济一体化，这需要土地征收制度为之提供强有力的制度保障。[②]另一方面，现有的征收制度已经承担不起新型城镇化建设的使命。由于现有土地征收制度中的权力与权利配置不合理，利益分配不平衡，存在"征收难"以及因征收而引发的社会矛盾激化等诸多问题，一些必要的征收不能顺利进行，即使进行的征收也与新型城镇化建设目的相去甚远。

（一）征收立法层面

从各国的土地征收立法实践来看，土地征收的立法规制必然建立

[①] 参见宋志红：《中国农村土地制度改革研究：思路、难点与制度建设》，"中国农村土地制度改革五问（代前言）"，中国人民大学出版社 2017 年版。

[②] 参见冯广京、蒋仁开、张冰松、肖宇、薛翠翠：《新型城镇化建设需要进一步完善土地调控政策——"我国城镇化中土地宏观调控方向研讨会"综述》，载《中国土地科学》2013 年第 7 期。

在最高法律性的宪法规范之上。无论是英美法系国家，还是大陆法系国家，宪法都是土地征收法的重要法律渊源，都对征收做出了基础性和框架性的规定。如《美国联邦宪法》（第五修正案）规定"非有公正补偿，不得征收私有财产为公共使用"，还有德国《魏玛宪法》第153 条第 2 项的规定 ①，法国《人权宣言》第 17 条的规定 ②，《德国基本法》第 14 条第 3 款的规定 ③，《日本宪法》第 29 条的规定 ④，等等。宪法作为总纲性规定，大都明确财产征收须以公共利益为前提，通常不对公共利益作出具体解释；而是由具体部门对公共利益的具体情形作出详细规定，或由相关机构通过法定程序加以认定。⑤

征收制度较为完善的国家主要采取集中型立法的模式，大都制定了统一的征收法典。如法国即在 1977 年《公用征收法典》中对征收的条件、征收的补偿以及征收程序等做出了集中规定，极大地展现了征收法律对于征收实践的指导和适用作用。⑥ 日本的土地征收立法模式基本上也是采用的"统一法典模式"，日本现行的《土地收用法》自 1951 年出台后，为适应时代发展的需要做了多次修改，比较完整地规定了土地征收的目的、征收的主体、征收的程序、征收的法律效

---

① "财产征收，唯有因公共福祉，根据法律，方可准许之。除了联邦法律有特别规定外，征收必须给予适当补偿，有征收之争讼，由普通法院审判之。"
② "财产是神圣不可侵犯的权利。除非由于合法认定的公共需要的明显要求，并且在事先公平补偿的条件下，任何人的财产不能被剥夺。"
③ "只有为社会福利才能允许征收征用。"
④ "不得侵犯财产权。财产权的内容应适合于公共福利，有法律规定之。私有财产在正当的补偿下得收归公用。"
⑤ 参见季金华、徐骏：《土地征收法律问题研究》，山东人民出版社 2011 年版。
⑥ 参见丁文：《我国土地征收立法缺陷之管窥》，载《武汉大学学报（哲学社会科学版）》2007 年第 6 期。

果和补偿等内容，是世界上较为发达、完备的土地征收法之一。① 就我国征收立法的表现形式而言，距离"有法可依、良法必依"的法制目标相去甚远。我国迄今尚未出台关于土地征收的单行法律法规，对于征收制度予以规范的规定散见于《宪法》《物权法》《土地管理法》《城市房地产管理法》《土地管理法实施条例》《城镇国有土地使用权出让和转让暂行条例》《国有土地上房屋征收与补偿条例》等法律法规之中，呈现出分散型立法的模式。笔者认为，相较于集中型立法模式而言，我国的分散型立法的形式展现出诸多弊端。

1. 层级立法之目的性差异，致使土地征收难以具体落实

《宪法》属于总纲性的规定，其规定具有原则性和宏观性；土地征收制度作为对私人财产权进行保护的限制性规定，其并不承载着宪法根本任务的实现功能，因此《宪法》不可能就土地征收制度进行详细且具体的规定。就《宪法》关于土地征收的规定而言，第 10 条第 3 款规定："国家为了公共利益的需要，可以依照法律规定对土地实行征收或者征用并给予补偿。"其实质均是对于征收征用土地的法律规定的总纲，仅具宣示意义，在现有的司法实践中并不具有实际的可操作性。② 从法律层面看，《物权法》的规定相当抽象，过于笼统和原

---

① 参见胡春秀：《从日本土地征收制度的发展看我国土地征收立法的完善》，载《云南大学学报（法学版）》2010 年第 5 期。
② 参见丁文：《我国土地征收立法模式之反思》，载《河北法学》2008 年第 4 期。

则化①，并未对公共利益进行解释性规定。该法的征收补偿条款也未明确应当依据怎样的标准计算补偿额，以及何种补偿额度可满足规定所述的"足额"；《土地管理法》以"加强土地管理，维护土地的社会主义公有制，保护、开发土地资源，合理利用土地，切实保护耕地，促进社会经济的可持续发展"作为立法宗旨，该立法宗旨决定了其内容必然涉及面广，尽管土地征收制度属于土地制度的重要内容，但并非《土地管理法》的主要内容，且该法的规范内容基本局限于征地补偿，这对于土地征收整体而言是远远不够的。因而，征收规范主要集中在行政法规和地方性法规之中，实践中的操作基本上受具有可操作性的地方性法规的约束。如此，宪法和法律的规定很容易被地方政府的规定架空，而地方政府作为规则的制定者和征收行为的实施者的双重身份属性，使其权力行使的正当合理性值得怀疑，也更加容易滋生部门保护主义和腐败行为等不良现象，还可能使政府在征收纠纷的解决中无回旋余地。② 这也就并不难理解地方政府总是以实质性违法的地方规定作为其违法行政的合法外衣，而使得宪法和法律的原则完全

---

① 详见《物权法》第 243 条："为了公共利益的需要，依照法律规定的权限和程序可以征收集体所有的土地和组织、个人的房屋以及其他不动产。征收集体所有的土地，应当依法及时足额支付土地补偿费、安置补助费，以及农村村民住宅、其他地上附着物和青苗等的补偿费用，并安排被征地农民的社会保障费用，保障被征地农民的生活，维护被征地农民的合法权益。征收组织、个人的房屋以及其他不动产，应当依法给予征收补偿，维护被征收人的合法权益；征收个人住宅的，还应当保障被征收人的居住条件。任何组织或者个人不得贪污、挪用、私分、截留、拖欠征收补偿费等费用。"
② 参见丁文：《我国土地征收立法缺陷之管窥》，载《武汉大学学报（哲学社会科学版）》2007 年第 6 期。

落空。①

2. 分散型立法致使法律规范缺失系统性和连贯性，呈现法律适用的冲突

一方面，分散型立法缺乏法律规范的系统性和连贯性，法律法规之间容易出现相互冲突的现象。如《土地管理法》中关于土地征收中公共利益要件的条款则饱受诟病。《宪法》和《土地管理法》②均明确规定公共利益为土地征收的唯一正当合法理由。根据上述规定，如若任何单位或个人建设的土地是农村集体所有的土地，则可将其征收为国有土地，再交由相关单位或个人进行建设。此时，公共利益包含了建设需要的目的，甚至是商业性建设需要，显然同《宪法》和《土地管理法》的规定相冲突。公共利益作为土地征收制度中的核心要件，尚且在现行的法律规定中出现如此矛盾，更遑论诸多土地征收详尽规范的一致性。③

另一方面，分散型立法并不能满足征收实践的需求，为规范征收活动，国务院和自然资源部等行政机关制定了大量的政策性规定，其中较多政策规定出现与法律规定不一致的情形；④ 多层次的授权立法

---

① 参见宋志红：《中国农村土地制度改革研究：思路、难点与制度建设》，中国人民大学出版社 2017 年版。

② 参见《宪法》第 10 条："国家为了公共利益的需要，可以依照法律规定对土地实行征收或者征用并给予补偿。"《土地管理法》第 2 条："国家为了公共利益的需要，可以依法对土地实行征收或者征用并给予补偿。"

③ 参见关秀献：《我国土地征收立法的反思与重构》，载《广西大学学报（哲学社会科学版）》2011 年第 4 期。

④ 参见丁文：《我国土地征收立法缺陷之管窥》，载《武汉大学学报（哲学社会科学版）》2007 年第 6 期。

极易导致下位法的具体规定与上位法的原则和精神相悖，导致上位法确定的原则和精神难以落实到具体实践层面，而被征收人的诸多权益却都被行政法规和地方性法规所限制。如我国《土地管理法》和原国土资源部出台了按照"片区综合地价"计算的征收补偿标准，并且政府要求征收者在征收实践中必须按照后者执行。[①] 暂且不论此种补偿标准是否合理，单纯就法律的效力与政策的效力比较而言，政策的规定严重挑战了法律的权威性和严肃性，导致上位法律的规定被架空。

（二）征收范围界定方面

我国《宪法》《土地管理法》《物权法》沿用惯例将公共利益需要设定为征收的目的。《宪法》第 10 条第 3 款和第 13 条第 3 款、《物权法》第 243 条和第 358 条对公共利益作出了原则性规定，但这种概括式的立法模式缺乏对公共利益的进一步解释，导致其成为宪法法律层面的宣誓条款；《土地管理法》除同样进行原则性规定外，该法第 45 条实际上以列举的方式对公共利益的范围作出了相应规定，但规定得相当不充分。[②] 从征收目的性限制的实践情况而言，公共利益条款并未真正实现"缩小征地范围"的法治目标，根本原因并非实践中对于公共利益条款的把握宽窄问题，而是我国的土地征收制度规定的不合理设置架空了征收的公共利益限制，使得公共利益条款形同虚设。

1. 公共利益的概念界定与含义不清晰，使得政府寻租有机可乘

公共利益是基于宪法共同体价值而确定的价值标准，是社会成员

---

① 参见丁文：《我国土地征收立法缺陷之管窥》，载《武汉大学学报（哲学社会科学版）》2007 年第 6 期。

② 参见杨东升：《"公共利益"的实体范围界定——兼评〈国有土地上房屋征收与补偿条例〉第八条》，载《西华大学学报（哲学社会科学版）》2011 年第 6 期。

物质和精神需要的综合体,体现了社会、国家与个人之间的利益关系。①
公共利益犹如脱缰之马,人们难以准确抓住其内涵,只能不断地追
寻。公共利益这一抽象而蕴含丰富的概念的界定尚无放之四海皆准的
标准,一直以来是各国和地区未能彻底解决的难题。考究各国的宪法
文本,可以发现公共利益的表达方式多种多样,表达的形式与实质的
意义间存在差异,属于典型的不确定概念,也曾被学者列入弹性条款
的范畴。②在公共利益语境下,毋庸置疑的是某项行为必定会带给公
众某种利益,但公众的数量范围、利益的呈现方式、利益包含的价值
范围、利益作用于公众的方式等均是难以衡量的因素。因此,公共利
益更接近于一种动态的时代价值取向,其内涵和外延具有不确定性。③
自公共利益概念提出以来,对其认知常与国家利益、政府利益和集体
利益等混同,加之公共利益在实施过程中总是难以与商业利益截然区
分,致使以商业盈利为目的的建设项目常常能够打着公共利益的幌子
进行强制性征收建设。

　　我国立法曾尝试对公共利益作出解释,如1987年生效的《中华
人民共和国土地管理法》(1988年12月已修订)第21条规定:"国
家进行经济、文化、国防建设以及兴办社会公共事业,需要征用集体
所有的土地或者使用国有土地的,按照本章规定办理。"文化、国防
和社会公共事业的建设大都与社会利益有着直接、明显的联系,但经
济活动能否归属于公共利益却难以得到完全认同。④现行征收立法中

---

① 参见韩大元:《宪法文本中"公共利益"的规范分析》,载《法学论坛》2005年第1期。
② 参见王轶:《论物权法的规范配置》,载《中国法学》2007年第6期。
③ 参见曹圣明:《土地征收法律制度及完善》,法律出版社2013年版。
④ 参见费安玲:《对不动产征收的私法思考》,载《政法论坛》2003年第1期。

未对公共利益的内涵作出具体界定，也未在条文中列举说明公共利益的具体类型，同时缺乏排除性规定。再加上，我国目前缺少公共利益的专门确定程序，立法上的漏洞使各级地方政府实际上掌握了"公共利益"的解释权，这便赋予行政机关过大的自由裁量权，为政府寻租提供了充足空间，公共利益条款在征收活动中被极度泛化甚至无视[1]，在 GDP 为核心的政绩观的指引下，地方政府违法征收土地的现象相当严重，城镇建设、地区经济发展、旅游业发展、吸引外商投资、增加地方财政收入等都被泛化为"公共利益"，为政府的寻租行为披上"合法的外衣"。[2]

2. 公共利益让位于城镇化建设，造成征地范围极度扩张

一方面，多年来我国征地制度一直面临公益化"潜逃"危机，非公益性征地借由"先征地，再出让"的国家垄断建设用地的供地模式大行其是。《宪法》第 10 条第 1 款将城市土地限定为国家所有，通过第 4 款"任何组织或者个人不得侵占、买卖或者以其他形式非法转让土地。土地的使用权可以依照法律的规定转让"之规定禁止了土地所有权的"议价转让"路径，集体土地实现国有化唯有由国家强制征收。[3] 由此，进入城市的集体土地既可能被用于公益性用途，亦可能用作经营性建设，这便是当前学界对征地公益性限制批评最为集中、严重的关键症结。同时，"城镇建设用地的征地垄断供应模式"实际上是将土地征收的范围扩张到一切纳入城市建设规划布局的宽度，而

---

① 参见章彦英：《土地征收救济机制研究——以美国为参照系》，法律出版社 2011 年版。
② 参见章剑生：《行政征收程序论——以集体土地征收为例》，载《东方法学》2009年第 2 期。
③ 参见王克稳：《我国集体土地征收制度的构建》，载《法学研究》2016 年第 1 期。

我国城市化发展中城市范围不断向郊区和农村扩展已经成为必然趋势，那么，一切利用集体土地进行建设的项目都必须依靠征收转化为国有土地再行利用，实质上便是将征地范围扩张到极致——一切城市建设需要使用集体土地的，都可以启动征收手段，而不论该项建设是否符合公共利益的条件限制。如此，一切符合规划和建设需要的集体土地建设项目，不论其是何种用途都会被纳入"公共利益"这个筐中。

另一方面，随着社会经济的快速发展，我国已处在城市化、工业化快速发展期，城市用地需求正在不断扩张，城市土地规模扩张已经成为必然趋势。现行城市扩张模式主要有土地征收、集体土地概括国有化和区域性农地国有化三种。[①] 土地征收是满足城市用地需求的主要方式，包含项目征收和成片征收两种路径，但基于财政压力等因素的考量，现行城市扩张大都采取项目征收的方式，存在诸多缺点。我国《宪法》确定了以城市市区为基础的二元土地所有制，城镇化建设走的是粗犷式外延增长的路子，城市化的发展表现为城市不断向外扩张，必然呈现"城市包围农村"的格局，由此产生所谓的"城中村"现象。[②] 根据《宪法》第10条的规定，城市的土地属于国家所有，农村和城市郊区的土地，除由法律规定属于国家所有的以外，属于集体所有。同时，《土地管理法》将城市理解为"城市市区"或者"城市建成区"，随着城市化的发展，城市建成区必然会不断向郊区扩张，其中新扩展进入城市建成区的集体土地即为"城中村"。依据《宪法》第10条的规定，将这些已经被城市包围的"集体土地"宣告为国家所有，

---

① 参见刘俊：《城市扩展加快背景下的征地制度改革》，载《江西社会科学》2009年第10期。

② 参见黄忠：《城市化与"入城"集体土地的归属》，载《法学研究》2014年第4期。

是我国解决城中村现象的一贯做法，但单纯的集体土地被城市包围的事实显然不能涵摄进入"公共利益"的范畴。[1] 这种做法实质上导致征收制度的异化，最终演化为"城市扩张到哪里，征地就相应地扩张到哪里"的"圈地"恶果，亦构成地方政府滥行征地权的根源，集体土地完全成为国有土地的附庸而失去了集体土地制度创造之初承载的"打土豪，分田地""保障农民财产性权益"的功能意蕴。[2]

3. 参与方式无法实现公共利益表达化目标，致使公共利益的程序保护缺位

域外多数国家规定了公共利益的公众参与机制。美国和英国均采取听证会论证模式，以召开公开听证的形式论证和说明征收行为的必要性和合理性，若被征收方对于政府的征收行为本身提出质疑，可以提起诉讼，通过司法权制约征收权。日本在征收程序中纳入公共事业的认定程序，即需要对基于公共事业而征收的行为进行必要性论证，并规定了事前公示程序，充分吸收广大群众的意见并在此基础上论证征收是否符合公共性。[3] 德国规定了公共利益论证的"异议模式"，即在展开征收前征收方须与被征收方进行自由协商，并对购买目的进行充分说明，被征收人不同意征收决定的，有权提出异议。我国缺少类似的程序性规定，权利人知道征收决定时征收便已成既定事实，仅有权对补偿事宜发表意见，却无权质疑征收决定的正当与否。我国征

---

① 参见黄忠：《城市化与"入城"集体土地的归属》，载《法学研究》2014年第4期。
② 参见孟俊红：《论我国国有土地与集体土地的界分问题》，载《徐州师范大学学报（哲学社会科学版）》2011年第2期。
③ 参见江国华、向雪宁：《我国土地征收制度的困境与出路》，载《中南民族大学学报（人文社会科学版）》2014年第4期。

收制度呈现出明显的公共利益论证缺乏公众参与的弱势，具体而言表现在以下三个方面：

被征收人参与权的缺失。在集体土地征收领域，主要通过《土地管理法》《土地管理法实施条例》保障集体土地被征收人的参与权[1]。当征收补偿、安置方案制订并公布后，如果被征收农村集体经济组织、农村村民或者其他权利人对该方案不满，县级以上地方人民政府应当组织召开听证会。从上述规定可以看出，其并未提及公告的具体方式，且此时的公告时间在土地征收方案、补偿安置方案作出之后，属于事后公告，难以对被征收人权益的保护起实质作用。《土地管理法实施条例》亦未规定针对上述方案的听证程序，从而使被征收人失去参与、质证和申辩的机会；且土地征收制度中被征收人参与权的视线范围极为狭窄，上述规定仅就补偿、安置方案听取被征收人的意见，在征收公共利益确认以及征收决定作出环节完全剥夺了被征收人的参与权，利益表达机制严重缺失。[2]已废止的《征用土地公告办法》尽管就相关程序问题作出过进一步的规定，但对于被征收人权益的保护并无实质性的改观；且该办法较低的层级、有限的法律约束力以及相关部门对程序性权利的习惯性漠视，使得诸多规定并未得到严格的遵守。

参与方式无法实现公共利益表达化。参与权具备请求权的权能，参与人无法通过自身的行为直接享受参与决定的利益，其利益的实现需要依靠义务主体的积极行为。在不动产征收中，则体现为依靠权力

---

[1] 已废止的《征收土地公告办法》和国土资源部《关于完善征地补偿安置制度意见》亦对被征收人参与权作出规定。

[2] 参见章彦英：《土地征收救济机制研究——以美国为参照系》，法律出版社2011年版。

机关对公众参与意见进行处理并作出回应。在土地征收实践中，参与权的行使存在严重的缺陷，主要表现为参与权主体范围不明、内容狭窄和行使程序存在缺陷。参与规范的不完善与抽象性容易导致征收方对重要的、应公开的征地信息进行隐瞒或掩盖，导致征收双方信息不对等，阻碍被征收人参与权的行使；同时，现行的参与方式过于单一，局限于信息查询、公告、听证会等方式，对于重要的征地协商基本无明确的法律规定，"一种非基于'主商谈'民的征收程序，就只能是国家单方面说了算，民众不能真正稳定地享受私有财产权"①；再者，对于违反被征收人参与程序而作出的行为的法律效力不足，缺乏明确的法律规定，减损了被征收人参与权行使的实效性。

现行的法律规定主要赋予被征收权利人以下几种类型的听证权：其一，在县级以上人民政府国土资源行政主管部门拟定或者修改区域性征地补偿标准时，可申请听证的权利；其二，在土地征收方案报批前对拟征收土地的补偿标准、安置方案不满的，有权申请听证；其三，当土地征收方案依法批准后，对拟定的补偿、安置方案不满的，可申请听证。②然而在实践中，参与程序的展开仅仅具备形式上的效力，常常以"走过场"的方式予以终结。大多数官员甚至并不认同参与程序中体现的公平、民主价值，而仅仅将参与程序视为安抚民心的工具；在实践中的体现即为，因听证会而改变原有征收和补偿方案的情况自始至终未曾发生。③

---

① 参见房绍坤、王洪平：《公益征收法研究》，中国人民大学出版社 2011 年版。
② 参见房绍坤、王洪平：《公益征收法研究》，中国人民大学出版社 2011 年版。
③ 参见渠滢：《不动产被征收人参与权的价值定位与制度重构》，载《中国法学》2018 年第 1 期。

参与方式缺乏理性。目前我国不动产征收参与制度呈现出两极分化趋势："漠不关心者有之，无所不用其极者亦有之。"[①] 一方面，部分公民参与意识薄弱，缺乏主动参与的积极性，普遍存在"搭便车"的心理状态，表现为一种被动的、强迫的、盲目的行为。[②] 主要原因在于有关公民参与的法律规定较为紊乱、于法无据或相关规定过于模糊；公民自身对政府参与机制的运行缺乏信任，参与缺乏有效的反馈监督机制；再加之实践中因公民参与权的行使而改变征收决定的案件从未发生，大大打击了公民行使参与权的积极性。另一方面，公民参与的身份并非以承担公共事务为天职的公务人员，不必然以追求公共利益为己任，在参与的过程中难以避免地对私人利益的过度关注和追求，必然带有市民社会中的伦理非充分性。[③] 在土地征收参与制度中，公民的参与权极易异化为过激的非常态行使。由于其自身法制意识的淡薄，其通常选择通过非制度化的参与方式来表达自身诉求，如抗议示威等；加之对于政府参与机制的不信任，被征收人或其他主体通过反复、多次以申请信息公开等方式参与到征收中，极易构成对权利的滥用，同时也造成行政事务非必要的浪费。[④] 以上两种情形集中地反映了当前公民参与权行使的两种极端，参与形式普遍缺乏理性。

（三）征收程序方面

各国土地征收立法，一般规定了较为严格的征收程序。按照立法

---

① 参见渠滢：《不动产被征收人参与权的价值定位与制度重构》，载《中国法学》2018年第1期。

② 参见王雅琴：《公民参与权及其保障思路》，载《理论探索》2011年第6期。

③ 参见王旭：《公民参与行政的风险及法律规制》，载《中国社会科学》2016年第6期。

④ 参见渠滢：《不动产被征收人参与权的价值定位与制度重构》，载《中国法学》2018年第1期。

技术分类，形成以日本、英国和法国为代表的三段主义、四段主义和五段主义。[①] 日本将征收程序分为：举办事业的认定、征收范围及补偿金的裁决、补偿金的给付和征收的完成，此为三段主义。英国将征收程序分为：征收申请、征收核准、补偿的拟定和裁定、让与合同的订立与补偿的给付四个阶段，此为四段主义；法国的土地征收程序分为：举办事业的核准、征收土地范围的核定、提请法院给予裁决、法院裁定补偿金额和补偿金的给付与征收完成五个阶段，此为五段主义。尽管各国对于土地征收程序做出了不同的步骤安排，土地征收程序的具体规定也不尽相同，但却始终存在下列共性：其一，各国皆以被征收人的利益保护为中心来设计征收程序，特别注重征收程序对于公民合法财产权益的保护，极力限制征收权的肆意行使。其二，虽然各国土地征收程序形式表现各异，但总结而言，都包含征收事业的认定、征收范围的确定、补偿金额的认定和征收的完成四个步骤。程序对于土地征收的公正性具有保障作用，科学完善的程序可以限制征收权的滥用，并实现国家利益和被征收人私人利益之间的平衡。[②]

　　我国缺失统一的土地征收法，对于城市房屋、农村土地等不同客体采取了分别规定的形式，因此，没有可以适用于所有征收活动的统一性程序。虽然农村土地征收和城市房屋征收程序具有差异性，但基本可以概括为建设单位提出用地申请、政府部门审批、土地征用方案公告、征地补偿登记、拟订并批准补偿安置方案、补偿安置方案的公

[①] 参见丁文：《我国土地征收立法缺陷之管窥》，载《武汉大学学报（哲学社会科学版）》2007年第6期。

[②] 参见丁文：《我国土地征收立法缺陷之管窥》，载《武汉大学学报（哲学社会科学版）》2007年第6期。

告及补偿争议的裁决、实施征用方案等阶段。从表面上看，这一套征地程序虽然比较完备，但实际上仍有诸多缺陷：

1. 行政机关兼为决策者、执行者和争议裁决者，征收权行使缺乏有效监督

我国的征收程序呈现明显的行政主导性，土地征收的全过程皆由行政机关掌控，政府在其中既是土地征收的决定者，也是执行者——对于土地征收决定的作出、征收范围的确定、征收补偿安置方案的确定等全部由政府机关行使决定权，并由其负责实施。此外，我国关于土地征收纠纷的救济主要采取行政救济的方式，包含行政调解、行政裁决和行政复议制度。行政救济路径虽然具有快捷高效，救济成本低，对当地的社会公德、风俗习惯、自治规则有着更精准的把握和理解等诸多优点[1]，但却带有中立性不足的天然缺陷。

行政机关在行使征收权时缺乏有效的监督机制，主要表现为：在外部监督方面，既没有立法机关通过法律规定的程序确定政府机关开展征地活动的公益性和必要性，并向行政部门授权，也没有司法机关对征地补偿是否公正、公益性和必要性是否充分、是否违反法定程序等事前的审查[2]；被征收者在征收的全过程中几乎只有被动等待告知并积极配合征收进行的"权利"，其缺乏参与政府征收决定作出的有效途径，又丧失了其对征收事项提出异议后的强有力的保障救济措施。[3] 从规划决定、征收决定作出直到征收执行完毕都应当有公众的

---

① 参见梁宏辉：《我国农村纠纷行政解决机制的反思与重构》，载《求索》2010年第10期。

② 参见刘向民：《中美征收制度重要问题之比较》，载《中国法学》2007年第6期。

③ 参见黄学贤、陈铭聪：《正当法律程序在土地征收程序中的适用研究》，载《甘肃行政学院学报》2011年第2期。

参与，展开事前调查程序或者听证会听取公众意见，但现行农地征收程序缺乏这样的程序设计。在内部监督方面，通常而言只有流于形式的上下级监督，而由于上下级之间的利益紧密关联，难以保证监督的公平有效。同时，现有的公民参与方式并不具有效力。就征集意见程序而言，意见的征集与处理全部集中于行政机关，其处理的规则与程序并不具有透明性和公正性，政府已经完全掌握对于公众意见采纳与否的决定权。召开听证会的主动权仍旧掌握在行政机关手中，即便展开听证，相关的听证笔录和被征收人意见所具有的法律效果也未予明确，实践中通常无法对政府所确定的补偿、安置方案产生实质影响。①由于缺乏公众的有效参与和对政府征收权行使的监督，政府在征收过程中既扮演运动员又是裁判员，征收权的行使极易产生不当扩张甚至滥用，从而使被征收人的权益得不到有效保障。

2. 土地征收程序缺乏公开、透明性，被征地主体的知情权难以保障

一方面，在我国现有的征收程序中，作出决定的行政机关（土地行政主管部门）与进行审批的行政机关（原批准用地的人民政府）之间存在上下级隶属关系，往往具有很强的同质性和利益一致性。由于征收的不公开与不透明，导致被征收主体无从了解与参与征收程序，也无从对征收行为进行有效监督，这些严重影响征收程序的公正性。如根据《土地管理法实施条例》第 26 条和原国土资源部《征用土地公告办法》第 4 条的规定，征用土地方案经依法批准后，在被征用土

---

① 参见高飞：《集体土地征收程序的法理反思与制度重构》，载《云南社会科学》2018 年第 1 期。

地所在地的乡（镇）、村予以公告。但这时土地征收已经得到上级机关批准，征收决定已经发生法律效力，这样的公告与其说是为了保障相对人的知情权，还不如说是告知相关人土地征收与履行相应义务的事实。换言之，被征地方似乎只有搬迁的义务，而没有保护自己土地不被征收的权利。[1]

另一方面，被征地主体作为被征收土地的权利者，理应作为程序的主体，但无论在审批程序、公告程序中，还是在补偿安置程序阶段，被征地主体都没有充分表达自己意见的机会。作出集体土地征收决定的程序分为将农用地转为建设用地的审批程序和集体土地征收的审批程序两部分，在法律性质上，这两项审批均属于内部行政程序，因集体土地征收导致土地合法权益受到影响的农民集体及其成员被完全排斥在该征收决定程序之外。[2] 与公众参与相对应的是，整个征收程序的透明度不够，征地信息公开程度低，被征地主体获取相关信息的渠道过于狭窄，主要局限于征地公告和动员会等。[3] 再加之，对于征收项目是如何经过批准、征收补偿方案的制订过程以及其他被征收主体的安置情况等，基本属于行政机关内部操作，缺乏公开性，且目前法律规定的公告大都是例行的事后告知，被征地主体无法获取征地各阶段的完整信息，失去了保护自己合法权益的基础，这极大地影响了政府的公信力和被征收人的公平感。[4]

---

① 参见刘向民：《中美征收制度重要问题之比较》，载《中国法学》2007年第6期。
② 参见高飞：《集体土地征收程序的法理反思与制度重构》，载《云南社会科学》2018年第1期。
③ 参见梁亚荣、刘燕：《构建正当的土地征收程序》，载《中国土地科学》2008年第11期。
④ 参见梁亚荣、刘燕：《构建正当的土地征收程序》，载《中国土地科学》2008年第11期。

3. 征地异议反馈机制不完善，司法救济程序缺失

各国对土地征收权规制的实践中，大都以宪法中的征收条款为核心或源头的征收立法规制体系为基础，构建不同的土地征收救济机制，主要有议会主导型救济模式和法院主导型救济模式。但我国主要采用的是行政救济路径，而行政机关做自己的法官显然同自然正义原则相悖，则救济模式的形成无从谈起。[①]

对于土地征收过程中可能出现的争议，新修订的《土地管理法实施条例》删去了原来第25条第3款所确立的针对补偿标准争议的行政裁决制度，[②]但并未对征收争议的裁决机制和司法救济途径作出规定，仅在第28条第2款规定"征地补偿安置公告应当同时载明办理补偿登记的方式和期限、异议反馈渠道等内容"，法律并未进一步明确赋予被征收人的异议权对于征收补偿决定的效果力。其次，上述规定所涉及的异议反馈的范围显然过窄，仅限于补偿标准的争议，其他因被征收方质疑土地征收是否符合公共利益目的，是否侵犯了其知情权、参与权、听证权等程序性权利，违反正当法律程序，安置标准是否公正，补偿分配是否公正等引起的争议缺乏有效的解决途径。[③]再者，

[①] 参见丁文：《土地征收救济机制之比较研究》，载《法学评论》2008年第1期。

[②]《土地管理法实施条例》（2011年修订版）第25条第3款规定："市、县人民政府土地行政主管部门根据经批准的征用土地方案，会同有关部门拟订征地补偿、安置方案，在被征用土地所在地的乡（镇）、村予以公告，听取被征用土地的农村集体经济组织和农民的意见。征地补偿、安置方案报市、县人民政府批准后，由市、县人民政府土地行政主管部门组织实施。对补偿标准有争议的，由县级以上地方人民政府协调；协调不成的，由批准征用土地的人民政府裁决。征地补偿、安置争议不影响征用土地方案的实施。"

[③] 参见章彦英：《土地征收救济机制研究——以美国为参照系》，法律出版社2011年版。

争议并不影响征收方案的实施，即便被征收人对征收补偿方案存有异议，也并不会影响征收的强制性进行。与其说立法并未赋予被征收人异议权对征收行为的制约功能，不如说立法者实质上从未真正认可被征收人有能力推翻或者否定征收机构作出的任何征收决定和征收补偿的决定。[①] 最后，《土地管理法实施条例》对于具体应如何协调被征地方不满政府作出的行政裁决决定以及是否可以申请行政复议或提起行政诉讼并未作出明确规定。实践中各地对于该裁决是否可以提起行政诉讼做法不一，例如《湖南省征地补偿安置争议裁决暂行办法》即规定可以就该裁决提起行政诉讼，但多数地方法院仍旧不受理此类争议，使得政府机关的裁决成为征收补偿争议的终局裁决，严重限制了被征收人获得救济的程序性权利。[②]

（四）征收补偿机制方面

征收补偿条款是土地征收制度的核心内容，其制度功能在于建立征收各方当事人之间的利益平衡机制，使得权利让渡者获得的补偿与让渡出去的补偿价值相当。近年来频发的因征地拆迁引发的社会矛盾其核心大多指向补偿问题。[③] 党的十八大报告指出，要改革现有征地制度，提高农民在土地增值收益中的分配比例；党的十八届三中全会提出，完善对被征地农民合理的、规范的以及多元化的保障机制，征地补偿机制应当侧重于改革补偿方式，力图为被征地农民提供能够保

[①] 参见宋志红：《中国农村土地制度改革研究：思路、难点与制度建设》，中国人民大学出版社 2017 年版。

[②] 参见贺日开：《我国征地补偿安置争议裁决机制构建研究》，载《江海学刊》2008 年第 2 期。

[③] 参见刘禺涵：《我国土地征收制度改革的问题与走向》，载《河北法学》2017 年第 4 期。

障其享有长期收益、实现长远生计的补偿途径。但总体而言，我国现有法律、法规对于征收补偿的规定尚难以达到上述要求。

1. 补偿范围过窄，土地权利人缺乏独立补偿地位

我国《物权法》第243条[1]对补偿原则和补偿范围作出了明确的规定，但考虑到各地发展的不均衡，具体的补偿标准和补偿办法由《土地管理法》等有关法律根据具体情况作出规定。根据《物权法》和《土地管理法》的规定，征收耕地的土地补偿费由土地补偿费、安置补助费以及农村村民住宅、其他地上附着物和青苗等的补偿费三部分组成。

首先，作为我国特有的具有社会福利和保障功能的宅基地使用权是否应当给予独立的补偿以及如何补偿？作为用益物权属性的经营权是否能够成为独立的补偿客体？立法均未给出明确的答复。《物权法》已经将土地承包经营权作为一项独立于集体所有权的独立物权，土地征收不仅导致土地所有权的灭失，同样导致承包经营权的灭失，仅规定对集体土地所有权给予征收补偿不符合《物权法》所规定的农地物权结构体系，缺乏正当性。[2]其次，适用上述补偿范围显然难以满足法律明确规定的"保障被征地农民的生活"的要求。生活保障应当具有足够的、可以持续保证个人或家庭成员日常开支的物质或资金保障，部分农民因为失去赖以生存的土地基础，因而丧失主要的生计来源，

---

[1] 详见《物权法》第243条："征收集体所有的土地，应当依法及时足额支付土地补偿费以及农村村民住宅、其他安置补助费、地上附着物和青苗等的补偿费用，并安排被征地农民的社会保障费用，保障被征地农民的生活，维护被征地农民的合法权益。"

[2] 参见郭继：《土地征收补偿标准的法经济学解读——兼论〈物权法〉第42条第2款及第132条之适用》，载《法学论坛》2012年第4期。

难以维持家庭生活消费水平。[1] 最后，补偿范围中并未包含所有因土地征收而导致的其他损失，如迁移费的损失、营业损失和商誉损失等。救济的一项基本规则是：救济应尽可能地使受损方回归其未遭受损害的本原状况。实际上，救济是否"充分"包含着两种层面的考量——法律层面和公平层面。法律层面的救济充分性，是指受损方因不法侵害所遭受的损失，法律提供有效的、可操作性的补救措施，即上述法律规定的补偿范围。而公平层面的救济在某些情形下却难以补足其充分性，如土地所蕴含的父辈祖辈的乡土情怀、长久生活居住的感情等，其蕴含的独特情感或价值不可能通过损害赔偿得以补救。

2. 补偿标准过低，征收补偿标准严重偏离市场价值

各国的征收补偿制度大多采取"公平补偿"作为征收补偿的原则。就补偿范围而言，法国规定补偿金额包括由于公用征收产生的全部直接的物质的和确定的损失；德国的征收补偿范围包括"权利损失以及其他财产上之不利益"。就补偿标准而言，多数国家对土地自身价值的补偿一般按照被征收土地的市场价格确定，如美国采取的公平市场价值标准，大体上是以土地的交易价格为补偿标准。

我国《宪法》第 10 条第 3 款规定土地征收需给予补偿，但却未明确规定补偿的原则和标准，《物权法》规定的补偿原则也过于笼统。我国征地补偿标准主要依据《土地管理法》的规定，自其颁布以来，为适应经济发展的需要而逐步提高补偿标准，1999 年实施的修订版《土地管理法》在原来的基础上将征地补偿费和安置补偿费标准提高了近

---

[1] 参见谷中原、尹婷：《中国失地农民生活保障问题及其应对——基于征地补偿和安置视角的分析》，载《湖南农业大学学报（社会科学版）》2018 年第 2 期。

一倍，但仍不足以维持农民的现实生活和长远生计。现行法律和政策规定对于土地征收的法定补偿标准存在较大弹性，《土地管理法》第47条确定的补偿标准采用的是立足于被征收土地原用途的"年产值倍数计算法"，土地补偿费为被征收土地被征收前三年平均年产值的6—10倍，安置补助费为被征收土地被征收前三年平均年产值的4—6倍，而地上附着物和青苗的补助费由省、自治区、直辖市直接规定。[①]可以看出，尽管征地补偿标准一直在提高，但是计算方法依旧沿用的是原用途的倍数补偿法，不能准确反映产权意义下的地价，本质上而言具有补助性质。[②]相对于农民土地被征收后的处境而言，该补偿额度显然严重偏低。大部分农民一旦失去土地，就只能以农民工的身份进入城市，从事的都是处于产业边缘的高风险、高消耗、低收入的体力劳动，其处于城市的社会保障体系之外，根本无法享受城市化发展带来的优势。[③]相较于具有持续利用性的土地而言，征收补偿款难以起到长期维持农民生计的物质保障作用。2005年国土资源部下发《关于开展制订征地统一年产值标准和征地区片综合地价工作的通知》，指出"征地区片综合地价是指在城镇行政区土地利用总体规划确定的建设用地范围内，依据地类、产值、土地区位、农用地等级、人均耕地数量、土地供求关系、当地经济发展水平和城镇居民最低生活保障水平等因素，划分区片并测算的征地综合补偿标准（原则上不含地上附着物和青苗的补偿费）"。区片综合地价的制定给予了土地征收补

---

① 参见莫晓辉：《从裁决到裁判：中国征地争议裁判制度研究》，科学出版社2015年版。
② 参见蔡乐渭：《中国土地征收补偿制度的演进、现状与前景》，载《政法论坛》2017年第6期。
③ 参见渠滢：《我国集体土地征收补偿标准之重构》，载《行政法学研究》2013年第1期。

偿标准突破产值倍数的可能空间，由单一的年产值标准转变为年产值与区片综合地价的综合性标准，并采用农地价格因素修正法、征地案例比较法和年产值倍数法中的两种或三种方法混合使用进行测算，增加了对"同地同权"实现的向往。[①] 但它事实上也存在诸多问题，在区片综合地价的测量方法中，年产值倍数法依旧是主要运用的衡量标准[②]。因此依据区片综合地价得出的补偿数额与直接运用年产值倍数计算得出的补偿数额不会存在太大出入；区片综合地价虽然避免了由作为征收方的县市政府直接确定土地征收补偿标准可能存在的权力滥用的情形，但区片综合地价却依旧是由政府单方面确定，只不过是上升到了省级政府及其部门[③]的单方面行为，其公正效力始终难以保证，被征收者通常不知道或者不能够准确知道被征收土地的价格或恰当的补偿标准，当然性地对政府给出的补偿标准存疑。[④]

3. 补偿款分配不明确，拖延截留、分配不公等问题频发

我国《土地管理法实施条例》第 32 条第 3 款规定："及时落实土地补偿费、安置补助费、农村村民住宅以及其他地上附着物和青苗等的补偿费用、社会保障费用等，并保证足额到位、专款专用。"同时《物权法》第 338 条规定："承包地被征收的，土地承包经营权人

---

① 参见司伟歌：《我国城镇化进程中集体土地征收补偿标准的构建》，载《改革与战略》2017 年第 7 期。

② 参见渠滢：《我国集体土地征收补偿标准之重构》，载《行政法学研究》2013 年第 1 期。

③ 参见李增刚：《前提、标准和程序：中国土地征收补偿制度完善的方向》，载《学术月刊》2015 年第 1 期。

④ 参见李增刚：《前提、标准和程序：中国土地征收补偿制度完善的方向》，载《学术月刊》2015 年第 1 期。

有权依照本法第二百四十三条的规定获得相应补偿。"可见，土地补偿款中包含了对土地承包经营权的补偿，但需要由集体经济组织在其内部进行自主分配。但是，我国集体经济组织一直处于事实上的缺位状态，更遑论其内部是否具备有效的组织架构，笼统地规定土地补偿费归农村集体经济组织所有，难以解决现实中如何处理被征地承包户与集体之间及与其他农民之间的利益关系，存在按项目论价、按谈判实力论价的情形，造成严重的不公平。[1]且集体经济组织是改革开放后为了适应政企分开而在农村成立的经营性组织，大都由村民委员会或乡镇人民政府发起设立，现实中有关土地征收过程中的谈判权、决策权以及征收补偿的分配权主要集中于乡镇政府和村委会，农民个人被排除在征地博弈之外。[2]再加之补偿程序的不公开、不透明导致拖延截留补偿款、补偿款项在集体内部分配不公的问题频发，加剧了征地矛盾。

在司法实践中，尽管有关征收补偿分配的纠纷案件数量较多，但补偿分配的法律救济途径过窄。表现为：首先，对补偿款分配纠纷的可诉性至今未达成统一的观点，集体土地征收补偿分配纠纷的受案范围始终不够明确。法院通常以"纠纷中涉及集体经济组织成员的资格认定，属于集体经济组织自主决定的范畴"为由，或以"土地征收补偿费的使用及分配应由本集体经济组织经法定程序决定事项"为由驳回被征收人的诉讼，使权利人丧失了通过司法途径救济自己权益的机

---

① 参见何龙海、任冬炎：《农村集体经济组织收益分配纠纷探析》，载《改革与战略》2009 年第 10 期。

② 参见赵秀梅：《农村集体土地征收补偿立法构建研究——以〈土地管理法〉的修改为中心》，载《中国农业大学学报（社会科学版）》2018 年第 6 期。

会。其次，法院对于分配方案，尤其是对于受村规民约影响较大的分配补偿方案的审查权限和处置方法不明确。司法实践的做法也不一，或直接在判决中予以调整，或撤销原决定，要求重新召开村民大会或村民代表大会作出新的分配方案。[①] 最后，村内救济和乡镇政府监督的适用范围和适用效果不够理想。法律规定"村民大会有权撤销或变更村民代表大会以及村委会的不当决定"，但在涉及外嫁女、离婚女、外来户等利益的问题上很难有所效用；乡、镇人民政府被赋予对不当决定责令改正的权力，在对涉及少数人权益的问题上能起到一定的作用，但其作出决定的公共合理性尚有讨论空间，且非终局性的决定容易引发反复，不利于问题的解决。[②]

4. 征收补偿的制度功能不纯粹，补偿公正性的标准难以明确

我国当下关于征地补偿标准存在极度矛盾的两类极端现象：一方面，因为土地征收补偿标准太低而引发大量征地纠纷，学界也多呼吁提高征地补偿标准；而另一方面，因为征地而一夜暴富的现象也大量存在，"拆"字一字千金的现象引发社会矛盾频发，所耗费的皆是纳税人的血汗钱。[③] 其中的是与非颇值得我们深思，征收补偿制度一向与土地征收制度互为唇齿条款，面对因为征收而导致的补偿过高抑或过低的现实困境，因此有学者指出，土地征收补偿制度完善的重点不仅是简单地提高土地征收补偿标准，而是放开对土地征收补偿标准上

---

① 参见陈小君、汪君：《农村集体土地征收补偿款分配纠纷民事司法困境及其进路》，载《学术研究》2018 年第 4 期。

② 参见陈曦、杨萍：《农村集体土地征收补偿费分配制度的困境与完善》，载《中国集体经济》2019 年第 4 期。

③ 参见袁治杰：《德国土地征收补偿法律机制研究》，载《环球法律评论》2016 年第 3 期。

限和下限的限制，完善土地征收补偿标准形成的机制。[①] 欲探知征收补偿制度的改革对策，笔者认为，对于土地征收补偿制度的定位研究至为关键。

而长期以来，我国的征地补偿制度并不以或者主要不是以被征收财产的价值补偿为基础，而常常与户籍、社会保障等福利相联系[②]，如根据《国务院办公厅转发劳动保障部关于做好被征地农民就业培训和社会保障工作指导意见的通知》的规定，被征地农民的养老、医疗、失业、最低生活保障等社会保障项目需要纳入征地补偿程序一并处理。征收补偿制度总是被默认为承担着农民社会保障、住房保障等一系列社会功能，但由于征收补偿制度功能与社会保障、住房保障等制度的功能迥异，将具有不同功能的几项制度混杂在一个程序中，只会相互抵减其作用发挥[③]：一方面，无论征收补偿制度与社会保障制度关系如何，其最终都是以征收补偿的形式表现出来，极易让被征收人产生"同地不同权"的心理效应，增加征收的阻力；另一方面，将社会保障功能附加于征收补偿制度之中，会增加被征收人对征收补偿的心理预期，认为其可以依赖征收补偿款解决其余下的生计问题，对征地的进行有百害而无一利。其实，在征收补偿制度改革过程中，必须厘清征收补偿制度的功能本质，其是否必然承载失地农民社会保障等一系

---

① 参见李增刚：《前提、标准和程序：中国土地征收补偿制度完善的方向》，载《学术月刊》2015 年第 1 期。

② 参见江维国、李立清、周贤君：《社会主要矛盾转变背景下被征地农民社会保障供给优化研究》，载《当代经济管理》2019 年第 7 期。

③ 参见宋志红：《美国征收补偿的公平市场价值标准及对我国的启示》，载《法学家》2014 年第 6 期。

列社会功能实现。^① 无论是日本立法及学界对于"完全补偿还是适当补偿的争论"，还是德国司法学界及法学界在"充分补偿原则、适当补偿原则、权衡原则抑或交易价格原则"之间飘忽不定的踌躇，征收补偿制度的落脚点都是"补偿被征收人被剥夺的权利损失"。综上所述，征收补偿的功能应当在于使得被征收人能够重新获得同样类型和同样价值的被征物，也就是说，通过征收补偿应当使得被征收人重新获得其所遭受牺牲的同等替代品，他所获得的与他所失去的分量应尽量保持相等。日本《土地收用法》同样确立了相同的土地损失补偿目的，即为特定必要的公益事业而征收土地时，谋求挽回该土地所有者遭受的特别牺牲。因而必须是完全补偿，也就是使得与被征收人的财产征收前后这段时间价值相等的补偿。^② 美国学者也将征收补偿的目的功能阐述为"确保被征收者占据金钱上的有利地位，使其像财产未被征收一样"^③。

（五）征收救济机制方面

在市场经济条件下，政府已远非单纯的公共利益代表，其作为参与市场经济的一方，也有其自身的利益诉求，增值收益分配的"显"规则缺陷造成"潜"规则的盛行，不但造成土地收益分配的不公正，更扭曲了包括政府、农民在内的相关利益者在土地利用中的逐利行为。

---

① 参见肖新喜：《论新型城镇化背景下集体土地征收立法中失地农民社保制度完善》，载《湖南社会科学》2016 年第 6 期。

② 参见黄宇骁：《日本土地征收法制实践及对我国的启示——以公共利益与损失补偿为中心》，载《环球法律评论》2015 年第 4 期。

③ "公平补偿是指在政府征收财产后的给付能够使财产所有人的状况不会因征收而变得恶化，此所谓充分与应得补偿。"See Compensation, Black's Law Dictionary（9 th ed. 2009）.

一旦被征地农民与用地者就征地事宜发生纠纷，政府为避免在纠纷中直接承担责任，便将用地者推上前台，自己"淡入"幕后，扮演一个"仲裁人"的角色①。失地者在权利难以实现的情况下，为维权而采取激烈的抗争手段，致使征地过程中的纠纷与矛盾更为频繁地发生，甚至演变为暴动的群体性事件，严重危及社会秩序的稳定。姑且不论现阶段有关被征收人权利的规定是否合理充分，但从救济与权利相伴性②的角度而言，我国现行的征收救济机制存在严重的缺陷。

1. 征地纠纷的救济途径和救济方法不健全

审视我国现行的法律制度，有关土地征收纠纷解决的法律规范非常少。我国没有关于土地征收的单行法律文本，法律层级极少有关于土地征收纠纷解决机制方面的规定，现行规范主要散见于行政法规和行政规章中。③从法律规范的视角出发，目前我国征地纠纷的解决途径主要有：《土地管理法实施条例》第28条确立的异议反馈机制；《行政复议法》确立的行政复议制度，此外还有民间调解、行政调解和信访制度等。表面上看，我国对土地纠纷的解决有着诸多途径，但实际上并没有完整的救济机制，上述规定除行政协调和行政裁决制度直接规定于与土地征收直接相关的法律文本中外，其他的救济途径散布于其他法律文本之中，且对土地征收中的诸多纠纷能否全盘适用依旧存疑。且由于上述规定自身的模糊不清，导致在实践适用中存在诸多障

① 参见赵红梅：《我国土地征收制度的政府、社会联动模式之构想》，载《法商研究》2006年第2期。

② 参见程燎原、王人博：《权利论》，广西师范大学出版社2014年版。

③ 参见叶建平、陈锋：《从权利到救济——完善我国农地征收纠纷解决机制的思考与建议》，载《法治研究》2007年第11期。

碍。以行政裁决制度为例，面对土地征收中错综复杂的诸多问题，将救济范围局限于"征收补偿标准"这一事项，显然过度狭窄；同时，对如何裁决以及由哪个部门具体办理等问题均无可操作的详细规定；[①]再加之，我国缺乏较完善的、相配套的裁决机制，全国绝大多数地区缺乏专门的裁决机构和裁决人员，面临"裁决无门、裁决无人"的现实困境。

2. 行政主导型救济机制存在天然缺陷，公正性缺失且违背自然正义原则。

针对土地征收过程中的公权力侵权行为，多数国家采用议会主导型和法院主导型救济模式。议会主导型救济模式下，议会除进行征收立法，还有权对征收的法定要件进行审查，主要是"公共利益要件"；法院主导型救济模式，强调法院的角色扮演不仅限于征地损害发生后的事后救济者，而且参与到土地征收的全过程，是一种彻头彻尾的介入。[②]我国采用的救济模式并非上述二者之一，而是以行政救济为主导。一方面，这是受我国权利救济的历史传统所影响的结果；另一方面，行政救济程序相对快捷简单，对征地过程中的各类纠纷和相关错误能及时、高效地进行处理，且从成本收益的经济学视角分析，长期性的行政救济总收益远大于总成本。[③]但我国的土地征收主要依靠行政机关完成，征收救济机制又采用的是行政主导型救济模式，这导致征收

---

① 参见黄发儒：《构建新制度 调处老问题——〈安徽省征地补偿争议裁决办法〉实施效果解析》，载《中国土地》2006 年第 4 期。

② 参见丁文：《论中国土地征收救济机制之构建——以比较法为视角》，载《中国农村观察》2007 年第 4 期。

③ 参见张梦琳、梁亚荣：《土地征收行政救济——合理性及路径选择》，载《经济体制改革》2008 年第 3 期。

的实施要件及救济程序基本上掌控在行政机关的手中，行政机关同时是规则制定者、监管者、处罚者、裁定者、执行者、被管理者等，所扮演的角色存在严重的错位。①

实际上，我国的行政救济制度是在借鉴两大法系国家和地区行政救济体制的经验基础之上建立起来的，在英美国家行政内救济通常表现为设立专门的行政裁判所，以保持足够的中立性；②而我国现行征收救济制度中的行政调解、行政裁决、行政复议的处理机关都属于行政机关的范畴，在中立性难以保证的前提下，"做自己的法官"显然同自然正义原则相悖。再退一步而言，即使我国现行法律体系建立起包括行政调解、行政裁决和行政复议等一整套完整的行政救济方式，仍然不能达到保护被征收人权益的目的。原因在于，土地征收是对私有财产的剥夺，其不是简单的具体行政行为或民事法律行为，而是一种蕴含了宪法行为、经济法行为、民事行为和行政行为等综合性质的行为。③在实施的过程中需要立法机关、行政机关和司法机关的分工配合，而且其纠纷解决和权利救济不能由一家垄断。④因而，我国将救济权主要赋予行政机关的立法方式是存在问题的。

3. 司法救济程序启动难，农民权益面临"集体性失语"

权利救济本身是法院的天然职责，司法救济也被普遍认为是最公

---

① 参见赵奕涵：《我国土地征收制度实施中的问题、影响与挑战：兼论农地流转制度的实践经验与模式》，载《中国不动产法研究》2014 年第 2 期。

② 参见袁明圣：《当代中国内地的行政救济体制》，载《北京行政学院学报》2006 年第 5 期。

③ 参见邹爱华、符启林：《论土地征收的性质》，载《法学杂志》2010 年第 5 期。

④ 参见房绍坤、王洪平：《公益征收法研究》，中国人民大学出版社 2011 年版。

正、最权威的纠纷解决方式，是现代法治社会解决争议的必然选择。[①]
但在我国目前的法律体系下，司法救济的途径却不太畅通，司法权在
土地征收中的作用微乎其微。主要原因有二：首先，我国传统文化有
对诉讼排斥的价值取向，深植于民众内心的"恶讼"心理对法治建设
产生了深刻的影响。在土地征收的纠纷解决中，表现为找行政机关处
理的意愿高于诉诸法院。[②] 其次，司法机关对征地纠纷的受案范围模
糊，且学界和实务界认识不一，大量征地纠纷被司法机关拒之门外。
如行政机关的征收决定是否可诉无法律的明文规定，实践中法院常以
其属于抽象行政行为或内部行政行为为由不予受理；关于征地补偿分
配纠纷中被征收人是否具备提起诉讼的主体资格的问题，最高人民法
院《关于审理涉及农村土地承包纠纷案件适用法律问题的解释》第 1
条第 3 款明确规定："集体经济组织成员就用于分配的土地补偿费数
额提起民事诉讼的，人民法院不予受理。"至于该类纠纷应依据何种
途径予以解决，无任何指引，也无其他明确的法律规定。又如关于土
地征收补偿标准和金额的争议，我国《行政诉讼法》未就其司法救济
途径作出明确的法律规定，且最高人民法院虽然在 1991 年发布的《关
于贯彻执行〈中华人民共和国行政诉讼法〉若干问题的意见（试行）》
中规定对强制补偿可以提起行政诉讼[③]，但这一司法解释在 2000 年又
被废止，因此使得对于征地补偿标准的争议是否接受司法审查重新陷

---

① 参见杨向东：《论集体土地被征收人权利的司法救济》，载《广东社会科学》2019
年第 1 期。
② 参见马柳颖：《行政纠纷调解机制构建的法理分析》，载《法学杂志》2009 年第 4 期。
③ 详见《关于贯彻执行〈中华人民共和国行政诉讼法〉若干问题的意见（试行）》第
5 条："公民、法人或者其他组织对行政机关依照职权作出的强制性补偿决定不服的，
可以依法提起行政诉讼。"

入疑问之中。而《土地管理法实施条例》又规定了对征地补偿安置争议的异议反馈机制，司法实践中部分法院则以裁决前置为由拒绝受理该类争议。[1]

圄于我国现行的关于土地管理方面的法律法规并未对土地征收是否可以诉讼作出明确规定，致使许多土地征收案件被排除在诉讼程序之外。"失地农民就补偿问题产生争议时，无法有效获得作为社会正义最后一道守护防线的司法救济，同时也导致司法在这一领域一直处于'集体性失语'的尴尬境地。"[2] 在现行征收制度中，立法机关和人民法院不承担任何职能和扮演任何角色，使得政府行使征收权基本上不受制约和监督，进而出现大量的超越公共利益范畴、未遵循法定程序、未给予合理补偿和"复合"型侵权征收的出现，不仅损害了被征收人利益，同时导致大量的群体和恶性事件出现，极大地危害着社会的稳定。[3]

土地征收制度是促进我国城镇化建设的保障。现有土地征收制度中存在的征收难、征收矛盾突出等现实问题严重制约了土地征收活动的开展，同时也抑制了城镇化建设的水平。特别重要的是，城镇化建设需要征收制度创新，如果这些制度能够成为现实，必将大力促进我国新型城镇化建设的水平。本书致力于从比较法研究的视角对农村土地征收制度改革中的重点问题进行系统和深入的研究，既提出改革的

---

① 参见莫晓辉：《从裁决到裁判：中国征地争议裁判制度研究》，科学出版社 2015 年版。
② 参见马良全、王梦凯：《失地农民在土地征收中的救济失范及司法回应——以司法权的适度介入为视角》，载《湖北大学学报（哲学社会科学版）》2014 年第 2 期。
③ 参见侣连涛、丁文：《土地征收制度改革中农民土地权益保护研究——基于 9 省 920 个被征地农户样本的分析》，载《中国农村研究》2018 年第 1 期。

总体思路，又有对改革具体制度的设计；通过对域外各国各地区土地征收制度经验的借鉴，直面中国土地征收改革中存在的敏感问题、争议观点以及难点问题；通过对域外土地征收制度的资料整理（包括制度法、法院判例、学者阐述、征收案例），并结合我国土地征收实践综合考量，为我国土地征收提供学术研究资料；通过对中外土地征收制度的研究，特别是对征收中权力（权利）清单的制度构建、对如何进行补偿、如何对征收目的进行界定、如何平衡司法权与行政权的关系所产生的成果等，将丰富我国的土地征收理论。

我国现有的征收法律制度，无论是从立法的表现形式还是实体内容来看，均存在诸多问题。学界多主张我国土地征收的立法理念应当实现由"抑私扬公"到"抑公扬私"的转变，立法之重构也应采取集中型立法的模式，确定征地行为发生的条件和征地的范围、要解决征收土地的程序问题、要确定征地行为发生后的补偿标准，这三个问题是我国土地征收制度改革的关键。而从各国情况来看，对于政府征收权的规制，也都是从征收范围、征收补偿和征收程序三个方面进行的，我国现有的征收规范也都是从这三个方面进行的，只是由于在征收范围和征收补偿中独具的中国特色引发了征地拆迁中突出的社会矛盾。对于城镇房屋征收，早在 2011 年便已颁布的《国有土地上房屋征收与补偿条例》，在城镇国有土地上的房屋征收活动中起到重要的规范作用，但仍存在诸多待商榷之处，而集体土地征收中的问题便更为突出。笔者认为，无论是城镇房屋还是农村土地的征收，其理论基础和制度设计都具有一致性，于此，本书探讨的征收制度变革并不局限于以农村集体土地征收为主线的制度设计，而是将不动产征收视为一个整体予以集中探讨。①

二、《土地管理法》及《物权法》中的征收制度变革与评析

　　最新修订的《中华人民共和国土地管理法》已于 2020 年 1 月 1 日起正式实施，这是自十八届三中全会审议通过《中共中央关于全面深化改革若干重大问题的决定》以来，启动新一轮土地制度改革后最重要的立法盛事之一。自然资源部部长陆昊强调，党中央、国务院重视此次土地制度改革，本轮修法意义重大：一是要落实党中央、国务院关于土地改革的决策部署；二是要在认真总结农村土地制度改革试点成果基础上形成立法修正案，有效适应时代的需求与历史任务。②总体而言，作为土地征收制度基础性法律的《土地管理法》，在此次修法过程中始终秉持着"坚持正确方向、坚持问题导向、坚持制度创新与坚持稳妥推进"四大理念，在缩小征地范围、规范征收程序、完善征收补偿制度三个方面作出的多处努力值得肯定和倡导。本部分将针对新修订的《土地管理法》与《物权法》中的土地征收制度相关规定进行总结与评析，具体如下：

---

① 参见宋志红：《中国农村土地制度改革研究：思路、难点与制度建设》，中国人民大学出版社 2017 年版。
② 参见 2018 年 12 月 23 日第十三届全国人民代表大会常务委员会第七次会议，自然资源部部长陆昊关于《〈中华人民共和国土地管理法〉、〈中华人民共和国城市房地产管理法〉修正案（草案）》的说明。

2004 年《土地管理法》	新修订《土地管理法》与《物权法》中的相关规定
第四十三条　任何单位和个人进行建设，需要使用土地的，必须依法申请使用国有土地；但是，兴办乡镇企业和村民建设住宅经依法批准使用本集体经济组织农民集体所有的土地的，或者乡（镇）村公共设施和公益事业建设经依法批准使用农民集体所有的土地的除外。 前款所称依法申请使用的国有土地包括国家所有的土地和国家征收的原属于农民集体所有的土地。	删除
第四十四条　建设占用土地，涉及农用地转为建设用地的，应当办理农用地转用审批手续。 省、自治区、直辖市人民政府批准的道路、管线工程和大型基础设施建设项目、国务院批准的建设项目占用土地，涉及农用地转为建设用地的，由国务院批准。 在土地利用总体规划确定的城市和村庄、集镇建设用地规模范围内，为实施该规划而将农用地转为建设用地的，按土地利用年度计划分批次由原批准土地利用总体规划的机关批准。在已批准的农用地转用范围内，具体建设项目用地可以由市、县人民政府批准。 本条第二款、第三款规定以外的建设项目占用土地，涉及农用地转为建设用地的，由省、自治区、直辖市人民政府批准。	《土地管理法》第四十四条　建设占用土地，涉及农用地转为建设用地的，应当办理农用地转用审批手续。 永久基本农田转为建设用地的，由国务院批准。 在土地利用总体规划确定的城市和村庄、集镇建设用地规模范围内，为实施该规划而将永久基本农田以外的农用地转为建设用地的，按土地利用年度计划分批次按照国务院规定由原批准土地利用总体规划的机关或者其授权的机关批准。在已批准的农用地转用范围内，具体建设项目用地可以由市、县人民政府批准。 在土地利用总体规划确定的城市和村庄、集镇建设用地规模范围外，将永久基本农田以外的农用地转为建设用地的，由国务院或者国务院授权的省、自治区、直辖市人民政府批准。 第四十五条　为了公共利益的需要，有下列情形之一，确需征收农民集体所有的土地的，可以依法实施征收： （一）军事和外交需要用地的； （二）由政府组织实施的能源、交通、水利、通信、邮政等基础设施建设需要用地的； （三）由政府组织实施的科技、教育、文化、卫生、体育、生态环境和资源保护、防灾减灾、文物保护、社区综合服务、社会福利、市政公用、优抚安置、英烈保护等公共事业需要用地的； （四）由政府组织实施的扶贫搬迁、保障性安居工程建设需要用地的； （五）在土地利用总体规划确定的城镇建设用地范围内，经省级以上人民政府批准由县级以上地方人民政府组织实施的成片开发建设需要用地的； （六）法律规定为公共利益需要可以征收农民集体所有的土地的其他情形。

续表

2004 年《土地管理法》	新修订《土地管理法》与《物权法》中的相关规定
	前款规定的建设活动，应当符合国民经济和社会发展规划、土地利用总体规划、城乡规划和专项规划；第（四）项、第（五）项规定的建设活动，还应当纳入国民经济和社会发展年度计划；第（五）项规定的成片开发并应当符合国务院自然资源主管部门规定的标准。 　　《物权法》第一百一十七条："为了公共利益的需要，依照法律规定的权限和程序征收、征用不动产或者动产的，应当给予公平、合理的补偿。" 　　《物权法》第二百四十三条第一款　为了公共利益的需要，依照法律规定的权限和程序可以征收集体所有的土地和组织、个人的房屋以及其他不动产。
第四十五条　征收下列土地的，由国务院批准： 　　（一）基本农田； 　　（二）基本农田以外的耕地超过三十五公顷的； 　　（三）其他土地超过七十公顷的。 　　征收前款规定以外的土地，由省、自治区、直辖市人民政府批准，并报国务院备案。 　　征收农用地的，应当依照本法第四十四条的规定先行办理农用地转用审批。其中，经国务院批准农用地转用的，同时办理征地审批手续，不再另行办理征地审批；经省、自治区、直辖市人民政府在征地批准权限内批准农用地转用的，同时办理征地审批手续，不再另行办理征地审批，超过征地批准权限的，应当依照本条第一款的规定另行办理征地审批。	第四十六条　征收下列土地的，由国务院批准： 　　（一）永久基本农田； 　　（二）永久基本农田以外的耕地超过三十五公顷的； 　　（三）其他土地超过七十公顷的。 　　征收前款规定以外的土地，由省、自治区、直辖市人民政府批准。 　　征收农用地的，应当依照本法第四十四条的规定先行办理农用地转用审批。其中，经国务院批准农用地转用的，同时办理征地审批手续，不再另行办理征地审批；经省、自治区、直辖市人民政府在征地批准权限内批准农用地转用的，同时办理征地审批手续，不再另行办理征地审批，超过征地批准权限的，应当依照本条第一款的规定另行办理征地审批。 　　《物权法》第二百四十四条　国家对耕地实行特殊保护，严格限制农用地转为建设用地，控制建设用地总量。不得违反法律规定的权限和程序征收集体所有的土地。

续表

2004 年《土地管理法》	新修订《土地管理法》与《物权法》中的相关规定
第四十六条 国家征收土地的，依照法定程序批准后，由县级以上地方人民政府予以公告并组织实施。被征收土地的所有权人、使用权人应当在公告规定期限内，持土地权属证书到当地人民政府土地行政主管部门办理征地补偿登记。 第四十八条 征地补偿安置方案确定后，有关地方人民政府应当公告，并听取被征地的农村集体经济组织和农民的意见。	第四十七条 国家征收土地的，依照法定程序批准后，由县级以上地方人民政府予以公告并组织实施。 县级以上地方人民政府拟申请征收土地的，应当开展拟征收土地现状调查和社会稳定风险评估，并将征收范围、土地现状、征收目的、补偿标准、安置方式和社会保障等在拟征收土地所在的乡（镇）和村、村民小组范围内公告至少三十日，听取被征地的农村集体经济组织及其成员、村民委员会和其他利害关系人的意见。 多数被征地的农村集体经济组织成员认为征地补偿安置方案不符合法律、法规规定的，县级以上地方人民政府应当组织召开听证会，并根据法律、法规的规定和听证会情况修改方案。 拟征收土地的所有权人、使用权人应当在公告规定期限内，持不动产权属证明材料办理补偿登记。县级以上地方人民政府应当组织有关部门测算并落实有关费用，保证足额到位，与拟征收土地的所有权人、使用权人就补偿、安置等签订协议；个别确实难以达成协议的，应当在申请征收土地时如实说明。 相关前期工作完成后，县级以上地方人民政府方可申请征收土地。 《物权法》第二百六十一条 农民集体所有的不动产和动产，属于本集体成员集体所有。 下列事项应当依照法定程序经本集体成员决定： （一）土地承包方案以及将土地发包给本集体以外的组织或者个人承包； （二）个别土地承包经营权人之间承包地的调整； （三）土地补偿费等费用的使用、分配办法； （四）集体出资的企业的所有权变动等事项； （五）法律规定的其他事项。

续表

2004 年《土地管理法》	新修订《土地管理法》与《物权法》中的相关规定
第四十七条　征收土地的，按照被征收土地的原用途给予补偿。 征收耕地的补偿费用包括土地补偿费、安置补助费以及地上附着物和青苗的补偿费。征收耕地的土地补偿费，为该耕地被征收前的三年平均年产值的六至十倍。征收耕地的安置补助费，按照需要安置的农业人口数计算。需要安置的农业人口数，按照被征收的耕地数量除以征地前被征收单位平均每人占有耕地的数量计算。每一个需要安置的农业人口的安置补助费标准，为该耕地被征收前三年平均年产值的四至六倍。但是，每公顷被征收耕地的安置补助费，最高不得超过被征收前三年平均年产值的十五倍。 征收其他土地的土地补偿费和安置补助费标准，由省、自治区、直辖市参照征收耕地的土地补偿费和安置补助费的标准规定。 被征收土地上的附着物和青苗的补偿标准，由省、自治区、直辖市规定。 征收城市郊区的菜地，用地单位应当按照国家有关规定缴纳新菜地开发建设基金。 依照本条第二款的规定支付土地补偿费和安置补助费，尚不能使需要安置的农民保持原有生活水平的，经省、自治区、直辖市人民政府批准，可以增加安置补助费。但是，土地补偿费和安置补助费的总和不得超过土地被征收前三年平均年产值的三十倍。 国务院根据社会、经济发展水平，在特殊情况下，可以提高征收耕地的土地补偿费和安置补助费的标准。	第四十八条　征收土地应当给予公平、合理的补偿，保障被征地农民原有生活水平不降低、长远生计有保障。 征收土地应当依法及时足额支付土地补偿费、安置补助费以及农村村民住宅、其他地上附着物和青苗等的补偿费用，并安排被征地农民的社会保障费用。 征收农用地的土地补偿费、安置补助费标准由省、自治区、直辖市通过制定公布区片综合地价确定。制定区片综合地价应当综合考虑土地原用途、土地资源条件、土地产值、土地区位、土地供求关系、人口以及经济社会发展水平等因素，并至少每三年调整或者重新公布一次。 征收农用地以外的其他土地、地上附着物和青苗等的补偿标准，由省、自治区、直辖市制定。对其中的农村村民住宅，应当按照先补偿后搬迁、居住条件有改善的原则，尊重农村村民意愿，采取重新安排宅基地建房、提供安置房或者货币补偿等方式给予公平、合理的补偿，并对因征收造成的搬迁、临时安置等费用予以补偿，保障农村村民居住的权利和合法的住房财产权益。 县级以上地方人民政府应当将被征地农民纳入相应的养老等社会保障体系。被征地农民的社会保障费用主要用于符合条件的被征地农民的养老保险等社会保险缴费补贴。被征地农民社会保障费用的筹集、管理和使用办法，由省、自治区、直辖市制定。 《物权法》第二百四十三条第二、三、四款　征收集体所有的土地，应当依法及时足额支付土地补偿费、安置补助费以及农村村民住宅、其他地上附着物和青苗等的补偿费用，并安排被征地农民的社会保障费用，保障被征地农民的生活，维护征地农民的合法权益。 征收组织、个人的房屋以及其他不动产，应当依法给予征收补偿，维护被征收人的合法权益；征收个人住宅的，还应当保障被征收人的居住条件。 任何组织或者个人不得贪污、挪用、私分、截留、拖欠征收补偿费等费用。

续表

2004 年《土地管理法》	新修订《土地管理法》与《物权法》中的相关规定
	第三百二十七条　因不动产或者动产被征收、征用致使用益物权消灭或者影响用益物权行使的，用益物权人有权依据本法第二百四十三条、第二百四十五条的规定获得相应补偿。 第三百三十八条　承包地被征收的，土地承包经营权人有权依据本法第二百四十三条的规定获得相应补偿。 第三百五十八条　建设用地使用权期限届满前，因公共利益需要提前收回该土地的，应当依据本法第二百四十三条的规定对该土地上的房屋以及其他不动产给予补偿，并退还相应的出让金。

回顾修法历程，比照中国农村土地现状重新检视此次修法活动，必须说，"改革未竟"，《土地管理法》与《物权法》中的征收制度规范仍有较大的完善空间。

第一，《物权法》第 117 条明确了征收目的，而修订后的《土地管理法》增设第 45 条，首次对征收中的公共利益类型作出了明确规定，划定政府征收范围为"组织实施基础设施建设、公共事业、成片开发建设等"六种情形，有效规避了"先征后用"的现实局面，有效限制了公共利益的扩张。总体而言，该条规定有几个方面值得肯定：其一，该条文明确将"为了公共利益的需要"作为征收目的，既是对所要列举公益事项的目的限定，也完成了《土地管理法》与《宪法》《物权法》等法律的有效衔接。其二，体现了"缩小征地范围"的改革意旨。该条规定中"确需"一词具有重要含义，其表明：尽管出于公共目的，也不必然实施征收。征收之公益正当性乃是出于利益间比较衡量的结果，只有"因征收带来之公共利益"较之"因征收而牺牲的利益"处于明显优势时，方符合征收之必须，此乃"确需"一词的真正意蕴所在。

其三，对于公共利益的界定模式，其既不纯粹列举，也不单纯概括，而是采取了列举与概括的折中模式，符合公共利益自身的不确定性，也为公共利益的类型化发展预留了有效空间。

另一方面，该条规定第（五）项将成片开发纳入公共利益的类型，为成片开发用地征收提供了法律依据。但土地管理法只是形式上的法律确认，现有理论缺乏有关成片开发何以满足公共利益进而得以启动征收的实质论证。[①] 将成片开发纳入可征地情形是否妥适，存在疑虑。首先，"成片开发"难以排除商业利益的存在，可能变相扩大土地征收的范围；其次，将"成片开发"限定在"土地利用总体规划确定的城镇建设用地范围内"，但土地利用总体规划是由各级政府编制的，难以避免地方政府为实施征地而编制土地利用规划的现象，亦会不当扩大土地征收的范围。成片开发的征收权力存在被滥用的风险，由此可能导致农民土地权益受损、土地开发利用粗放等问题，甚至引发巨大的经济、社会、政治等风险。[②]

诸多学者以此主张该项规定应予删除，但其忽略了：当下中国正处在发展的高峰时期，新城镇建设正在如火如荼地推进，城市化建设本身便承载着一定程度上的公共利益实现；况且，社会关系交织错杂的利益网络，使得公共利益本身呈现出发展性和复杂性，"纯粹的公共利益"已经难以满足时代发展的需求，由此，"成片开发建设"纳入可征地情形存在征收目的正当性论证的可能。

---

① 参见黄忠：《成片开发与土地征收》，载《法学研究》2020 年第 5 期。

② 参见刘守英、周飞舟、邵挺：《土地制度改革与转变发展方式》，中国发展出版社 2012 年版；冯奎：《中国城镇化转型研究》，中国发展出版社 2013 年版；甘藏春主编：《社会转型与中国土地管理制度改革》，中国发展出版社 2014 年版。

第二，《土地管理法》修正后与《物权法》制定在补偿标准方面均取得较大的立法进步。其一，首次明确了"公平合理"的补偿原则。《物权法》第117条和《土地管理法》第48条第1款分别规定，"征收、征用不动产或者动产的，应当给予公平、合理的补偿"，"征收土地应当给予公平、合理的补偿，保障被征地农民原有生活水平不降低、长远生计有保障"，首次明确了我国征收补偿的"公平合理"补偿原则，为补偿实践提供了观念指引。"合理"性的标准，实质在于强调征收补偿需要进行科学评估，不能漫天要价、坐地起价，也不能随意补偿、价格过低，必须保障被征收人生活不降低。其二，适当提高了补偿标准。《土地管理法》第48条第3款"征收农用地的土地补偿费、安置补助费标准由省、自治区、直辖市通过制定公布区片综合地价确定"的规定，确立了"区片综合地价标准"，在一定区域内实现了同地同权，提高了征地补偿的透明度。其三，征收补偿呈现出由"对物主义"向"对人主义"的方向转变，在安置补偿中明确安排了被征地农民的社会保障费用，同时，考虑到宅基地的居住权益性质，将农村村民住宅从地上附着物上独立出来予以补偿，并确立了"先补偿后搬迁、居住条件有改善"的补偿原则。其四，《物权法》第243条补偿内容确定中将"农村村民住宅"单独列出，而与其他地上附着物补偿区分开来，凸显了农村村民住宅的财产价值，加强了对农民私有财产的保护。其五，在征收的集体土地是宅基地时，重新引入了"安排宅基地""提供安置房"的替代补偿方式，一定程度上缓解被征收后的失地农民之生存保障问题。①

---

① 参见高飞：《征地补偿中财产权实现之制度缺失及矫正》，载《江西社会科学》2020年第2期。

但不可否认，当前征收补偿立法及研究仍旧呈现出系统性错误与功能性定位的缺失。第一，征收补偿制度研究未能融入到中国特色土地制度的大框架之中，割离化的研究只能造成"盲人摸象"的假象。第二，征收补偿制度的设计应当紧紧围绕征收补偿之制度功能与定位，缺失对其制度功能的研究，将难以实现"对被征收人权利同等置换"的法律效果。就新的《土地管理法》中确立的征收补偿制度而言，依据"区片综合地价"确定的补偿标准与年产值倍数法确定的补偿数额在实际中基本无异，却又与公平市场价值标准相距甚远。在集体经营性建设用地放开入市的立法背景下，必须对征收补偿制度的功能定位、公平市场价值的指导价值进行重新审视。第三，征地程序规定的修正，进一步彰显了"公平、公正、公开"的原则，体现了对农民利益的维护。程序正义既是实现实体正义的具体方式，又是实体正义实现的有效控制方式。首先，就原《土地管理法》第46条规定而言，新《土地管理法》第47条、48条增设了征收决定前的土地现状调查、社会稳定风险评估以及征收范围、补偿标准、安置方式和社会保障等的公告，具有进步意义。但是，现有程序缺乏真正的公众参与机制，无法有效约束征收主体的权力；公告的目的也仅仅停留在告知被征收人既定的结果，以督促其办理征收补偿登记手续；听证也仅具有形式效力，难以产生真正的法律效果。可见，新《土地管理法》中征收程序的修改，实质上并未构建有效的被征收人参与机制、征收权行使缺乏有效的监督机制、难以形成对征收权有效的权力制衡。其次，《物权法》第243条是对《物权法》第42条的修改，对征收补偿费的发放设定了"及时"性判定因素，一方面体现了效率的原则，能够有效纠正补偿款不能及时发放到被征收人手中的情况，另一方面也有利于避免补偿款项的拖延发放。

但总的来说，此次《土地管理法》中土地征收制度的修改偏于谨慎、保守，尚难以解决上文提到的我国征收实践中出现的诸多问题，依然需要相关学者积极探索。值得庆幸的是，新《土地管理法》建立了"集体经营性建设用地入市制度"，有效缓解了非公益性建设项目的用地紧张，也为"缩小征地范围"改革目标的实现提供了一个新的方向。在此过程中，必须注重土地征收与集体经营性建设用地入市的结合性研究，妥善处理征收补偿标准与集体经营性建设用地入市价值之间的关系。

三、本书研究目的与研究内容

（一）研究目的

本书在法治国家的背景下，对各国与地区的不动产制度进行资料整理，分析我国土地征收制度存在的深层次问题，为我国土地征收法的制定提供相关的建议，从而为我国城镇化建设提供制度保障。土地征收制度本质上是为了解决土地征收中所存在的权力与权利配置不当的制度性问题，在实现被征收人权益的保护与促进征收顺利进行中促进发展。就国外的土地征收制度而言，主要内容表现在土地征收程序的设置、被征收权利人的利益保护、征收目的的界定以及实现、征收行政权的控制等方面。而这些问题恰好是我国土地征收制度所存在的主要问题。

第一，土地征收行为的非程序化是各种违法现象产生的重要原因。土地征收属于具体行政行为，根据行政合法性原则，应该具有严格的程序控制。但就我国而言，征收程序的失序，是导致征收问题频现的根本原因。从我国既有的法律来看，尽管《宪法》规定征收应该依"法律规定"进行，但《物权法》并没有规定相应程序，而《土地管理法》及其实施细则对征收程序的规定过于简单、粗糙。确定征收是否属于公共利益时，缺乏被征收人的参与；在确定征收补偿时，缺乏中立的评估机构，也缺乏被征收人对土地补偿的协商体制与救济机制。征收行为的非程序化，导致征收行为的肆意与被征收人对土地征收的猜疑。

第二，土地征收中被征收人的权利得不到保护。这主要表现为：一是被征收人的平等协商权得不到保护。尽管《物权法》第244条规定了"不得违反法律规定的权限和程序征收集体所有的土地"。我国《土地管理法》第47条亦规定需听取农民及集体的意见，但因为没有既定的程序保障，相关规定形同虚设。二是被征收人的知情权得不到保护。从征收方案的制订到征收补偿的确定，被征收人的知情权不能得到有效保护。尽管《国土资源听证规定》规定征地项目的补偿标准和安置方案在报批之前，主管部门应当书面告知当事人有要求举行听证的权利，但由于没有规定违反听证要求之征收机关应说明理由的义务，也缺乏不举行听证的后果，使得听证流于虚设。三是被征收人的参与权没有得到保护。被征收主体的参与性是解决土地征收行为不公正、确保土地征收顺利进行的可靠保障，但无论是征收决定、征收目的的界定、补偿的标准确定等都缺乏被征收人的参与。这些权利的缺失，导致被征收人的利益得不到有效保护。

第三，现有土地征收补偿非议甚多。尽管我国《宪法》与《物权法》《土地管理法》等对土地征收补偿进行了规定，但由于缺乏既定的补偿原则，失去了合理的界定补偿的标准，由此导致补偿出现一个非常奇怪的问题：尽管就某些土地征收而言，完全是以市场价值进行补偿，但补偿的结果并不能令人满意。换言之，不管补偿土地价格高或低，就补偿而言，由于标准的缺失，导致被征收人对土地的补偿并不认同。因此，如何确定补偿的标准？如何对直接损失予以补偿？如何解决同地不同价的问题？如何在补偿中建构新型的社会保障制度？诸如此类的问题，亟待作出科学合理的解决。

第四，土地征收的目的受到了被征地对象的诘难。《物权法》确定了以公共利益之名对土地予以征收的制度，但何谓公共利益？如何界定其范围？实践中，诸多征收行为的开展都是假公共利益之名行违法征收之实，使得征地目的受到被征地对象的诘难。既然征地目的得不到支持，征地遇到重重阻力也就不可避免。

在我国新型城镇化建设、户籍制改革的背景下，根据党的十八大关于促进农村经济发展的精神以及中共中央、国务院2013年、2014年中央1号文件的思想，以及2011年12月27日中央农村工作会议对集体土地征收制度改革的定调，针对我国土地征收中存在的土地征收矛盾激烈、土地征收难、土地征收制度设计不合理、土地征收制度不能适应城镇化建设要求的问题，在综合分析与比较其他国家土地征收制度所具有的特点以及优越性的基础上，本书力求达到以下目的：

第一，为我国《土地管理法》的具体落实以及土地征收法规的完善提供建议。我国土地征收制度由《宪法》《物权法》《国有土地上房屋征收与补偿条例》《土地管理法》及《土地管理法实施条例》等法律进行调整，其中最为突出的问题就是征收的程序规定不完善、公共利益的界定不清楚、补偿标准不明确、权力缺乏有效制约等问题。本书针对这些问题，提供可以操作的建议，从而为我国土地征收制度的完善提供借鉴性的意见。

　　第二，为以土地征收制度促进新型城镇化建设提供操作性的方案。城镇化的建设必然涉及土地资源的再利用，所以土地征收也就成为城镇化建设绕不开的话题。但我国所开展的城镇化建设并不能等同于房地产的开发建设，其目的是提高农民生活水平与缩小城市与农村差别，为我国农业现代化富余劳动力离开农村提供保障，为促进我国经济发展提供动力。而土地征收恰好为新型城镇化建设的开展提供动力。与此同时，城镇化建设对土地征收制度的构建提出了新的要求，对这些问题的妥善解决与否，也在一定程度上影响着我国新型城镇化建设的质量。而本书在结合我国户籍改革、城镇化建设背景下对土地征收制度的设计，必将为我国城镇化建设提供制度方面的支撑。

　　第三，为最高人民法院颁行征收相关司法解释以及各级人民法院审理案件提供借鉴意见。针对我国现有土地征收制度审判中存在的问题，最高人民法院于 2012 年出台了《关于办理申请人民法院强制执行国有土地上房屋征收补偿决定案件若干问题的规定》，但该司法解释只解决了房屋征收拆迁中的强制执行问题，对征收的程序问题、征收补偿协议的履行、补偿标准的合理性等问题，并没有涉及。因此，本书结合我国土地征收制度所存在的问题进行比较研究，并提出相关的对策建议，这些研究成果必将为我国土地征收制度的相关司法解释提供智力支持。征收涉及各种错综复杂的利益关系，内容复杂，加之我国现有的规定不是很明确与合理，需要相关理论对此予以解释。而本书通过法教义学的视角对我国征收制度中所存在问题进行分析，这必将为我国人民法院审理相关征收案件提供参照。

　　第四，为我国土地征收的比较法资料提供参考文献。土地征收是世界上大多数国家的城镇化建设所绕不开的话题。在几十年甚至上百年的土地征收发展历史中，许多国家在如何制约行政权的行使、如何界定公共利益、如何进行补偿方面确立了很好的制度。本书对大陆法系的法国、德国、荷兰、日本、新加坡、中国台湾地区等以及英美法系的美国、英国等国的土地征收制度以及学者观点、司法案例进行的系统整理，必将成为我国土地征收最为全面、最为系统的参考资料。

（二）研究内容与创新点

征收权作为政府为实现公共利益目的，以公正补偿为条件，按照宪法和法律规定的程序强制取得所有权的权力。[①] 征收权的权力规制通常分为公共利益目的规制、征收程序性规制以及征收补偿规制三个方面，同时应为征收权行使制定完善的征收救济机制。因此，围绕土地征收制度的总体问题，本书从四个方面展开研究，即公共利益比较研究、征收程序比较研究、征收补偿制度比较研究和征收救济机制比较研究。

1.公共利益比较研究与我国征收目的之规制路径

本书设定了实体界定、程序控制、规划控制的公共利益界定的三方控制路径。首先，本书主张设定"类型审查＋具体判定"的公共利益实体化解释路径。比较法视野下，美国主要通过判例法进行公共利益的限定，通过"公共使用实现所必须"的标准限制征收范围过度扩张的倾向，同时，地区达到一定的衰败比例即可认定整片地区衰败之城市更新目标理念，提升了公共利益判断的整体性高度。英国对征地公共利益采取"一事一议"的说明机制，对于具体案件中征收的主体公正性和目的公正性均有授权性法律作出正面、列举式规定，不存在

---

① 参见季金华：《土地征收权的法律规制》，载《法学论坛》2011 年第 6 期。

对公共利益授权的一般性规定。而德国采取"反向排除＋正面列举"的界定模式，通过列明代表性领域并将明显不属于公共利益的情形排除的方式，降低其概念内涵的扩张趋势，并设定一般条款应对列举范围之外的公共利益情形。日本征收法则设定"类型化公共利益＋具体化公共利益"的二阶段审查模式，认为征收项目应可被包括在法律确定的公共利益列举的类型范围，具备公共利益的实现必要性且满足土地适当、合理利用原则，即满足公共利益的具体化判定。

我国应设定"类型审查＋具体判定"的公共利益实体化路径。在概念论角度下，公共利益作为典型的不确定法律概念，类型化规制乃其概念本身之要求；从方法论而言，类型化通过对具有共同特征的案件进行抽象、归类，实现不确定概念和一般条款的具体化。因而，类型化是对于抽象的一般概念及其逻辑体系难以掌握生活现象或者意义脉络的多样表现形态的辅助思考方式，我国公共利益界定亦具有类型化的技术可能和现实需求。但类型化只为典型公共利益之确定提供直接性依据，由于公共利益本身乃基于利益衡量而生之属性决定其自身具有利益的发展性和变化性，必须为其设定具体化判定方式。

其次，本书主张将公共利益的内容与保障转化为程序性控制问题，设定"人民代表大会认定＋司法权介入"的公共利益认定模式，以及以听证制度为中心构建被征收人有效参与机制。在法国法视野下，公共利益本质上便是一个程序问题，公共利益的程序控制系公共利益概念的本质要求。公共利益本身便是通过利益衡量确定对何种利益予以优先保护的过程，该衡量过程本身就是不动产征收的程序所在。而且，程序的公开性和参与性可以发挥程序本身的减压阀和缓冲器功能，公共利益的程序控制能够有效减少征地争议。

其一，公共利益界定的主体选择。在公共利益认定主体选择方面，各国征收法制主要形成三种学说，即立法机关认定说、行政机关认定说和司法机关认定说。我国应采取"人民代表大会认定"模式，理由有三：第一，基于公共利益的社会属性，其界定应当掌握在社会公众手中，而人民代表大会基于公众选举产生、代表公众意志，由各级人民代表大会负责公共利益的具体界定符合其本质属性；第二，公共利益判定形成制度化属性，要求其上升为调整社会现实争议的法律原则或规范，由立法机关界定符合公共利益制度化的本质要求；第三，公共利益呈现出随地方区域文化色彩以及政治色彩而展现不同侧重的地域性特征，在立法机关的层级式区分下确立的立法机关界定模式符合公共利益的"地方性知识"属性。同时，应当设置不动产征收的"司法权介入"路径，通过国家司法权对行政机关的合法与合理性审查，形成对行政权任意滥用的有效控制。因此，立法机关界定只是公共利益界定的常规模式，在公共利益界定问题上产生争议的，应启动司法权的被动介入。其二，在征收参与机制构建方面，本书主要对德国的"提出异议模式"和英国的"听证会模式"进行对比研究，发现提出异议模式下并未规定征收机关必须对异议予以采纳或考量，未体现被征收人参与机制对征收决定的影响力；而英国模式规定政府大臣应将听证结果作为其作出征收决定的重要依据，赋予了被征收人实质上的参与效果。对比之下我国公共利益确定环节的主要问题，在于被征收主体参与权权利缺失、参与方式无法对公共利益认定产生实质影响，导致公众参与方式缺乏理性。因此，在以听证制度为核心构建我国的公众参与机制时应集中于以下方面：（1）为被征收人提供公平、理性的参与平台；（2）被征收人的意见能够得到征收人的考虑或采纳，并应当具有一定程度上对征收决定的影响；（3）被征收人应当拥有一定程度内对征收决定的否决权。

最后，本书创新性地提出设定征收权的规划控制路径。在各国征收法领域，规划立法对土地征收权的规制功能一直被充分重视，英国法专设《规划与强制购买法》（Planning and Compulsory Purchase Act 2004），日本以《土地收用法》为基本法、以《城市规划法》为特别法辅助构成征地法律体系，荷兰法以分区规划的程序保障与规范功能奠定征收基础。研究中发现，规划承载社会目标最优化实现之寄托，征收亦为规划所承载社会利益之实现提供路径，以此，规划与征收呈现交互作用。我国《土地管理法》的制定为征收公共利益条款带来重新审视的契机，亦促进了征收的规划控制研究。现有的利益衡量模式难以论证以质量提升和结构优化为主的公共利益纵向功能实现之正当性，利益发展性之本质要求突破原有公共利益类型化模式所呈现的价值演绎单向性，以避免造成公共利益的本质性限缩。将成片开发纳入可征地情形，恰为规划控制下公共利益实体论证之构建契机。因为规划虽蕴含公共利益功能实现之考量，却难以证成"规划整体公共性直接确保单项规划事业之公共性"的逻辑正当性，因此，必须确定规划公益性实现的必要范围，方能保证整体性确保之路径合理性，成片开发建设需要之用地恰为此过渡。整体性确保路径要求对成片开发建设中的公共利益进行充分铺陈，依据公共利益服务之空间范围确立第三方参与主体，并适用更为严苛的判断过程型审查机制。

2. 征收程序制度比较研究与我国征收程序的完善

比较法视野下，正当的土地征收程序应符合公开性原则、公正性原则、参与原则和效率原则；按照立法技术分类，各国征收程序主要形成以日本、英国和法国为代表的三段主义、四段主义和五段主义。尽管各国土地征收程序呈现差异化的步骤安排与具体规定，却始终以被征收人的利益保护为中心设计征收程序。而我国现行集体土地征收程序呈现出强烈的行政主导性和"抑私扬公"的立法倾向，既不符合物权法平等保护的基本法理，也与行政法中的平衡理论背道而驰；①我国土地征收程序法律规范亦呈现系统性缺失、立法分散化、征前协商程序缺失、征前公告缺乏规范性、调查程序规定不完善、征收审批权配置不当、公共利益认定程序缺失、补偿安置程序欠缺参与性、土地补偿款分配截留等问题。

对于我国制度呈现出的征收程序问题，本书提出了针对化的解决方案。首先，在公权力与私权的博弈中，公权力本身处于强势地位，若缺乏有效的程序控制，极易导致权力膨胀，因而，重构我国征地程序必须实现由"抑私扬公"到"抑公扬私"的立法理念转变，确立私权保障的基本原则。其次，征收申请环节，引入土地征收协商的前置性程序，规定在启动土地征收权之前，政府应当与农村集体经济组织及其成员充分协商；在土地征收批转程序之前完成征前公告程序，保障被征地者的知情权；完善征地调查程序，不局限于调查土地的自然情况与权属情况，也应调查影响土地征收决定以及征收补偿的其他事项；在征收审批阶段，重塑征收审批权配置，弱化或逐步取消政府对程序性事务的中介干预；在征收补偿阶段，将补偿安置程序前移至征地批转程序之前，赋予被征收人在补偿阶段的参与权，允许其发表意

---

① 参见陈小君：《农村集体土地征收的法理反思与制度重构》，载《中国法学》2012年第1期。

见、提出异议，并有权申请召开听证会。

3. 征收补偿制度比较研究与功能定位视角下我国征收补偿机制的重构

比较法视野下，域外征收补偿立法呈现出对其制度功能定位的充分重视。首先，征收补偿制度区别于损害赔偿制度之补偿功能，其仅填补依据物之特征确定的"原有状态"而非"应有状态"；其次，征收补偿标准并不等同于公平市场价值标准。各国均以公平市场价值衡量被征收客体物之客观价值，并对征收所致其他后果进行损失补偿；再次，征收所致后果损失之补偿呈现出"对人主义"和"对物主义"的分野，如德国即确定了以"物"为中心确定的附随性财产性损失补偿，日本征收补偿乃着眼于作为整体的人的生活本身并为该人之生活设计。

反观我国，既有征收补偿立法和研究呈现出系统性和功能性的双重不足。首先，征收补偿制度的构建应具备结合土地征收整体制度研究的大局观，充分审视与利用征收正当性论证对于土地征收补偿标准及范围确定的奠基作用；其次，征收补偿制度的重构应从制度功能定位视角出发，并由此确定填补范围，以摆脱"以农养工""忽视被征地农民长远生计保障与平等发展机会"的征收补偿立法演进的局限性。

由此，我国征收补偿制度功能定位应为补偿内容与制度完善提供指引，遵循"对人主义"的补偿思维，实现损失后果填补的"结果安定性"取向。其一，确立他项权利征收关系人的身份地位，赋予其独立的补偿请求权，而非将他项权利确定为征收之客体，使其可以作为独立的利益主体参与协商；其二，他项权利之征收补偿与安置方式应遵循权利功能属性之指引，立基于权利本身承载的财产功能属性和保障功能属性等确定"被征收人失去了什么"，发挥对该权利制度的功能填补性。"同等置换"路径下设定的权利功能填补方法，是一种通过赋予被征收人独立的补偿地位方式，实现对被征收人权利的保障与维护，从而解决补偿款分配不公问题、实现补偿结果公正性的方法，亦是征收补偿制度完善的关键所在。

4. 征收救济机制比较研究与我国征收救济机制的完善

各国征收救济的理论基础主要有人民主权理论、人权保障理论、利益平衡理论和有权利必有救济理论四种，而征收救济模式主要分为法院主导型救济模式和议会主导型救济模式两种。比较结论证明，在土地征收过程中适度引入司法性决策，利用司法救济引入形成倒逼机制，是约束征地机关行政行为的有效路径。征收救济机制的完善，应当采取行政救济和司法救济并重的双重路径，因为无论是行政性决策还是司法性决策的单一制度化决策都无法对特定事项作出有效规制，而必须实现两者的有机结合及优势互补。

征地救济机制的构建必须与其社会背景下频发的征地纠纷类型直接相关，这是制度本土化的需求和方向。我国征收争议主要集中在征地理由的争议、对征地程序的争议以及征地补偿争议三个方面，征收救济机制中行政救济途径难以启动，而司法救济机制缺失，造成的征收救济缺乏公正性且农民权利难以得到有效保护乃我国征地救济制度的主要问题。因而，我国征收救济机制的完善必须将两者有机统一以实现优势互补。首先，从行政调解制度、行政裁决制度和行政复议制度三个方面强化行政救济作用；其次，在土地征收过程中适度引入司法性决策，同时明晰土地征收纠纷的司法救济同其他救济方式之间的关系，扩大征地纠纷的司法救济范围，明确司法机关判断过程性审查方式的运用，保证一定的实体性审查并将审查控制在合理范围，进而有效约束行政机关行政行为，是摆脱我国征收救济困境的正确路径。

四、研究路径与方法

（一）研究路径

路径代表方向，也是本研究能否顺利进行的保障。本书从比较法的视角对各国土地征收制度进行分析，立基于不同的国情，对这些国家的土地征收制度进行系统的资料整理，对各个国家的征收制度进行深入比较，总结出该国土地征收制度所具有的特点。在我国现有土地征收制度以及相应的制度框架范围内，形成我国的土地征收法的完善意见，从而促进我国城镇化建设，为我国《土地管理法》的具体落实与土地征收法的制定提供智力支持，也为我国最高人民法院颁行司法解释以及各级人民法院审理有关征收的案件提供智力保障。

每个国家的国情不同，土地征收制度也具有差异。本书对土地征收资料整理，选取比较对象的标准在于：一是资料的典型性；二是资料的全面性；三是选取对象的临近性。第一，典型性。在历史发展中，每个国家的土地征收地位在世界土地征收中的地位是不同的。法国作为行政法的母国，当之无愧在土地征收法中具有重要地位，该国的行政法在大陆法系国家中具有重要地位，土地征收法的影响亦然。英国著名的圈地运动与美国的西进运动影响着资本主义国家土地征收的进程。因此，课题选取了大陆法系的法国、德国的土地征收法以及英美法系的英国、美国作为比较的对象。第二，整体性。就法系而言，本书不仅针对大陆法系的法国、德国等土地征收制度进行比较，也选取了英美法系的英国、美国的土地征收制度进行分析。就地域而言，选取的对象基本涵盖了所有大洲的地域。就选取的对象而言，不仅选取了发达国家，也选取了发展中国家甚至不发达国家关于土地征收的立法。第三，临近性。所谓临近性，就是选取比较对象的可比性。尽管在土地征收中，具有共通的制度，这些制度对各个国家均是有益的。但因为征收制度受一个国家的财力及其他相关制度影响，因此，在选取比较对象方面，也注重比较对象的可比性。如对亚洲一些国家与地区的土地征收制度进行比较与分析，但没有对非洲一些国家的土地征收制度进行比较，这主要是基于比较对象的临近性标准。基于此，本书选取的比较对象内容包含但不限于以下内容：第一，法律文本。法律文本是分析的重点内容，本书的一个重要任务就是为我国土地征收提供权威与全面的法律文本。第二，典型判例。无论大陆法系还是英美法系，判例作为法律的一种重要渊源，土地征收的判例反映了该国法律的存在形态。第三，学者阐述。学者的意见尽管不是法律，但学者的意见反映了对该国土地征收制度的专家观点，这对完善与改进土地征收制度具有重要的影响，因此，也事实上成为该国土地征收制度的一部分。

具体而言，本书的研究路径主要表现在以下几个方面：

1. 对现有土地征收制度的立法进行反思

与其他国家不同，我国现有的土地征收制度，主要是由《宪法》《物权法》《国有土地上房屋征收与补偿条例》《土地管理法》及《土地管理法实施条例》来调整的，作为调整土地征收的这些基本制度，在一定时期保障了我国土地征收的顺利进行。但随着我国法治国家建设的不断深入，该种立法的弊端愈来愈明显。

第一，立法目的与立法理念不相容。《土地管理法》与《土地征收法》

在立法目的与立法理念上完全不同。《土地管理法》注重加强土地管理，重在保障土地的管理秩序，而土地征收涉及的是在公共利益的背景下，解决公共利益与私人利益之间的博弈与平衡问题，协调国家权力与个人权利之间的冲突。因此，以《土地管理法》来涵盖《土地征收法》，本身就具有立法体系不相容之特点。

第二，制度的定位错误。现行《土地管理法》暴露出土地征收的一个重要的特点，就是行政机关征收权行使的单方面性。就土地管理而言，因为土地管理本身是管理机关代表国家对土地利用、耕地保护、监督检查而行使相关行政权力，这种权力的行使当然具有单方面性。但就土地征收而言，涉及到对他人财产的剥夺，根据法治国家非经正当程序不得对他人合法财产予以征收的原则，基于单方面权力行使，忽视对方权利的保护无疑是错误的。

第三，相应制度的缺失。我国既有法律中公共利益的调查、所有权如何转让、补偿如何进行等制度并没有很好的规定，导致我国征收制度存在诸多问题。

2. 对现有土地征收制度实行中的问题进行反思

第一，被征收人权益得不到有效保护。现行的土地征收制度，表现为被征收人的实体权利即公正补偿权、定价参与权、协商权；程序性权利如公共利益确定参与权、听证权、异议权等；救济性的权利对行政权力的不合法行使、补偿不公正等民事与行政救济的权利不能保障。

第二，征收人的权力行使缺乏制约。土地征收本质上是行政权的行使，程序也就成为行政权的必备内容。但现行土地征收相关的立法对程序的规定较为松散，对程序的是否遵循以及违反程序的后果均没有法律的明确规定，不能有效地规范征收权力的正确行使。加之整个征收过程均是行政权的单方行使，缺乏权力行使的监督程序，由此使得该种权力更缺乏制约性。

3. 对国外土地征收制度进行资料整理

根据现代法治国家的基本原则，任何人非经法定程序，不得剥夺他人的财产。但每个国家在征收制度的具体形成中具有自己的特点。本书对国外的土地征收的立法、司法判例、实践做法与学者阐述的相关资料进行整理，并根据资料阐述总结其特点，分析其值得借鉴的地方。

4. 对中外土地征收制度进行比较

本书在结合国外土地征收制度以及我国现有的土地征收资料特点的基础上，就以下几个问题进行比较：

第一，征收如何符合法定程序。程序是行政权力行使的应有之义，也是征收顺利进行的保障。如果欠缺法定的程序或者程序设置不合理，则会导致行政权力的滥用与权利保护的不周全。这就需要对中外土地征收的程序进行资料整理，并分析各自的特点。

第二，征收如何对公共利益进行界定。国家征收权力的行使，只有在公共利益的目的下，才能剥夺人民的财产。换言之，征收是被征收主体为了公共利益，而让渡出自己的土地所有权、使用权所作出的牺牲。但该种牺牲必然是基于公共利益。本书对征收的条件进行全面分析，以此提出我国公共利益类型并分析如何对征收条件进行界定。

第三，征收如何进行补偿。征收是被征收主体基于公共利益的需要，让渡自己的土地所有权或者使用权，政府应该给予合理补偿。每个国家在补偿中具有自己的原则，宜对其征收补偿的特点进行分析，并就补偿的原则、补偿形成的内容、补偿的类型进行比较。

第四，征收权力如何制衡。征收本质上是行政权力行使与私人权利保护所进行的博弈。为了对行政权力行使进行有效的制约，一是规定行政权力法定的义务，从而保障被征收主体的权利；二是寻找一个有效的外部机关对行政权力进行制约。根据现代国家的特点，征收权是对被征收主体财产权的剥夺，本质上是对财产权益侵害，同时为了解决公共利益、补偿等存在的问题，大多数国家采取了司法权对行政权的制衡。本书将对这些国家的土地征收权力的制衡进行研究。

5.形成我国土地征收制度的完善意见

随着我国城镇化建设的开展以及各种公共设施的建设，土地征收不可避免，在征收中，主要是对个人所有权的保护仍然存在严重不足，私权的尊重仍然具有一定的局限。所以，土地征收的法律的制定，应该在保护所有权与实现社会整体利益中达到恰当的平衡。所以，一切对土地权利人的征收行为，应该建立在公共利益的基础之上，非经公共利益，不能对个人的财产进行征收。这就需要我们在制定土地征收法时，应该以宪法、民法典的相关规定为基础，对既有的《土地管理法》《土地管理法实施条例》《城市房屋拆迁管理条例》中的有关征收的制度进行统一与协调，制定出征收的统一的规则与程序。

（二）研究方法

第一，文献研究方法。所谓的文献研究方法，是对各种文献进行整合，收集国内外有关的征收资料并进行整理，我们收集的文献主要是中文、法文、德文、日文和英文文献。我们试图掌握外国土地征收的全部资料，这些资料包含立法文献、判例文献、学者观点，作为我们分析的蓝本。法国是行政法的母国，在土地征收方面具有非常成熟的经验，也是大陆法系的典型代表，对它的文献进行研读有利于我们的借鉴和创新；即使采用判例法的英美法系国家，征收制度也确立了很好的原则，值得我们借鉴。研究我国的土地征收制度问题，必须以我国现有的法律制度为基础，所以中文文献是本书研究的基础与重要内容。

第二，比较分析方法。比较是对两个或两个以上的事物或对象进行对比，在拟比较对象的相似性、差异性之间，找出其共通性。他山之石可以攻玉。比较分析法在制度借鉴方面具有重要的作用。征收是现代法治国家基于公共利益原则所必然存在的制度，因此对征收制度进行系统比较，是分析各国征收制度优缺点以资借鉴的必由之路。比较分析方法可分为语义性比较和功能性比较。本书主要对征收制度的内容以及实际运行所实现的功能进行比较，采用的是功能性比较方法。

第三，法经济学分析方法。法经济学从资源配置方面提供了效应性考量，该方法在征收制度的构建与分析中具有重要的作用。由效益所提出的经济分析能够构建符合社会资源有效配置的方法。所有的法律活动都要以资源的有效配置作为最大考量，征地制度也是如此。征收的目的就是强制取得财产以实现社会公共利益，就是使得所有的主体资源配置达到帕累托最优。土地征收是征收机关与被征收主体的利益博弈，该种利益博弈的主体具有复杂性的特点。因此，需要将法经济分析的方法如成本效益分析、均衡分析、博弈分析、供求分析等运用于整个征收的过程，从而为我国土地征收的改革与创新寻求依据。

第四，法政策学分析方法。法政策学是在研究人类社会运作中相关法律以及政治制度的各个层面，用以确定政策与制度的制定所不可缺少的学科。法政策学探讨的是设计法律制度时如何兼顾效率和正义的方法论。征收制度是一个国家基于特定的政策的考量，如何设计要考虑到该国的政治背景。这些主要表现为如何解决实现公共利益要求与制度的需求矛盾，如何保护公民财产与克服法律保障所具有的缺陷，如何实现公平补偿以及确保补偿得以顺利执行，而这些需要运用法政策学的效益与正义的考量。

第五，数据挖掘法。数据挖掘是一种新的信息处理技术，简而言之，数据挖掘其实是一类深层次的数据分析方法，它对纯机会获得的海量数据经过深层分析，获得有利于提高竞争力的信息。我国土地征收制度的研究必然需要对征收实践进行考察，因此，需要通过数据挖掘的方法找出数据间潜在的联系，尝试运用科学方法来寻找到客观的规律也是本书的研究目的所在。

第六，法释义学研究方法。我国土地征收由《宪法》《土地管理法》《物权法》以及相关的条例予以调整，表现出立法的条块性与内容的分散，加之现有制度规定的不合理与缺漏，需要运用法释义学方法，而为现有土地征收制度所存在的矛盾提供意见。本书对征收制度的宪法解释、体系解释、目的解释以及比较法解释方法的运用，采用的正是法释义学方法。

第七，实证研究方法。解决中国问题一定要注重中国的立法与司法、执法实践。任何脱离中国国情的立法与司法、执法实践的比较研究，只能流于理论层面而不能很好地运用于实践。实证分析是获取理论认识的工具。土地征收本质上是立法、司法、守法、执法的实践活动，考量征收实践运行的状况，从而对现有制度进行制度反思，这些方法有利于克服征收的局限性与确保征收的顺利进行。

第一章

土地征收的理论概述与问题意识

　　"中国农村土地征收是一个涉及到亿万农民生存权利的重大社会问题。"[1] 政府征收权构成对公民财产权的合法限制，社会成员在公共利益面前必须做出一定限度的牺牲，但毫无疑问的是，政府的征收权有被滥用的危险，因此，必须对征收权做出严格的限制。土地征收制度设计的两个目标在于："既有效实现公共利益，同时也要最大限度地保护土地所有人的土地权益。"[2] 各国对于土地征收权的制约主要是从征收范围、征收补偿和征收程序三个方面进行，我国由于制度设计上的种种缺陷致使现实中大部分土地征收行为难以完全诠释征收权制约的三个要件，以至于我国《宪法》以及法律中的财产权保护条款实际上"被失效"。需要遵从历史发展的视野，审视土地征收制度中因公有化烙印存留的历史问题，寻求其在深化农村土地制度改革背景下的消解路径。

---

① 龚刃韧：《中国农村土地征收的宪法困境》，《法学》2013 年第 9 期。

② 刘婧娟：《中国农村土地征收法律问题》，法律出版社 2013 年版。

第一节　土地征收应遵循"对土地财产权永久性改变"的历史界定

　　土地征收实质上是一个通过国家权力介入强制购买土地的行为，也就是说，国家通过具体行政行为使特定主体的土地所有权有偿转移给另一主体。[①]在我国法律规定的框架内理解"征收"这一概念并不难，不像在英文中存在对"征收"的诸多表达，如 taking、condemn、expropriate 等词语，不同的词语在具体表达中存在微妙差异。

　　中国法律文本中的"土地征收"仅指土地所有权的强制取得情形。这不同于美国土地征收法律中规定的征收概念，美国法上的征收概念并不止步于土地所有权的取得，政府未经正当程序剥夺公民财产权的情形也可能构成征收，即反向征收。而且，美国的财产权概念并不依赖于作为整体的财产权概念，而是作为一个权利束，因此，政府从权利束中夺走核心的一束或者虽未取走核心的一束，但取走的束太多，都可能构成征收，美国法中规定的"管制性征收"概念即为此例。根

[①] 参见王坤、李志强：《新中国土地征收制度研究》，社会科学文献出版社 2009 年版。

据美国法的财产权分割理论，"财产利益可以分割为诸多面向，如物理性面向（描述的是所涉财产的大小和形状）、功能性面向（描述的是财产所有人可能使用或处分其财产的范围）和时间面向（描述的是财产利益的时间跨度）"①。所有权可以根据其不同的权利面向划分为不同的权利束，且"征收条款对私有财产权的每一部分所提供的保护与其对财产之整体所提供的保护是同样的"，"不论如何划分构成所有权的诸多权利面向也不论划分为何种权利束构成，这些权利之整体与各项单独的权利都属于征收条款的保护范围"。② 因此，在美国法上已经形成共识的是：政府强制性地取得土地所有权或者对公民财产构成物理性侵入③，都构成需要支付公平补偿的征收情形。而对于单纯剥夺权利束中的单项或者数项权利的情形，需要考虑其他因素，以判断是否构成征收。④ 实质上，美国法是通过财产权概念分割理论扩大了征收规范的适用范围，同时加强了征收规范的适用效力。而与美国不同的是，中国法上的所有权概念起源于大陆法系的所有权，采用的是所有权的权能解释论，即将所有权划分为占有、使用、收益和处分权能。将所有权中的一项权能剥离出来的做法在大陆法系的知识体系中无法自洽，就如 20 世纪 80 年代学界热议的所有权与经营权的

---

① See Margret Jane Radin, The Liberal Conception of Property: Cross Currents in the Jurisprudence of Takings, 88 Colum. L. Rev.（1988）, p.1676.

② See Richard A. Epstein, Takings: Private Property and the Power of Eminent Domain, Harvard University Press, 1985, p. 57.

③ 物理性侵入是指取走权利束中的排他性权利的情形。如果政府物理性侵入私人财产，无论该种侵入有没有给财产权人造成损害，均构成征收。

④ 参见刘连泰：《宪法文本中的征收规范解释——以中国宪法第十三条第三款为中心》，中国政法大学出版社 2014 年版。

分离问题，最后也不得不以"企业法人财产权"的概念取代"企业经营权"的概念，在大陆法系中，从作为整体的所有权中抽离出具体权能的做法将导致体系的混乱。① 我国《宪法》第 10 条第 3 款规定"国家为了公共利益的需要，可以依照法律规定对土地实行征收或者征用并给予补偿"，国家取得私有财产的形式包括征收和征用两种。中国法上的征收概念经历了多次变迁，最早出现在 1950 年《土地改革法》第 2 章第 3 条，"征收祠堂、庙宇、寺院、教堂、学校和团体在农村中的土地及其他公地。但对依靠上述土地收入以为维持费用的学校、孤儿院、养老院、医院等事业，应由当地人民政府另筹解决经费的妥善办法"，该法中土地征收被放置于与土地的没收相同的地位，并且均未提及征收公民财产需要给予补偿，条文中规定的"政府另筹经费"也是为了解决学校等机构的经费，并非征收财产支付的补偿。从 1954 年《宪法》第 13 条规定"国家为了公共利益的需要……对城乡土地和其他生产资料实行征购、征用或者收归国有"、1975 年《宪法》第 6 条第 3 款规定"国家可以依照法律规定的条件，对城乡土地和其他生产资料实行征购、征用或者收归国有"、1978 年《宪法》第 6 条第 3 款规定"国家可以依照法律规定的条件，对土地实行征购、征用或者收归国有"、1982 年《宪法》第 10 条第 3 款规定"国家为了公共利益的需要，可以依照法律规定对土地实行征用"的宪法规定上的转

---

① 参见孙小平：《所有权与经营权分离的新探索——中国法学会民法学经济法学研究会 1987 年年会暨武汉理论讨论会观点综述》，载《法学评论》1987 年第 6 期；中共中央十四届三中全会《中共中央关于建立社会主义市场经济体制若干问题的决定》提出了"企业法人财产权"的概念，从此学界不再用"经营权"概念表述国有企业所有人所拥有的财产权。

变，可以看出"征购、征用或者收归国有"作为国家强制性取得公民财产的形式后来全部由1982年的"征用"概括。可见，此时的宪法规定中，征用已成为国家强制性取得私有财产的唯一途径，同时为其规定了"公共利益"的要件，可见其实际上已经十分接近"征收"的概念。① 直到2004年《宪法修正案》才将1982年《宪法》第10条第3款中的"征用"概念拆分为"征收"和"征用"两个概念，可见，中国语境中，区分"征收"和"征用"两个概念有其必要性。在《关于〈中华人民共和国宪法修正案（草案）〉的说明》中，阐述了"征收"和"征用"两个概念的区别，虽然两种途径"都是为了公共利益的需要，都要经过法定程序，都要依法给予补偿"，但"征收主要是所有权的改变，征用只是使用权的改变"，因此，对于政府强制性剥夺公民财产的使用权的行为，财产权人可以援引"征用"规范寻求救济。

就此，有学者认为，征收的概念仅指所有权的强制性剥夺行为，"只有不同的土地所有权主体的存在，才具有土地所有权主体强制变更的必要性，才有产生土地征收行为的必要性"，"社会主义国家在土地所有权主体单一的情况下，不存在土地征收"。② 笔者并不认同此种观点。《关于〈中华人民共和国宪法修正案（草案）〉的说明》中明确指出，1982年的"征用"概念实质上既包含了所有权的强制性剥夺，即"征收"，同时也包含了"临时性用地的情形"，即"征用"。笔者认为，此表述已然说明了"征收"与"征用"的概念区分，征收涉及的是土地权利的永久性剥夺，国家并不再负载归还义务；而"征

① 参见刘连泰：《宪法文本中的征收规范解释——以中国宪法第十三条第三款为中心》，中国政法大学出版社2014年版。

② 参见王坤、李志强：《新中国土地征收制度研究》，社会科学文献出版社2009年版。

用"仅指国家临时性取得私有财产的情形，即国家仅在一定期限内剥夺公民对财产的财产性权利，一定期限过后，国家负有归还义务。"征收"和"征用"的区分仅在于"时间维度"，[①] 并不在于"所有权剥夺"与"使用权剥夺"的区分，征收仅指对财产性权利永久性剥夺且国家不负载归还义务的行为，包括剥夺公民私有财产的所有权和使用权等，而征用也可以剥夺公民私有财产的使用权或者所有权，但仅指一定期限内的权利剥夺并且期限过后国家应当归还该财产性权利。

---

① 关于时间维度的区分可以参见刘连泰：《宪法文本中的征收规范解释——以中国宪法第十三条第三款为中心》，中国政法大学出版社 2014 年版。

第二节	比较法上国家征收权的 法律规制

土地征收权是宪法特别授予政府为了实现公共利益，以公正补偿为条件，按照宪法和法律规定的程序强制取得土地所有权的权力。[1]世界各国对于国家征收权的限制，主要是通过宪法和一些专门法来实现的，这些限制概括而言主要是征收的公益目的限制、正当程序限制，以及公平或者公正补偿限制等。[2]

一、公共利益作为唯一正当理由的目的限制

各国宪法均规定了征收目的来严格控制土地征收权的行使，土地征收权作为一种附条件行使的权利，只有为了公共利益的需要的前提存在，才具有正当性。[3]

法国 1789 年《人权宣言》第 17 条规定"财产是神圣不可侵犯的

---

[1] 参见季金华：《土地征收权的法律规制》，载《法学论坛》2011 年第 6 期。

[2] 参见张明：《农民权利保护视野下的土地征收制度研究》，法律出版社 2013 年版。

[3] 参见季金华：《土地征收权的法律规制》，载《法学论坛》2011 年第 6 期。

权利，除非当合法认定的公共利益需要所显然必需时，且在公平而预先赔偿的条件下，任何人的财产不得受到剥夺"；1919 年德国《魏玛宪法》规定"所有权受宪法保障，其内容及其限度由法律规定之。征用唯有为公共福利，且依法律方得为之""财产权负有义务。其行使必须同时有益于公共福利"；1947 年《意大利宪法》第 42 条规定"为了公共利益，私有财产在法定情况下得有偿征用之"；1946 年《日本国宪法》第 29 条规定"财产权不得侵犯；财产权的内容，应符合公共福利，以法律规定之"；《美国联邦宪法》（第五修正案）规定"非经法定程序，不得剥夺任何人之生命、自由或财产；非有公正补偿，不得征收私有财产为公共使用"；我国《宪法》第 10 条第 3 款规定"国家为了公共利益的需要，可以依照法律规定对土地实行征收或者征用并给予补偿"。

虽然各国对于公共利益的表述并不完全一致，但无一例外认同的是，公共利益的需要是国家行使征收权力的唯一正当理由。保护个人私有财产权利作为国家的基本义务，只有在公共利益的实现与私有财产权利的保护存在冲突时，才能让位于社会公共利益的实现。[1] 社会公共利益的实现作为个人权利存续和行使的社会基础，也只有为了社会的公共利益实现才能牺牲作为特别个人的财产权利。[2] 由此，公共利益是个人权利行使的界限，也是限制个人权利的唯一正当合法理由。[3]

---

[1] 参见张明：《农民权利保护视野下的土地征收制度研究》，法律出版社 2013 年版。
[2] 参见张明：《农民权利保护视野下的土地征收制度研究》，法律出版社 2013 年版。
[3] 参见张明：《农民权利保护视野下的土地征收制度研究》，法律出版社 2013 年版。

二、补偿之义务性制约

"无补偿即无征收"已经成为各国法律的普遍共识，补偿成为征收制度的核心内容。[①]土地征收权除了要受到公共利益的目的性制约，还要承受保障被征地人生存权的义务制约，尤其是在农地作为生产要素承载农民生存和发展的基础性权利的情况下，征收补偿原则、补偿标准和补偿方式必须考虑农地对农民负载的生存意义。因此，补偿标准必须根据被征土地的未来用途、地理环境、质量和供求关系等因素来确定，才能达致理论上补偿被征收人因征地而遭受的各种损失之和。[②]

关于征收补偿的理论基础，目前主要有既有权说、恩惠说、社会职务说、特别牺牲说、社会协作说、公共负担平等说、不当得利说、无因管理说、人权保障说、社会保险说、国法责任说、国库理论、结果责任说和权力制约说等，[③]而特别牺牲说得到较为广泛的认同，任何财产权的行使都要受到一定内在的、社会的限制，只有当财产的征用或限制超出这些内在限制时，才产生补偿问题；对于为了公共利益而使个人遭受的特别损失，应当由全社会成员来共同分担，以达到公共利益与个人利益之间的平衡状态。[④]被征收者个人并没有义务为了公共利益独自承担应为整个社会承担的成本，如果政府随意征用土地并且不给予被征收者合理公平的补偿，不仅会使社会成员全体失去社

---

① 参见张明：《农民权利保护视野下的土地征收制度研究》，法律出版社2013年版。

② 参见季金华：《土地征收权的法律规制》，载《法学论坛》2011年第6期。

③ 参见房绍坤、王洪平：《公益征收法研究》，中国人民大学出版社2011年版。

④ 参见韩小平：《行政补偿制度的几个问题》，载《苏州大学学报》（哲学社会科学版）2001年第C1期。

会的安全感，使其畏手畏脚地不敢进行大胆的投资建设，同时也会增加公共设施建设的阻力和难度。[1] 以此为基础，合理补偿的标准最起码应当使原来土地所有者的处境在征收补偿后与被征收前不存在明显的差别，保证被征收者在征收后的生活水平不会明显下降。

关于补偿原则较具代表性的有三种理论：完全补偿原则、适当补偿原则和衡平补偿原则。[2] 德国的征收补偿经历了完全补偿原则—适当补偿原则—衡平补偿原则的转变过程，1794 年《普鲁士普通邦法》第一编第十一章第九条规定在确定购买价格时不仅应考虑通常的价值，还应当考虑可能具有的物的非同寻常的价值，应当考虑到所有权人被迫交易的强制性因素而将所有权人对物的特殊使用方式或者物的非同寻常的价值（如所有权人建立在物质上的因特殊情感产生的利益）纳入补偿金额确定的范畴之内[3]；随着所有权社会化观念的普及，1919 年《魏玛宪法》第 153 条第 2 款第 2 项确定了适当补偿标准，即"实施征收应当给予适当的补偿"，在实践中确定适当补偿金额的方式即按照《普鲁士土地征收法》（Gesetz über die Enteignung von Grundeigentum）确定"被征收土地的价值替代，包括剩余未被征收的土地价值的减损部分"；《基本法》第 14 条第 3 款第 3 项确定了征收补偿的衡平主义标准，即通过在公共利益和相关参与人之间进行公正的利益衡量来确定补偿，实质上是要求立法者在制定征收法律之时就必须进行公正的权衡，而不能把利益衡量这一要求交由在个案中具

---

① 参见季金华：《土地征收权的法律规制》，载《法学论坛》2011 年第 6 期。
② 参见袁治杰：《德国土地征收补偿法律机制研究》，载《环球法律评论》2016 年第 3 期。
③ 参见袁治杰：《德国土地征收补偿法律机制研究》，载《环球法律评论》2016 年第 3 期。

体确定补偿额度的行政机关或者司法机关来完成。[①] 美国采取的是公正补偿原则，《美国联邦宪法》（第五修正案）规定，"非经法定程序，不得剥夺任何人之生命、自由和财产；非有公正补偿，不得征收私有财产为公共使用"。澳大利亚 1989 年《土地征收法》第 55 条明确规定了完全补偿原则："依本部分有关土地利益征收的规定而有权获得补偿的人，其补偿额应是在考虑了所有相关因素后做出的恰能补偿该人在征收中遭受的所有损失的数额。"由此确定了日本土地征收补偿的范围主要包括被征收财产的损失赔偿，对权利者因土地征收而受到的附带性损失进行赔偿，对土地权利者的雇佣人员因土地被征收而失业给予适当补助，对公共事业开发后造成的噪音、废气、水质污染等损失给予适当补偿。[②] 随着对征收补偿规范解释和实践路径的成熟，各国对于征收补偿的标准逐渐呈现出制度功能性，即以"使得被征收人能够重新获得同样类型和同样价值的被征物，也就是说，通过征收补偿应当使得被征收人获得其所遭受牺牲的同等替代品"[③] 为判断标准给予因征收而遭受特别牺牲的被征收人公正补偿。

三、程序性功能保障

"在其他国家，特别是英、美、澳、德等发达国家，土地征收工作都能平稳进行，并未发生甚为严重的征地冲突。"[④] 对土地征收

---

① 参见袁治杰：《德国土地征收补偿法律机制研究》，载《环球法律评论》2016 年第 3 期。
② 参见张明：《农民权利保护视野下的土地征收制度研究》，法律出版社 2013 年版。
③ 参见袁治杰：《德国土地征收补偿法律机制研究》，载《环球法律评论》2016 年第 3 期。
④ 参见谭术魁：《中国频繁暴发征地冲突的原因分析》，载《中国土地科学》2008 年第 6 期。

权的目的制约、义务制约，最终必须通过征地程序的规范和控制来实现。[1]"只有符合法定程序的征收行为才具备有效性，才能产生剥夺被征地者土地所有权的法律后果。"[2]正当程序的价值在国家征收权的行使过程中主要体现在两个方面：一方面是对于被征收人的权利保障；另一方面是对于征收人的限制，防止征收权被恣意行使。对被征收人而言，正当程序赋予其充分的参与机会并给予其公正的救济机会，使被征收人在作出特别牺牲的情况下不至于出现"额外的"特别牺牲；对于征收人而言，正当程序可以保证征收程序的透明化，防止公权力行使中的"暗箱操作"。[3]

纵观域外征收立法规范，我国征收程序的设定必须实现由"抑私扬公"到"抑公扬私"立法理念的转变。正如王利明教授所言："在公权力和私权利的博弈之中，公权力本身处于强势地位，如果缺乏程序规范，就容易导致公权力的膨胀，进而损害私权利，这一点在征收征用的实践中表现得尤为突出。"[4]在征收法律关系中，呈现出公权力与私权利之间的强烈冲突态势，必须妥善处理该法律关系中的权力—权利形态，防止公权力对私权利的过分侵夺。立法理念对于集体土地征收程序制度的设计和构建起到基石性作用，我国目前集体土地征收程序制度已经出现了"抑私扬公"的实践困境，在借鉴域外立法经验的前提下，我国集体土地征收程序制度设计的立法理念亟须实现

---

① 参见季金华：《土地征收权的法律规制》，载《法学论坛》2011年第6期。

② 参见万政伟、王坤：《论西方市场征收制度及其对我国土地征收立法的借鉴》，载《改革与战略》2009年第3期。

③ 参见张明：《农民权利保护视野下的土地征收制度研究》，法律出版社2013年版。

④ 参见王利明：《〈物权法〉的实施与征收征用制度的完善》，载《法学杂志》2008年第4期。

更新，并完成具体程序制度的设计。① 我国集体土地征收程序呈现出强烈的行政主导性，形成了"抑私扬公"的立法倾向，既不符合民法典平等保护的基本法理，也与行政法中的平衡理论背道而驰。②

笔者认为，实现"抑私扬公"理念至"抑公扬私"理念的转变，应当赋予被征收人充分的程序性权利。首先，为明确、严格地界定公共利益，赋予被征收人参与公共利益认定的协商权，并设定公共利益的实现调查和公告程序；赋予被征收人征收决定异议权以及对征收后一定期限内未用于公共利益事业的撤销权或者买回权。我国涉及征收的法律中，如《宪法》《土地管理法》《物权法》《农村土地承包法》中均未对公共利益做出明确界定；根据《土地管理法》的规定，征收决定只有在经过国务院或者省级政府批准后才予以公告。③ 由此可见，征收决定的认定形成了完全由行政主导的格局，行政机关被赋予极大的自由裁量权；在征收决定认定这一法律体系内，征收的公共利益认定程序呈现出完全的行政机关主导性，被征收人甚至未被给予参与其中表达自身利益诉求的机会，这无疑会导致行政机关假借"公共利益"之名从事商业性征收的现象大行其道，造成对公民私有财产权的恣意侵犯；政府以参与者和管理者的双重身份进入公权力与私权利之间的博弈之中，其为谋求自身利益最大化而与公共利益、被征收人的私人

---

① 参见陈小君：《农村集体土地征收的法理反思与制度重构》，载《中国法学》2012年第1期。

② 参见陈小君：《农村集体土地征收的法理反思与制度重构》，载《中国法学》2012年第1期。

③ 参见陈小君：《农村集体土地征收的法理反思与制度重构》，载《中国法学》2012年第1期。

利益形成角力状态。[1] 大多数国家规定了土地持有者参与征地决定认定过程的权利。如《美国联邦行政程序法》规定，土地权利人有权就任何有争议的事实认定和适用的法律寻求司法听证。在司法听证环节中，如果法院认定所有利益关系人都按要求通知到，征收的土地确实是用于必要的公共用途，则裁决准许征地。[2] 同时，赋予被征收人对公共利益认定的司法救济权和事后买回权，可以有效防止公权力假借征收之名肆意侵害私权，并且更加容易取得被征收人的理解与支持。[3] 例如，我国澳门立法会制定的第 12/92/M 号法律规定，在征收完结后三年内，被征收的财产未被用于征收时宣告的公益性用途或者不再继续用于该特定公益用途时，被征收财产的所有权人可以申请回购该财产。[4]

其次，为被征收人争取合理补偿提供协商的前置程序，尽量使争议消解于意思自治的协商过程中。[5] 同样，在土地征收补偿金额的确定中呈现出明显的行政主导定价性，《土地管理法》规定以"区片综合地价"确定征收补偿标准，但具体数额的确定仍然需要依赖政府的自由裁量权，本质上仍然是政府主导定价的单方决定补偿数额的操

---

[1] 参见渠滢：《不动产被征收人参与权的价值定位与制度重构》，载《中国法学》2018 年第 1 期。

[2] 参见季金华：《土地征收权的法律规制》，载《法学论坛》2011 年第 6 期。

[3] 参见陈小君：《农村集体土地征收的法理反思与制度重构》，载《中国法学》2012 年第 1 期。

[4] 参见米万英：《澳门征收制度的特色》，载《法学》2007 年第 8 期。

[5] 参见陈小君：《农村集体土地征收的法理反思与制度重构》，载《中国法学》2012 年第 1 期。

作。① 政府主导定价的方式形成"低征高卖"的征收模式，低廉的土地征收款与高昂的土地出让金之间形成了巨额"剪刀差"，诱发政府扩张征地增加政府财政收入的"土地财政"模式。② "协构程序"作为征收的前置程序是减少征地补偿纠纷和增加公众参与的有效机制，如波兰等国家要求征地机关必须从计划征地开始，与土地持有者进行至少三个月的谈判之后达成征地协议，才能向政府提交征地建议书，进而进入征地程序；③ 美国俄亥俄州 1971 年的《新统一法典》第 163 条将谈判程序设置为征地程序的第二个阶段，要求征收人应当尽一切可能与土地权利人达成协议，以免进入司法程序。

最后，赋予被征收人在征收决定和征收补偿两个环节的司法救济权，为私权制约国家征收权行使提供更多可能。根据我国土地征收法律的相关规定，被征收权利人只能通过行政复议的方式对土地征收决定提出异议，④ 但是对于征收补偿方案的制订和实施缺乏异议权，征收补偿方案由行政部门拟定、批准和实施，即使对补偿标准有争议，只能提起异议反馈⑤。对此，域外立法经验尤其值得借鉴。法国法规定，被征收人及其利害关系人可以就行政程序的"批准公用目的"和"可以转让的决定"向法院提起越权之诉，法院有权对其合法性进行司法

---

① 参见陈小君：《农村集体土地征收的法理反思与制度重构》，载《中国法学》2012年第 1 期。

② 参见陈小君：《农村集体土地征收的法理反思与制度重构》，载《中国法学》2012年第 1 期。

③ 参见陈小君：《农村集体土地征收的法理反思与制度重构》，载《中国法学》2012年第 1 期。

④ 参见《行政复议法》第 6 条第 4 款、第 30 条第 2 款的规定。

⑤ 参见《土地管理法实施条例》第 25 条第 3 款的规定。

审查并有权撤销违法的征收决定，同时，普通法院对征收土地所有权的转移和补偿金的确定争议具有管辖权。[①] 在英国，如果土地所有权人认为征收决定超过了法律授权的公益性标准，可以对此征收决定提起上诉，法院有权对此征收决定的合法性进行司法审查；对于征收补偿纠纷，大多数国家规定了法院的司法审查权，任何受征地影响的土地权利人均有权通过上诉解决补偿金问题，法院有权对征收补偿标准是否达到了公正补偿标准以及征收补偿协议的达成是否存在欺诈或者失误进行司法审查。[②]

四、征收权的规划控制之道

《土地管理法》第四十五条规定了征收之公共利益的六种限定情形：1. 军事和外交需要用地的；2. 由政府组织实施的能源、交通、水利、通信、邮政等基础设施建设需要用地的；3. 由政府组织实施的科技、教育、文化、卫生、体育、生态环境和资源保护、防灾减灾、文物保护、社区综合服务、社会福利、市政公用、优抚安置、英烈保护等公共事业需要用地的；4. 由政府组织实施的扶贫搬迁、保障性安居工程建设需要用地的；5. 在土地利用总体规划确定的城镇建设用地范围内，经省级以上人民政府批准由县级以上地方人民政府组织实施的成片开发建设需要用地的；6. 法律规定为公共利益需要可以征收农民集体所有土地的其他情形。学界普遍认为第五项中的情形存在"泛化"

---

① 参见王名扬：《法国行政法》，中国政法大学出版社 1988 年版。
② 参见季金华：《土地征收权的法律规制》，载《法学论坛》2011 年第 6 期。

公共利益的嫌疑，造成非公益性征收借由公益性之名进入征收场域。[①]
我国学者以及立法者均认为土地规划将不适当扩大征收之公共利益内
含属性，这一点从自然资源部原部长陆昊 2018 年 12 月 23 日在十三
届全国人民代表大会常务委员会第七次会议上在《关于〈中华人民共
和国土地管理法〉、〈中华人民共和国城市房地产管理法〉修正案（草
案）的说明》中指出的"将成片开发纳入可以征地的情形，以免对经
济社会发展影响过大"可见一斑。

　　立法者以及学界对于规划与征收的关系层面的实质性认知是平行
但并不交叉的，认为规划与征收是截然不同的两个土地管制制度，并
不认同土地规划对于征收范围的规制作用。然而，纵观域外，很多国
家已然充分重视土地规划立法和城乡规划立法对土地征收权的规制功
能。[②] 土地规划是解决大规模的、复杂的土地使用冲突问题的有效办法，
立法机关通过的土地利用总体规划是土地用途管制的重要依据，是实
行严格的耕地保护制度、控制非农建设用地总量的根本保证；土地利
用规划或者城乡规划俨然成为判断土地征收是否符合公共利益的重要
依据。[③] 相信，在比较法视角下探究土地规划与土地征收的关系，能
够为土地征收之公共利益的确定提供一种新的思路或者审视的视角。

[①] 此类主张可参见陈小君：《我国〈土地管理法〉修法的民法思考》，载《私法研究》
2018 年第 1 期；耿卓：《〈土地管理法〉修正的宏观审视与微观设计——以〈土地管
理法（修正案草案）〉（第二次征求意见稿）为分析对象》，载《社会科学》2018 年
第 8 期。

[②] 如日本 1951 年颁布的《土地收用法》明确规定，从公共利益出发可以征收所需土地。
凡是依照《城市规划法》《河川法》《港湾法》进行的道路、水库、堤防等防洪设施
的建设、港湾建设等，均属于公共利益范畴，为此目的征收土地具有合法性。

[③] 参见季金华：《土地征收权的法律规制》，载《法学论坛》2011 年第 6 期。

（一）土地规划与征收具有公共利益的通约性

1. 规划权之行使符合公益性标准

伴随着城市化进程的突飞猛进，运用规划管制土地利用与城市建设成为政府实现社会目标的一柄利剑。[①] 城市规划的诞生是基于城市化弊病带来的严重的环境卫生、公共健康、公共安全问题，各类烟尘、噪声等威胁着城市居民的福祉。此时，规划与征收宛如平行世界的两端，各司其职；而后，城市化更新运动打通规划进入征收视野的通道。通过复兴内城、解决住房短缺问题来推动城市发展的城市更新运动，旨在授权政府运用征收权聚敛成片的衰败土地，并经由规划进行项目实施改造；但是经由更新规划获得的土地，其土地开发利用的方式和限度都必须在规划控制之内[②]，可以说，征收的范围和限度受到规划控制。

2. 规划之公益与征收公益具备共同实现

"征收是公共利益所必需时不得已的选择，公共利益是征收财产的唯一理由"[③]，成为征收与公共利益关系力求达到的最优平衡。公共利益的概念却一直处于法律明确界定的范围之外，实践中，公共利益被严重滥用，作为征收方的政府与被征收方的农民俨然处于严重的对立抗争之中。但笔者认为，虽然公共利益在法律上缺乏明确的界定，但法律已经为公共利益与征收描绘出和谐的关系图景，也正是因为公

[①] 参见刘玉姿：《征收的规划控制》，载《城市规划》2015 年第 39 卷第 8 期。

[②] 参见马丁·安德森：《美国联邦城市更新计划（1949—1962 年）》，吴浩军译，中国建筑工业出版社 2012 年版。

[③] 参见蔡乐渭：《从拟制走向虚无——土地征收中"公共利益"的演变》，载《政法论坛》2012 年第 6 期。

共利益标准的法律界定缺失，才为征收确定了"多方协作共进"的规制格局。纵观我国公益性标准的转变，便能查探出些许端倪。首次对征收公共利益做出规定的法律文件是政务院 1953 年颁布的《关于国家建设征用土地办法》，"国家建设"成为征收的唯一合法事由，包括兴建国防工程、厂矿、铁路、交通、水利工程、市政建设及其他经济、文化建设；1959 年《关于人民公社的十八个问题》中，"基础建设"取代"国家建设"成为征收的合法事由；1982 年《国家建设征用土地条例》将"经济、文化、国防建设以及兴办社会公共事业"作为公共利益的代名词。至此，征收始终需要遵循一定的公益性标准，即"保证国家建设所必需的土地"，但是对于何为国家建设这一重大疑难问题却缺乏应有界定，仅凭借极为粗疏的列举难以赋予其实践的可操作性[1]。直到 1983 年《城镇个人建造住宅管理办法》第 4 条第 2 款规定"城镇个人建造住宅需要征用土地的，必须按照国家有关规定，办理征地手续"，1989 年《关于深圳经济特区征地工作的若干规定》中"对特区内可供开发的属于集体所有的土地，由市政府按照法律的规定统一征用"，显然，具备建设需要或者可供开发的需求性标准成为征收的公益性本位，土地征收或者国有化本身已经成为所谓的征收公共利益。[2]法律制度上如何具体界定公共利益便无从稽考，致使公共利益的要件性条款未能有效发挥防止征收权滥用之功用。

"人民民主专政"的政权体制决定了中国共产党自然并且只能代

---

① 参见高飞：《集体土地征收中公共利益条款的法理反思与制度回应》，载《甘肃政法学院学报》2018 年第 1 期。

② 参见蔡乐渭：《从拟制走向虚无——土地征收中"公共利益"的演变》，载《政法论坛》2012 年第 6 期。

表人民的利益，由此政权性质逻辑推演得出政府进行国家建设的行为具备以人民利益为本位的社会公共利益之行为属性。《宪法》规定了土地的公有制，从"打土豪、分田地"的革命斗争中缔造的中国土地制度自然承载着"土地保障人们基本生活的社会属性"以及"土地作为最重要的社会资源应当承载支撑国家发展建设的政治职能"，基于此，征收权具有对抗私人财产权的正当性。在农村土地本身便承载着公共利益实现之功能的前提下，农地不仅负载着平衡食物供应与食物需求之间的关系以此保障国家粮食安全，还需要负载避免农民显性失业致使农村社会动荡的农民社会保障功能，其主要通过对农业物权的特别限制——包括农地权利主体的资格限定及农地物权权能属性的限定，以及对农地财产属性的限制——以增加农地物权的正外部性[1]，从而实现农地制度的制度性公共利益。[2] 由此，对于农地之征收正当性标准应当以征收之公益性价值至少高于农地本身承载之公益性价值为前提，公共利益条款虽然并非均为保护私人财产权免受侵害产生，但不容置疑的是，征收之公共利益条款始终以保护私人所有权免受国家侵害为重要衡量标准，"私人利益的保护"是规定的重心而非促成各种公共利益的实现。立法者想最大限度地保护财产抵御公权力的侵犯，力求使这种剥夺所有权的方式是无法回避（incontournable）、不可阻

---

[1] 一般而言，外部性就是"当生产和消费中一个人使他人遭受到额外的成本或收益，而强加在他人身上的成本或收益没有经过当事人以货币的形式进行补偿时，外在性或溢出效应就发生了。"参见卢现祥：《环境、外部性与产权》，《经济评论》2002年第4期。

[2] 参见祝之舟：《论农地的公益性及农地征收中的公益衡量》，载《法律科学（西北政法大学学报）》2013年第2期。

止（inéluctable）[1]与不可避免的（inévitable）[2]。正是在这种土地社会属性、私人所有权保护与国家征收权的复杂关系寻求平衡的过程中，造就了"公共利益"不再也不可能仅仅代表着利益，还需要具有"需要（nécessité）"以及"经济"的内容[3]。土地征收权行使的终极目的在于为社会提供公共产品，实现社会公共利益。[4]

各国学界都对土地利用规划的公共利益作出了探讨。作为对一定区域内的土地利用做出的超前性计划和安排，需要根据社会经济发展和土地的自然历史特性对土地资源的利用作出合理分配和组织。[5]"通过调节土地利用的变化满足和促进社会经济的发展"、土地利用规划是按照现有自然和社会经济的调节寻求"最佳的土地利用解决方案"[6]，"土地利用规划通过确定居住用地、商业和工业工地基础设施和工业设施用地实现对经济福利、环境质量、生活便利设施和生活成本的贡献"[7]，提高社区整体福利和公共利益最大化成为土地利用规划存在和发展的本旨所在，并且其应当与特定的政治和制度背景紧密融合。在中国城镇化进程中，土地利用规划权的行使实乃政府有组织、有计划地为社会提供依靠市场机制难以提供的公共利益服务，具

---

[1] Nicolas Molfessis, Le Conseil Constitutionnel et le Droit Privé, L.G.D.J., 1997, p.69.

[2] Geneviève KOUBI, De l'article 2 à l'article 17 de la declaration de 1789: la brèche dans le discourse révolutionnaire, in Propriété et Révolution: Éd. du CNRS et Université de Toulouse I, 1990, p. 68.

[3] Jeanne LEMASURIER, Le droit de l'expropriation, 3e édition, Economica, 2005, p.82.

[4] 参见林哲森：《土地征收权及其正当化依据》，载《海峡法学》2014年第2期。

[5] 参见王万茂、韩桐魁主编：《土地利用规划学（第八版）》，中国农业出版社2013年版。

[6] 参见张正峰：《土地资源管理学》，人民大学出版社2008年版。

[7] 参见丁成日、宋彦：《城市规划与市场机制》，中国建筑工业出版社2009年版。

体而言，土地利用规划权的行使能够提供"粮食安全""生态环境保护"以及"基本居住权的保障"等公共产品。[①] 而在多元的社会生活中必须存在一些共同的价值观，才能维系社会的良好运转，这些价值观便是公共利益的产生基础。因此，基于人的权利属性和社会属性，其在进行社会决策意见表达时，通常在顾及自身利益之外也会支持建立一个良好社会的构想，由此，构建社会之公共利益便基于社会个体的表达机制应运而生。根据弗里德曼在《在公共领域中的规划》中的观点——"在市场经济条件下，规划的基本工作内容是调整社会的公共生活，具有服务公众的目的，调节社会分配，为弱势者提供救助，以达成趋向更公平的社会秩序"[②]，土地利用规划制度便是试图通过合理配置规划决策权力资源以及构建决策合作框架的形式达到土地资源的最优化利用，最大化地降低土地资源配置中的交易成本。实质上，土地利用规划对于未来土地利用的发展配置本身便是对于土地利用的"公共利益"进行规划配置的过程。

因此，笔者认为，土地征收制度与土地利用规划制度具有公共利益的可通约性。美国联邦最高法院将征收权与警察权性质的规划权的关系简化为"征收的公用要求与作为主权性权力的警察权的规划权范围一致"[③]。

3. 规划划定征收范围，征收作为规划的实现手段

土地规划具有安排未来土地使用的蓝图性特征，其主要形成土地

---

① 参见赵宁：《土地利用规划权力正当性制度研究》，辽宁大学 2013 年博士学位论文。

② 参见李阎魁：《城市规划与人的主体论》，中国建筑工业出版社 2007 年版。

③ See Hawaii Housing Authority v. Midkiff, 467 U.S. 229-240（1984）.

利用的公共秩序；[①] 国家规划权的行使实质上是为实现土地资源属性上承载的公益目标而进行的土地资源管制行为[②]，其协调城乡空间布局、改善人居环境的权力目的表明了规划权具有先天的公益性；[③] "规划的基本工作内容是调整社会的公共生活，具有服务公众的目的，调节社会分配，为弱势者提供救助，以达成趋向更公平的社会秩序"[④]。土地规划涉及土地资源的分配与重组，其通过对土地的物质形态规划实现对城市公共利益的分配，进而转变市场配置土地资源时单纯的利益导向，以平衡土地的财产属性与社会属性。[⑤] 规划权属于政府拥有的为了公共健康、公共安全及公共道德进行管制的权力的一种体现，其实质在于排除公共妨害；[⑥] 而征收权实则来源于宪法中的财产征收条款，该条款设计逻辑为征收权的限权条款[⑦]，权力行使应当是为实

[①] 参见吴胜利：《财产权形成中的公权力规制研究——以土地规划权对土地财产权的规制为核心》，载《学习与探索》2017 年第 11 期。

[②] 参见张先贵：《权力束视角下我国土地管理行为法权表达及意义——立足于〈土地管理法〉修改背景下的审思》，载《社会科学辑刊》2016 年第 5 期。

[③] 该类观点可参见朱喜钢、金俭：《政府的规划权与公民的不动产物权》，载《城市规划》2011 年第 2 期；刘玉姿：《征收的规划控制》，载《城市规划》2015 年第 8 期。

[④] See Friedmann J., Planning in the Public Domain: From Knowledge to Action, Princeton University Press, 1987, p.8.

[⑤] 参见柴荣、李竹：《城市规划中土地利用的法律规制——基于公平正义的分析》，载《山东社会科学》2017 年第 6 期。

[⑥] 参见刘连泰：《政府对拟征收不动产的管制》，载《法律科学（西北政法大学学报）》2014 年第 2 期。

[⑦] 参见丁鹏、邹爱华：《论宪法财产征收条款的限权逻辑》，载《科学社会主义》2012 年第 4 期。

现共用而强制征收私有财产，本质在于创造公共利益。[①]

（二）比较法层面公共利益之规划控制手段的优势考量

既然规划同样服务于公共利益，且与土地征收制度中的公共利益具有可通约性，域外诸多国家通过规划控制征收权的行使究竟具有何种优势，将是本部分予以探究的内容。

1. 规划控制能够提升征收公共利益的整体性层次

笔者认为，规划控制下的征收公共利益具有整体性。城市化进程推进着规划与征收的聚合交织，征收如何能够有效地促进公益实现逐渐转化为具体的土地利用规划如何实现公用。[②]虽然我国法律规定中承认征收需要符合土地利用总体规划、城乡规划、专项规划、国民经济和社会发展规划，以及发展计划，至少肯定了规划权在征收正当性判断中发挥着一定作用。[③]但在司法实践中，规划权在征收公益判断中作用甚微——司法部门仅仅将"各部门出具的征收符合相应规划的回函"作为判断征收符合规划设置的关键且唯一的依据——规划权对于征收正当性的影响仅停留在形式层面，更遑论规划制定是否科学合理，若规划本身过于宏观或者缺乏合理性，更何谈规划对于征收正当性的指导作用。但在国外立法中，征收的规划控制，至少是规划对于征收公益正当性的判断起着极为关键的作用。

[①]See Supino Christopher, The Public Power and "Public Use": Balancing the Public Interest Against Private Rights through Principled Constitutional Distinctions, West Virginia Law Review, 2008（110）: 728-729.

[②]See City of Las Vegas Downtown Redevelopment Agency v. Pappas, 76 P.3d 1 （Nov. 2003），转引自刘玉姿：《征收的规划控制》，载《城市规划》2015 年第 8 期。

[③]参见江必新：《修改〈土地管理法〉应当处理好的几对关系》，载《法律适用》2019 年第 7 期。

其一，美国建立的征收之规划控制的司法审查中，法院即以"经由充分审议的综合规划"证成征收的公益性，给予了征收公益性判断从规划整体视角考察的理论高度。若一项征收是按照土地利用规划的设定展开，则该项征收的公益性判断应当从规划的整体视角出发；由于任何征收归根结底都是"一对一的财产转移"，其具有局部性、单向性，部分财产的征收可能并不符合传统意义上的征收公益性标准，甚至难以成为适格的被征收财产，但若该单项征收在规划实行的必要范围之内，而规划显然服务于公共利益，此时，应当从规划整体出发，而非零敲碎打地评断财产所有者的征收挑战①。经过充分审议的综合规划能够消弭单项征收不符合公益性标准的挑战，②并足以论证目的事实符合征收之公益性。从综合规划的角度甚至可以承认某些因商业开发目的而进行的征收具有合宪性，对于征收公益性审查标准也逐渐从关注公用的实质内涵转向强调征收程序，试图以程序审查确保征收之公益性，规划成为判断征收是否符合公益性的关键标准。③

其二，根据日本土地征收法制规定，《城市规划法》中的城市规划项目成为征收适格事业内涵，包括城市规划设施整备事业与市区开发事业两种，前者包括城市建设中的建设道路、公园、供电设备、垃圾焚烧场、学校、图书馆、医院等大型城市公用设施事业，④后者主要指的是土地区划整理事业、新住宅区开发事业、工业区建成事业、

---

① 参见刘玉姿：《征收的规划控制》，载《城市规划》2015年第8期。
② 参见史蒂文斯大法官在凯洛案中的阐述。Kelo v. City of New London, 545 U.S. 469（2005）.
③ See Middletowm Township v. Lands of Stone, 939 A. 2d. 331（pa. 2007）.
④ 参见日本《城市规划法》第11条。

都市再开发事业等建设项目。[①] 都市再开发项目中即包含大量建成后供私人使用或 / 和用于商业用途的项目，为消除都市开发事业征收的违宪嫌疑，1953 年"农地改革案"中最高法院作出如下论断，"即使征收的结果使得特定的个人成为受益人，只要政府的整体征收是为了公共即可"，规划控制下的征收项目应当脱离其项目本身的直接目的，而应该承认其基于城市规划事业一体性产生的紧急的公共性。[②]

其三，荷兰发达的分区规划体系使荷兰迅速进入城镇化道路，但社会没有因为土地征收和房屋拆迁问题陷入剧烈的冲突和动荡。荷兰宪法对于公共利益采取了"消极定义"方式：若征收仅服务于私人利益，则该征收不符合公共利益目的。公共利益界定的主要途径乃是基于有约束力的土地利用规划，只要征收项目在土地利用规划设置内，并不仅仅服务于私人利益或者法律禁止的其他目的，该项征收即符合公益性标准。换言之，公共利益的界定在土地利用规划阶段便已完成——荷兰土地征收程序启动后并不重新进行公共利益的听证。笔者认为，分区规划控制下的征收公共利益具有整体性优势：首先，荷兰分区规划的制定以"良好的空间规划（good spatial planning）"为目标导向，现行的《空间规划法（Spatial Planning Act）》作出空间规划的描述性定义，即"涉及社会各方利益的良好均衡，更明确地讲，涉及过度增长的住房压力、基础设施建设、娱乐设施建设、水资源与环境等因素；对于弱势及濒危群体的保护以及公共利益的保护，例如弱势群体保护以及环境保护"，"良好的空间发展之目标是创造一个更

---

① 参见日本《城市规划法》第 12 条第 1 项之规定。
② 参见黄宇骁：《日本土地征收法制实践及对我国的启示——以公共利益与损失补偿为中心》，载《环球法律评论》2015 年第 4 期。

好的环境以便创造对于地区发展更为有利的条件"。① 因此，《荷兰土地征收法》将符合公共利益标准的发展项目（包括经济类型的发展项目）限定在"必须服务于空间发展"，即其能够实施或者促进土地利用规划的实现。② 其次，整体高度视角下的公共利益并不依赖人数标准确定，更加客观可行。通常界定公共利益会采用拆解法，即分别判断"公共"和"受益"。但对于相关利益群体达到何种数量构成"公共"性难以认定，受益程度因"直接受益"和"间接受益"的分别难以清晰认定何种受益程度、方式及种类符合"受益"性标准。而分区规划乃是基于"政府通过综合考量环境、生态、人口和其他政策性因素，通过将土地划分为不同用途进而明确每一个区域内土地的发展方向"而制定，基于分区规划衡量的公共利益乃是基于"区域的通盘规划""分区规划整体实现"的角度确定，并不局限于单独项目或者单块区域的发展是否符合纯粹的公益性用途。

2. 规划控制实现征收公益的"功能纯粹性"

公共利益的最大特征即在于其与诚实信用、公序良俗等相类似的框架性概念，具有极高的抽象性和概括性，③ 给予公共利益广泛的适用性。凡社会生活的基础、条件、环境、秩序、目标、道德及良好风

---

① See Tweede Kamer der Staten-Generaal, 2002—2003, 28 916, No.3, Explanatory Memorandum, Wet ruimtelijke ordening, 19 and 92. cited in Bjorn Hoops, the legitimate justification of expropriation-- a comparative law and governance analysis by the example of third-party transfer for economic development, university of groningen 2017, p.225.

② See Rijkswaterstaat 2016, 16; and PSA Overwater & CAC Westendorp-Frikkee Handboek administratieve onteigenings procedure（The Hague：SDU 2004）29.

③ 参见王利明：《公共利益是否就等于"大家的利益"》，载《解放日报》2006年第12期。

俗习惯等似乎都成为公共利益的抽象范畴。[1] 公共利益的抽象层面可以分为两个方面：其一即作为价值功能的承载，政治、经济、文化等社会生活领域的基本秩序均能够体现全体社会成员的公共利益；[2] 其二是作为制度承载之利益，事实上绝大多数法律制度的制度利益与公共利益高度重合，如交通法制下的交通安全利益以及公共卫生制度下的公众健康保障。如果某一制度的制度利益与公共利益不一致，则意味着该制度并不符合社会期待。[3] 正是如此，土地制度中的公共利益应当承载其本身的制度利益，从而区别于其他公共利益内涵。《宪法》第10条公共利益条款的实质功能在于保护私人所有权免受国家侵犯，而非将征收作为满足公共利益需要设置的工具。根据《城乡规划法》和《土地管理法》的规定，土地征收之制度公益性应当体现为"确保土地能以最合理高效的方式利用"，除此功能之外，不应当过度负载其他功能，比如社会救济、社会财富再分配或者增加国家财富之目的，因为国家已经设定了其他制度保障这些公共利益得以实现，征收之公共利益条款不应当承载其自身不能承受之重。[4] 有学者认为，"所有权所具有的保障自由的功能要求，只有为了实现特别重要的、迫切的公共利益，才可以动用征收。"[5] 依旧脱离了土地征收的立足于土地制度的制度功能，征收之公益性判断应当立足于土地制度本身的制度

---

① 参见梁慧星：《民法》，四川人民出版社1988年版。

② 参见杨代雄：《民法总论专题》，清华大学出版社2012年版。

③ 参见梁上上：《利益的层次结构与利益衡量的展开——兼评加藤一郎的利益衡量论》，载《法学研究》2002年第1期。

④ 参见袁治杰：《德国土地征收中的公共利益》，载《行政法学研究》2010年第2期。

⑤Bverf GE 74. 264. S. 289. 转引自袁治杰：《德国土地征收中的公共利益》，载《行政法学研究》2010年第2期。

功能实现之角度，只有有助于土地承载的社会公共利益之实现方能启动征收程序，否则可以通过其他制度功能实现。笔者认为，目前关于征收公共利益的探讨强调的都是公共利益对公民基本权利的限制，而公共利益限制政府行为的功能甚至完全被忽略，公共利益条款承担的功能应当是保障公民私有财产权免受国家侵犯，但其不但未担负起维护公民权益的基本功能，反而成为政府行为合法性论证的兜底法宝，成为否定甚至吞噬私有权利的依据。[①] 公共利益条款的未来应用应以保障公民基本权利之功能实现为主，尽量避免其"限制公民基本权利之功能被不当放大"之趋势。

（三）征收权经由规划控制的基本形态

1. 规划划定征收的范围

根据现有法律法规规定[②]，公共利益的目的范围归纳起来大致有以下几种：第一，社会救助，如救灾、救助扶助特殊人群；第二，国家机关用地；第三，国防、军事设施建设；第四，能源、交通、水利等基础设施建设；第五，城市基础设施建设；第六，社会公共设施建设，涉及教育、科学、文化、卫生、体育事业，如学校、文化宫、图书馆、

[①] 参见胡鸿高：《论公共利益的法律界定——从要素解释的路径》，载《中国法学》2008 年第 4 期。

[②] 涉及公共利益界定的条款主要有《国有土地上房屋征收与补偿条例》第 8 条，《宪法》第 10 条、第 13 条，《土地管理法》第 2 条，《行政许可法》第 1 条，《水法》第 28 条，《义务教育法》第 2 条，《畜牧法》第 38 条，《传染病防治法》第 10 条，《妇女权益保障法》第 28 条，《合同法》第 186 条，《献血法》第 5 条，《人民警察法》第 21 条，《对外贸易法》第 16 条，《保险法》第 11 条，《政府采购法》第 1 条，《教育法》第 8 条，《劳动法》第 76 条，《全民所有制工业企业法》第 57 条，《妇女权益保障法》第 28 条，《人口与计划生育法》第 24 条，《公益事业捐赠法》第 10 条等。除宪法之外，我国现行法律中，涉及公共利益条款的法律有 56 件共 102 个条文，涵盖 7 个法律部门。

博物馆、医院、公厕、体育场等；第七，环境保护、文物保护；第八，矿产等自然资源的保护和开发。[1]《国有土地上房屋征收与补偿条例》第八条规定的情形中，"由政府依照城乡规划法有关规定组织实施的对危房集中、基础设施落后等地段进行旧城区改建的需要"属于合法认定的典型公共利益范围，针对危房集中、基础设施落后地段进行的旧城区改造规划，笔者称之为"针对衰败地区进行的重建规划"，当衰败区内的个别非衰败财产对于重建规划实现是有必要时，并不阻碍该个别财产的征收公益之正当性。在美国加伦廷房地产开发公司诉保罗斯伯勒自治市镇（Gallenthin Realty Development，Inc. V. Borough of Paulsboro）案中，新泽西州最高法院认为"对于更大衰败区的复兴必要时，可以将未衰败土地纳入重建规划，但是征收必须证明拟被征收财产对于重建规划实现的必要性"[2]。该必要性的认知和判断主要依据衰败区的衰败比例确定，重建规划的制定目的便在于通过确定"某地区达到一定比例的衰败可认定整片地区构成衰败"进而确定出衰败区的范围，从而确定征收的范围，而无须再对纳入征收范围的非衰败财产做出特别裁定或者说明，只要其在衰败区范围内并且对于重建规划的实现具有必要性。[3]

英国的规划体系分为国家层、区域层和地方层的土地利用规划，在中央政府一级，环境部作为城市规划管理的主管，同时，交通部、通商产业部、历史遗产部、农业产业部等部门均参与到地方政府层级

---

① 参见廖加龙：《关于"公共利益"的范围》，载《人大研究》2006 年第 7 期。

② See Gallenthin Realty Developemnt，Inc. v. Borough of Paulsboro，924 A2d 447（2007）.

③ See Gordon Colin. Blighting The Way：Urban Renewal，Economic Development，and the Elusive Definition of Blight，Fordham Urban Law Journal，2004（31）：305—338.

的规划指导监督。[①] 其规划体系本身具有的系统性保证了规划制定的全面性，土地利用规划乃是经由一系列层级筛选与审查形成的系统性规划。德国土地征收需要严格遵照土地利用规划的安排，在详细的建设规划图中，都会标明每一块土地的界限；规划线画到哪里，征地拆迁的范围就终止到哪里。[②]

土地利用规划使征收公共利益的认定具有整体性和系统性，土地利用规划制订的过程实质上便是对土地征收是否符合公共利益的前置审查程序，[③] 根据《城乡规划法》第四条的规定，规划应当遵循"城乡统筹、合理布局、节约土地、集约发展和先规划后建设的原则，改善生态环境，促进资源、能源节约和综合利用，保护耕地等自然资源和历史文化遗产，保持地方特色、民族特色和传统风貌，防止污染和其他公害，并符合区域人口发展、国防建设、防灾减灾和公共卫生、公共安全的需要"，规划应当秉承使土地征收事项最大限度地促进社会整体利益，并实现公共利益。

2. 规划作为征收权行使的前提

良好的规划既能够为征地做好铺垫，又能为农民对集体土地的安排形成一个稳定的预期，使公共利益与个人的关系在征地启动之前就能基本确定，减少在征地过程中二者可能产生的摩擦。[④]

---

① 参见赵宁：《土地利用规划地方分权化法律制度探析》，载《中南大学学报（社会科学版）》2013年第6期。

② 参见欧阳君君：《集体土地征收中的公共利益及其界定》，载《苏州大学学报（哲学社会科学版）》2013年第1期。

③ 参见徐骏：《分权视野中土地征收权的重置》，载《行政论坛》2010年第5期。

④ 参见欧阳君君：《集体土地征收中的公共利益及其界定》，载《苏州大学学报（哲学社会科学版）》2013年第1期。

第一，保障规划内容具有必要实现性。土地利用规划应当具有程序功能和规范功能。其一，政府利用土地应当按照土地利用规划之设定作为基础，土地利用规划的内容可作为政府权力行使的依据，若政府改变土地利用方式，应当在土地利用规划允许的方式范围之内。其二，土地利用规划应当具有规范功能，并作为政府其他决策行为的评估框架。首先，规划为政府权力提供边界性规定，征收权必须依据土地利用规划预定之功能行使，并作为征收权正当性来源的主要依据。其次，规划为公民土地开发之行为提供保障和指引，对于公民自主实现土地规划之功能的，只要其向政府提出建筑许可申请，并满足其他关于建筑许可的要求，政府必须授予其建筑许可；而若公民非按照土地规划内容实现，则政府必须拒绝其建筑许可申请。[1]

征收必须按照规划之设定展开征收，但征收只能作为规划实现的合理且必要的手段选择。首先，征收必须作为规划实现的合理手段。例如，1966 年法国政府决定在里尔进行一次城市规划与建设的试验，为将散落在城区的高等教育机构搬离市中心，需要征收土地 50 公顷并在里尔东部建造一栋未来可以容纳 3 万学生和 2 万—2.5 万居民的高等教育城。[2] 为此，需要征收和拆除 250 栋住宅，包括一部分上一年度刚由政府批准建成的新房。[3] 在规划设定之中，应当考虑"建立高等教育城"的目的是否合理以及"为建立该教育城而决定征收和拆

---

[1] See Maarten Hajer, Will Zonneveld, Spatial planning in the Network Society-Rethinking the Principles of Planning in the Netherlands, 8 European Planning Studies 2000, p.340.

[2] 参见欧阳君君：《集体土地征收中的公共利益及其界定》，载《苏州大学学报（哲学社会科学版）》2013 年第 1 期。

[3] 参见李增刚、董丽娃：《土地征收中的公共利益：理论分析、国际做法与政策含义》，载《理论学刊》2014 年第 7 期。

除 250 栋住宅"的手段是否合理两项因素——"损益对比分析方法"成为判断规划内容是否合理的关键标准及工具。"比较由于征收进行建设可能得到的收益以及可能引起的损害，例如被征收人的损失、财政上的负担、环境污染等，然后决定征收行为是否符合合理性标准"[1]。"若为了安置数十户居民而征收或拆除上百户居民住宅明显不合理，但为了安置上千户居民征收百户居民住宅便具有合理性，一项工程只有在对私人财产造成的损害、工程造价和可能存在的社会不利因素不超过项目带来的利益时，才能被宣告符合公共利益目的"。[2]

其次，判断该规划是否具有征收实现之必要性，主要从"目的必要性"和"手段必要性"两个角度探究。"目的必要性"即"公共目的是否具有显著实现之必要性"且"征收土地系实现公共目的所需必要之土地"[3]，规划项目必须根据社会的实际需要，保障公益实现所必须的土地，不应举办不十分必要的工程；[4] 若征收项目涉及两项相互冲突的公共利益，达成规划功能便要损害土地原有公共利益，则应

---

① 参见王名扬：《法国行政法》，北京大学出版社 2007 年版。

② 参见张莉：《法国土地征收公益性审查机制及其对中国的启示》，载《行政法学研究》2009 年第 1 期。

③ 参见黄宇骁：《日本土地征收法制实践及对我国的启示——以公共利益与损失补偿为中心》，载《环球法律评论》2015 年第 4 期。

④ 1953 年政务院公布的《关于国家建设征用土地办法》第 3 条规定意旨，应该根据国家建设的实际需要，保证国家建设所必需的土地；尽量利用荒地、空地；不应举办目前不十分必要的工程。

当比较两项公共利益带来的社会效应影响。[1]尤其是，该点在农地征收项目评估中展现得淋漓尽致——并非所有的公益都具有实现的必要性进而成为征收的目的，也并非所有的财产都可以成为征收的客体。[2]中国"农业支撑城镇化建设"的步伐以及法律对农地利用的特殊限制使得农地承载保障农村社会稳定、国家粮食安全等综合性公共利益之任务实现，只有在征收公益优于农地公益时方可启动征收。农地征收的公益实现必要性体现在：（1）存在基础性公益实现的必要需求，而且公益数量应当多于农地公益数量。由于农地制度所保障之公益属于关系国计民生及农村社会稳定的基础性公共利益，若对农地施以征收，必然要求征收欲实现之公益更为根本或价值更为突出。根据公共利益按照利益需求的质量层级分类，公共利益可分为基础性公共利益和发展性公共利益，分别实现对国民经济、人类生存和社会发展的基础性保障作用，以及除此之外的人们较高层次的公益需求。[3]（2）具有特定地址位置的必要性实现需求。《土地管理法》将土地分为农用地、建设用地和未利用地，但对于农用地用途管制最为严格，因而在集体建设用地或者城镇房屋的征收途径中可以满足规划需求的，不能占用

---

[1] 如 2008 年 6 月，重庆市渝中区人大常委会通过《关于在危旧房改造中加强文物保护的协议》，叫停辖区范围内危旧房改造中的文物拆迁。即认为文物的价值远远高于旧城改造的公益性，体现了公益性之间的利益衡量，两利相权取其重。参见李成琳、何颖：《留住城市的记忆——重庆渝中区人大常委会作出决议对文物拆迁叫停》，载《公民导刊》2008 年第 8 期。

[2] 参见祝之舟：《论农地的公益性及农地征收中的公益衡量》，载《法律科学（西北政法大学学报）》2013 年第 2 期。

[3] 参见祝之舟：《论农地的公益性及农地征收中的公益衡量》，载《法律科学（西北政法大学学报）》2013 年第 2 期。

农用地。农地征收应当作为国家征地的最后手段，但是规划项目具有特殊的地址位置需求，不占用集体农地便不能实现时，可以征收集体农地。

"手段必要性"即要求征收具有紧迫性和必需性。其一，只有在实现区域规划的需求极其紧迫的情况下才被允许进行征收[①]。荷兰土地征收制度的"审查环节"即要求征收的实现具有客观的紧迫需求，"项目开发者在五年之内能够保证实施开发项目，便可提供合法性基础"[②]。其二，"每起征收应当为市政府实现区域规划所必须"。[③] 规划之功能并非必须通过征收途径实现，征收原则上只能作为实现公共利益而不得已采取的"最后手段（ultim aratio）"，[④] 若土地取得可以通过其他替代方式予以实现，则征收不再启动。替代性方案必须满足以下两个要件中的一个："具有同等合理性（equally suitable）但带来更小损害"或者"具有稍低合理性但能够明显减少损害（considerably less harmful）"。[⑤] 判断征收是否为实现规划目的之必须途径，应当对相关利益进行识别并予以均衡，以判断征收带来的负面影响与规划目标实现之间是否符合比例性，进而挑选出"实现规划目标的最小损害方式"，即为实现规划目标的必须方式。实践中，替代性方案审查标准可分为两个步骤：第一步，替代性方案是否系规划实现的合适途

---

① 参见张千帆主编：《土地管理制度比较研究》，中国民主法制出版社 2013 年版。

② See Den Drijver-van Rijckevorsel et al 2013，25.

③ 参见张千帆主编：《土地管理制度比较研究》，中国民主法制出版社 2013 年版。

④ 参见陈新民：《德国公法学基础理论》（下册），山东人民出版社 2001 年版。

⑤ See Bjorn Hoops，the Legitimate Justification of Expropriation-- A Comparative Law and Governance Analysis by the Example of Third-Party Transfers for Economic Development，University of Groningen 2017，p.233.

径，如果该方案不具有现实性或仅能在一定程度上实现规划目的，则征收方式不被否定 [1]；第二步，基于利益衡量，除非征收具有明显的不利影响 [2] 或者替代性方案具有明显减少损害之效果 [3]，征收不被否定。其三，拟征收土地具备"区位垄断性"。市场中难以寻得同类替代土地，或者用同类替代土地建设的成本过高，[4] 通过市场配置资源的方式会产生无效率的社会结果，政府便可以直接进行土地征收干预市场运作。

第二，保障规划内容是尊重自我实现的防御。公共利益作为征收权行使的前提，但其仅为征收的必要不充分条件。公共利益具有公共产品属性，土地利用规划之制定旨在解决社会公共问题并提供公共产品服务。但并非所有符合公共利益或者公共使用目的的项目建设一定通过土地征收实现，并非规划范围内的所有项目都将发生征收之结果。笔者认为，土地利用规划基于其规范功能能够形成对公民不动产之未来财产价值的必然限制，但却并不具备强制实现性。亦即，土地利用规划的限制仅构成对土地用途的消极限制方式，土地不允许以违反土地利用规划的设定方式予以开发利用；但政府却无权强制公民按照规划蓝图立即改变其现有土地利用方式，公民也无义务主动实现规划蓝图，"增进公共利益从来不是私权的积极义务" [5]。因此，土地规划

---

[1] See ABRVS, Judgment of 18 February 2015, ECLI：NL：RVS：2015：448, para 27, in particular 27.4；ABRvS, Judgment of 24 December 2014, ECLI：NL：RVS：2014：4732, para 12.

[2] See ABRvS, Judgment of 9 July 2003, ECLI：NL：RVS：2003：AH9363, para 2.9.10.3.

[3] See ABRvS, Judgment of 5 August 2015, ECLI：NL：RVS：2015：2514, para 7.

[4] See Thomas W. Merrill, The Economics of Public Use, 72 Cornell Law Review 1986, p.65.

[5] 参见梁上上：《公共利益与利益衡量》，载《政法论坛》2016 年第 6 期。

仅具有消极意义（passive）上的法律效力，而不具有直接的实施力。[①]只有土地利用规划得不到土地权利人的主动实现，即规划功能无法自主实现，而政府又急于实现该规划功能时，征收方可启动。通常情况下，土地权利人对于土地利用规划中能够获利的有利可图的项目具有自我实现的意图，此种项目多见于住宅建设、工业项目和商业项目，而对于基础设施建设项目一般不具有自我实现的期待。[②]规划控制下的征收符合公益性标准便表现为两种基本形式：其一，假定被征收土地之现有用途不符合土地利用规划之限定用途情形，以实现土地利用规划设定之功能为目的的征收符合"公共利益"标准；其二，假定被征收土地已经按照规划指定用途进行开发建设，但现有条件难以完全实现项目之预定功能与目标，以实现规划项目之目标为目的的征收符合"公共利益"标准。如果规划内容与土地权利人本来预期之土地利用方式相符合，征收便可能失去其"必须性"。但此时仍旧存在"实现公共利益的紧迫需要"，土地权利人便失去了源于自我实现的征收防御；若不再具备实现公共利益的紧迫需要，征收便不再具备"必须性"。

3. 规划控制应为征收公益性实现的具体化方式

第一，类型化的公共利益对土地利用规划制定具有指引作用。公共利益内涵本身兼具"公共"的不确定性和"利益"的不确定性。其作为典型的不确定概念，必须通过类型化的方式才能在特定的情境中对于公共利益作出具体的判断，进而避免因其概念的抽象性而援引价值判断方法辨别公共利益所致的主观影响，借由类型化弥补解释上的

[①] See Maarten Hajer， Will Zonneveld， Spatial planning in the Network Society-Rethinking the Principles of Planning in the Netherlands， 8 European Planning Studies 2000， p.340.

[②] See Sluysmans & Van der Gouw 2015， 46.

主观性缺陷。[①] 笔者认为，应当着重在土地征收和房屋拆迁等配套法律法规中对公共利益予以类型化，根据类型化的公共利益判断规划划定之征收范围的正当性。土地征收中的公共利益大抵包括国防、国家安全的需要，国家机关及其他公权力组织办公用房的需要，城镇基础设施建设的需要，建设社会公益事业的需要，环境保护的需要，国家重点扶持的能源以及交通水利等项目用地的需要，保障性住房和政策性住房建设的需要等等；房屋拆迁中的公共利益已然形成国防和外交的需要，由政府组织实施的能源、交通、水利等基础设施建设的需要，由政府组织实施的科技、教育、文化、卫生、体育、环境和资源保护、防灾减灾、文物保护、社会福利、市政公用等公共事业的需要，由政府组织实施的保障性安居工程建设的需要，由政府依照城乡规划法有关规定组织实施的对危房集中、基础设施落后等地段进行旧城区改建的需要和法律、行政法规规定的其他公共利益的需要六种类型。[②] 土地利用规划过程中应当将拟订征收用地的类型尽量向类型化公共利益范围靠拢，并以类型化公共利益的内容予以标识。若政府按照法定的程序拟定了土地利用规划并已合理论证其公益目的属于类型化公共利益范畴，通常就已经体现了征收之公益性要求。对公共利益进行必要的类型化，对于土地利用规划的制定可以产生正确的指引作用。

第二，土地利用规划对于公共利益具体化具有实现作用。公共利益具有发展性和区分性，必须保留进行公共利益个案判断的空间，即保留规划对公共利益具体化的论证效力，征收公共利益的界定应当采

---

① 参见王利明：《论征收制度中的公共利益》，载《政法论坛》2009 年第 2 期。
② 参见王利明：《论征收制度中的公共利益》，载《政法论坛》2009 年第 2 期。

取"类型审查＋具体审查"相结合的方式。公共利益的认定不能完全寄希望于《物权法》或者某些法律法规中对全部的公共利益类型进行详细列举。首先，公共利益具有区分性。一般意义上，凡是私人从事的具有营利性质的经营活动不属于公共利益，但在特定地区，基于教育资源的严重匮乏可以构建营利性教育机构的公益属性，在缺医少药的地区私立医院同样能够解决就医难的专属性社会问题，体现公共利益。[1] 基础性公共利益的判断通常能够基于一般的普适性标准确定，但必须保留根据个案具体审查的可能，归根结底，公共利益应该是基于当地社会的切实需要产生。其次，公共利益具有发展性。公共利益可能会随着社会的发展转变为非公共利益，或者非公共利益转变为公共利益。[2] 随着社会的发展，由不特定人群受益的公共利益类型可能转变为特定人群受益，而一些特定人群受益的集体利益或者团体利益转变为公共利益。[3] 例如，随着某一当地品牌的推广，销售由地方延至全国范围甚至成为垄断产业，该品牌产品安全所涉利益也便由地方利益转变为公共利益的范围。

公共利益始终是基于不同利益衡量之优劣结果。当仅涉及财产所有人之私人利益与公共利益时，公共利益具备明显实现之必要性即可论证征收之正当性；但若掺杂第三方利益，如项目开发者的商业利益时，便不能简略地将商业开发项目归纳进入公共利益的范畴，也不能简单地将其排除在公共利益的范围之外，此种类型的公共利益判断，必须基于个案的具体分析考量。而据前文所述，类型化的公共利益方

---

[1] 参见王利明：《论征收制度中的公共利益》，载《政法论坛》2009年第2期。
[2] 参见王利明：《论征收制度中的公共利益》，载《政法论坛》2009年第2期。
[3] 参见王利明：《论征收制度中的公共利益》，载《政法论坛》2009年第2期。

案实乃难以据之作出判断，土地利用规划应当担负具体化实现在类型化公共利益范围之外的公共利益之功用。现代征收制度中，由私人承载土地开发负担已趋于流行，私人承担的土地开发项目大多承载商业利益和公共利益的双重属性——商业开发项目基于其本身改善公共卫生条件的优势可能被纳入旧城区改造、基础设施建设规划之中；商业开发中修建的绿地、公园等使项目本身能够改善居民生活和居住环境；商业开发中修建的配套设施，如医院、幼儿园等，又可服务于公众；商业开发项目本身也可能对道路、供水供电设施等基础设施进行修缮和建造——其服务或者项目本身便具有公共性，能够使更多的社会成员享受公共产品，满足广大人民群众的生活需求，从而增加一定程度上的公共利益。[①] 商业利益在本来存在的财产权与征收权的对抗中挤压了征收权行使的正当性空间，既然规划具备划定征收范围的功能，其当然具备论证征收正当性的证明力。如前所述，规划提供征收权正当性论证的整体视角及证明效力。对于商业开发项目的公益性判断，不应将视线集中于项目本身，而应从规划实现的公益性整体视角出发，判断该商业开发项目对于整体公共利益的实现是否具有实现效力。即便该商业开发项目能够保证该项目地区范围内的居民生活水平的改善或者基础设施建设的公益目标实现，但规划已经设定了其他形式的为该部分居民的生活水平改善目标实现的替代方式，如在该区附近已经完成了基础设施建设等为居民提供生活便利性，则该项目本身便失去了基于整体视角的公益实现正当性。

第三，征收公益应符合"类型化"与"具体公共性"两项要求。

---

① 参见王利明：《论征收制度中的公共利益》，载《政法论坛》2009 年第 2 期。

我国的财产征收制度采用了二元体系——农村集体土地征收和城市居民房屋征收；但对于公共利益的保障却采取了同一模式，即《宪法》第10条第3款和第13条第3款无一例外地将财产征收的唯一要件规定为"为了公共利益"，《土地管理法》等下位法亦如此。公共利益因其本身之抽象性使实践中的判断变得极为复杂。日本法保障了征收公共性之判断符合"抽象—列举—具体"的三层次审查模式，即在"征收符合公共利益"的抽象规定之下，《土地收用法》规定了列举形式将特定类型的征地类型收入适格事业，未被列举的事业类型即被排除在公益性征收范围之外；再通过第20条第3号及第4号规定审查规划项目的具体公共性。只有同时满足列举范围与符合具体公共性之双重标准方具备征收公益性。① 笔者认为，日本"采用二阶段审查模式审查公益性"的模式对我国极具启发性。根据德国联邦宪法法院的见解，立法者必须对于何种情形属于公共利益作出认定方能允许行政机关征收私人财产，而且只有对征收目的类型作出具体规定的法律，才具有执行力。② "当抽象——一般概念及其逻辑体系不足以掌握某生活现象或意义脉络的多样表现形态时，应借助'类型化'的补助思考形式"③，我国亦有采用类型化界定公共利益之趋势——《国有土地上房屋征收与补偿条例》第8条规定了城市居民房屋征收的6种公益性表现形式；学者将农地征收之公益性类型概括为"国防和军事设施建设、农业基础设施建设、交通基础设施建设、环境保护工程建设和法律规

---

① 参见黄宇骁：《日本土地征收法制实践及对我国的启示——以公共利益与损失补偿为中心》，载《环球法律评论》2015年第4期。

② 参见陈新民：《德国公法学基础理论》（下册），山东人民出版社2001年版。

③ 参见［德］卡尔·拉伦茨：《法学方法论》，陈爱娥译，商务印书馆2003年版。

定的其他项目建设"五大基础设施建设类型。国有土地和集体土地本身承载的公益性价值内涵不同，基于利益衡量的考察，两种类型土地征收之公益性要求自然存有差异；集体土地因集体建设用地和农用地等分类承载公益性价值的差异导致征地公益性差异存在。类型化的征收公益事业自然属于典型的公益征收类型，自然属于"征收适格事业"范围。

但满足"征收适格事业"范围并非征收公益正当性的充分条件，其仍需满足"公共利益具体化"辨别。土地利用规划在此发挥了关键作用——"根据规划的公共性确保征收项目符合公益具体化"。规划项目满足公益性的要求是由其依据，即规划本身的公共性所确定的，土地利用规划旨在解决城市发展的重大问题或者达致土地最有效合理利用之目标，征收项目作为更大的"规划"的一个环节进而保障其"公共性"品格。[1] 征收划定土地的个别性与规划之宏观公共性性质完全不同，但因其属于一个更大的土地利用规划的一环，其公共性已经在规划设定中得到了确保。根据《城乡规划法》及《土地管理法》的规定，土地利用规划的制定必须严格遵循标准，这些标准无不是围绕城乡规划合理布局、城乡整体发展和市民生活环境以及土地集约高效利用而制定的，也正是因为规划目标的公共性，使得土地利用规划项目具备公益性。[2] 另一方面，以征收项目的目的个别解释方法来证明土地利用规划整体符合公共性的方式显然相当困难。立足于规划之整体高度确保个别征收事业的具体公共性具有科学性。

---

[1] 参见远藤博也、凌维慈：《土地征收和公共性》，载《行政法论丛》2003年第6期。

[2] 参见黄宇骁：《日本土地征收法制实践及对我国的启示——以公共利益与损失补偿为中心》，载《环球法律评论》2015年第4期。

因此，规划基于与土地征收制度公益实现的目标一致性，加之规划本身具备整体性视角，实则通过规划本身已然将公共利益中的"公共性"内涵予以涵盖和诠释。且规划基于本身的综合衡量性，在规划制定过程中已然对不同利益之间做出比较衡量，而这恰恰是公共利益的本质含义。如英国的规划体系分为国家层、区域层和地方层的土地利用规划，在中央政府一级，环境部作为城市规划管理的主管，同时，交通部、通商产业部、历史遗产部、农业产业部等部门均参与地方政府层级的规划指导监督。[①] 其规划体系本身具有的系统性保证了规划制定的全面性，土地利用规划乃是经由一系列层级筛选与审查形成的系统性规划。

土地利用规划使征收公共利益的认定具有整体性和系统性，土地利用规划制订的过程实质上便是对土地征收是否符合公共利益的前置审查程序[②]，根据《城乡规划法》第四条的规定，规划应当遵循"城乡统筹、合理布局、节约土地、集约发展和先规划后建设的原则，改善生态环境，促进资源、能源节约和综合利用，保护耕地等自然资源和历史文化遗产，保持地方特色、民族特色和传统风貌，防止污染和其他公害，并符合区域人口发展、国防建设、防灾减灾和公共卫生、公共安全的需要"，规划应当秉承使土地征收事项最大限度地促进社会整体利益的原则，并实现公共利益。

---

① 参见赵宁：《土地利用规划地方分权化法律制度探析》，载《中南大学学报（社会科学版）》2013 年第 6 期。

② 参见徐骏：《分权视野中土地征收权的重置》，载《行政论坛》2010 年第 5 期。

| 第三节 | 中国土地征收问题的
历史回顾与现实回应 |

一、历史回顾：土地征收存留利益公有化的历史烙印

我国土地征收制度一直承担着国家政策实现的功能属性，由"承担土地改革使命的土地没收"转变到"强制集体化过程实现的土地归公"，集体所有一直"被"具备"准国有"的性质属性，而农民财产权一直呈现"被"限缩趋势。1947 年《土地法大纲》规定，没收地主的土地及其一切财产，征收富农多余的土地和财产，由农会"按乡村全部人口，不分男女老幼，统一平均分配，在土地数量上抽多补少，质量上抽肥补瘦，使全村人民均获得同等土地，并归个人所有"；1950 年通过的《土地改革法》中规定："没收地主的土地、耕畜、农具、多余的粮食及其在农村中多余的房屋……征收祠堂、庙宇、寺院、教堂、学校和团体在农村中的土地及其他公地……工商业家在农村中的土地和原由农民居住的房屋，应予征收。"①尽管在该条款中一直尽力区

---

① 参见 1950 年《土地改革法》第 2、3、4 条。

分"土地征收"与"土地没收"两个概念，但从实际效果看，两者效果是相同的，都是国家强制性地获取私人及团体所有的土地，并不进行任何赔偿或者补偿。[①]中央考虑过以有偿收购的方式进行土地改革，但中国共产党对于此次土地改革并非仅仅定位为一项经济制度改革，更作为推进政治变革的一场阶级斗争，[②]因此，仍然将土地改革的实现方式采取无偿没收的形式。直到公社化改造时期，从互助组时期到初级农业合作社时期，土地私有的性质一直未发生改变；1954年《宪法》以前，农业合作化运动一直在开展，截至1956年彻底跨进高级农业合作社阶段，农村土地私有制的事实已经完全转变为农村土地集体所有的格局——农民的土地被无条件地转为集体所有，其他诸如耕牛、农具等原来为农民私有的生产资料也被作价转为集体所有。然而，此时行政的农村土地集体所有制的格局却被赋予强烈的"准国有"性质，无论农户还是集体对于土地的控制权都极其微弱，国家实质上掌握了土地上的大部分权利。[③]按照经济学上的分类，集体所有制应当是私有制的一种，都是与国家所有制相对而言的，然而，我国的集体所有制却被明确地划分到公有制一类。1958年8月29日的《中共中央关于在农村建立人民公社问题的决议》指出："人民公社的集体所有制中，就已经包含有若干全民所有制的成分了。这种全民所有制，将在不断发展中继续增长，逐步地代替集体所有制。"有学者据此推断，集体

---

① 参见刘婧娟：《中国农村土地征收法律问题》，法律出版社2013年版。

② 参见杜润生：《杜润生自述：中国农村体制变革重大决策纪实》，人民出版社2005年版。

③ 参见刘婧娟：《中国农村土地征收法律问题》，法律出版社2013年版；刘连泰：《集体土地征收制度变革的宪法空间》，载《法商研究》2014年第3期。

所有权仅剩表面意义上的所有权，但是事实上已经成为一尊"空壳"。[①]同时，相对于土地征收的集体主义视角，公民财产权也受到限缩。随着土地集体化过程的逐步推开，1975年《宪法》第7条明确规定，"人民公社社员可以经营少量的自留地和家庭副业"，第9条规定更是将公民的财产权范围限缩至"劳动收入、储蓄、房屋和各种生活资料的所有权"。

可以说，土地征收制度的历史发展轨迹充分表明，该制度本身负载了太多的国家政治和经济使命，土地征收俨然已经成为国家强行干预土地分配的手段，体现了浓重的国家主义特征。[②]"利益公有化"[③]似乎已经成为征收制度实现的首要目标，也成为农民私有权利被严重压榨的观念根源。

二、遗留问题：现行集体土地征收的制度性障碍

集体土地征收立法停滞的主要掣肘在于宪法规定下的土地制度存在悖论，现行土地制度所设定的集体土地征收及有关集体土地管制制度，构成了集体土地征收立法无法逾越的制度性障碍。[④]

---

① 参见李凤章：《通过"空权利"来"反权利"：集体土地所有权的本质及其变革》，载《法制与社会发展》2010年第5期。

② 参见刘婧娟：《中国农村土地征收法律问题》，法律出版社2013年版。

③ 笔者认为，"利益公有化"并不等同于"公共利益的实现"，作为征收要件之公共利益以确需存在的公共利益之紧迫实现性为前提和关键，"利益公有化"观念接受利益能够实现公有化、以实现特定目标为基底，因此，意图实现某共同特定目标情形下，"利益公有化"观念下，更易发生私有利益的"特别牺牲"。

④ 参见王克稳：《我国集体土地征收制度的构建》，载《法学研究》2016年第1期。

（一）土地征收缺失公共利益的构建基础

我国土地征收制度的建立从一开始就不是以公共利益需要为出发点。纵观新中国成立后的四部宪法规定，即可发现，虽然"国家为了公共利益的需要"置于征收权的行使条件要件，但在具体制度构建以及配套制度的完善中，却并不以此作为要件予以充实。政务院在1953年颁布的《国家建设征用土地办法》中规定，"国家兴建厂矿、铁路、交通、水利、国防等工程，进行文化教育卫生建设、市政建设和其他建设，需要征用土地的时候，都按照本办法规定办理"，"公私合营企业、信用合作社、供销合作社、手工业生产合作社用地以及群众自办的公益事业用地，可以向当地县级以上人民委员会提出申请，获得批准后，援用本办法的规定办理"，可以看出，除了基于公共利益的需要外，基于经营性项目建设需要，国家也可以实施土地征收。此后，1957年的征用土地办法的修改以及1982年国务院发布的《国家建设征用土地条例》却也未完成将征地限制在公共利益需要的范围之内的任务。而后，1986年土地管理法的发布宣布了《国家建设征用土地条例》的废止，虽然土地管理法将土地征收的目的限制在公共利益需要的范围内，"国家为了公共利益的需要，可以依法对集体所有的土地实行征用"，但在征收规范适用的范围方面却依然照搬了《国家建设征用土地条例》的相关规定，尽管土地管理法后来历经1988年、1998年和2004年三次修改，却依旧未完成将征收规范适用范围限定在公共利益实现用途的范围之内的跨越性突破。[①]可以说，虽然征收规范一直坚持了宪法规定的"国家为了公共利益的需要"行使土地征收权的

[①] 参见王克稳：《我国集体土地征收制度的构建》，载《法学研究》2016年第1期。

立法理念，但在具体的制度设计上缺乏以公共利益的实现为基础的构建内容。尽管新中国土地法律制度发生了翻天覆地的变化，但至此次《土地管理法》修法前，土地征收制度中的公共利益条款在立法中却仅有些微调整。[①] 因此，"公共利益的需要"只能够成为一个摆设，而难以在具体的土地征收制度中形成落实，导致现行的土地征收制度事实上与公共利益的需要无缘。[②]

（二）现行土地征收面临公共性质疑

宪法禁止了土地所有权的转让形式，"任何组织或者个人不得侵占、买卖或者以其他形式非法转让土地"，但"土地的使用权可以依照法律的规定转让"，可以看出，宪法禁止了土地所有权的转让模式，那么，集体土地国有化的路径便只能通过国家强制征收的方式实现。结合我国城市化过程中城市范围不断向郊区和农村扩张的事实，基本上一切利用集体土地进行建设的项目，均必须通过征收途径转变为国有土地，一切符合规划、需要使用集体土地开展建设的项目，无论何种性质，均必须被硬塞入"公共利益"这一个大筐之中。进而出现"公共利益"被泛化甚至被无视的情形，如城镇化建设、地区经济发展、发展旅游业、吸引外商投资、增加地方财政收入等都能被泛化为"公共利益"。[③] 同时，宪法第10条第1款的规定，"城市的土地属于国家所有"，实现了国家对城市土地的垄断，并构建了以城市市区为基础的二元土地所有制。结合土地管理法的规定，城市应当理解为"城

---

① 参见高飞：《土地征收中公共利益条款适用的困境及其对策》，载《学术月刊》2020年第4期。

② 参见王克稳：《我国集体土地征收制度的构建》，载《法学研究》2016年第1期。

③ 参见龚刃韧：《中国农村土地征收的宪法困境》，载《法学》2013年第9期。

市市区"或者"城市建成区"。但是，城市建成区并不是一个固定不变的面积范围，其随着城镇化建设的进行范围也在逐渐地扩张，为了保证"城市的土地属于国家所有"的格局，因为城镇化建设而建入城市建成区的集体土地便要面临被征收为国家所有的命运，而这也正是我们国家几十年以来解决"城中村"问题的惯用手段，换句话说，只要是某一区域被划入城市建成区，其迟早会成为被征收的范围，而无须考虑其是否会用于公共利益建设项目。因为，在征收决定做出的时刻，其考虑的因素仅是区域被纳入城市建成区的事实，而从未考虑该土地被征收后究竟实施何种类型的建设项目。2018年自然资源部在"关于《〈中华人民共和国土地管理法〉、〈中华人民共和国城市房地产管理法〉修正案（草案）》的说明"中指出，"为防止对经济社会发展影响过大"将"成片开发纳入可以征地的情形"，[①] 以此来解释经济建设目标融入征地需求范畴的现实合理性。而城市房地产管理法同样规定，整个城市规划区内房地产开发建设需要使用集体土地的，必须先征收再出让，这一规定，显然不是为了实现公共利益，而是为了保证国家对整个城市规划区内房地产建设用地的垄断供应。[②] 由此，也不难发现，我国一直将经济建设目标凌驾于征收制度之上，通过集体土地征收的途径攫取经济建设和城市发展所需的土地、资金等，却完全截断农民集体通过市场流转分享经济建设带来的土地增值收益。农民的财产权利以及公共利益的实现在经济建设和城市发展面前并未

---

① 参见2018年12月23日自然资源部部长陆昊在十三届全国人民代表大会常务委员会第七次会议上关于《〈中华人民共和国土地管理法〉、〈中华人民共和国城市房地产管理法〉修正案（草案）》的说明。
② 参见王克稳：《我国集体土地征收制度的构建》，载《法学研究》2016年第1期。

得到关注。

（三）土地征收的制度障碍系历史遗留

我国集体土地征收的无限扩张趋势，从表面上看是由于公共利益缺乏明确的界定，根本原因乃在于我国土地制度本身设计上的制度性因素。[①] 而以《土地管理法》修改为契机，中国农村土地管理制度正在进行新一轮的制度变革，重点在于突破原有的入市限制。[②] 基于此，《土地管理法》（2020 年修订版）第 63 条规定，"土地利用总体规划、城乡规划确定为工业、商业等经营性用途，并经依法登记的集体经营性建设用地，土地所有权人可以通过出让、出租等方式交由单位或者个人使用，并应当签订书面合同，载明土地界址、面积、动工期限、使用期限、土地用途、规划条件和双方其他权力义务"。但此轮修法规定的农地入市的范围仅限于集体经营性建设用地。《土地管理法》第 63 条对于集体经营性建设用地入市的条件明确，对于"缩小征地范围"的改革实现具有积极意义，是立法重视土地财产资产属性的重要表达，[③] 这也为将经营性建设项目用地从公益性征收制度中抽离提供了制度接口。

其实，笔者认为此项条文修改最为重要的一点在于，使得征收正当性的证成更为便宜，深化了原有"公益事业所需必要之土地"的论证层面，弥补征收正当性论证缺乏"前提正当性"的缺陷。如此言之，

[①] 参见宋志红：《中国农村土地制度改革研究：思路、难点与制度建设》，中国人民大学出版社 2017 年版。

[②] 参见彭錞：《〈土地管理法〉合宪性争议再反思——兼论立法形成条款的成因与边界》，载《清华法学》2018 年第 6 期。

[③] 参见陈小君：《我国〈土地管理法〉修法的民法思考》，载《私法研究》2018 年第 1 期。

是因为征收必须是可用手段中最后之实现手段，征收必须是"无法回避的""不可阻止的""不可避免的"剥夺所有权的方式。① 而在原来"先征收再出让"的供地模式下，是不可能出现除征收土地之外的其他合理手段可以对农村土地进行开发利用、建设的，因而，征收作为最后的手段其力证度只能局限于征收是否具有正当合理性——"是否一定进行征收的论证实质上并非在论证征收是否是作为剥夺所有权的最后手段，而是在论证这项征收建设项目是否必须进行、实施"，笔者认为先前的论证是存在论证错位的。征收的手段必要性论证是指不能通过其他合理方式实现公共利益，而不仅限于不能通过其他方式弥补该项公共利益实现的缺位。后者是征收正当性证成的前置环节，而前者才是征收作为最后手段的本质要求。日本法同样明确规定，公共用地的取得首先依靠事业承担人（起业者）和土地所有权人之间的买卖交涉，即是根据民法上的买卖合同来进行的。② 如果这种手段遇到了实现障碍，双方无法达成一致协议，公共事业的建设又迫在眉睫，那么，就是《土地收用法》登场的时候了。③ "公益事业所需必要土地"只能证成征收范围的正当性，而"集体经营性建设用地入市"条款给予"征收作为最后实现手段"的论证空间。

---

① Geneviève KOUBI, De l'article 2 à l'article 17 de la declaration de 1789: la brèche dans le discourse révolutionnaire, in Propriété et Révolution : Éd. du CNRS et Université de Toulouse I, 1990, p. 68.

② 参见黄宇骁：《日本土地征收法制实践及对我国的启示——以公共利益与损失补偿为中心》，载《环球法律评论》2015年第4期。

③ 参见黄宇骁：《日本土地征收法制实践及对我国的启示——以公共利益与损失补偿为中心》，载《环球法律评论》2015年第4期。

三、现实回应：土地征收与深化农村土地制度改革背景的深刻融合

  土地是联结城乡的重要纽带和关键要素，而农村土地制度改革是一个系统性的工程，需要多项制度联动以谋求共赢局面。其中最为关键的部分即土地征收制度与集体经营性建设用地入市改革的联动，应以科学合理的收益分配格局为主要抓手，实现土地要素市场的可控性，这是因为政府更倾向于将土地要素用于生产收益高的行业，但是若不支持农村农业优先发展，没有更多生产要素向农村流动和汇聚，城乡发展不平衡的矛盾就难以缓解。[①]就本质而言，土地征收与农村集体经营性建设用地入市是供地的两条重要来源，两者之间并非独立发展，而是相辅相成、共同作用实现土地要素的可控性分配。据学者调研统计，农民在土地政策上的选择呈现出理性经济人的特征，其参与入市改革的意愿越强，对土地征收则表现越消极，两者收益分配存在差异导致农民选择分化，[②]因此，合理处理土地征收制度与集体经营性建设用地制度两者的关系，是实现供地制度两条腿走路的关键内容。笔者将从——（一）建立集体经营性建设用地所有权区分归属机制，是妥善安置集体经营性建设用地入市后收益分配的重要前提，也是推进集体经营性建设用地入市改革的重要保障；（二）合理协调土地征收制度与集体经营性建设用地收益分配的比例，是建立相互协调的供地

---

① 参见刘晓萍：《深化农村土地制度改革要谋求共赢》，载《经济日报》2020年9月7日，第007版。

② 参见王湘、刘梦兰、黄朝明：《集体经营性建设用地入市收益分配重构研究——兼与农村土地征收制度改革的对比》，载《海南大学学报（人文社会科学版）》2018年第5期。

制度的重要保障——两部分内容，探讨土地征收制度与深化农村土地制度改革背景的融合。

（一）集体经营性建设用地所有权的区分归属机制的建立正当性[①]

我国实行严格的土地用途管制制度，划分不同的土地类型（农用地、建设用地和未利用地）实行差异化的管制政策。[②] 对于集体经营性建设用地的入市，经历了"从管制到规制"[③] 的一系列理念转变。自 2000 年开始展开的集体建设用地流转的试点探索，为后续政策的出台奠定了实践基础；继而《国务院关于深化改革严格土地管理的决定》（2004 年）指明了集体建设用地使用权流转的基本方向；[④]《关于规范城镇建设用地增加与农村建设用地减少相挂钩试点工作的意见》（2005 年）提出在浙江、江苏和四川等试点施行"增减挂钩"政策，创新了集体建设用地异地置换的流转模式，本质上为集体经营性建设用地入市融入了土地发展权的移转制度；《中共中央关于推进农村改革发展若干重大问题的决定》（2008 年）主张集体经营性建设用地应与国有土地享有平等权益，但入市范围局限于"依法取得的农村集体经营性建设用地"，仅认可土地使用权在二级市场的流转；直至《中共中央关于全面深化改革若干重大问题的决定》（2013 年）、《中

---

① 本部分内容选自崔雪炜：《论集体经营性建设用地入市中所有权区分归属的正当性》，载《大连理工大学学报（社会科学版）》2021 年第 2 期。

② 参见高圣平：《论集体建设用地使用权的法律构造》，载《法学杂志》2019 年第 4 期。

③ 参见肖顺武：《从管制到规制：集体经营性建设用地入市的理念转变与制度构造》，载《现代法学》2018 年第 3 期。

④ "在符合规划的前提下，村庄、集镇、建制镇中的农民集体所有建设用地使用权可以依法流转。"

共中央、国务院关于全面深化农村改革加快推进现代化的若干意见》（2014年中央一号文件）和《关于农村土地征收、集体经营性建设用地入市、宅基地制度改革试点工作的意见》（2014年）三项文件的出台，最终明确了集体经营性建设用地入市的基本构想和基本任务：完善农村集体经营性建设用地产权制度，赋予集体经营性建设用地出让、租赁、入股权能，实现与国有土地同等入市、同权同价。2020年1月1日正式生效的《中华人民共和国土地管理法》第63条规定"土地利用总体规划、城乡规划确定为工业、商业等经营性用途，并经依法登记的集体经营性建设用地"可以依法出让、出租等，亦明确了下阶段的总体任务，即根据第63条的授权规定，抓紧起草《集体经营性建设用地出让管理条例》，主要目标在于明确集体经营性建设用地入市范围和途径。然而，集体经营性建设用地入市改革的一系列政策始终未予言明一项根本性问题，即集体经营性建设用地入市应如何应对"城乡二元土地所有制"格局的阻碍？

我国《宪法》第10条所确立的"城乡土地二元所有制"格局，非但不能为集体经营性建设用地"同等入市、同权同价"提供制度保障，反而构成城乡集体土地"统一入市"之目标实现的障碍。在集体经营性建设用地入市改革全面推进之当下，重新审视"城市规划区内、外的集体土地所有权归属"与"集体经营性建设用地入市"之间的关系变得前所未有的必要甚至紧迫。这是因为：第一，城市规划区内的集体土地一直面临土地所有权归属的争议，其农民集体基本处于"离散"的状态，使得城市规划区内的集体经营性建设用地入市缺乏权利基础，难以进行有效的利益分配。第二，集体经营性建设用地入市的范围一直难以明确，中央文件更是对集体经营性建设用地入市改革是否应当限定于圈外存在犹疑。如十七届三中全会作出的《中共中央关于推进农村改革发展若干重大问题的决定》中将集体经营性建设用地入市限定在"土地利用规划确定的城镇建设用地范围外"；[①] 十八届三中全会作出的《中共中央关于全面深化改革若干重大问题的决定》则取消了这一"圈内"的限定条件。[②] 第三，是否对城市规划区内、外的集体经营性建设用地的流转模式进行区分设置，实践难以形成一致意见。针对城市规划区内的集体经营性建设用地入市目标的实现，学界主要形成三种主张：允许城市规划区内的集体经营性建设用地使用权直接入市流转，抑或继续走先征收后入市的模式，"通过征地制度改革等来推进"[③]。亦有学者提出折中主张，"将集体经营性建设用地限定在土地利用总体规划确定的城镇建设用地范围外"，[④] 圈内的土地继续走先征收后入市的模式。在此基础上，以"城镇规划区内、外是否进行区分设置"为分类标准，试点实践形成了三种流转模式：第一种，规划区内外统一施行"保权让利"的流转模式，即保持集体建设用地的集体所有属性不改变，依照国有土地有偿使用管理办法流转集体经

---

① "在土地利用规划确定的城镇建设用地范围外，经批准占用农村集体土地建设非公益性项目，允许农民依法通过多种方式参与开发经营并保障农民合法权益。逐步建立城乡统一的建设用地市场，对依法取得的农村集体经营性建设用地，必须通过统一有形的土地市场、以公开规范的方式转让土地使用权，在符合规划的前提下与国有土地享有平等权益。"

② "在符合规划和用途管制前提下，允许农村集体经营性建设用地出让、租赁、入股，实行与国有土地同等入市、同权同价。"

③ 参见李太淼：《农村集体经营性建设用地入市的难点问题论析》，载《中州学刊》2019年第1期。

④ 参见宋志红：《集体经营性建设用地入市改革的三个难点》，载《行政管理改革》2015年第5期。

营性建设用地，与国有建设用地形成"两种产权、同一市场"的管理格局，上海嘉定和江苏无锡等地即采用此种模式。第二种，规划区内外区分对待。规划区内实行"转权让利"的流转模式，将土地转为国有，由集体取得建设用地使用权并享有流转收益；规划区外实行"保权让利"的流转模式，在保持集体所有属性的前提下，建设用地使用权直接入市，浙江省杭州市和湖州市等地即实行该模式。第三种，规划区内外一体施行"转权让利"的流转模式。将需流转的集体建设土地统一征用转为国有后，再进行建设用地使用权入市交易，并补办国有土地出让和租赁手续，产生的流转收益大部分返还集体，浙江省宁波市、温州市以及江苏省常州市等地即为此模式。①"城乡二元所有制"的基本格局对"集体经营性建设用地入市改革"提出了理论、政策和实践的三重挑战，所以，明确城市规划区内、外之区分标准的原理和逻辑并探究集体经营性建设用地入市改革全面推进的可行路径，绝不只是一个纯理论命题，更是具有紧迫的现实意义。

笔者认为，"集体经营性建设用地入市改革"与"集体土地所有权的区分归属机制"之间是相辅相成的关系，或者说是互相成就的依存关系。集体经营性建设用地入市改革中应当引入集体土地所有权的区分归属机制，为展开论证，本节余下内容分为三大部分：第一部分，论证必要性，在缺失集体土地所有权区分归属机制的情况下，集体经营性建设用地入市改革将难以推进；第二部分论证充分性，集体经营性建设用地的入市推进必将伴随着集体土地所有权的区分设置，这是

---

① 参见国土资源部土地利用司调研组：《土地市场制度建设调研分报告之一 创新制度 规范流转——集体建设用地流转调研报告》，载《国土资源通讯》2002 年第 3 期。

一种改革的必然；第三部分论证可行性，即在集体经营性建设用地入市改革中引入所有权归属区分机制，具有法理上的可行性。

1. 集体经营性建设用地入市中引入所有权的区分归属机制具有必要性

我国学界对于集体经营性建设用地入市改革的探讨并未区分城市规划区内、外的集体土地，对于国有建设用地和集体经营性建设用地"同等入市、同权同价"目标的实现，已然形成两种差异化的构建路径。第一，集体建设用地使用权的物权化路径。从集体经营性建设用地使用权与国有建设用地使用权的权能平等方向构建，认为集体建设用地使用权的物权化是实现"同地同权""同等入市"改革目标的前提。[①] 第二，集体土地所有权的功能强化路径。其认为"同地同权"的本质在于所有权的平等，而非使用权的平等，[②] 集体土地所有权应与国家土地所有权"同权同构"，[③] 通过强化集体所有权的功能，构建农村集体经营性建设用地市场与国有建设用地市场的有效互补和竞争关系。本质上，"集体建设用地使用权物权化路径"与"集体土地所有权的功能强化路径"均将"集体建设用地保持集体所有"作为入市改革的基础，承认"在保留集体建设用地所有权属性的基础上，展开土地使用权的流转"符合改革原意。然而，两种构建路径均忽视了

---

① 参见温世扬：《集体经营性建设用地"同等入市"的法制革新》，载《中国法学》2015年第4期。

② 参见高富平：《重启集体建设用地市场化改革的意义和制度需求》，载《东方法学》2014年第6期。

③ 参见韩松：《集体建设用地市场配置的法律问题研究》，载《中国法学》2008年第3期；韩松：《论农村集体经营性建设用地使用权》，载《苏州大学学报（哲学社会科学版）》2014年第3期。

一个关键性问题，即"城市化的集体土地所有权归属呈现的复杂性与集体经营性建设用地入市改革之间是否和谐并存"。笔者认为，城市规划区内、外的集体土地所有权归属设置，将对集体经营性建设用地的"统一入市"产生重大影响。

第一，集体经营性建设用地入市改革中缺失城市规划区内、外的区分标准，将使城市化的集体土地难以融入到改革行列。首先，基于"城中村"问题形成的特殊历史缘由，我国的集体所有应当区分为"城市化的集体所有"和"未经城市化的集体所有"。在 1982 年《宪法》规定城市的土地归国家所有后，便展开了主要以"征地"为手段扩张城市规模的进程，通过征收程序或者村民成建制地转为城镇居民的方式将划入城市规划区的集体土地转变为国有土地，[①] 继而开展城市建设。但这种极速化的城镇化扩张趋势未能实现集体土地征收的全面覆盖或整体推进，从而形成了城市规划区范围内的集体土地，甚至是处于国有土地上建成的城市功能区包围中的农村集体土地。这些土地尚未完成"国有化"的程序，依旧由农民集体所有和管理，但其功能已与其他城市土地基本无异。[②] 基于对《宪法》第 10 条确立的"城乡二元土地所有制"的基本遵循，城市规划区内的集体土地所有权一直面临着"国有化"或"继续维持集体所有"的权利归属争议，学界对此

---

① 依据此规定，地方政府采取撤村建居等办法将集体土地转化为国家所有。应对此种严重侵害农民集体权益的现象，国务院法制办、原国土资源部于 2005 年 3 月 4 日作出如下解释：农村集体经济组织土地被依法征收后，其成员随土地征收已经全部转为城镇居民，该农村集体经济组织剩余的少量集体土地可以依法征收为国家所有。

② 参见温世扬：《集体经营性建设用地"同等入市"的法制革新》，载《中国法学》2015 年第 4 期；房绍坤：《农村集体经营性建设用地入市的几个法律问题》，载《烟台大学学报（哲学社会科学版）》2015 年第 3 期。

也始终未能形成统一意见。其次，集体经营性建设用地入市是在保留建设用地所有权人收租权和回收权的前提下，将建设用地占有、使用、收益和处分的权能转让给集体建设用地使用权人。集体经营性建设用地的入市实质上系用益物权的设立和流转，并不发生集体土地所有权的转移。① 因此，学界对于"实现集体经营性建设用地入市应当保持集体建设用地集体所有属性"的基本主张和逻辑只能适用于"纯粹的农民集体所有"，亦即"未经城市化的集体所有"，因为该主张需要保持农民集体所有权的权利极为明确、不受争议。而在"城市化的集体所有"属性备受争议、难以明确的情况下，城市化的集体土地将难以融入到集体经营性建设用地入市的改革框架。

然而，城市化的集体土地游离于集体经营性建设用地入市范围之外，将使改革效果大打折扣。学界认为，允许"圈内"的集体经营性建设用地入市流转，将会面临城市规划区内的土地存在国家所有和农民集体所有的混合局面，从而与"城市土地国有"的规定相冲突。② 实则不然，土地使用权的流转并不会造成城市规划区内集体所有和国家所有并存的混乱局面，城市化的集体土地所有权得不到明确才是问题的根源。城市规划区内的集体土地是农村土地中价值最高的部分，若将集体经营性建设用地入市改革的范围限定在城市规划区外，则会使改革效果大打折扣，甚至难以实现改革的意图，因此，城市化的集

---

① 参见温世扬：《集体经营性建设用地"同等入市"的法制革新》，载《中国法学》2015 年第 4 期。

② 参见宋志红：《集体经营性建设用地入市改革的三个难点》，载《行政管理改革》2015 年第 5 期。

体土地不应被限制在入市范围之外。[①]

第二，改革中缺失所有权归属的区分设置，将严重影响集体经营性建设用地入市的稳定性。《宪法》第 10 条禁止进行土地所有权买卖，但允许土地使用权依法流转，就中国土地而言，土地的市场化配置只能是土地使用权的依法流转，而非土地所有权的买卖。[②]此种意义上，集体经营性建设用地与国有建设用地"同地同权"的目标应在建设用地使用权的"同权同构"层面实现。所有权作为确定权利归属关系的一种物权，系他物权的产生基础，也只有财产的归属关系得以明确，财产的利用才存在可能；在财产归属不明的情况下，财产的利用也就不会有法律上的保障。明确的集体土地所有权归属是土地使用权流转稳定性的保障，也是明确利益分配关系的关键因素；脱离明确的集体土地所有权归属，集体经营性建设用地使用权的流转将难以形成稳定预期，不利于交易安全。在"城市化的集体土地所有权"面临的权属争议未予解决的情况下，构建集体经营性建设用地使用权流转机制，无异于竖起一座"空中楼阁"。

2. 所有权区分归属机制的设置乃基于现实的必然选择

集体经营性建设用地入市改革中设置集体土地所有权的区分归属机制，具有充分性和必然性。这是因为：对城市规划区内、外的所有权进行区分设置，是现有集体经营性建设用地入市改革实践成果的总结以及宪法框架的必然约束。

---

① 参见宋志红：《集体经营性建设用地入市改革的三个难点》，载《行政管理改革》2015 年第 5 期。

② 参见韩松：《城镇化进程中入市集体经营性建设用地所有权归属及其与土地征收制度的协调》，载《当代法学》2016 年第 6 期。

（1）"城市规划区外集体所有属性不变"是改革的必然趋势

第一，保持城市规划区外集体所有属性系实践经验的总结。

首先，关于模式的构建及比较。集体经营性建设用地入市模式存在多重分类标准。根据入市的具体形式可分为就地入市、调整入市和整治入市等，[①] 根据政府与市场的关系可划分出政府主导、市场主导和两种并重型等模式，[②] 流转对象又包含实物交易和土地发展权交易等方式。[③] 本部分采取城市规划区内、外的范围划分标准、以"产权让渡"为对象、以"所有权、使用权、发展权"的三维视角展开模式分类与比较分析。理由在于：其一，集体经营性建设用地入市改革的实践主要以"产权让渡"和"收益分配"为两大着力点。产权的重要性在于它能够帮助一个人形成与其他人交易时的合理预期，[④] 产权亦构成流转收益分配的基础，[⑤] 不同的产权让渡将产生不同的利益分配主体和分配格局，因此，本部分采取"产权让渡下的权利流转"的视角，作为权利流转主要对象的所有权和使用权即被纳入考量范围。其二，

---

① 参见刘亚辉：《农村集体经营性建设用地使用权入市的进展、突出问题与对策》，载《农村经济》2018 年第 12 期。

② 参见陈会广、陈利根、马秀鹏、刘沫含：《农村集体建设用地流转模式的多样化创新——基于政府与市场关系的视角》，载《经济体制改革》2009 年第 1 期。

③ 参见徐银波：《集体建设用地流转模式梳理与困境反思二维论》，载《中国不动产法研究》2012 年第 7 期。

④ 参见陈会广、陈利根、马秀鹏、刘沫含：《农村集体建设用地流转模式的多样化创新——基于政府与市场关系的视角》，载《经济体制改革》2009 年第 1 期。

⑤ 参见陈会广、陈利根、马秀鹏、刘沫含：《农村集体建设用地流转模式的多样化创新——基于政府与市场关系的视角》，载《经济体制改革》2009 年第 1 期。

集体经营性建设用地入市改革应当兼顾不同集体或区域间的公平，[1]
这主要通过土地发展权的产权让渡来实现，[2] 实践中的地票交易、调
整入市、城乡建设用地增减挂钩等均为土地发展权的交易形式，由此，
本部分的分类标准纳入了"土地发展权"的考量因素。最终，集体经
营性建设用地流转中的产权让渡（Q）分为以下三种类型（见表1）。

表 1　集体经营性建设用地流转的模式分析

流转模式	权属变化	流转范围	收益分配
所有权和发展权让渡（Q1）	所有权转归国有，发展权独立流转	跨地区流转与就地流转	除政府收取小部分土地收益外。通过征地实现时，发展权接受方及出让方分别获得征地补偿和发展权利益补偿；以转权让利方式实现时，由发展权转入方与转出方的集体共享。
发展权和使用权让渡（Q2）	发展权独立流转，使用权流转	跨地区流转与就地流转	除政府收取小部分土地收益外，由发展权转出方和转入方共享土地收益，实现区域公平。
使用权让渡（Q3）	使用权流转	就地流转	除政府收取小部分土地收益外，大部分土地收益分配给出让集体。

其一，所有权和发展权让渡（Q1）。在保留偏远地区农村集体建
设需要的前提下，将建设用地复垦为耕地形成结余的建设用地指标，
可以选择在区位较好的农村地区落地并对落地区域的集体土地实施征
收，将落地区域的集体土地转为国有后展开城镇化建设。结余的建设
用地指标即相当于土地发展权。该模式下，集体经营性建设用地流转
收益的分配存在两种情形：其一，在集体土地转为国有后，由发展权

---

[1] 利益不均，入市收益难协调。实现区域公平，亦成为集体经营性建设用地入市改革
的目标之一。参见舒宁：《北京大兴区国家集体经营性建设用地入市改革试点探索》，
载《规划师》2017 年第 9 期。

[2] 参见舒帮荣、李永乐、陈利洪、张梦琳、镇风华：《农村集体经营性建设用地流转
模式再审视：基于产权让渡与市场化的视角》，载《中国土地科学》2018 年第 7 期。

转出方和转入方农民集体共同取得集体建设用地使用权，并按一定比例分取土地出让收益；其二，在集体土地被征收时，发展权转入方获得土地征收补偿，发展权转出方取得发展权让渡收益，政府分取"剪刀差"收益。此种模式下，集体获得的土地出让收益较少。[①] 与传统征地方式不同的是，通过发展权的转移实现了集中型、大规模的征地可能，改变了原来零散征地的模式；且该种征地是基于农民和政府的协商自愿，并非以公权力强制实现，因而大部分土地流转收益可以返还给集体。[②]

其二，发展权和使用权让渡（Q2）。将偏远农村地区建设用地复垦形成的结余建设用地指标在区位较好的农村区域落地，可置换相应的集体经营性建设用地指标，落地区域的集体经营性建设用地面积即相应增加，但建设用地的所有权仍然归转入方农民集体所有。[③] 发展权转入方的集体建设用地的增量，是基于发展权转出方建设用地指标的移转形成，集体建设用地使用权的价值亦有转入方区位优势的贡献，因此，转入方和转出方的农民集体应当按照比例共同分享集体经营性建设用地使用权的出让收益，或者转入方向转出方支付一定的费用（指标费）。[④] 此模式维持了土地的集体所有属性，通过盘活偏远地区的建设用地给予了区位不佳的村镇分享入市收益的公平机会，还实现了

---

① 参见舒帮荣、李永乐、陈利洪、张梦琳、镇风华：《农村集体经营性建设用地流转模式再审视：基于产权让渡与市场化的视角》，载《中国土地科学》2018 年第 7 期。
② 参见宋志红：《集体建设用地使用权流转的法律制度研究》，中国人民大学出版社2009 年版。
③ 北京大兴区、海南省文昌市、浙江省德清县、江苏省武进区等试点地区即为此种模式。
④ 参见陈明：《农村集体经营性建设用地入市改革的评估与展望》，载《农业经济问题》2018 年第 4 期。

农村建设用地的集中利用，促进规模效益的形成。[1]

其三，使用权让渡（Q3），即集体经营性建设用地使用权的直接入市。在保持土地集体所有的前提下，允许集体经营性建设用地使用权直接入市流转，实现与国有土地的"同地、同价、同权"。[2]该种模式一定程度上实现了农村资产的盘活，有利于区位较好的农村集体经济的发展，但难以兼顾集体间区域的公平发展，甚至可能扩大不同区位农村集体经济的发展差距。[3]

其次，关于流转模式的演进逻辑。不同模式在流转主体、流转客体、土地权属以及流转范围方面存在差异，但流转模式的纵向对比中清晰呈现出两条发展主线：宏观上，土地发展权的引入，可使不同区位的农民集体参与到流转收益的分配，有利于实现区域间的公平发展以及土地资源的优化配置；[4]微观上，市场机制的完善使得政府主导模式逐渐向市场主导模式转变，政府在流转机制构建中的作用逐渐弱化，政府参与增值收益的分配比例逐渐降低，由此，实现"土地流转收益向农民和集体倾斜"的改革目标。遵循"宏观"和"微观"的发展逻辑，集体经营性建设用地入市流转的模式大体遵循以下演进逻辑：

在尚未建立农村集体经营性建设用地入市改革试点机制前，城镇化建设只能通过国家征收的方式将集体土地转为国有建设用地。由此，

---

① 参见唐健、谭荣：《农村集体经营性建设用地入市路径——基于几个试点地区的观察》，载《中国人民大学学报》2019 年第 1 期。

② 参见黄英：《农村土地流转法律问题研究》，中国政法大学出版社 2015 年版。

③ 参见舒帮荣、李永乐、陈利洪、张梦琳、镇风华：《农村集体经营性建设用地流转模式再审视：基于产权让渡与市场化的视角》，载《中国土地科学》2018 年第 7 期。

④ 参见舒帮荣、李永乐、陈利洪、张梦琳、镇风华：《农村集体经营性建设用地流转模式再审视：基于产权让渡与市场化的视角》，载《中国土地科学》2018 年第 7 期。

许多地区为满足工业化发展的用地需求，形成了集体建设用地流转的隐形市场。[①] 但由于隐形市场的流转主体混乱、土地价值扭曲，不仅削弱了政府调控土地市场的能力，更严重侵害农民集体的权益。[②] 为规制隐形流转市场，政府展开以使用权流转为中心的试点实践，即使用权让渡模式（Q3）。然而，以使用权为单一的流转对象，始终难以实现城乡统筹及区域发展的公平性，故引入土地发展权的流转形式，将区位不佳的农村土地发展权转移至城市周边，并将符合条件的城市周边地块征收为国有、土地使用权流转收益返还给原集体，形成了"所有权和发展权让渡"的流转模式（Q1）。此种模式下，集体土地所有权仍需收归国有，体现出较强的政府主导倾向。但随着市场机制的完善和深入，政府干预逐渐让位于市场机制，集体经营性建设用地流转也演变为规范市场下的"发展权和使用权让渡"模式（Q2），即在不改变土地集体所有权属性的前提下，兼顾集体间区域发展公平，最终实现集体经营性建设用地流转，此为逻辑推演下最为合理的集体经营性建设用地入市流转的模式。由此，保留集体所有属性不改变的"发展权和使用权让渡"（Q2）模式，应为改革的最终趋势。

（2）保持"圈外土地"集体所有属性系改革理性的必要考量

保持"圈外土地"的集体所有属性，是基于成本控制的最优选择，亦是构建"集体经营性建设用地出让和国有土地出让有效互补的市场关系"的重要保障。第一，集体经营性建设用地入市可以在土地征收

---

① 参见叶艳妹、彭群、吴旭生：《农村城镇化、工业化驱动下的集体建设用地流转问题探讨——以浙江省湖州市、建德市为例》，载《中国农村经济》2002 年第 9 期。

② 参见王权典：《农村集体建设用地使用权流转法律问题研析——结合广东相关立法及实践的述评》，载《华南农业大学学报（社会科学版）》2006 年第 1 期。

的基础上实现，通过土地征收将集体土地转变为国有土地，由国家作为出让主体完成"原集体经营性建设用地"的出让。其中，土地征收涉及土地所有权的转化，应当支付土地所有权的补偿费用。而在保持集体所有属性的基础上仅流转土地使用权，则仅需要支付地上构、建筑物的补偿及一定期限的集体经营性建设用地使用权的使用费，如此，极大降低了用地成本和企业获取建设用地的难度；并且，由于集体所有权性质保持不变，农民集体也将有权长期分享土地非农化后的级差收益。[①] 因此，保持圈外土地的集体所有权属性不改变，不仅可以降低城镇化建设的成本，还拓宽了农民获得财产性收入的渠道，是为成本控制下的优化选择。

第二，保留集体所有权属性是农民集体交易自决权的必然要求。一方面，有学者主张，"集体经营性建设用地入市改革的目标，应当是在保留集体所有权的前提下，分离并转让建设用地使用权，形成与国有土地出让有效互补的市场关系"[②]。真正形成集体经营性建设用地与国有土地出让市场的有效互补关系，必须增强集体经济组织（农民集体）在土地流转中的决策权和主动权，因而，实现集体经营性建设用地入市，要求在保留集体建设用地集体所有属性的前提下，实现土地使用权的流转交易。[③] 另一方面，农村土地属于集体所有，农民集体对集体经营性建设用地流转自然享有交易自决权。由政府统一征

---

① 参见高圣平、刘守英：《集体建设用地进入市场：现实与法律困境》，载《管理世界》2007 年第 3 期。

② 参见吕萍、丁璐源、丁富军：《集体经营性建设用地入市模式及其市场定位分析》，载《农村经济》2018 年第 7 期。

③ 参见吕萍、丁璐源、丁富军：《集体经营性建设用地入市模式及其市场定位分析》，载《农村经济》2018 年第 7 期。

购（征用）再进行出让的方式，实则剥夺了农民集体的市场主体地位，基层政府的介入也往往违背农民的意愿导致农地入市。[①] 集体经营性建设用地流转应当取得集体经济组织成员的村民会议三分之二以上成员或者三分之二以上村民代表的同意，诸多试点地区的实践也存在"集体经营性建设用地入市，应当提交本集体三分之二以上成员的书面同意"的规定。由此，保留入市土地集体所有的属性，是维护农民集体交易自决权的必然要求。

（3）城市规划区内所有权国有化乃缘自宪法框架的必然约束

第一，维持"城市土地的一元所有制"格局具有正当性。城市规划区内的集体经营性建设用地入市，面临着宪法框架下"土地二元所有制"的制约。针对集体经营性建设用地入市改革与《宪法》第10条之间的关系协调，学界主要形成了"修宪"和"释宪"两大阵营。"宪法修改"是解决条款内在冲突和矛盾的一种方法，"只要在现有规定的基础上为城市规划区内集体所有土地的存在保留空间，所谓的'宪法困境'即可消解"，[②] 因而，"除因公共利益需要对入城集体土地实施征收外，应当允许城市集体土地的存在和流转"，《宪法》第10条第1款的相关规定也应当修改为："城市市区的土地，除依法属于集体所有的以外，属于国家所有。"[③] 另外一派学者则从"释宪"角度寻求出路，主张对"城市的土地"范围进行限缩性界定实现其范围

---

① 参见孔祥智、马庆超：《农村集体经营性建设用地改革：内涵、存在问题与对策建议》，载《农村金融研究》2014年第9期。

② 参见温世扬：《集体经营性建设用地"同等入市"的法制革新》，载《中国法学》2015年第4期。

③ 参见王克稳：《论我国经营性土地征收制度改革》，载《法律适用》2019年第7期。

与边界的固定化，之后因城市扩张而进入城市的集体土地便不再具有国有化的必然性。该路径下，《宪法》第10条第1款规定的"城市的土地"是一种静态的概念，仅指"1982年修宪时既有城市范围内的土地，而不包括之后新建成的城市土地以及因既有的城市化扩张而被纳入城市范围内的集体土地"，[①]为现有城市规划区范围内集体所有权的存续创造了合法空间。概而言之，"修宪"和"释宪"的两大阵营，都主张构建"城市土地的多元所有制"。笔者认为两种路径皆不可取，集体经营性建设用地入市改革的实现必须维持"城市土地一元所有制"的基本前提，"城市土地国有"的基本格局不容动摇。理由如下：

其一，主张进行宪法解释的理由不成立。一方面，在宪法规定本身未作出特别限定的情况下，对"城市土地属于国家所有"的解释只能依据正常的文义理解，即所有城市土地（包括既有的城市土地和未来形成的城市土地）均属于国家所有。将"城市的土地"限定于规则制定时既有的城市范围内的土地，并非"城市土地"的应有之义，是对宪法条文的曲解，[②]亦不符合文义解释的基本方法。另一方面，《宪法》第10条规定的目的在于宣告与明确"城乡土地二元所有制"的基本格局，即明确"城市土地属于国家所有，农村和城市郊区的土地属于集体所有"，因而该条第1款规定的目的便是界定与确认整个城市土地的权属。[③]城镇化建设进程下，城乡结构在不断地调整与变化，

---

① 参见杨俊峰：《现行城市土地制度的来龙去脉》，载《南方周末》2012年7月12日，第31版。

② 参见温世扬：《集体经营性建设用地"同等入市"的法制革新》，载《中国法学》2015年第4期。

③ 参见王克稳：《论我国经营性土地征收制度改革》，载《法律适用》2019年第7期。

"城市土地"也绝不可能是静止的、宪法实施时已经建成的城市土地的概念，其必须是一个动态的、不断外扩的概念。① 对"城市的土地"进行限缩性的宪法解释，实质上违背了宪法规则制定的原义。

其二，修改《宪法》第10条第1款的规定绝非最佳选择。一方面，我国一直以"旧城改造"的名义实施征收，通过对"城中村"局部或者整体有步骤地进行改造，更新其物质生活环境，逐步实现城中村土地的国有化，最终实现城镇化的建设目标。而若打破现有城市土地的一元归属制度，将人为地制造大量的"城中村"，这是与当前城镇化的目标相背离的。② 另一方面，"圈内"集体经营性建设用地的入市与城市土地一元归属制度之间不存在冲突。《宪法》第10条已经明确禁止土地所有权的买卖，但允许土地使用权的依法流转。就中国土地而言，土地的市场化配置是指土地使用权的依法流转，而非土地所有权的买卖。③ 集体经营性建设用地与国有建设用地"同地同权"的目标，最终反映在集体经营性建设用地使用权与国有建设用地使用权的"同权同构"方面。因此，学界主张的"继续保留城市土地一元所有制，将使集体经营性建设用地与国有土地很难实现同权同价、同等入市"，④ 并不成立。

其三，城市土地的国有化，乃基于特殊的利益诉求。土地作为一

① 参见王克稳：《论我国经营性土地征收制度改革》，载《法律适用》2019年第7期。
② 参见房绍坤：《农村集体经营性建设用地入市的几个法律问题》，载《烟台大学学报（哲学社会科学版）》2015年第3期。
③ 参见韩松：《城镇化进程中入市集体经营性建设用地所有权归属及其与土地征收制度的协调》，载《当代法学》2016年第6期。
④ 参见刘守英：《中共十八届三中全会后的土地制度改革及其实施》，载《法商研究》2014年第2期。

种特殊的、有限的自然资源，也是一种不能再生产的、不可缺少的生产资料。只有维持土地的国家所有，才能保证土地得到有控制的合理利用，从而为整个社会服务。我国不实行农村土地国有制的根本原因在于，宪法制定时农业生产力极其低下，工业化发展仍然需要依靠农业提供资金支持，国家根本无力负载农民的社会保障，只能依靠农村土地为农民提供基本的生存保障，这也是集体所有制本身的价值所在。只要集体土地仍旧为集体成员提供生存保障，集体所有制便具有存续的价值基础。但是，对于城市内的集体土地来说，农民已经摆脱了"依靠农业生产获取生存保障"的急迫需求，城市内的集体土地亟需实现"土地作为自然资源的财产价值"，而集体经营性建设用地的入市恰好迎合了该项需求。因而，城市内的集体经营性建设用地入市的核心是利益问题，关键是建立合理的利益分配和利益分享机制。[1] 集体经营性建设用地使用权入市获得的流转收益，应当用于提供集体成员的社会保障条件，助力原集体成员的市民化[2]。

可以说，城市内的集体经营性建设用地入市成为"城中村"问题解决的关键节点，入市产生的流转价值是"农村土地作为自然资源所释放的财产价值"，能够替代一直以来"农村土地作为生产资料的社会保障价值"，此种意义上，"城市规划区内集体土地"的属性转化借由城市内的集体经营性建设用地入市得以完成。在城市规划区内的集体土地实现了"经营性建设用地入市"之后，入市收益的分配使得

---

① 参见盖凯程、于平：《农地非农化制度的变迁逻辑：从征地到集体经营性建设用地入市》，载《农业经济问题》2017 年第 3 期。

② 参见韩松：《城镇化进程中入市集体经营性建设用地所有权归属及其与土地征收制度的协调》，载《当代法学》2016 年第 6 期。

农民集体不再依赖土地本身获得生存保障，集体所有制亦失去了存续的价值基础，集体所有权应当转化为国家所有权，该种入市的方式称为"转制入市"，最终，城市土地呈现出一元所有制的格局。

第二，城市规划区内的集体土地应当实现"概括国有化"。城市规划区内集体土地地权的法律处置，应该认识到问题的复杂性，而不应该简单地将农民的土地纳为国有。[1] 实现城市规划区内集体土地国有化的路径有三，即征收、征购和概括国有化。笔者认为，城市规划区内的集体土地所有权的转化，只能以"概括国有化"的方式实现。

首先，城市化的集体土地所有权不应通过征收方式转变。集体经营性建设用地入市改革的目标在于，建立集体土地入市与土地征收"两条腿走路"的建设使用土地来源渠道，[2]而不是将土地征收作为解决"城中村"问题的箩筐，征收只能出于发展公共利益的目的。[3] 只有在城市规划区内的集体土地经规划确定为公益性建设用地类型的情况下，才可以通过征收转变为国家所有。值得注意的是，纳入城市规划区内的集体土地被确定为经营性建设用地，并出于"成片开发建设需要"的目的进行征地的，应当按照经营性建设用地使用权的市场价值给付征收补偿。

其次，城市规划区内的集体土地所有权不宜通过征购方式取得。

---

① 参见孙宪忠：《中国农民"带地入城"的理论思考和实践调查》，载《苏州大学学报（哲学社会科学版）》2014 年第 3 期。

② 参见张云华：《打破二元土地制度壁垒，打开制度通道，构建农村集体建设用地入市的制度框架》，来源于 http://www.drc.gov.cn/zjsd/20180205/4-4-2895546.htm，2019 年 9 月 4 日访问。

③ 参见陈小君：《农地法律制度在后农业税时代的挑战与回应》，载《月旦民商法杂志》2007 年第 3 期。

有学者主张，"在坚持城市土地一元所有制的背景下，应当在集体土地征收之外通过国家对集体土地协议购买的方式建立集体土地所有权向国家所有权流转的制度，并主张在《宪法》第10条第4款后增加'集体土地所有权可以依法转让给国家'的规定"①，赋予国家强制征购权，对于不满足公共利益需要的用地可以以公平市场价格实行土地征购。②然而，该主张并未意识到，以征购方式实现城市规划区内的集体土地所有权的国有化，缺乏实现的现实基础：一方面，我国缺乏土地所有权的交易市场，难以评定土地所有权的市场价格；另一方面，若仅以有权利期限限制的集体经营性建设用地使用权的市场价格为标准进行价值评估，实质剥夺了所有权人的收回权以及用益物权到期收回后的剩余收益权。

最后，笔者赞同以"概括国有化"的方式实现城市规划区内集体土地所有权的国有化，但不认同提出主张的理由。如韩松教授认为，将城市规划区内的集体土地所有权转为国家所有权时，将集体经营性建设用地使用权授予农民集体，构成概括国有化的正当性基础。具体而言：一方面，农民集体所取得的经营性建设用地使用权，是集体所有权中原本没有的权能，可将其视为集体土地所有权国有化的对价；另一方面，经营性建设用地使用权的市场价值远高于土地的原有价值，农民得到了比原来拥有土地所有权更大的利益，因而，概括国有化的

---

① 参见王克稳：《论我国经营性土地征收制度改革》，载《法律适用》2019 年第 7 期。
② 参见瞿灵敏：《〈宪法〉第 10 条第 1 款与第 3 款间的矛盾及其消解——兼论"入城"集体土地的产权归属及其变动模式》，载《北方法学》2018 年第 1 期。

方式具有正当性。① 然而，上述观点实质上有违权利产生的法理及逻辑。况且不论土地发展权是经由国家的规划和用途管制而产生，还是原本就是土地所有权的一部分，② 这并不影响集体经营性建设用地使用权的归属，因为集体经营性建设用地的规划用途一经确定，农民集体即享有获取建设用地使用权的权利预期。这是由土地发展权的产生逻辑决定的，也是由土地利用规划的效力决定的，与土地的所有权无关。③ 因而，农民集体应当享有集体经营性建设用地使用权（包括城市规划区内的集体经营性建设用地使用权）。上述主张中，实则将"集体经营性建设用地使用权的授予作为土地所有权的利益对价"的国有化的概括解读，构建了"土地所有权转变"与"获取经营性建设用地使用权"两者的因果关系，有违集体经营性建设用地使用权产生的法理基础及逻辑，更可能造成城市规划区内、外的农民集体之间权利的不平等。

3. 城市规划区内、外所有权的区分归属符合共同的法理基础

城市规划区内的集体经营性建设用地入市，必将带来城市规划区集体土地所有权的国有化，而城市规划区外的集体土地依旧保持集体所有属性，由此呈现出城市规划区内、外集体土地所有权归属的区分设置。集体经营性建设用地入市的改革目标在于实现"同地同权"，强调相同用途和相同性质的土地应有相同的法律地位或法律能力，不

---

① 参见韩松：《城镇化进程中入市集体经营性建设用地所有权归属及其与土地征收制度的协调》，载《当代法学》2016 年第 6 期。

② 关于土地发展权的产生逻辑，存在私有权论和国有化论两种主张。对此问题的阐述和争论可参见彭錞：《土地发展权与土地增值收益分配　中国问题与英国经验》，载《中外法学》2016 年第 6 期；程雪阳：《土地发展权与土地增值收益的分配》，载《法学研究》2014 年第 5 期。

③ 参见陈锡文：《关于农村土地制度改革的两点思考》，载《经济研究》2014 年第 1 期。

因主体不同而不同。[①] 而集体经营性建设用地入市改革的同一事实，却产生所有权双重归属的结果，不免带来"剥夺农民集体权益、深化集体所有权和国家所有权矛盾、造成不同集体间权利不平等"的嫌疑。但笔者认为，所有权产权的区分归属机制本身便是基于集体经营性建设用地入市改革的目标而设定的，并不违背"同等入市、同地同权"的改革初衷。相反，所有权的双重归属设置，不仅仅是出于维持《宪法》第10条确立的"土地二元所有制"框架的需要，更是基于政治政策和制度价值之双重考量的结果，具备共同的法理基础。依据城市规划区内、外的标准进行所有权的区分归属设置，具备充分的可行性。

一 （1）集体所有权的存续依附于"农业、农村、农民"的紧密联结

第一，集体所有权承担对社会关系的调整功能。集体所有制是生产资料归劳动者集体共同占有的一种公有制形式。集体所有权作为集体所有制的实现形式，其公有制的意识形态亦构成集体所有权的政治基础，该政治伦理属性又使得集体土地所有权中始终渗透着传统社会主义的政治理想。[②] 这决定着，集体所有权应当承担起对社会关系的调整作用，主要体现在"对社会结构的调整"和"社会机能的承担"两个方面。

首先，对社会结构的调整。社会结构的状况直接体现社会关系的状况，社会结构的稳定、协调与整合直接影响社会的稳定和发展。"集体所有"作为社会主义独特的资源分配形式，主要承担着"城乡二元

---

① 参见高富平：《重启集体建设用地市场化改革的意义和制度需求》，载《东方法学》2014年第6期。

② 参见袁震：《论集体土地所有权的政治伦理属性与法律属性》，载《私法》2017年第2期。

土地结构"的支撑作用，其对社会结构的影响也主要体现为对城乡二元结构的塑造功能。这主要体现在两个方面：其一，保障农民的土地公有制、消灭私有制。无产阶级社会主义革命的胜利决定我国应实行以生产资料公有制为支撑的基本经济制度，必须"消灭私有制"，[①]我国宪法规定的"城市土地的国家所有制"便是由我国社会主义国家性质决定的。[②]但纯粹的无产阶级社会主义主张"土地只能是国家的财产"，[③]包括农业用地在内的所有土地均应实行国有化。而我国并未完全采取无产阶级社会主义的国有化主张，另辟蹊径确立农村土地集体所有制的根本原因在于：一方面，必须防止农村土地的私有制。土地买卖必定造成农村财富的两极分化，形成新的地主、雇农和贫农之间的社会阶级矛盾，因而，继新民主主义革命中通过土地改革实现农村土地私有制之后，便开展农业社会化改造，消灭了农村土地的私有制，并建立了农民的集体土地公有制；另一方面，新中国成立的攻坚战——解放战争，即依靠土地改革发动的农民群众走"农村包围城市"的路线取胜，土地所有权归于农民与获取农民对共产党的积极支持，乃是一种严肃的"政治契约"。[④]由此，国家只能将土地交给农民，实行并保障农村土地的集体所有制。其二，构建城乡二元社会保障体

---

① 马克思在《共产党宣言》中明确指出共产党人可以把自己的理论用一句话表达，即为"消灭私有制"，而"把资本变为属于社会全体成员的集体财产，并不是把个人财产变成社会财产。"参见《马克思恩格斯全集》（第四卷），人民出版社1958年版。

② 参见韩松：《城镇化进程中入市集体经营性建设用地所有权归属及其与土地征收制度的协调》，载《当代法学》2016年第6期。

③ "把土地交给联合起来的农业劳动者，就等于使社会仅仅听从一个生产者阶级的支配。"参见《马克思恩格斯全集》（第十八卷），人民出版社1964年版。

④ 参见周应江：《论土地承包经营权的身份制约》，载《法学论坛》2010年第4期。

系。根据社会福利主义的代表人物霍布豪斯的观点，国家的职责是为公民创造条件，使其能够依靠自身努力获得生存所需保障。[①] 宪法制定时中国工业起步较晚、发展缓慢，国家难以承担农村人口的生存保障；而在土地极其短缺、农业人口占据多数的中国社会，"由各个集体范围内的全体成员不可分割地共同拥有对本集体范围的土地，就能保障占人口大多数的农民享有最基本的社会保障，是他们住有其屋、耕有其田，而且终生享有，安居乐业"的唯一途径。[②] 农村土地必须承担起为数亿农民的生存和养老提供保障的社会功能。

其次，社会机能的承担。当时我国农业生产力极为低下，工业化发展也刚刚起步，尚需依靠农业为工业化之路提供资金支持和原始积累，此种意义上，"集体土地所有权本质上是国家通过否定农民土地私有权而建立的资源攫取的权力管道"[③]。国家将土地留给农民的关键因素在于，保留农村土地用来发展农业生产，最终保障工业化建设。缘于此，国家始终需要保障农地从事农业生产的社会机能实现，即便在集体土地由集体成员承包经营的情况下，国家依旧限制土地的农业用途，《土地管理法》第4条实行的农地用途管制制度即为例证。

第二，"农业、农村、农民"的紧密联结构成农民集体存续的内在机理。农村土地"集体所有权"的确立，表面上是出于国家对农民的政治承诺，实则是出于国家的政治策略——依靠农村土地调整农村社会关系，使集体所有权承担起"调整社会结构"和"构建社会机能"

[①] 参见丁建定、魏科科：《社会福利思想》，华中科技大学出版社 2005 年版。
[②] 参见韩松：《集体建设用地市场配置的法律问题研究》，载《中国法学》2008 年第 3 期。
[③] 参见李凤章：《通过"空权利"来"反权利"：集体土地所有权的本质及其变革》，载《法制与社会发展》2010 年第 5 期。

的功能。但这仅是集体所有权构建的表层逻辑。深究其中，集体所有权之所以能够发挥对社会关系的调整功能，实则是基于"农业、农村、农民"之间的紧密联结，此乃集体所有权产生的内在机理及逻辑：首先，改革初期走"农业反哺工业"的发展路线，必须保障农村土地用于农业生产，而农业生产以农村土地为生产资料，农业生产者（农民）则必须占有农村土地，农民以农地为区域从事农业劳动和生活居住形成的村落就是农村，① 由此，集体所有权的最初确立需要建立"农业、农村、农民"之间的紧密联结。其次，农民集体是在"消灭私有制"理念下以村落为基础、由农业生产者（农民）聚集形成的组织。② 农民集体成员（农民）的一个重要特征就是居住在同一村落、共享土地利益，③ 这一点完全契合"农业、农民、农村"的紧密联结关系。我国确立的集体所有制是指一定范围内的成员公有制，由相应地域范围内的农业劳动者集体（农民集体）享有农村土地的所有权，具有正当性。由此，农民集体实质上也是基于"农业、农村、农民"三要素的紧密联结而产生的，反过来，农民集体所依附的"农业、农村、农民"的紧密联结关系构成集体所有权的主体基础，在此基础上，集体所有制得以在社会结构和社会机能方面实现塑造功能。

---

① 参见韩松：《城镇化进程中入市集体经营性建设用地所有权归属及其与土地征收制度的协调》，载《当代法学》2016 年第 6 期。

② 历史上以自然居住村落划分"农民集体"及其成员做法来源于1962 年"公社六十条"的规定。法律上亦将"农民集体"概括为"在计划经济背景下以农村自然村落为基础、以村落自然居民为成员形成的共同体形态"。参见许中缘、崔雪炜：《"三权分置"视域下的农村集体经济组织法人》，载《当代法学》2018 年第 1 期。

③ 参见袁震：《论集体土地所有权的政治伦理属性与法律属性》，载《私法》2017 年第 2 期。

农地、农村、农民的任何一个要素发生改变，都会引起农民集体产生基础的实质变化。[①] 农民集体的存续直接决定着集体所有权的存续。若农民集体不复存在，集体所有权便因失去所依附的主体相应消亡。就城市规划区内的集体土地而言，规划已然确定了城市化的集体土地为建设用地，农村土地不再从事农业生产，农民获得非农化就业机会而不再依靠农业生产获取自身生存来源，再就业使农民脱离了农村土地，原集体成员分散到不同的用人单位从事不同的劳动，此时，农民失去了对农业、农地、农村的依赖，造成农民集体产生基础的丧失，原集体成员也不得再以集体成员的身份享有集体所有权，土地集体所有权自此消亡。而城市规划区外的农村土地，不仅包含集体建设用地类型，还有由集体成员经营的农业用地。经营性建设用地的存在以及集体经营性建设用地的入市，只是扩大了集体所有权的处分和收益权能，为本集体发展提供更多的财产性收入，以更好地发挥集体对于成员的保障功能，并未割断农村、农业和农民之间的依存关系，并不会导致农民集体存续基础的缺失，土地的集体所有权仍应存续。[②] 由此，以城市规划区内、外范围的划分为标准设置集体所有权的双重归属机制，并非是对《宪法》第 10 条第 1 款确定的"城市土地一元所有制"的妥协，而是基于社会主义国家性质下农村土地归属确定的共同依据，即作为集体所有权归属主体的农民集体一经消亡，集体所有权亦应不复存在。

---

① 参见韩松：《城镇化进程中入市集体经营性建设用地所有权归属及其与土地征收制度的协调》，载《当代法学》2016 年第 6 期。
② 参见韩松：《城镇化进程中入市集体经营性建设用地所有权归属及其与土地征收制度的协调》，载《当代法学》2016 年第 6 期。

（2）农民集体群体性特质消亡导致集体所有权缺失主体性基础

对农民集体特殊内涵的认识不足，是导致所有权归属困境的本质原因。集体土地所有权的主体具有一定的群体性，[①] 这构成农民集体的特质，亦可称为集体所有权的主体性基础。农村土地集体化的过程本质上可以演化为消灭私有权的过程，农民个人被迫把土地所有权交给集体换取集体成员身份，其可基于纯粹的集体成员身份公平地分享土地资源。集体成员权区别于股东的股权，因为在消灭私有制的政治考量下，为保障每个成员都能享有集体土地权益，防止富者兼并土地、穷者失去土地的两极分化现象，[②] 集体成员并没有确定的土地份额，也不存在入社财产价值的对价交换，[③] 因而，集体土地所有权不可分割为单独的个人私有权，集体成员不能离开集体，更不要说转让自己的份额或者要求解散集体并分回土地。[④] 基于土地利用的不可分割关系，集体成员与农民集体之间构成紧密联结，形成农民集体的群体性特质。

然而，城市规划区内的集体经营性建设用地的入市流转，将使城市化的农民集体失去群体性，权利主体的消亡导致城市规划区内的集体所有权消亡。建设用地使用权一经设定，便具有权利期限；在权利期限内，所有权受到用益物权的权能定限，期限届满方可发挥作用。

① 参见袁震：《论集体土地所有权的政治伦理属性与法律属性》，载《私法》2017年第2期。

② 参见韩松：《坚持农村土地的集体所有权》，载《法学家》2014年第2期。

③ 参见韩松：《我国民法典物权编应当界定农民集体所有权类型的本质属性》，载《四川大学学报（哲学社会科学版）》2019年第3期。

④ 参见李凤章：《通过"空权利"来"反权利"：集体土地所有权的本质及其变革》，载《法制与社会发展》2010年第5期。

城市规划区内的农民集体利用集体经营性建设用地的流转价值为集体成员提供社会保障条件和收益后，集体成员便完成了市民化。集体成员身份的市民化切断了集体成员与农民集体之间不可分割的紧密联系，农民集体也因此失去群体性的特质，保留城市规划区内的集体土地所有权便失去了主体性基础。待集体经营性建设用地使用权权利期限届满后，原农民集体早已分化，恢复原农民集体已不可能。由早已不是原集体成员的集体再行使集体土地所有权，亦不符合社会公平正义的要求。[1]

（3）集体所有权功能属性的转化为"概括国有化"奠定正当基础

集体所有权作为民法与社会主义的制度设计产物，[2] 却负载了过多的政治伦理价值，使得集体所有权长期偏离民事权利的运行轨道，表现为集体所有权权能的残缺和土地财产价值被严重压抑等方面。在改革开放时期，集体土地的主要功能在于实现农民的生存保障，通过承包经营权的赋予基本能够实现集体所有权的该价值目标。但随着"农二代"进城和集体土地流转市场的放开，农民集体所具有的传统农民共同劳动、共同生活的场景逐渐消失，土地在历史上具备的农村聚落治理功能和生活保障功能也逐渐式微，取而代之的是土地财产属性和交易价值的凸显，[3] 实现集体所有权财产性价值的期待日益强化，集

---

① 参见韩松：《城镇化进程中入市集体经营性建设用地所有权归属及其与土地征收制度的协调》，载《当代法学》2016 年第 6 期。

② 参见董景山：《农村集体土地所有权行使模式研究》，法律出版社 2012 年版。

③ 参见梅夏英：《民法典编纂中所有权规则的立法发展与完善》，载《清华法学》2018 年第 2 期。

体土地所有权的价值功能也逐渐由"提供农民生存保障"①向"实现所有权的收益权能"的方向转变。

城市规划区内的集体经营性建设用地的入市流转，实现了入城农民对农村土地财产价值功能的期望，农民通过分取集体经营性建设用地入市的流转收益获得了集体土地剩余价值的分配。换句话说，城市规划区内的集体经营性建设用地入市迎合了农民对入城土地的价值实现需求、实现了入城土地价值属性的转化——集体成员与农民集体之间的利益联结由原来的"公平配给土地承包经营权"转向"分享土地财产价值"，即由享有土地使用权变为土地收益权的实现。②体现在集体所有权的功能实现层面，即表现为由过去"通过土地使用权的分配为农民提供生存保障"转向"通过土地收益权的实现实现集体土地剩余价值的分配"，追根究底，集体所有权的权利价值仍旧是通过"保障集体成员从集体获取收益"的路径得以实现的。城市规划区内集体经营性建设用地使用权入市交易取得的市场价格，应优先用于实现"农民的市民化"，购买农民所需的养老、医疗、就业保险等社会保障公共产品；剩余收益的分配，也应按照股份制的形式分配给原农民集体成员，"土地股份制必将是继土地联产承包制后又一场农村土地革

---

① 集体土地所有权的制度价值就是通过集体成员对土地的共同所有实现每个集体成员平等、公平地享有集体土地的权利，实现土地对农民的生存保障。参见韩松：《城镇化进程中入市集体经营性建设用地所有权归属及其与土地征收制度的协调》，载《当代法学》2016 年第 6 期。
② 参见高富平：《农民集体土地再物权化：民法典编纂的使命和策略》，载《交大法学》2018 年第 4 期。

命"。[1] 由此，城市规划区内的集体经营性建设用地入市流转，实为城市化的集体土地所有权转归国有的"催化器"；集体经营性建设用地入市流转释放了入城土地的财产价值，使得城市化的农民集体能够负载其成员的生存保障，实现了入城土地集体所有权所负载的政治功能，此乃城市规划区内集体土地概括国有化的作用机理。此种意义上，城市规划区内集体所有制的消亡乃是基于政治政策考量的结果。

公有制的思想早已有之，集体所有制的确立亦受不同阶段的经济、政治、文化、社会等多方面条件影响，[2] 由此，土地所有制本身蕴含着特殊的伦理因素和政治伦理含义。集体经营性建设用地入市改革对于"城中村"集体土地权属调整之困境，破题意义重大。集体经营性建设用地的入市恰好迎合了集体所有权向民事权利方向的转变，集体土地逐渐摆脱"农业支持工业"的发展轨迹，而逐渐突显出作为财产的交易价值和流转价值，集体所有权保障功能的实现也呈现从"对农村土地的保有"到"农村土地流转之收益分配"的方式转变，集体经营性建设用地使用权的流转恰为集体所有权功能目标转化的实现路径。其次，城市规划区内的农村集体经营性建设用地入市流转拆解了"农业、农村、农民"三要素之间的紧密联结，集体成员的市民化也使得农民集体的"群体性"特质逐渐消退。因此，在集体经营性建设用地入市流转的改革背景下，城市化的集体所有权的价值已经形骸化，保留城市规划区内农村土地的集体所有权只剩集体所有制确立时期概念的政治隐喻。

---

① 参见孙宪忠：《中国农民"带地入城"的理论思考和实践调查》，载《苏州大学学报（哲学社会科学版）》2014 年第 3 期。

② 参见韩长赋：《中国农村土地制度改革》，载《农业经济问题》2019 年第 1 期。

（二）土地征收制度与集体经营性建设用地入市收益分配的均衡调配

集体经营性建设用地入市改革的推进不应成为土地征收制度实施的阻碍，而应当共同配合，构建合理的供地体系。而事实上，集体经营性建设用地相对较高的收益将增加农民对市场的期待，导致农民接受征地的意愿降低，反而不利于征地制度的实施，笔者认为，唯一可行的解决路径是尽可能地实现土地征收与集体经营性建设用地入市中增值收益分配比例的大体平衡，消除农民对土地入市过高的利益期待，提升其对土地征收制度的认可度与接纳度。甚至有学者提出了收益分配均衡的比例：集体经营性建设用地入市中收益比例在国家、集体间采取 3∶7 的格局，而土地征收中集体应获得 20% 的征地补偿金额。[①]笔者认为，获致实现土地征收与集体经营性建设用地入市中增值收益分配比例的大体平衡，需要遵循以下步骤：

首先，需要明确的是土地征收与集体经营性建设用地入市中收益分配的内在价值基础。土地征收制度严格的公益性限定，使得土地的增值收益本身就极为受限，降低了政府从中获益的可能性，同时提高了农民在征地中的权益保障。但相较于集体经营性建设用地入市而言，其增值收益之间存在巨大的差异，导致农民和集体对土地征收产生抵触心理，土地征收制度运行面临更多阻碍。笔者认为，对于土地征收而言，其目的在于牺牲个人和集体利益而实现公共利益，是政府作为掌权者与社会管理者，对社会资源的强制性调配，由此，在土地征收

---

① 参见吕宾、杨景胜：《农村集体经营性建设用地入市收益分配探析》，载《中国国土资源经济》2017 年第 8 期。

中应当秉持由政府反哺集体和农民的指导思想，对做出利益牺牲的集体和农民做出更多的补偿，提高农民和集体在土地征收中的利益分配比例；而在集体经营性建设用地入市改革中，入市行为是由集体和农民主导的市场性行为，而土地作为不可再生的社会资源，其上之利益应当承载为社会谋福祉的功能实现，由此，应当发挥政府的宏观调控机能，由集体和农民反馈国家，从而实现集体经营性建设用地入市产生的巨额土地增值收益向社会流转的目标，但需要注意的是，此处所指之集体和农民反馈国家的利益，应具有限定的用途，不能将其流入地方政府的财政资金，否则将有违增值收益宏观调配的目标。

其次，集体经营性建设用地入市与土地征收制度间应采取"一减一增"的收益分配调控机制。基于农民群体对于土地政策改革的"理性经济人"趋向，在收益分配层面上，集体经营性建设用地入市与土地征收制度之间呈现出联动效应，具有"此增彼长"的关系，入市改革增加了供地市场中供地主体的多元性，打破了国家垄断土地供应市场的格局，由此，其需与土地征收制度形成协调的增值收益分配机制，以此形成改革合力。其中最为关键的便是建立入市与征收改革间的信任机制。土地征收作为供地市场唯一来源时，滋生了土地财政危机，导致地方政府对土地财政过度依赖，从而侵害了征收的公益性，农民和集体均对政府征地行为失去信任，认为政府侵占了大部分的土地增值收益，即便《土地管理法》的修改已经明确了征收补偿的标准，并提高了补偿的数额，但信任的缺失仍旧使得农民和集体参与征收改革的意愿缺失。提升农民和集体对征收制度的信任感，关键在于有效落实入市与征收改革中的反哺机制，促进政府与农民集体间形成互动帮扶的良好关系。对入市土地增值收益的初次分配和税收再分配，合理调整国家、集体和个人的分配比例。在入市改革中，农民和集体应反哺国家，保证政府治理拥有足够的配套资金，缓解财政压力；而在征地制度中，国家应当反哺农民和集体，探索多元化的补偿机制，保障农民的长远生计和发展，壮大集体经济组织的经济实力，如此方能有效促进集体经济的发展。

第二章

中外土地征收制度的公共利益比较研究

以公共利益为由对私人财产权施加限制已成为各国征收制度的主要形式。从各国宪法和法律的规定来看，公共利益呈现出不同的用词形式，如公共使用、公共需要、公共福祉等。"公共利益"作为土地征收的基本前提，虽然各国对此前提性规定不尽相同，但都强调征收权的行使必须严格遵循公共利益原则。我国也将"公共利益"设定为征收的前提性要件，《宪法》《物权法》《土地管理法》都明确土地征收的前置性条件为公共利益。但是对于何为公共利益，一直缺乏理论通说，学界对于公共利益的界定主要有"公共利益的实体界定"和"公共利益的程序界定"两种路径。目前国内关于公共利益的研究主要偏重公共利益的概念、特征，以及公共利益与政府利益、国家利益、个人利益的关系处理与辨别，大多是重复性研究。[1] 对于土地征收之"公共利益"的探究相对滞后，缺乏对国外先进研究方法和内容的吸取。笔者通过比较各国土地征收制度中公共利益的研究认为，应当从程序性界定方式入手研究公共利益如何在征收这一具体制度中被具体确定，通过程序性限制及救济完成公共利益的社会功能以及对国家权力的限制功能；同时，在比较视野下，可以进一步探究公共利益采用何种方式进行限定方能满足公共利益在征收制度中的功能发挥。

---

[1] 参见高志宏：《"公共利益"：立法梳理与学术反思》，载《苏州大学学报（哲学社会科学版）》2013 年第 2 期。

<table>
<tr><td>

第一节

</td><td>

**土地征收制度的公共利益
界定方法研究**

</td></tr>
</table>

正如庞德所说："公共利益是一匹非常难驾驭的马，你一旦跨上它就不知道它将把你带到哪儿。"[①]

一、普通法系关于公共利益的界定模式——以英美征收制度为视角

（一）美国："实际使用"到"公共受益"的转变

美国主要是通过判例法对公共利益进行限定。在美国不同时期的判例中呈现出法官们对《美国联邦宪法》（第五修正案）公共使用条款的不同理解，进而影响土地征收制度中公共利益的界定及内涵。概括而言，转变初期严重受到"私有财产神圣不可侵犯"的观念影响，并严格限定公共利益的内涵标准，几乎不允许公权力对私权利的剥夺；工业革命时期，经济发展的客观需求使得公共利益的扩张成为现实选择；直到 20 世纪 30 年代，经济危机带来了公共利益界定的扩大解释；

---

① 参见罗斯科·庞德：《法理学》（第 3 卷），廖德宇译，法律出版社 2007 年版。

根据美国土地征收最新案例，现今美国法院仍然采取宽泛的标准理解征收活动中的公共利益。[①]

纵观美国公共利益的判例的发展史，"公共使用实现所必须"在公共利益的界定中发挥着至关重要的作用。

1. "公共使用实现所必须"标准扭转了公共利益过度扩张化的趋势

工业革命背景逐渐侵蚀了私有财产保护的绝对性，立法机关和法院主张"修建铁路、水坝等促进商业发展的工具"同样符合公共利益标准。[②] 整个地区能够从私人发展中受益成为公共利益界定的宽泛标准，在此阶段，征收权成为推动地区经济发展的工具。此时，公共利益的判断更加趋近于"公共福祉"的增加，认为修建工厂、铁路等事业都能够增进"公共福祉"的提升，其将来产生的收益都能被一般公众所享受。此阶段越来越多的私人财产权利为此做出牺牲，也带来了对公共使用条款扩大化解释的质疑——他们担心征收权的增长必然会偏重一些已然超越公共利益内涵的特定利益获益。[③]19世纪末和20世纪初很多州开始对征收权力的限制持谨慎态度，"公共使用实现之必须"成为界定征收是否符合公共利益之正当性的标准——当政府自身履行义务所必须提供之资源或者公共目标实现所必须为公民提供的设施、福利等才符合公共使用的判断标准；在决定征收是否符合公共使用之必须时不仅仅考虑公众的现实需要，也要考虑其在将来是否具有

---

① 参见姚佐莲：《公用征收中的公共利益标准——美国判例的发展演变》，载《环球法律评论》2006年第1期。

② See Laura Mansnerus, Public Use, Privlle Use and Judicial Review in Eminent Domain, 58 N.Y.U.I. Rev.409（1983）.

③ 参见姚佐莲：《公用征收中的公共利益标准——美国判例的发展演变》，载《环球法律评论》2006年第1期。

预期的必需。"公共使用标准至此并不再简单地表现为在整个地区或者任何人数众多的区域内直接使公众参与到利益之享受与分享，而是征收项目真正可以使公众受益、利于公共福利增长"，此时的公共利益判断标准已经由"公共使用"转变为"公共受益"。而公共利益的判断由"现实的公众占有使用"的"公共使用"标准到"最终目的效果"的"公共受益"标准的转变是美国公共利益界定的判例发展的必然演变趋势。在其中，真正将公共利益标准过度宽泛化趋势予以扭转的关键却在于"公共使用实现所必须"的衡量标准。

2."公共受益实现所必须"标准实现了公共利益的整体性高度实现

随着美国城市化发展，城市更新计划成为满足经济和社会发展的主要产物，主要目标在于消灭贫民窟和复兴中心商业区。[1] 贫民窟被认为是城市疾病的散播源与繁殖区，是对城市健康的威胁性"公害"产物，而公共目的并不仅局限于物质与金钱意义，同样包括美感与精神层面，运用征收权实现城市更新的目的在于解决社区安全、卫生和生活空间改造问题 [2]，因此，运用征收权这一公权力清除贫民窟"当然属于'公共受益'范围"，亦为合法的公共目的。城市更新计划以认定衰败区为前提，通过确定"某地区达到一定比例的衰败可认定整片地区构成衰败"进而确定衰败区的范围，从而确定征收的范围。在加伦廷房地产开发公司诉保罗斯伯勒自治市镇（Gallenthin Realty Development. Inc. V. Borough of Paulsboro）案中，新泽西州最高法

---

[1] See Scott Greer, Urban Renewal and American Cities, the Dilemma of Democratic Intervention, at 180-184 （1965）, Cited in Quintin Johnstone, Government Control of Urban Land Use: A Comparative Major Program Analysis, 39 N.Y.L Sch. L. Rev.（1994）.

[2] 参见高建伟：《美国土地征收中的"公共利益"》，载《美国研究》2011年第3期。

院认为"对于更大衰败区的复兴必要时，可以将未衰败土地纳入重建规划，但是征收必须证明拟被征收财产对于重建规划实现的必要性"①。对于整体更新规划内部的部分非衰败区的征收同样符合征收正当性要求，只要该部分征收满足"公共受益实现之必须"条件即可，同时，也为公共利益提出了整体高度审查的视角：

城市更新计划的主要目的在于推动公共安全和健康，贫民窟和衰败地区已经构成对城市健康的威胁，应当在城市更新的范围内……只要征收机关已经认定达到城市更新目标所必须征收的土地范围，即便在该范围内存在某些非衰败情形之地区，只要其在衰败区范围内并且对于重建规划的实现具有必要性，② 也可认定该征收符合地区整体发展的需要。

（二）英国：采用"一事一议"说明机制解释公共利益

在英国，无论圈地运动还是涉及其他财产权利的剥夺，公共利益的含义各异。早期对于圈地运动的支持主要基于促进农业发展；18世纪，出现了基于对小农户的不公平待遇而对圈地运动的控诉，此时期的许多圈地是在庄园成员之间根据他们过去利用公地的权利大小来划分公地，目的是使一个或者若干个大土地所有者排他地使用公地，而不再需要实行共同使用公地的制度，这无疑对小农户来说是一场灾难；到了19世纪，对圈地运动的控诉转向对公众舒适生活的威胁，且这种控诉达到了前者无法达到的程度，这也反映了当时政治环境和经济权力的转变。现在"公地"（commons）不再作为具有特殊农业用途

---

①See Gallenthin Realty Developemnt， Inc v. Borough of Paulsboro， 924 A2d 447（2007）.

②See Gordon Colin. Blighting The Way： Urban Renewal， Economic Developemt， and the Elusive Definition of Blight， Fordham Urban Law Journal， 2004（2）：305—337.

和存在多种混合财产权利的领域，而是完全被视为供大众休闲使用的公共场所（places of public recreation）。为了有效利用公地，1965 年制定了《公地登记法》（Commons Regisration Act 1965），用于对公地及村庄绿地的归属进行登记确认。随着英国土地制度以及经济的发展，公共利益的内涵也随着社会环境和社会结构的调整发生变化。

英国土地征收公共利益的界定是采用"一事一议"的说明机制，此种界定模式的形成是由英国土地征收法制的整体构造形态决定的。英国土地征收法律体系由四部分组成：1981 年《土地征收法》（Acqauisition of Lound Act 1981）规定强制购买令的制定程序、1961 年《土地补偿法》（the Land Compensation Act 1961）规定土地征收补偿的评估等、1965 年《强制购买法》（Compulosory Compurchase Act 1965）主要规定征收的程序，而每一个具体案件中何种主体以何种目的可以取得土地，征收能否以强制性方式进行的判断主要由授权性法律规定。① 因此，英国征地法律对于征地公共利益的规定采用的是正

① 如，1972 年《地方政府法》授权区自治会"在为履行地方自治机构职权，不能通过协议购地方式获得所需土地的情况下，行使征地权"；关于农业、林业和食品的征地公共利益主要通过 1947 年《农业法》和 1967 年《林业法》授权"用于农业研究、实验和展示"，"能够保证农业用地最大程度的有效利用""控制农业单位的分割"以及"用于造林的土地"为目的的征地授权；关于教育，1982 年《教育法》规定"用于维护学校和其他教育机构"可以进行征地；关于住房问题，1985 年《住房法》、1985 年《住房协会法》和 1989 年《地方政府和住房法》规定了以"发展辖区内的住房，改善人居环境，确保适当、高效的住房管理和使用""像已经登记的社会保障性住房房主和未登记的自建房屋协会出售或者出租住房""在城市重建区内整修房屋、改善人居环境，确保适当、高效的住房管理和使用"为目的可以进行征地；此外，还有 1982 年《民用航空法》、1892 年《军用土地法》、1982 年《工业发展法》、1968 年《乡村法》以及 1990 年《城乡规划法》等，都规定了不同具体类型的征地公共利益类型。

面说明、列举路径，其并不存在对于公共利益授权的一般性规定，而是通过具体法律对于具体的征地对象和项目进行说明的列举方式界定公共利益。英国征地公共利益并不存在放之四海而皆准的标准，对于具体征地事项的公共利益只能采用"一事一议"的方式，对于特定领域的特定利益加以考察。

二、大陆法系关于公共利益的界定——以德国、日本、法国征收制度为视角

（一）德国："反向排除"+"正面列举"的界定模式

1. 关于公共利益界定模式的争议

德国对于公共利益采取实体主义的界定模式是学术界达成的统一共识，其主要争议在于通过何种实体主义界定模式确定公共利益，形成了三种界定态度：

第一种即采取极为宽泛的概括性界定，仅将公共利益作为征收的前提性要件，而通过程序规定来限制公共利益的内涵，不对公共利益做出定性规定，也不论程序限制下的征收前提是否真正符合公共利益的实质标准；第二种即"列举加概括"式，即列举一系列属于公共利益的类型，同时设定一般条款；第三种即"列举加排除并辅以一般条款规定"式，通过正向列举和反向排除降低公共利益内涵的扩张趋势，并设定一般条款应对列举之外的公共利益之判定情形。

2. "类型列举"+"反向排除"式定义

对于公共利益这一不确定概念而言，依靠积极定义的方式完成内涵界定是不可能实现的。德国法律主要是对实践中主要应对的公共利益类型作出列举式正向规定，表明符合公共利益内涵的代表性领域。

立法机关界定征收目的时应当以具有具体的、可以实现的公共福祉为出发点，[1] 德国通过部门法和具体法律主要确定的公共利益类型包括：公共交通建设（《一般铁路法》第 22 条、《联邦水路法》第 44 条、《德国远程公路法》第 19 条、《航空交通法》第 28 条、《客运法》第 30 条以及各州的铁路法和公路法）、公共能源供应目的（《电气、天然气供应法》第 45 条、《联邦矿山法》第 77 条、《水土协会法》第 40 条、巴伐利亚州《水法》第 72 条等）、文物和自然保护需要（巴伐利亚州《文物保护法》第 25 条、下萨克森州《自然保护法》第 49 条）、城镇建设规划实现目的（主要通过《建筑法》规定，第 85 条规定"为实现建筑规划而需要使用土地或者为了这样的使用而进行准备，以及为了补偿或替代原来被征收的权利而进行征收"的目的实现符合征收之正当性满足）、国防建设目的（《国防用地法》第 10 条）等类型，在满足上述类型化之公共利益的前提下，征收具备公共利益目的实现之手段必要性，便可启动征收。

此外，德国法还通过反向排除的方式将明显不属于公共利益的情形予以排除：禁止无目的无限制的征收，因而储存备用之目的性征收不具有正当性；纯粹基于扩充国库财产的征收不被允许，征收本质上而言并不承担增加国家收入的功能；服务于财富再分配和一般经济促进的征收被禁止，征收同样不承担税收功能；仅服务于当权者的私有利益的征收不被允许。[2]

---

① 参见吴高盛：《公共利益的界定与法律规制研究》，中国民主法制出版社 2009 年版。
② 转引自袁治杰：《德国土地征收中的公共利益》，载《行政法学研究》2010 年第 2 期。

（二）日本："类型化公益"与"具体化公共利益"的双重认定

日本《土地收用法》对于征收公共性的审查采取"二阶段审查模式"，即首先应当满足通过法律列举形式确定的类型化公共利益，其次应当通过第 20 条第 3 项对于征收之具体公共性的要求。就立法形式而言，日本征收公共利益采取的是"抽象—列举—具体"的路径，征收事业受到《宪法》第 29 条第 3 项的整体保障，"保障私有财产不会因为私人利益而被剥夺"。

1. "整体征收目的是公共"控制下的类型化公共利益

《土地收用法》第 3 条列举了 49 种明显属于公共利益的事业类型，基本涵盖了提供给公众使用的设施、为公众服务的设施、确保公众安全的设施或者行政机关的办公用房等比较典型的共用征收情形。[①]上述类型大都无可争议，因为征收事业的受益对象是不特定多数人。但引发日本学界广泛争议的是"城市规划下的规划事业适格性"问题，作为城市整体性开发控制手段规划事业中必然会包含新住宅区开发建设和工业区建成事业等表现为私人受益形式的类型，事业的私人受益性是否会影响征收的公共性成为探究的根源所在。为此，1953 年"农地改革案"确立了"整体征收目的是为了公共"的判断标准，只要规划的整体性是为了公共目的的实现，具体规划事业便跟随规划之整体公共性而具备公共性品格，换言之，即承认城市规划事业的一体公共性。而具体规划事业的私人受益的直接表现形式只不过是整体公共性实现的附带效果，并不影响城市规划事业一体之公共性判断。

---

① 参见黄宇骁：《日本土地征收法制实践及对我国的启示——以公共利益与损失补偿为中心》，载《环球法律评论》2015 年第 4 期。

2. 判断过程审查方式下的公共利益具体化实现

日本《土地收用法》第 20 条确定了公共利益具体化实现的审查条件：第一，征收对象必须符合第三条确定的类型化公共利益种类；第二，企业者必须有完成该项事业的意思和能力；第三，征收事业必须使土地得到适当且合理的利用；第四，征收具备公益实现的必要性。其中，第三条构成公共利益具体化实现的审查条件，如果一项征收事业不符合该项要求，即为达到土地的适当且合理的利用，则该征收事业被认定缺失公共性。但该条文规定极为抽象，其抽象形容词的描述使得该标准之判定并非易事，因而在实践中，行政机关和司法机关确立了"判断过程型审查"之路径。即将该土地供该事业所用从而获得的公共利益与其因此失去的利益进行比较，前者比后者优越时，方能认定事业之公共性。但若在此过程中，不当而简单地轻视了本来应该重视的各种要素和价值，应当尽到的考虑没有尽到，而且考虑了本来不应当考虑或者过重评价了本来不应当过重评价的事项，即认定为在事业公共性认定的裁量判断方法乃至过程中存在错误，该公共性认定即可撤销。[①]

（三）法国公共利益界定的最新发展：损益对比分析

在法国法视野中，公共利益本质上是一个程序问题。公共利益的界定与保障只有在一个完整的程序中进行，即使是以公共利益之名发起的征收，也需在合法的程序中才能实现。[②] 公共征收的程序控制是公共利益本身的要求，也是现代商谈行政理论发展的必然结果；在法

---

① 参见东京高判昭和 48 年 7 月 13 日判时 710 号 23 页。
② 郑贤君：《"公共利益"的界定是一个宪法分权问题——从 Eminent Domain 的主权属性谈起》，载《法学论坛》2005 年第 1 期。

国征收公共利益的程序控制中最突出的特点在于行政权与司法权的分离完美地实现了公共利益程序的程序控制之可能性——从公益的调查与宣告、所有权转移到不动产征收的补偿，行政控制与司法控制相互配合，实现了公共利益"主观控制"和"客观控制"的结合。[1] 但法国法对于公共利益的界定却并不限于程序性控制，在确定卫生健康、社会行动、经济问题、城市规划等不同种类的公共利益类型列举之外，还采取了一般界定的方式："只要公用征收行为具有公共利益性质，就认为是合法的征收。"[2] 对于征收事项是否符合公共利益还需要根据具体情况进行判定，法国对于具体情形下公共利益的判定采取"损益对比分析法"[3]，即"比较由于公用征收进行建设可能得到的利益，以及可能引起的损害，例如被征收人的损失、财政上的负担、环境污染等，然后决定公用征收行为是否符合公用目的，防止行政机关滥用公共征收程序"[4]。

笔者认为，法国在公共利益界定中使用的"损益对比分析法"拆解为步骤性解读，应为征收应当满足"目的必要性"和"手段必要性"之双重考察。目的必要性主要是判断征收旨在解决的公共社会问题本身所蕴含的社会效果与征收需要减少或者抵消的社会成本之间的关系。手段必要性主要是考察实现征收所欲之公共利益是否必须采取征收手段以及征收范围的确定是否已经确定到了最小侵害的控制范围

① 参见许中缘：《论公共利益的程序控制——以法国不动产征收作为比较对象》，载《环球法律评论》2008 年第 3 期。

② 参见王名扬：《法国行政法》，北京大学出版社 2007 年版。

③ 参见张莉：《法国土地征收公益性审查机制及其对中国的启示》，载《行政法学研究》2009 年第 1 期。

④ 参见王名扬：《法国行政法》，北京大学出版社 2007 年版。

之内。如"为重新安置 50 户居民而拆除 100 户居民的住房"之公益实现所欲便明显不具有正当性，只有当"一项工程在对私人财产的损害、工程造价和可能存在的社会不利因素不超过项目带来的利益时，才能被认定为具有公共目的"①。如 1966 年法国政府进行的一次城市规划与建设的试验，"政府决定在里尔市东部建设一座未来可以容纳 3 万学生和 2 万—2.5 万居民的高等教育新城"，为此，"需要拆除和征收 250 栋住宅"，此案中拆除 250 栋住宅的行为是否是实现公共利益之必须是该案的"手段必要性"考量，最终，政府通过论证"仅仅拆除其中的 88 栋即可满足公益实现之目的"，并修改了征收规划。②

三、比较结论与我国公共利益法定制度化的选择

公共利益作为不确定的法律概念，本身并无确切固定的内容，而必须仰仗立法者在立法过程中所达致公共利益内容的具体化，将公共利益内容法律化。未经法律化的公共利益即便具有充分的价值基础，也不能产生法律上的效果力。但由于我国立法技术上的欠缺导致各部门法中对于公共利益具体化始终未达到应有的预期，往往只是重复使用"公共利益"一词进行宽泛界定，③ 始终未能做出框架性限定和具体化的解释。这便是我国目前行政裁量空间过大、公民权利遭受严重侵害的危险根源所在。笔者认为，依据各国立法经验，公共利益具备

---

① 参见李增刚、董丽娃：《土地征收中的公共利益：理论分析、国际做法与政策含义》，载《理论学刊》2014 年第 7 期。

② 参见李增刚、董丽娃：《土地征收中的公共利益：理论分析、国际做法与政策含义》，载《理论学刊》2014 年第 7 期。

③ 参见胡鸿高：《论公共利益的法律界定——从要素解释的路径》，载《中国法学》2008 年第 4 期。

类型化的技术可能与现实需求，但公共利益的变化性与发展性要求同时必须为公共利益的判断预留具体衡量空间，这应当是中国征收制度中公共利益借助立法程序控制与界定的路径。

　　笔者认为，日本"采用二阶段审查模式审查公益性"的模式对我国极具启发性。根据德国联邦宪法法院的见解，立法者必须对于何种情形属于公共利益作出认定方能允许行政机关征收私人财产，而且只有对征收目的类型作出具体规定的法律，才具有执行力。[1]"当抽象——一般概念及其逻辑体系不足以掌握某种生活现象或意义脉络的多样表现形态时，应借助'类型化'的补助思考形式"[2]，我国亦有采用类型化界定公共利益之趋势——《国有土地上房屋征收与补偿条例》第8条规定了城市居民房屋征收的6种公益性表现形式；学者将农地征收之公益性类型概括为"国防和军事设施建设、农业基础设施建设、交通基础设施建设、环境保护工程建设和法律规定的其他项目建设"五大基础设施建设类型。国有土地和集体土地自身承载的公益性价值内涵不同，基于利益衡量的考察，两种类型土地征收之公益性要求自然存有差异；集体土地因集体建设用地和农用地等分类承载公益性价值之差异导致征地公益性差异存在。类型化之征收公益事业类型自然属于典型的公益征收类型，自然属于"征收适格事业"范围。

　　（一）公共利益具备类型化的现实需求

　　通过对各国公共利益界定模式的研究发现，将公共利益作为解决利益冲突或处理利益取舍的工具之视角更加有利于形成简明易懂、便

---

[1] 参见陈新民：《德国公法学基础理论》（下册），山东人民出版社2001年版。

[2] 参见［德］卡尔·拉伦茨：《法学方法论》，陈爱娥译，商务印书馆2003年版。

于行政操作和司法操作的公共利益界定模式。各国对于公共利益的界定逐渐趋向于"更加具备可操作性"。列举式的范围立法模式确定类型化之公共利益成为各国的普遍选择——美国以判例模式形成公共利益构成之具体情形、英国的授权性法律规定不同类型的公共利益类型，法、日、德以及我国台湾地区直接以法律形式确定公共利益的类型化形态。笔者认为，公共利益类型化是公共利益概念本身的要求。公共利益内涵本身兼具"公共"的不确定性和"利益"的不确定性。其作为典型的不确定概念，必须通过类型化的方式才能在特定的情境中对于公共利益作出具体的判断，进而避免因其概念的抽象性而援引价值判断方法辨别公共利益所致的主观影响，借由类型化弥补解释上的主观性缺陷。[1]

公共利益类型化不仅是公共利益概念本身的要求，也是基于现实需要的考虑。首先，我国具有公共利益类型化的现实实施性，从我国现行立法经验而言，已经有一些法律采取列举式立法的方式。如《国有土地上房屋征收与补偿条例》第 8 条将征收国有土地上房屋之公共利益类型划分为六类，《中华人民共和国信托法》第 60 条规定了七种情形下的公共利益满足公益信托的要求，《中华人民共和国公益事业捐赠法》第 3 条对公益事业同样采取列举式立法的方式，等等。其次，公共利益的类型化能够为个案中判断公共利益是否存在提供指引。类型化的公共利益具有直观性，当事人可以直接依据公共利益的类型判定所涉个案是否满足公共利益。用模糊的公共利益概念来涵盖，将

---

[1] 参见王利明：《论征收制度中的公共利益》，载《政法论坛》2009 年第 2 期。

很难给予当事人明确的指引，^① 同时，若公共利益概念模糊化，将为公权力部门提供权力寻租的空间，导致政府权力的滥用。再次，公共利益类型化有利于为其他权利提供保护。对公共利益的类型化，同时也明晰了公共利益与其他权利类型的边界，有利于防止公共利益被滥用而侵犯公民私有权利的情况发生，从而使征收得以顺利进行。

从方法论而言，类型化是"对于抽象的一般概念及其逻辑体系"难以"掌握生活现象或者意义脉络的多样表现形态"的辅助思考形式。^②类型化即通过对具有共同特征的案件进行抽象、归类，从而对于不确定概念和一般条款进行具体化的过程。^③《土地管理法》第 45 条增设的土地征收情形即采取了公共利益类型化的思维模式，除广受学界诟病的第五项情形之外，"军事和外交""政府组织实施的能源、交通、水利、通信、邮政等基础设施建设""政府组织实施的科技、教育、文化、卫生、体育、生态环境和资源保护、防灾减灾、文物保护、社区综合服务设施建设、社会福利、市政公用、优抚安置、英烈褒扬等公共事业""政府组织实施的扶贫搬迁、保障性安居工程建设"均系公共利益的具体情形，且是由于实践而得到社会广泛认可的公共利益类型。但第六项兜底式条款"法律规定为公共利益需要可以征收农民集体所有的土地的其他情形"的设定，使得公共利益类型化成为"不完全列举"形式的类型化，这是立法者的智慧选择，为社会发展中新型公共利益的出现和实现预留了合法性空间。但必须注意的是，立法者对于前四项公共利益类型的列举实质上已经具化成项目类型化的形

①参见王利明：《论征收制度中的公共利益》，载《政法论坛》2009 年第 2 期。
②参见卡尔·拉伦茨：《法学方法》，陈爱娥译，商务印书馆 2003 年版。
③参见王利明：《论征收制度中的公共利益》，载《政法论坛》2009 年第 2 期。

式，若一项征收事业是基于国防建设的需要，其自然是具备公共利益属性的，但却并不必然具备征收的正当性。一般认为，征收的正当性受到公共利益的限制，只要征收事业是为了实现公共利益，便首先具备征收的正当性。对此笔者不以为然，征收事业的正当性应当基于利益衡量之后的公共利益显性化，即因征收事业预期获得的公共利益相较于因征收而丧失的利益仍呈优势地位，则征收具有正当性。因此，征收正当性之公共利益显性化应当是基于利益衡量的结果，而非简单地认定公共利益的存在。因此，在征收情形的确定中，仅仅对公共利益做出开放式列举的规定是不足够的，必须为其保留予以利益衡量的具体化判定方式。

（二）公共利益具体化判定应成为补充判定方式

公共利益具有发展性和区分性，必须保留进行公共利益个案判断的空间，征收公共利益的界定应当采取"类型审查＋具体审查"相结合的方式。公共利益的认定不能完全寄希望于在《物权法》或者某些法律法规中对全部的公共利益类型进行详细列举。首先，公共利益具有区分性。一般意义上，凡是私人从事的具有营利性质的经营活动不属于公共利益，但在特定地区，基于教育资源的严重匮乏可以构建营利性教育机构的公益属性，在缺医少药的地区私立医院同样能够解决就医难的专属性社会问题，体现公共利益。[1] 基础性公共利益的判断通常能够基于一般的普适性标准确定，但必须保留根据个案具体审查的可能，究根结底，公共利益应该是基于当地社会的切实需要产生的。其次，公共利益具有发展性。公共利益可能会随着社会的发展转变为

---

[1] 参见王利明：《论征收制度中的公共利益》，载《政法论坛》2009 年第 2 期。

非公共利益，或者非公共利益转变为公共利益。[1] 随着社会的发展，由不特定人受益的公共利益类型可能转变为特定人群受益，而一些特定人群受益的集体利益或者团体利益转变为公共利益。[2] 例如，随着某一当地品牌的推广，销售范围由地方延至全国范围甚至成为垄断产业，该品牌产品安全所涉利益也便由地方利益转变为公共利益的范围。

公共利益始终是基于不同利益衡量之优劣结果。当仅涉及财产所有人之私人利益与公共利益时，公共利益具备明显实现之必要性即可论证征收之正当性；但若掺杂第三方利益，如项目开发者之商业利益时，便不能简单地将商业开发项目纳入公共利益的范畴，也不能简单地将其排除在公共利益的范围之外，此种类型的公共利益判断，必须基于个案的具体分析考量。[3] 而前文所述，类型化的公共利益方案实乃难以据之作出判断，在类型化公共利益范围之外应当确定公共利益具体化实现的判定方式。现代征收制度中，由私人承载土地开发负担已趋于流行，私人承担的土地开发项目大多承载商业利益和公共利益的双重属性——商业开发项目基于其本身改善公共卫生条件的优势可能被纳入旧城区改造、基础设施建设规划之中；商业开发中修建的绿地、公园等使项目本身能够改善居民生活和居住环境；商业开发中修建的配套设施，如医院、幼儿园等又可服务于公众；商业开发项目本身也可能对道路、供水供电设施等基础设施进行修缮和建造——其服务或者项目本身便具有公共性，能够使更多的社会成员享受公共产品，

---

[1] 参见王利明：《论征收制度中的公共利益》，载《政法论坛》2009年第2期。
[2] 参见王利明：《论征收制度中的公共利益》，载《政法论坛》2009年第2期。
[3] 参见王利明：《论征收制度中的公共利益》，载《政法论坛》2009年第2期。

满足广大人民群众的生活需求，从而增加一定程度上的公共利益。[①]

1. 具体化判定应当重视土地规划的作用发挥

满足"征收适格事业"范围并非征收公益正当性的充分条件，其仍需满足"公共利益具体化"之辨别。土地利用规划在此发挥关键作用——"根据规划的公共性确保征收项目符合公益具体化"。规划项目满足公益性的要求是由其依据，即规划本身的公共性所确定的，土地利用规划旨在解决城市发展的重大问题或者达致土地最有效合理利用之目标，征收项目作为更大的"规划"的一个环节进而保障其"公共性"品格。[②]征收划定土地的个别性与规划之宏观公共性性质完全不同，但因其属于更大的土地利用规划的一环，其公共性已经在规划设定中得到了确保。根据《城乡规划法》及《土地管理法》的规定，土地利用规划的制定必须遵循严格标准，这些标准无不是围绕城乡规划合理布局、城乡整体发展和市民生活环境以及土地集约高效利用而制定，也正是因为规划目标的公共性，使得土地利用规划项目具备公益品格。另一方面，以征收项目的目的个别解释方法来证明土地利用规划整体符合公共性显然相当困难。立足于规划之整体高度确保个别征收事业的具体公共性具有科学性。

2. 具体化判定应当关注"平等共享"的配置格局形成

对于公共利益的概念而言，从来都不存在一个语义学共识。[③]因而，基于利益衡量的公共利益判定方式成为备受学界关注的主要形式。但必须说明的是，学界主张的利益衡量并非传统的"功利主义的公共

① 参见王利明：《论征收制度中的公共利益》，载《政法论坛》2009年第2期。

② 参见远藤博也、凌维慈：《土地征收和公共性》，载《行政法论丛》2003年第6期。

③ See Ronald Dworkin，Law's Empire，Harvard University Press 1988，pp.31—37.

利益"。传统"功利主义的公共利益"仅关注整个群体的利益总和（aggregated interest），此利益主要集中于人的主观偏好的满足，并且以无差别的方式予以汇聚，"原则上，社会成员本身最明白什么是对他们有益的，国家的任务最多就是把期望和目标总结集合起来，而不是脱离社会成员偏好发展自己的偏好"[1]。其实际着眼的是社会总体承担价值的增减，而无差别化地对待任何个体，是一种纯粹的结果主义判断思维。在此类观点中，公共利益便是社会上每个个体利益的总和，却无法防止"富者极富，穷者极穷"的局面出现，"社会大部分财富掌握在少数人手中"并不妨碍总和最大。实质而言，功利主义观的公共利益违背了公共物品向公众开放的特征，并不是公共利益的合理构想。

笔者认为，公共利益的具体化考量应当展开关于群体内部利益分配格局、结构以及获益主体的分布样态的视角考量。公共利益的考量应当关注于"人的个别性（separateness of persons）"，"承受痛苦或者享受幸福的是个别的人，不管哪种政治或者道德理论必须针对每个个别的人进行证立与说明，不能仅以粗略加总的方式来处理"[2]。公共性区别于特定个体的主要缘由在于"利益并不直接关涉特定个人或者群体，而是所有社群成员具有无差别性（without distinction）的直接联系"，公共性的直接目的并非是社会全体成员实际获益，而是使这种获益成为无差别化的可能性，使得呈现"净增长"趋势的利益具有共享获得的可能性，乃是实质化的公共性衡量标准。如此，虽然社

---

[1] 参见［德］汉斯－贝恩德·舍费尔、劳克斯·奥特：《民法的经济分析》，江青云、杜涛译，法律出版社 2009 年版，第 3 页。

[2] See John Rawls，A Theory of Justice，Harvard University Press 1999，pp.26—27.

会成员借公共利益来实现的目的具有多样性，但是这种多样性只能来源于成员的主观选择及其主观欲求，而非由于机会开放性的客观选择使其获益呈现差异化。

<table>
<tr><td>第二节</td><td>土地征收制度公共利益的
程序完善研究</td></tr>
</table>

公共利益本质上可以转化为程序问题，其内容的界定与保障可以借由一个完整的程序进行。[①]

首先，公共利益的程序控制是公共利益本质的要求。公共利益本身是一种利益衡量的结果，可以说公共利益是一种通过利益衡量来确定对某种利益予以优先保护的办法。[②]出于维护公共利益的需要，对于个人私有财产的牺牲必须通过合法有效的程序运行，这一协调过程实质上就是利益衡量的过程，也是不动产征收的程序所在。

其次，公共利益的程序控制能够有效减少征地争议。实践中发生的诸多征地纠纷，并非对征收行为本身的抗拒，而是其认为自身意愿

---

① 参见许中缘：《论公共利益的程序控制——以法国不动产征收作为比较对象》，载《环球法律评论》2008 年第 3 期。

② "公共利益不是对实质目标的追求，而是存在于不同集团利益协调的过程之中。"参见徐键：《城市规划中公共利益的内涵界定——由一个城市规划案引出的思考》，载《行政法学研究》2007 年第 1 期。

并未通过程序得到应有的尊重以及表达机会。通过科学、严格、公开、透明的程序能够使征地参与人参与到整个征收过程中，加之程序本身具有减压阀和缓冲器的功能，能够将征收过程中的部分问题转化为纯技术问题。通过程序的公开性和参与性，便于使利益相对方实际感受到公共利益的程序运行，此过程中的彼此理解和认可能够被其实际感受，有利于争议的有效解决，达到通过程序参与减少征地纠纷的目的。①

　　公共利益是典型的模糊性概念，不论其内涵还是外延都存在模糊性，属于典型的不确定概念。因此，我们并不期待给公共利益下一个一劳永逸的定义，我们需要的恰恰是它的概念模糊性以及广泛适用性。②我国《宪法》第 10 条、第 13 条及《土地管理法》第 2 条仅规定，国家对土地或公民私有财产实行征收的前提是为了公共利益的需要，但并未明确公共利益的具体内容，因为公共利益内容具有不确定性、受益对象具有不特定性，公共利益的定义将极为困难，因而立法中并不采取对公共利益定义的方式规制公共利益。③但为了形成公共利益的制度化，使其作为人们行为规范的制度，必须经由正当性程序评价；也正是基于这一点，经由正当性程序评价完成正当利益制度化。

---

① 参见王利明：《论征收制度中的公共利益》，载《政法论坛》2009 年第 2 期。
② 参见梁上上：《公共利益与利益衡量》，载《政法论坛》2016 年第 6 期。
③ 参见许中缘：《论公共利益的程序控制——以法国不动产征收作为比较对象》，载《环球法律评论》2008 年第 3 期。

一、公共利益的认定主体选择

（一）域外法中公共利益的界定主体选择

明确界定公共利益是增进公共利益、保护个人利益的有效途径，而界定主体则是公共利益界定的前提问题。[①] 关于公共利益的界定主体，各国的法治实践也不尽相同，主要是"立法机关界定"和"司法机关界定"两种。

采用"立法机关界定"公共利益模式的以日本和我国台湾地区为典型，立法机关通过国家立法的形式界定公共利益，日本《土地收用法》和我国台湾地区的《土地法》中即详细列举了公共利益的事项范围。在现代民主代议制度下，立法机关作为代议机关能够作为民众意见的集中反映，立法机关理应成为公共利益的权威界定者。

而采用"司法机关界定"公共利益模式的应当以美国最为典型，美国法院在不同时期通过司法判例不断完善和扩展宪法第五修正案中的"公共使用"条款，使之范围不断延展，并符合社会发展的实际需要，从而发展出公共利益的司法机关界定模式。可以说，司法机关的判例发展是宪法确立的公用征收具体化的实现手段，司法机关掌握了公共利益实现权，具体表现为两个方面：第一，在国会直接行使征收权时，法院一般会尊重其作出的征收决定，但其有权对征收决定是否违宪进行审查；第二，行政机关依据其自由裁量权作出的征收决定出现争议时，被征收人可以向法院申请司法审查，由法院对争议事项作出最终裁决。[②]

[①] 参见王本宏、高志宏：《公共利益界定主体研究》，载《学术界》2012年第8期。

[②] 参见王本宏、高志宏：《公共利益界定主体研究》，载《学术界》2012年第8期。

（二）我国公共利益认定：人民代表大会认定＋司法权介入

对于何种机关行使公共利益认定的权力，我国学界主要有三种学说：（1）立法机关认定说。该观点认为，权力机关作为民意表达机关，由其作出集体土地征收法律实践中公共利益的认定是符合民主本意以及有利于保障公共利益充分实现的。[1]（2）行政机关认定说。该观点认为，政府能够作为社会公众的委托授权代表机构，已经充分具备代表公共利益的资格，由政府行使认定公共利益的权力能够迎合其对于征收具体情况的熟悉了解之情况，更为合理。[2]（3）司法机关认定说。法院有依据土地纠纷的个案情况判断公共利益并进行价值衡量的职责，且大多数国家和地区都采取法院具体判断公共利益的方式，因而应由法官对公共利益这一不确定法律概念做出相应的价值判断。[3]这三种观点都有一定的合理性，因为具体界定公共利益涉及宪法分权的问题，立法机关、行政机关和司法机关在该事项上均不能置身事外，他们都应在解决公共利益界定的难题方面做出自己的贡献。[4]笔者认为，在土地征收及补偿方案的确定中各级人大或其常委会应当发挥实质性作用。

由立法机关作为公共利益界定主体是对现有制度的检讨性回应。

---

[1] 参见彭诚信、刘海安：《论征收制度中认定公共利益的程序性设计》，载《吉林大学社会科学学报》2009 年第 1 期。

[2] 参见褚江丽：《我国宪法公共利益原则的实施路径与方法探析》，载《河北法学》2008 年第 1 期。

[3] 参见刘太刚：《公共利益的认定标准及立法思路——以公共利益的概念功能为视角》，载《国家行政学院学报》2012 年第 1 期。

[4] 参见高飞：《集体土地征收中公共利益条款的法理反思与制度回应》，载《甘肃政法学院学报》2018 年第 1 期。

根据我国《土地管理法》规定，土地征收的决定主体是国务院及省级人民政府；《城乡规划法》规定作出城乡整体规划的决定主体可以是国务院、省级政府，也可以是市、县政府。可见，我国目前法律将公共利益的界定权赋予了行政机关，而人大及人大常委会至多发挥形式上的监督作用。但事实上，政府及政府部门在行使该权力时，往往存在背离公共利益的巨大风险，其违法征收侵害相对人利益的情形比比皆是，如运用修订土地利用总体规划的权力降低土地等级、先拨款或者先填土后征地或者后补签从而颠倒法定程序，以及存在的各种威逼利诱之情形。[①]另一方面，将公共利益界定权交至司法机关手中并不现实，人民法院行使职权应当以存在纠纷为前提，且其应当采取消极的方式解除当事人之间的纠纷，[②]如果鲁莽地将司法机关推向具体认定公共利益的前台，只会"按下葫芦又起瓢"，结果就是促使司法权的行政化，最终导致司法权异化结果。[③]

由各级人民代表大会负责公共利益的具体界定符合公共利益的本质属性。公共利益具有社会属性，与全体社会成员的利益息息相关，因而社会利益应当是公众的利益。而只有利益主体才能感知利益的存在，也"只有利益主体才是利益最权威的界定者"，"公共利益是社会公众享有的利益，受益主体是公众，哪些属于公共利益，哪些不属于公共利益只能由公共利益的享有人决定，即公共利益的界定权应当

---

① 参见李可：《征地部门的法律与非法律策略——一个实证的分析》，载《华中法律评论》，华中科技大学出版社 2008 年版。

② 参见贺卫方：《司法的理念与制度》，中国政法大学出版社 1998 年版。

③ 参见高飞：《集体土地征收中公共利益条款的法理反思与制度回应》，载《甘肃政法学院学报》2018 年第 1 期。

掌握在社会公众手中"[①]；人民代表大会及其常委会作为民意表达机关，系由人民根据自身利益和观点选举产生，因而人大代表也会基于其法律职责在参与制定国家法律或者政策时充分考虑选民意见。可以说，人民代表大会本身具有依据其自身产生原理而具备的公共机构性质，其参与程序具备充分的民主性有利于公共利益的本质表达，由立法机关界定公共利益能够使其尽量获得评价程序上的民主合法性以及法律正当性。[②]而行政机关在确定公共利益程式上将产生难以逾越的不合理性，从经济学角度而言，政府具有经济人的特性，政府并不是抽象的，而是由具有同样利益需求的工作人员组成的庞大的利益群体，政府基于其经济人属性需要产生自身的经济效应供给自需，而政府不同部门与层级之间又会产生其自身的特殊利益以及地方利益。[③]因而，在行政机关确立公共利益的模式下，将难以避免发生政府谋求自身利益的权力失控情形；且政府作为征收机构，若由政府同时担任公共利益的认定主体，将使政府自身成为争议当事人和法官的双重身份，按照"任何人都不能作为自己案件的法官"的规则，政府不能在此过程中负责公共利益的界定。

立法机关界定公共利益符合公共利益制度化的本质要求。公共利益只有上升为法律制度才能受到法律保障，也即公共利益的制度化，其必须上升为调整社会现实争议的法律原则或者规范方能具备具体法律制度的属性；而依据我国宪法规定的权力结构分配，各级人民代表

---

① 参见王本宏、高志宏：《公共利益界定主体研究》，载《学术界》2012 年第 8 期。
② 参见彭诚信、刘海安：《论征收制度中认定公共利益的程序性设计》，载《吉林大学社会科学学报》2009 年第 1 期。
③ 参见张武扬：《公共利益界定的实践性思考》，载《法学》2004 年第 10 期。

大会及其常务委员会具备评价某项利益的正当性与否与决定该项利益是否应当上升为具体法律制度的权力，[1]立法机关的界定是公共利益形成法律规范的必然要求。征收对于私人权利的侵犯程度极大，直接关涉公权力与社会公众民主意志的冲撞，因而对征收决定主体的权威性也应提出更严格的要求。根据我国宪法规定的权力层级的配置，各级人大作为国家权力机关主要行使的是立法权、重大事项的决定权以及监督权，各级人大可以通过单行的法律或者规范性文件就特定区域的特定事项是否属于公共利益进行类型化的规定，从而对相关机关在个案判断公共利益进行规范和指引。[2]因而，由立法机关确定公共利益的形式符合宪法所规定的人民代表大会应有的职权划分，也彰显了对公民私权利的应有尊重。

公共利益的立法机关界定选择满足公共利益自身"地方性知识"之设定。公共利益具有地方性，在美国"凯洛诉新伦敦市案"中有阐述——"法院的权利仅仅是决定这个城市的征收是否符合宪法第五修正案的规定"，而实际上，各州宪法法院已经增加了比联邦法律最低征收标准更为严格的征收标准规范，"并不阻止任何一个州对行使征收权力施加更加严格的限制"；公共利益本身呈现出随着地方区域文化色彩以及政治色彩而有不同侧重阐述的性质，况且我国区域差异显著赋予了公共利益更加明显的层次性与区分性，不同地域的公众应当比其他地方的公众更加了解本区域内的公共利益的事实状况；而公共利益本身便是不同利益进行价值衡量的结果，不同的文化背景以及地

---

① 参见彭诚信、刘海安：《论征收制度中认定公共利益的程序性设计》，《吉林大学社会科学学报》2009年第1期。
② 参见王利明：《论征收制度中的公共利益》，载《政法论坛》2009年第2期。

域区分将使不同类型的利益形态展现不同程度的价值加持，不同地区或者区域内的公共利益类型以及价值重量呈现差异，这也是公共利益本身所呈现出的"地方性知识"属性。应当由各州政府根据地方性差异而不是最高法院代替州政府设计方案，或决定公共利益的所在，否则法院将陷入进退两难的沼泽。因而，我国的立法机关界定公共利益也应当设定层级式区分：由全国人民代表大会及其常务委员会设定公共利益的内涵、界定原则、界定方法、界定标准等，并对公共利益的范围做列举式加兜底条款式规定；然后由地方各地人民代表大会根据本地情况赋予不同利益差异化价值加持并通过立法加以完善，报全国人大常委会备案。①

通过以上论述，笔者旨在证明，由立法机关作为公共利益的界定是公共利益认定的常规程序。但笔者认为，对于公共利益的程序控制应当根据公共利益是否引发争议做出区别对待，即常规形态下，应当按照上述规则分配公共利益的界定权，但在公共利益认定问题上发生争议的，应当设置公共利益界定的司法救济，亦即公共利益的界定需要司法权的介入。但是，需要做出特别说明的是，司法权的介入只能以被动形式介入，只有在公共利益界定问题上引发争议且不能自行解决时，才会激发被动的司法救济程序，②法院应以其独立、第三人之身份对个案进行具体情形判断，作出公共利益具体化的考量。而我国法律规定的征收程序都是由政府主导，而司法机关总是缺席，《物权法》

---

① 参见王本宏、高志宏：《公共利益界定主体研究》，载《学术界》2012 年第 8 期。

② 参见胡鸿高：《论公共利益的法律界定——从要素解释的路径》，载《中国法学》2008 年第 4 期；徐鹏：《公共利益法律化及其在土地征收制度中的践行》，载《山东社会科学》2011 年第 3 期。

也并没有增加司法的救济机制。[①] 笔者认为，需要引入司法救济机制，在发生公共利益争议时由司法机关根据个案判断是否符合公共利益，其必要性主要体现在以下两个方面：

司法权介入能够形成对行政权任意滥用的有效控制。在不动产征收过程中呈现出强烈的行政主导性，尽管立法机关已经通过公共利益的界定形式有效参与到征收程序的前置性程序之中，但征收程序的各个环节仍然单纯受制于政府单方面行为，在公共利益界定中也不能完全避免立法机关与政府机关的有效脱离，公民和法人的私人财产权仍然有受到侵害的可能。而司法作为解决纠纷的最后一道防线，理应成为解决公共利益纠纷的审判机构，依法对涉及公共利益的争议予以裁决。[②] 而同时，依据法治分权原则，就是否符合公共利益发生争议后，也只能交由法院裁决；况且，《行政诉讼法》早已授权法院对政府具体行政行为审查的权限，"司法的介入会导致行政司法化"的说法也就迎刃而解，司法的介入反而有利于维护党和政府的权威，及时纠正个别行政机关的违法或者不当行为。[③]

司法权的介入能够实现征收的公共利益。参照法国的征收公益性判断程序，对于公益调查的结果需要经过行政机关的论证，同时也需要经过法官的判断——由行政法院的法官展开根据个案判断的具体式审查，根据具体情况作出是否符合公共利益的结论。此过程中，法官

---

① 参见王利明主编：《中国物权法草案建议稿及说明》，中国法制出版社 2001 年版。该草案第 65 条第 3 款规定"征收执行人违反法律规定的程序或者作出的补偿过低的，被征收人有权向人民法院提起诉讼，请求给予合理的补偿"。

② 参见王利明：《论征收制度中的公共利益》，载《政法论坛》2009 年第 2 期。

③ 参见王利明：《论征收制度中的公共利益》，载《政法论坛》2009 年第 2 期。

承担了部分公共利益具体化的职责，而在中国，即便如上文所述，由各级立法机关对于公共利益做出了符合本地情况的具体规定，其仍然属于相对抽象的概括性规定，难以应对实践中出现的情况复杂的案件中关于公共利益的具体衡量难题；个案中公共利益的确定需要根据社会发展的需要，兼顾各方利益做出灵活处理，并在利益衡量的基础上根据个案情形具体考量，其中还往往呈现出利益交织的情形，因而，其公共利益的判断需要由法官以价值衡量的方式做出具体化判断。同时，由司法权介入公益性界定将有助于我国形成公共利益界定的判例化经验，从而以判例形式为公益性判断作出指引。

不动产征收中司法权的介入，本质上是通过国家司法权对行政机关是否合法与合理进行审查。[①] 在司法权介入公益性判断的过程中，法官在作出具体判断时应当：（1）注重公共利益的价值性，尽量抛开主观性考量，注重公共利益实现的现实需求性。公共利益不应当仅仅是现阶段、当前发展的需要，应立足于长期利益之角度。（2）考察公共利益的公共性。区分公共利益与政府利益、特定群体利益，其应当是由多数人需要并享有的需要，而公共作为一个不特定的群体，应当符合开放性的特征。[②] 公共利益的满足应当以社会大多数人的需要作为评判标准，并且该项利益是无法通过市场机制实现的。（3）审查征收决定是否符合比例性原则。作为严重侵害公民私权利的实现方式，征收只能作为最后的手段出现。如果在此之外，还存在任何替代性方案，征收都不具备合理性；征收应当是实现公共利益目标"必

---

① 参见许中缘：《论公共利益的程序控制——以法国不动产征收作为比较对象》，载《环球法律评论》2008 年第 3 期。

② 参见莫于川：《判断"公共利益"的六条标准》，载《法制日报》2004 年 5 月 27 日。

要的、实际的需求"——用地目的必须具有公益性，征地之后实现的公共利益明显大于因征地而造成的各类损害价值，利用方式具有不可替代性。

二、公众参与机制的建立与听证制度的完善

公共利益的确定直接关涉到土地征收是否必要的问题，而且也直接关涉到被征收土地相关权利人的切身利益；[1] 而相关利益人缺乏对征地程序的参与感是征地纠纷发生的主要原因，正如学者所言，"程序本身具有减压阀和缓冲器的作用"，[2] 而一旦产生征地矛盾将极易引发群体性事件，"群体的情绪更加冲突、易变和急躁，且具有强烈而快速的传染性"，一旦征地权发生滥用，将极易导致社会矛盾的激化，进而引发群体性社会事件。[3] 因此，提高公众在公共利益确定过程中的参与度将是实现土地征收制度公平与效率价值的必要条件，也是减少征地纠纷的有效措施。在现代协商民主制度兴起的背景下，任何依赖于权力部门作出的单方决策过程都被要求转化为共识的形成过程，而被征收人的参与程度将直接决定协商共识的目标是否得以实现，[4] 必须为私主体意志影响公权力行为提供必要的途径和方式，尤其是征收这种严重侵害公民私权利的行为。根据我国《物权法》第 229 条的

---

[1] 参见刘建生、吴春燕：《土地征收中限制条件与公共利益评估》，载《改革》2010年第 2 期。

[2] 参见王利明：《论征收制度中的公共利益》，载《政法论坛》2009 年第 2 期。

[3] 参见［法］古斯塔夫·勒庞：《乌合之众：大众心理研究》，冯克利译，中央编译出版社 2005 年版。

[4] 参见渠滢：《不动产被征收人参与权的价值定位与制度重构》，载《中国法学》2018 年第 1 期。

规定，"因人民法院、仲裁机构的法律文书或者人民政府的征收决定等，导致物权设立、变更、转让或者消灭的，自法律文书或者征收决定等生效时发生效力。"这表明政府一旦作出征收的决定，将直接导致被征收人原有不动产物权的消灭，征收决定作出之时即为被征收人物权丧失之时。但是，在被征收人物权丧失之前的阶段却不存在其可以参与到不动产征收相关决定程序中的参与机制，我国目前征收法律制度中规定的大多数参与程序都集中体现在征收的实施阶段。

（一）我国土地征收公益性论证的公共参与权缺失

1. 参与权缺失

我国目前的土地征收制度涉及国有土地上房屋征收与集体土地征收两大类型。[1]在国有土地上房屋征收领域，被征收人参与权主要由《国有土地上房屋征收与补偿条例》进行规定，总结第 3、9、10 条以及第 19 条的规定，被征收人参与的方式主要分为四种：（1）规划的意见表达；（2）对征收补偿方案的意见表达；（3）有条件的听证权；（4）对房产征收评估办法制订的意见表达。在集体土地征收领域，主要由《土地管理法》和《土地管理法实施条例》规定了公民参与权制度，当征收补偿、安置方案制订并公布后，如果被征收农村集体经济组织、农村村民或者其他权利人对该方案不满，可以申请召开听证会。从以上规定可以看出，土地征收制度中被征收人参与权的视线范围极为狭窄，在征收公共利益确认以及征收决定作出环节则是完全剥夺了被征收人的参与权。从而，被征收人完全丧失了与政府就征收决定的作出

---

[1] 参见渠滢：《不动产被征收人参与权的价值定位与制度重构》，载《中国法学》2018 年第 1 期。

进行协商的权利，陷入无力抗争的绝对弱势地位。

2. 参与方式无法实现公共利益表达化

参与权具备请求权的权能，参与人无法通过自身的行为直接享受参与决定的利益，其利益的实现需要依靠义务主体的积极行为。在不动产征收中，则体现为依靠权力机关对于公众参与意见的处理并作出回应。然而，实践中参与程序的展开仅仅具备形式上的效力，常常以"走过场"的方式予以终结。大多数官员甚至并不认同参与程序中体现的公平、民主价值，其仅仅将参与程序视为安抚民心的工具；在实践中的体现即为，尽管立法赋予了被征收人四种类型的听证权，但因听证会而改变原有征收和补偿方案的情况却自始至终未曾发生。[①]

3. 参与方式缺乏理性

目前我国不动产征收参与制度呈现出两极分化趋势："漠不关心者有之，无所不用其极者亦有之。"[②]一方面，部分公民参与意识薄弱，缺乏主动参与的积极性，"搭便车"现象依旧普遍存在。公民自身对政府参与机制的运行缺乏信任，加之实践中因公民参与权的行使而改变征收决定的案件从未发生，大大打击了公民行使参与权的积极性。另一方面，部分公民的参与权呈现出过激的非常态行使。由于其自身法制意识的淡薄加之对于政府参与机制的不信任，其通常选择通过非制度化的参与方式来表达自身诉求。两种情形集中反映了当前公民参与权行使的两种极端，参与形式普遍缺乏理性。

[①] 参见渠滢：《不动产被征收人参与权的价值定位与制度重构》，载《中国法学》2018 年第 1 期。

[②] 参见渠滢：《不动产被征收人参与权的价值定位与制度重构》，载《中国法学》2018 年第 1 期。

（二）域外参与模式的经验比较与分析

在征收公共利益参与模式下，笔者选择了德国的"提出异议模式"和英国的"听证会模式"作为比较选择的对象。

1. 德国："提出异议模式"

《德国建筑法典》中规定，任何开发商在进入征地拆迁程序之前，都必须先与土地所有权人和使用权人进行自由协商，说明购买的目的及价格。[1] 笔者认为，此步骤应当属于就征收目的进行的合意式参与。征前协购程序的前置能够为被征收人充分了解征收用意提供充足的参与机会。所谓的征前协购，只是政府在实施征收前以等价交换的市场交易方式，与被征收人达成合意，从被征收人手中取得不动产所有权的方式。[2] 只有在双方协商不成的前提下，才能动用公权力对不动产进行征收。[3] 由此可见，最终进入征收程序的开发事业的目的应当与征前协购程序中的目的相同，应当具备公共性。因此，在征前协购程序中，要求开发商与土地所有权人和使用权人进行充分协商，并对购买目的进行充分说明的方式实质上是土地权利人参与征收前启动程序判断公共利益是否存在的一种前置性参与模式。

在开发商与土地权利人协商购买不成功时，开发商可以向负责征

---

① 参见渠滢：《不动产被征收人参与权的价值定位与制度重构》，载《中国法学》2018 年第 1 期。

② 参见渠滢：《不动产被征收人参与权的价值定位与制度重构》，载《中国法学》2018 年第 1 期。

③ 参见渠滢：《不动产被征收人参与权的价值定位与制度重构》，载《中国法学》2018 年第 1 期。

地事宜的地区专员提出征地申请。[1] 地区专员进行初步审查并开始实施增地规划，同时应当将征地规划予以公告。[2] 被征收人不同意征地决定的，可以向地区专员提出异议，要求其收回征地规划决定；在被征收人向地区专员提出异议的情况下，仍然决定实施征地规划的，被征收人可以向最高行政法院提起诉讼，由最高行政法院作出最终裁决，并直接发生法律效力。[3] 此谓德国征地制度被征收人参与的"提出异议模式"。

2. 英国："听证会模式"

英国征地制度中被征收人参与机制可分为三个程序反映：（1）合意购买失败后的购买通告通知。英国征地制度中规定了合意购买作为征收启动的前置性程序，合意购买以土地购买双方达成合意为基础。当拟购买方无法与土地权利人就土地购买事宜达成协议时，可以通过申请强制购买令进入强制购买阶段。在申请强制购买令之前，申请购买者至少应当在一份购买土地所在地的报纸上发布两周以上的购买通告，并就强制购买令可能产生的法律效力向有关土地权利人单独送达该通告，使其知悉土地将被强制购买的事实。[4]（2）听证会的召开。土地权利人在收到通告后，可以向相关的政府大臣提出异议，并请求

---

① 参见渠滢：《不动产被征收人参与权的价值定位与制度重构》，载《中国法学》2018 年第 1 期。

② 参见渠滢：《不动产被征收人参与权的价值定位与制度重构》，载《中国法学》2018 年第 1 期。

③ 参见王维洛：《德国、中国征地拆迁的程序和赔偿之比较》，载《洪范评论》（第7 辑），上海社会科学院出版社 2011 年版。

④See Department for Communities and Local Government， Compulsory Purchase Procedure，Communities and Local Government Publications 2008， p. 13.

召开听证会，或者由政府大臣取得所有异议人同意后决定组织书面申诉程序。[1] 根据 2007 年《强制购买（听证程序）规则》的规定，主持听证会的调查员应当保证参加听证会的各方当事人都可以有序地表达自己的建议，且在听证会上，申请购买者应当出示其申请强制购买令的所有依据材料，同时就申请强制购买所为之公益目标作出阐述性说明。[2]（3）听证会意见的效力认定。听证会结束后，调查员应当向任命他的政府大臣递交一份书面报告，并在其中阐述其自身的意见和建议。在政府大臣作出是否予以强制征收的决定时，该份书面报告应当作为决定的重要参考依据，并据此作出是否予以强制征收的决定。基本上，政府大臣的征收决定都与调查员提交的听证报告结论一致。此时，仍然赋予被征收人提出异议的权利，在强制购买令生效后，土地权利人仍然可以根据 1981 年《土地征收法》的规定，在强制购买令生效后六周内向高等法院起诉。

（三）以域外听证制度为中心构建我国的公众参与机制

我国多数学者主张参照英国的听证模式构建我国的公众参与机制。[3] 笔者认为，建立征收公益之公众参与机制，需要掌握好以下几个方面：第一，被征收人可以充分地表达其意见，因此，应当为被征

---

[1] 参见渠滢：《不动产被征收人参与权的价值定位与制度重构》，载《中国法学》2018 年第 1 期。

[2] 参见渠滢：《不动产被征收人参与权的价值定位与制度重构》，载《中国法学》2018 年第 1 期。

[3] 通过听证制度建立我国的征收公共利益之公众参与机制的主张主要参见：彭诚信、刘海安：《论征收制度中认定公共利益的程序性设计》，载《吉林大学社会科学学报》2009 年第 1 期；胡鸿高：《论公共利益的法律界定——从要素解释的路径》，载《中国法学》2008 年第 4 期；徐鹏：《公共利益法律化及其在土地征收制度中的践行》，载《山东社会科学》2011 年第 3 期。

收人参与提供公平、理性的参与平台；第二，被征收人正当合理的意见可以得到征收人的考虑和认可，并应当具备一定程度上的对征收决定的影响；第三，被征收人应当拥有一定限度内对征收决定的否决权。

首先，德国在提出异议的参与模式下，并未规定征收机关必须对异议予以采纳，未体现被征收人参与机制对于征收决定的效果力；但其规定，将征收的最终决定权递交给司法机关判断，通过司法权对行政权的监督来保证征收决定的公正性，因此在德国实质性的审查中，同样能够达到规范征收权的实际效果。但在中国，司法权无法有效地制约征收权的行使，而司法权的独立与否直接关涉到国家的政治体制，也绝非一朝一夕所能成就，因此，德国的提出异议参与模式缺乏相应的中国适应性。

其次，英国的听证模式确定了参与权的参与效果，即政府大臣应当将听证结果作为其作出征收决定的重要依据。但英国同样设置了合意购买与强制购买的双重程序，并且赋予了被征收人对强制购买令的司法救济权。[①] 这是否便意味着，其同德国模式一样缺乏中国适用性？笔者并不如此认为。英国听证模式下，已经确立了听证结果对于征收决定的影响，而且在实际操作中，政府大臣作出的征收决定基本依据听证报告，与其别无二致。而且，由立法机关控制征收公共利益的界定并辅助提供司法救济机制，亦是我国应当采取的手段。

因此，笔者认为，以听证制度为核心构建我国的公众参与机制具有正当性。需要注意的是，认定公共利益是一个公众决策的过程，为

---

① 参见渠滢：《不动产被征收人参与权的价值定位与制度重构》，载《中国法学》2018 年第 1 期。

了保证最终决策结果的科学性、民主性和正确性，决策的过程必须向社会公众公开，以充分保障公众的知情权、参与权和意见表达权。[①] 听证程序需要探究的应当是征收是否符合公共利益的情形，同样应当注意，真正的公共利益界定权应归我国立法机关，而非听证程序参与人，因此，利害关系人只能就征收是否符合公共利益发表意见，且听证的结果只能作为立法机关的参考依据，而不能对是否同意征收发表意见，因为征收的决定权在权力机关手中。从性质上而言，认定公共利益的听证程序属于一种特殊形式的立法听证。[②]

听证的准备及举行程序。为了保障公民参与机制的实现，听证程序应当设置为公共利益认定程序前的必经程序。听证应当由公共利益认定机关准备并主持举行，当然，立法机关可以授权行政机关代为主持和准备。在立法机关就征收是否符合公共利益的情形作出认定前一定时间内，应当将征收情况以通告形式通知土地权利人，并在通告中确定征收前的听证程序的召开日期，通告中应当还包括听证事项的通知，并在省级以上媒体上予以公告。

在参与听证针对公共利益进行民主判断与民众参与过程中，应当对参与听证的人群范围作出限定。因为，对于公共利益的判断，只要是该事业所涉及的相关权利人或者利益相关人都应当有资格参与到征收事业公共利益的判断中，但若无关的群众也参与其中，极有可能使征收土地受直接侵害的权利人遭受侵害，因为按照民主的多数服从少

[①] 参见彭诚信、刘海安：《论征收制度中认定公共利益的程序性设计》，载《吉林大学社会科学学报》2009 年第 1 期。

[②] 参见彭诚信、刘海安：《论征收制度中认定公共利益的程序性设计》，载《吉林大学社会科学学报》2009 年第 1 期。

数原则，因土地征收而受到直接损害的权利人极有可能会陷入极度少数的不利境地。正如上文所言，只有利益的主体和利益相关者才能真切感知到利益的存在，以及如何进行衡量方能达到相关区域内利益最大化的目标，因此，笔者主张应当对参与公共利益判断的人群范围作出限定——只有与征收事业有直接利益关系或者间接利益关系的权利人方有权申请参加公开听证程序。

听证的效力认定。听证作为利害相关人在内的一般群众表达意见、参与公共利益认定的重要途径，应当为其意志表达提供对决策制定有效的参与路径，在公共利益认定程序中，将体现为认定听证结果对征收决定作出的影响效力，从而增强其参与力度。因此，权力机关在认定公共利益时应当以听证笔录中的意见作为重要的参考依据。在权力机关作出决定的过程中，应当书面说明采取或者不采取笔录中意见的理由，并予以公告。[1] 若权力机关未考虑听证笔录意见作出对公共利益的认定，则应当认定其为无效；权力机关可以基于合理理由否定听证笔录中的意见，但是绝不能不考虑其中的意见。[2] 若权力机关未举行听证程序而直接认定公共利益的存在并作出征收决定，则征收应当无效。

---

[1] 参见彭诚信、刘海安：《论征收制度中认定公共利益的程序性设计》，载《吉林大学社会科学学报》2009 年第 1 期。

[2] 参见汪全胜：《立法听证研究》，北京大学出版社 2003 年版。

第三节　规划开发中的公共利益
及其实现

多年来，我国征地制度面临公益化嵌套危机，非公益性征地借由国家垄断建设用地下"先征地，再出让"的供地模式大行其道。《宪法》第 10 条第 1 款将城市土地限定为国家所有，通过第 4 款"任何组织或者个人不得侵占、买卖或者以其他形式非法转让土地"之规定封闭了土地所有权的议价转让路径，集体土地实现农业用途转变唯有通过国家强制征收。[①] 由此，进入城市的集体土地既可能被用于公益性用途，亦可能进行经营性建设。新修订的《中华人民共和国土地管理法》删去了"从事非农业建设必须使用国有土地或者征为国有的原集体土地"的规定，同时允许集体经营性建设用地入市流转，这一立法举措切实缓解了非公益性建设项目的用地紧张。但是，《土地管理法》第 45 条增设了"在土地利用总体规划确定的城镇建设用地范围内，经省级以上人民政府批准由县级以上地方人民政府组织实施的成片开发建

---

① 参见王克稳：《我国集体土地征收制度的构建》，载《法学研究》2016 年第 1 期。

设需要用地的"征地公益性情形。借由此款规定，公共利益借成片开发建设之名"合法化"扩大，经营性建设项目将"搭乘成片开发建设的便车"进入征地范畴；依据学界普遍观点，[①] 该项规定并未真正落实缩小征地范围的改革意旨，反而造成"无论进行诸如学校、道路、公立医院等公益设施的建设，或是写字楼、商务楼、商场等非公益设施的建设，只要其在土地利用总体规划确定的城镇建设用地范围内，均可认定为'确需征收农民集体所有土地'的合法依据"[②]。成片开发建设始终难以完全去除经营性建设项目，成为学界反对"成片开发建设需要纳入可征地情形"的焦点。

各国的征收法领域向来重视"规划立法对土地征收权的规制功能"，我国学界对此的探讨及关注却极不充分。征收实践中已经形成了对"征收进行规划控制"的期许，但司法裁判中却仅予以形式化运用，具体来说：一方面，征收实践中，征收范围的确定主要以"规划所划

---

① 大部分学者均持"第五项征收情形将使公益性征收之外的情形悄然遁入公益性范畴，'总体规划''成片开发'均非公共利益之表现，不能堂而皇之进入征收范畴，因而该项规定理应删除"的观点。参见陈小君：《我国〈土地管理法〉修法的民法思考》，载《私法研究》2018年第1期；"第5项与集体经营向建设用地制度改革不协调，变相削弱了改革的力度和效果，扩大了征地范围，与缩小征地范围的改革要求相背，建议删除。"参见耿卓：《〈土地管理法〉修正的宏观审视与微观设计——以〈土地管理法（修正案草案）〉（第二次征求意见稿）为分析对象》，载《社会科学》2018年第8期；"将符合土地规划的，由'政府为实施城市规划而进行开发建设的需要'界定为公共利益"，"无疑是将'公共利益'变成了一个什么都装的'箩筐'"。参见方涧、沈开举：《我国集体土地征收与补偿制度之嬗变与未来——兼评〈土地管理法（修正案征求意见稿）〉》，载《河北法学》2018年第8期。

② 参见方涧、沈开举：《我国集体土地征收与补偿制度之嬗变与未来——兼评〈土地管理法（修正案征求意见稿）〉》，载《河北法学》2018年第8期。

定的区域范围"为依据，^①北京市更是将规划部门出具的规划意见作为征收的形式要件之一，如《北京市旧城区改建房屋征收实施意见》第 4 条第 4 项即规定，通过征询的旧城区改建项目……应当由规划部门出具项目规划意见；另一方面，"规划对征收的控制功能"在司法裁判领域却鲜少适用。笔者在"中国裁判文书网"中搜索到的运用《国有土地上房屋征收与补偿条例》第 9 条的案件仅 35 件，主要适用在征收的正当性证成环节——以"征收符合土地利用总体规划、城乡规划、专项规划、国民经济和社会发展规划和发展计划"的回函或者复函作为判断"征收符合规划设定"的事实依据，^②而相关规划部门作出回函或者复函时仅审查规划存在的事实；法院在审查征收是否符合规划

---

① "被告南阳市卧龙区人民政府答辩称：为改善居民生活环境、完善城市基础设施、提升城市品位，经卧龙区人民政府研究决定，对东至卧龙区粮食局（含粮食局及家属院）、南至亿安公司地块南边界、西至文化路、北至新华路（具体以规划红线图为准）区域范围内的房屋、土地及其构筑物和附属物等依法进行征收。"参见山东省高级人民法院（2016）鲁行终 1265 号裁判文书。

② "济宁市任城区发展和改革局出具《关于观音阁街道前营、中营棚户区改造项目符合国民经济和社会发展计划的复函》（济任发改函〔2015〕31 号），复函认为观音阁街道前营、中营棚户区改造项目已纳入 2016 年任城区国民经济和社会发展计划，同意启动片区改造。""济宁市城乡规划局任城分局出具《关于前营、中营棚户区改造规划意见》，意见中载明观音阁街道前营、中营棚户区改造项目符合《济宁市城市总体规划（2008—2030 年）》。""济宁市国土资源局任城区分局出具《关于前营、中营棚户区改造项目用地情况的复函》，复函中载明观音阁街道前营、中营棚户区改造项目符合《济宁市任城区土地利用总体规划（2006—2020 年）》。"参见济宁市中级人民法院（2017）鲁 08 行初 72 号裁判文书；2013 年 12 月，南阳市卧龙区人民政府房屋征收办公室分别致函南阳市国土资源局、南阳市发展和改革委员会、南阳市城乡规划局，2015 年 7 月，致函南阳市卧龙区人民代表大会常务委员会，要求对卧龙区西关文化村区域房屋征收项目是否符合土地利用总体规划、国民经济和社会发展规划、城乡规划、是否纳入国民经济和社会发展年度计划予以回复。并以其回函作为征收符合规划设置的事实依据。参见南阳市中级人民法院（2016）豫 13 行初 50 号裁判文书。

控制之情形时，也仅尽到形式审查的义务，即只要政府提交了征收所依据的相关规划，法院即认定征收符合规划之设定，全然未对"征收范围的确定是否符合规划所设定的必要范围"进行审查与论证，可见，司法缺位于规划的合法性审查，即便规划作为裁判依据，却未能就公共利益的目的论证形成有效的实体权衡。

规划承载着实现社会目标最优化的寄托，征收为规划所承载之社会利益的实现提供路径，由此表现出规划与征收之间的交互作用。对该交互逻辑的认知缺位，导致公共利益的实体论证归于"缥缈"，这也是现有对策难以弥补该实体缺陷的关键原因。"征收服务于公共利益"应当进行充分展示和说明，此乃凝聚形成征收决策之共识的基础，由此，要求进行公共利益的目的性论证和实体权衡体系。"将成片开发纳入可征地情形"的立法举措，并非仅出于"以免对经济社会发展影响过大"[1]的单纯思虑，笔者认为，司法裁判实践中，将"征收符合规划"作为判断征收合法性事实依据的做法，打开了"征收之规划控制研究"的新视野，或许，第（五）项征收情形的规定将成为公共利益具体化论证的突破口，由此，必须形成对"征收如何形成规划控制"的合理认知，以此构建"成片开发需要之征地情形正当性"的检验与控制路径，在此基础上完成对该条款的认知、批判与衔接、重构。对此的认知，既是集体经营建设用地合法入市的关键因素，也是公共利益征收实现征收人与被征收人利益平衡、权利认知的关键因素，笔者对此[2]进行探讨。

---

① 参见自然资源部时任部长陆昊在 2018 年 12 月 23 日在第十三届全国人民代表大会常务委员会第七次会议上所作"关于《〈中华人民共和国土地管理法〉〈中华人民共和国城市房地产管理法〉修正案（草案）》的说明"。

② 笔者此处主要对后者进行探讨，对于集体经济建设用地入市将另文分析。

一、原有公益限制性条款难以融贯全部面向

（一）公共利益需要实现以质量提升、结构优化为主的功能面向

"公共利益"系兼具内涵与外延双重模糊的典型不确定概念[1]，"保证利益享有者的开放性"是其客观判断标准。一般认为，公共利益是指国防、教育、科技、文化、卫生等关系国计民生的、服务于不特定大多数人的利益。"开放性"作为衡量具体情形是否符合公共利益的判断标准，即判断利益是否能被每一个社会成员享有，而不论其是否仅被部分人实际占有。[2]如街心花园通常仅满足周边居民的需求，但并不妨碍社会公众对该利益的可及性。"开放性"虽被认定为公共利益的核心特征，但功能仅限于判断利益的公益属性，并不能够最大化地限缩私人作出特别牺牲的利益范围，因而难以圈定"征收的必要范围"。

但是，开放性标准亦展现出公共利益实现的双重面向：其一，以客体增长为方向的横向概念功能。以公共利益本身作为客体，其本身呈现开放性，每一位社会成员都具有享有该利益的可能性，通过增加客体的总量便可实现公益性增长，此种面向称为公共利益的横向概念功能。其二，以每一位社会成员实际享有公共利益的可能性，即促进利益享有者的可及性目标，促进公共利益纵向功能的实现。关注的是社会群体内部利益的分配格局、结构以及获益主体的分布样态，于已有的利益分布差异的基础上进行公共利益的结构性调配与优化，以达到机会的平等性，此种面向称为公共利益的纵向功能。针对此，学界

---

[1] 参见王轶：《论物权法的规范配置》，载《中国法学》2007年第6期。

[2] 参见王凌皞：《公共利益对个人权利的双维度限制——从公共利益的平等主义构想切入》，载《华东政法大学学报》2016年第3期。

提出了公共利益判断的"利益衡量"标准，即符合"公共性"①的利益须在与征收所牺牲的利益比较衡量中呈现显性化优势。无论公共管理领域还是司法领域，都不存在绝对的、静止孤立的公共利益；作为一个复杂的价值评价问题，公共利益是在各种利益交织之下经由利益冲突之衡量方始产生和存在的概念。②由此，《土地管理法》第45条所列举的公益事业类型并非具备永久的目的正当性，"建设事业中蕴含公共利益的实现"并不能直接论证征收目的的正当性，只有因征收事业预期获得的公共利益大于因此而丧失之利益时，方能认定公共利益呈现正向、显性化的优势，符合征收目的正当性。

笔者认同以上"利益衡量标准"能够论证征收目的正当性，但其认定的层面仅限于公共利益的横向概念功能，缺失了公共利益的纵向功能实现，原因在于：利益衡量的过程可表述为——对相互冲突的利益进行价值比较进而确定利益的保全与牺牲。其中，利益之间呈现的势差可以用来判断实现公共利益是否具有压倒性的正义优势，③并通

---

① 此处作特别说明：目前研究存在对"公共性"和利益"开放性"的混淆现象。"公共性"作为个体与社会共同体产生的有意义的联结，系个体性的相对面。"公共性"是在个体差异性基础上形成的共同善，特殊的个体或群体应该"以跨越不同共同体的观点之上的规则、法律、规范和其他协议的形式"来服从公共利益；因而，在利益层面，"公共性"本身就是公共利益。参见詹世友：《公共领域·公共利益·公共性》，载《社会科学》2005年第7期；Michael Edwards，Civil Society，Polity Press，2004，p.62.
② 参见刘太刚：《公共利益的认定标准及立法思路——以公共利益的概念功能为视角》，载《国家行政学院学报》2012年第1期；王利明：《论征收制度中的公共利益》，载《政法论坛》2009年第2期。
③ 所谓压倒性正义优势系指一方的需求在价值或者正义性上明显超过与之相冲突的另一方的需求。参见刘太刚：《公共利益的认定标准及立法思路——以公共利益的概念功能为视角》，载《国家行政学院学报》2012年第1期。

过该势差的控制划定征收之必要范围；再通过审查是否存在更优的替代方案以确认私有利益的牺牲不可避免，以此完备的衡量框架能够论证征收的目的正当性；但是，该层面下的利益衡量过程仍旧是一种利益间横向比较的过程，公共利益的实现本质上体现为结果论视角下的社会整体公共利益"总量增加"的判断方式，关注的是社会群体内部利益总和的增加，而并未考量社会群体内部利益的分配格局、结构以及获益主体的分布样态，缺失基于人的个别化的利益实现视角，缺乏社会群体内部公共利益的分配格局和结构优化的维度，实质上体现出公共利益纵向功能实现的缺失，此种"维度的限缩"导致公共利益的紧缩化。

《土地管理法》第 45 条前四项所列举的征收目的情形，系国家对于具体公共产品供给义务的展开，并确定了具有绝对优先保护地位的典型公共利益，也为利益的横向衡量提供支点。实质上，前四项征收情形乃是基于结果论视角下公共利益客体总量增加的维度设定，旨在实现公共利益的横向概念功能。然而，在利益分配过程中，市场资源总是趋于向经济发达地区集中而惰于流向经济贫瘠地区，资源可及性呈现极差分布。而一直以来，我国的征收制度却在成就资源的趋利性、广泛服务于以地区扩张为主而非以人为本的城市化。[①] 我国已步入城镇化快速发展的中后期，"城镇化进程应当以农民的城市化来成就"，征收制度应当扭转市场支配下资源流动的趋利性格局、改变市场自由配置造成的基础服务的地区极差化，由此，实现资源配置的平

---

① 参见蔡乐渭：《从拟制走向虚无——土地征收中"公共利益"的演变》，载《政法论坛》2012 年第 6 期。

等性，因而，征收公益性应当实现由"以数量增长为主"向"以质量提升和结构优化为主"的转变。[①] 公共利益的开放性，不仅指向公众开放的可能，还必须被理解为每一个社会成员都能够享受的利益，必须考虑"人的个别性"。[②] 不论该利益是否仅由其中一部分人真实享有，都应当保障全体成员对于该获益享有实际上的可能性。机会均等开放下增加利益的社会总量的方式并不能展现公共利益的全部面向，粗略的机会均等开放形式难以保证公民实际获益机会的平等可能性，这需要建立在人的个别性差异基础之上、在承认可及性差异的情况下实现机会的均等化。由此，笔者并不完全否定"社群主义的公共利益构想"[③]。

横向利益衡量下的公共利益判断框架，乃于个人利益与公共利益间作天平式衡量，当公共利益总量高于牺牲的利益且呈现明显势差时，个人权利就应当让位于公共利益，确实为征收目的正当性提供了一套可行的权衡体系。但实则基于利益衡量的公共利益论证构想难以涵盖公共利益的纵向功能实现层面，无法推演出"社会总量持平，但通过结构优化提升了社会成员的平等可及性"层面的征收目的正当性——因为在实现公共利益在社会群体内部进行更优化、更平等可及化的具体配置和分配结构过程中，可能并不必然导致其社会总量的增加。

---

① 参见董珂、张菁：《城市总体规划的改革目标与路径》，载《城市规划学刊》2018年第1期。
②See John Rawls， A Theory of Justice， Harvard University Press， 1971， pp. 26—27.
③ 社群主义的公共利益构想可理解为某种基于社群联结的客观价值的实现，在此意义上，公共利益的实现最终可能落在共同体的利益实现层面。

（二）公共利益的发展性需要接纳商业性因素存在的可能

公共利益的概念可以通过宪法解释、法律解释，不断细化其内容，进而建立公共利益类型化制度；[①]通过类型化的方式对具备共同特征的案件事实进行抽象、归类，从而实现不确定概念和条款的具体化。《土地管理法》第45条即采取此种类型化规制方式，据此，笔者将征收的公益性论证分割为"类型化确定"和"个案具体判定"两个环节。在具体运用中，公共利益之类型化影响着个案中对公共利益的具体判定。"类型化确定"主要是通过价值填充、描述事物外延的方式，区分概念的一般特征，也能初步确定公共利益的概念规则；[②]其价值填充过程为公共利益的个案判断提供大致的法律"意图"或"意向"。所以说，类型化制度下的公共利益列举情形，不仅为认定公共利益的典型形态提供指引，更加体现了立法者对公共利益的概括的价值取向或意向。"个案具体判定"环节，即通过对所列举的典型公共利益类型进行相互关联的、整体性把握来应对社会的多样性，在该类利益不属于所列举的公共利益典型形态的条件下，依靠类型化过程中的价值填充规则，作出该利益是否可容纳于开放式列举所涵摄的范围的相关论证。从此视角似可探知，公共利益的类型化列举情形间接地影响着列举范围之外的公共利益的具体判定。《土地管理法》第45条前四项征收情形是对国家供给义务的展开，重心在于实现公共利益的横向概念功能，经由价值演绎呈现出公共利益的"单向性"；在缺失第五项征收情形的前提下，列举的前四项征收情形直接为第六项兜底条款

---

① 参见韩大元：《宪法文本中"公共利益"的规范分析》，载《法学论坛》2005年第1期。

② 参见余军：《"公共利益"的论证方法探析》，载《当代法学》2012年第4期。

奠定概括性价值导向，由此，符合目的正当性的征地项目将表现出"由政府或者公共机构举办的、用于公共服务的并且是非营利的"①特征，以此，商业利益在公共利益实现中被完全排除。

然而，公共利益本身具有"发展性"，这种发展性已经突破了营利或者非营利的绝对限制，使得非纯粹性商业利益进入征收目的范围成为可能，立法若完全禁止征收中的商业因素，反倒不利于公共利益。②其一，利益的概念本身并无一定的成型，完全取决于变动中的社会、政治及意识形态对其内容的充实，③因而公共利益是一个历史的范畴，与特定的社会形态相联系。社会的发展导致社会主体利益诉求的不断变化，公共利益反映的正是特定历史时期中人们的需要及认识，④公共利益本身便不再简单地作为利益概念，还反映"需要"及"经济"的内容。⑤其二，公共利益本身呈现出发展性，社会的发展必将产生新型的公共利益需求并衍生新的公共利益类型，而且日趋复杂的利益网络结构作为公共利益的产生背景，也是公共利益难以通过反向排除方式界定的原因。在一般意义上，商业开发并不负责公共利益目标的实现，却难以避免公共利益的因素渗入，由此，纯粹的商业利益形态

---

① 参见胡建淼、邢益精：《关于"公共利益"之探究》，载中国法学会行政法学研究会主编：《修宪之后的中国行政法》，中国政法大学出版社 2005 年版；参见王利明：《论征收制度中的公共利益》，载《政法论坛》2009 年第 2 期。

② 参见房绍坤、王洪平：《论我国征收立法中公共利益的规范模式》，载《当代法学》2006 年第 1 期。

③ Erwin Klueger, Die Lehre vom "Oeffentlichen Interessen", Verwaltungsrechtswissenschaft, 1932, S.5. 转引自王利明：《论征收制度中的公共利益》，载《政法论坛》2009 年第 2 期。

④ 参见王利明：《论征收制度中的公共利益》，载《政法论坛》2009 年第 2 期。

⑤ Jeanne LEMASURIER, Le droit de l'expropriation, 3e édition, Economica, 2005, p.82.

在网状利益结构中将可能不复存在，商业利益并非绝缘于公共利益的实现。其三，在特定条件下，商业利益可能会牵涉到公共利益，甚至在一定时期内向公共利益转化。[①] 在发展中的社会，任何一种利益都不能剥离性地称之为公共利益或者否认其公益性，就如同不能因为一项征收项目中包含商业性开发因素就否认其公益性一样，因为该项目本身可能产生更多的公共产品或者供给更多的公共服务。以上都昭示着"发展性"是公共利益的本质属性。其四，国际视野下的公共利益概念已呈现出向商业利益扩张之趋势。为满足区划限制产生的分类综合性趋势对于公共利益解释的需要，美国联邦法院不断扩展"公共安全和健康"的内涵，联邦最高法院在"凯洛诉新伦敦市案（Susette Kelo，etal. V. City of New London）"中即主张，"建造一个制药厂可以增加当地的就业和税收，体现了公共利益"[②]，由此，商业利益被纳入到《美国联邦宪法》（第五修正案）中界定的公共利益的内涵范围，为解释依据城市规划展开的征收事业的目的正当性，日本学界拓展了公共利益的解释路径：根据《都市规划法》第 69 条的规定，"规划公共性"可以确保都市规划事业的公共性，从而，都市规划事业可被看作征收适格事业，由此，城区开发事业作为都市规划事业的类型亦具有公共性，"大型商业设施等进驻"情况作为城区开发事业的极为常见的类型自然被纳入公共性的确保范畴；德国通过部门法和具体

[①] 参见余洪法：《物权征收制度中公共利益的确定问题研究以立法为视角》，中国人民大学 2008 年博士论文。

[②] See KELO V. NEW LONDON （04-108） 545 U.S. 469（2005） 268 Conn. 1， 843 A. 2d 500.

法律列举了公共利益的主要类型，其中包括城镇建设规划实现目的，^①经营性用途的规划建设也被包括其中。

同时，公共利益的确定需要依据个案的具体情形考量，因而其内容总发生一定的变化，使得公共利益概念的解释边界呈现"模糊性"和"概括性"，法律难以穷尽所有的具体情形。然而，新《土地管理法》第45条前四项所列举的征收情形可以概括为"提供给公众使用的设施、为公众服务的设施、确保公众安全的设施"，系以"服务对象"或者"公用"为视角、对以不特定多数人为受益对象的典型公用征收情形的列举。当然，这些典型公益事业类型不具争议性，其法定化能够体现立法的谨慎，却也泯灭了公共利益的上述复杂可能性。缺失第五项征收情形的公共利益类型化方式，实质上是通过价值演绎的单向性不当缩小了征收之公共利益本质，并非是对公共利益概念本身的严格限定，属于对"公共利益的本质性限缩"，将阻碍社会经济的发展、影响征收的正当进行；将商业利益绝对性地排除在公共利益范围之外的方式，使得"公权力假借公共利益之名进行经营性项目建设"的现实情形丧失应有的规制路径。"逐渐缩小征地范围"改革目标的实现，要求对公共利益进行严格限定，但必须建立在尊重公共利益的本质基础之上，尊重公共利益的"发展性"本质，并为"发展性"预留充足的类型化空间。笔者认为，新《土地管理法》第45条第五项规定，将成片开发纳入可征地情形的立法举措恰恰为公共利益的发展性预留了充足的发展空间，为公共利益发展性特质的拓展作出了立法铺垫。下文将对

---

① 主要通过《建筑法》规定，第85条规定"为实现建筑规划而需要使用土地或者为了这样的使用而进行准备，以及为了补偿或替代原来被征收的权利而进行征收"的目的实现符合征收之正当性满足。

此进行阐述。

二、规划蕴含公共利益实现的整体性高度

（一）发展性的实现须立基于整体性视角

一方面，在有机体论的社会观中，公共利益是基于整体性的通盘考量产生的概念，而非个人利益的简单联合，进而，整体观衡量下的公共利益（笔者称之为整体公共性）具备超越个体利益相加之总和的可能。其中部分内容的公共属性可经由整体公共性获得保障，脱离整体性的考量将难以理解部分内容的公共性，因而不能简单地将部分从整体中抽离、独立地进行公共性考量。[①]另一方面，公共利益的发展性是在网状利益结构的多向维度变动过程中产生的，其间，不仅有公共利益与非公共利益之间的转化，也涉及同种公共利益在价值位序上的变化。基于此，一定空间内呈现出各种利益的交织错杂、涉及不同类型公共利益的弱化与增强、新型公共利益之显现，甚至产生商业利益、私人利益对公共利益的消减[②]；尤其在涉及社会制度的革新和创新、公共政策的落实时，更需要进行综合性的制度营建、多方利益协调与考量。

以此决定，公共利益与征收项目之间并非简单的"一对一"的对应关系，其中的利益衡量极为复杂、利益之间的消减与协作难以具体

[①] 有机体主义主要来源于黑格尔对辩证理性的阐述，黑格尔的社会观主要就是一种历史主义的社会有机体主义。相关阐述可以参见李强：《自由主义》，中国社会科学出版社1998年版；高全喜：《法律秩序与自由主义》，北京大学出版社2003年版。
[②] 利益衡量中，征收之目的乃基于征收所实现之公共利益大于甚至远超于因征收而损失的私人利益而获得正当性。笔者认为，其中私人利益的牺牲产生对公共利益实现的消减作用，商业利益同样是作为利益衡量中的因素，亦产生对公共利益的消减作用。

化，有时，公共利益的论证只能在整体性的视角下，对多个项目组成的集成项目进行一体化考量，而单个项目也难以从此集成项目中抽离，单项地进行公共利益实现必要性的评估。因而，公共利益具有通过多个建设项目的集成形式予以实现的必要性。作为项目集成形式的规划开发建设项目，其征收目的正当性的论证必须引入一种"整体性"的判断维度。

（二）公共利益的纵向功能需要在整体性高度上实现

高密度的土地利用模式，一方面导致现存公共空间的质量普遍降低、空间的开放和公共性变差，继而产生提升空间公共性的需求，即增强公共产品的视觉可及性、交通的可达性以及功能的便利性；另一方面造成城市公共空间相对总量的区域不均衡——即城市空间的高密度利用形态造成该区域内城市公共空间的人均总量降低，城市空间分布的不均衡，这也是产生公共利益的纵向功能需求的关键因素。

正如学者所言，当有害因素被消除时，公共目的就会得以实现，[1]因此，消除土地利用的负外部性效应，是实现征收目的正当性的合理手段；同时，基于公共服务优化之考量，均衡公共空间的分布，将公共空间适度向总量相对小的地区倾斜，是策略上的必然选择。由此决定，公共利益的结构性调配是解决城市土地利用负外部性效应的正确路径，然而，欲解决由此导致的整块区域的衰败，通常难以通过单项征收的方式解决。因此，必须制定针对该区域的综合性开发规划，并采取区位征收的方式，规划较大的地块进行土地集约利用，由此决定

---

[1] 参见高圣平：《发展经济是土地征收的正当理由吗？——凯洛诉新伦敦市案》，载《苏州大学学报（法学版）》2014年第2期。

公共利益结构性的调配需要提升至整体性高度。

（三）规划蕴含公共利益实现的整体考量

1. 规划承载着整体公共性的考量

规划开发中，征收的目的正当性论证难以脱离规划的整体性布局，规划本身亦承载着整体公共性的实现。其一，规划实现城市主体功能，是历史发展的必然逻辑。作为现代经济载体的城市，通过构建有形、无形的城市体系实施各类社会功能[1]，由此形成城市主体功能；这也要求城市体系的构建，必须分担现在和未来地区需要实现的公平份额[2]，保障公共服务和基础设施等实现跨时域的公平分享。其二，公共利益向来是城市规划的核心命题。一方面，城市化借助规划形成土地利用的公共秩序，借助规划构建未来土地利用的发展配置，通过土地资源的调配实现土地本身承载的公共利益配置目标。[3]通过土地物质的形态利用和用途规制的手段，实现对社会公共生活的调整和城市公共利益的分配，在此种意义上，规划与征收制度的协同，转变了土地和资源市场配置的单纯利益导向，实现了城市公共利益合理的空间安排与布局。另一方面，公共利益是衡量规划合理性的主要因素。规划要获取公众信心，必须保证其内容切实服务于公共目的，致力于解决城市发展中的弊病与冲突并产生公众受益之结果；例如，公众并不倾向于忍受交通堵塞，促使相应的公共期待产生，与此同时，消除该弊病便具备公共目的实现的必要性。在利益衡量下，公共利益一般

---

① 参见徐远：《我国城市化空间还很大》，载《第一财经日报》2018 年 5 月 3 日第 A11 版。
② 参见薛源：《美国财产法案例选评》，对外经济贸易大学出版社 2006 年版。
③ 参见张先贵：《权力束视角下我国土地管理行为法权表达及意义——立足于〈土地管理法〉修改背景下的审思》，载《社会科学辑刊》2016 年第 5 期。

表现为公众共同的价值观；而城市规划则是在多方主体的参与下，在不同社会力量和利益群体对话以及参与协调的过程中形成的共同价值观，① 可以说，规划的程序正当性要求使得规划本身具备了公共利益的实质内容。由此，规划必须反映公共利益，否则将失去价值。②

2."城市特色与发展"的规划导向体现公共利益的（社会）发展性

首先，必须认识到，公共利益的判断已不再局限于服务对象视角，而是具有一种公共性。自 1954 年伯曼诉帕克案（Berman v.Parker）后，公共用途被拓展为公共目的（public aim），不再强调征收必须实际由公众使用，不再绝对性地否定征收使私人获益的可能性。③ 由此，征收目的得以与征收机制相区分——只要征收的直接目的具备公共性，被征收土地是否移交私人使用便不再具备显著的重要性。其次，司法判例中对于公共利益的解释，呈现出公共利益发展性的一个全新面向——"城市特色与发展"。城市规划用于规范城市空间秩序、管理城市空间形态，其将根据城市的特色构建不同的发展面向。例如，在伯曼诉帕克案（Berman v.Parker）中，政府以"国家的首都应当美丽而卫生"④ 作为征收的目的，美国最高法院大法官道格拉斯认为，"从一些城市的背景中已经认识到"，"通过保留城市的特征和可取的美

---

① 参见董慰、王广鹏：《试论城市设计公共利益的价值判断和实现途径》，载《城市规划学刊》2007 年第 1 期。

②See CAMPBELL, H., MARSHALL, R. Utilitarianism's Bad Breath? A Re-evaluation of the Public Interest Justification for Planning, vol.1, no.2 Planning Theory, 163—187, （2002）.

③ "征收之权力主要是用来达成必需的公共目的，减轻失业和振兴社会经济，私人收益只是偶然罢了。"参见邢益精：《宪法征收条款中公共利益要件之界定》，浙江大学出版社 2008 年版。

④ 参见冯桂：《美国财产法：经典判例与理论探究》，人民法院出版社 2010 年版。

学特征以提高生活品质"① 具有公共目的；又如，被赋予特殊地位的城市（如门户城市、枢纽城市、历史文化名城等）也肩负着国家发展责任，应为其配置相应的城市空间结构和功能布局。② 由此，城市规划本身便是基于城市发展作出的审慎考量，其本身便可以构成"征收的极大必须"，也足以证明一个合法的目的。③

三、规划之公共性④ 确保的论证逻辑要求引入"成片开发建设"

（一）规划的整体公共性不能确保各项规划事业的公共性

"通过审慎考量的城市规划本身就是公共利益。"⑤ 因而有学者主张，规划本身的整体公共性可确保各项规划事业的公共性，进而，各项规划事业均符合征收的目的正当性，日本即采用此种路径。日本《土地收用法》采用完全列举式的公共利益类型化方式——《土地收

① See Daniel R. Mandelker, Land Use Law. 4th ed, USA: Lexis Law Publishing, 1997, p.23.

② 参见董珂、张菁：《城市总体规划的改革目标与路径》，载《城市规划学刊》2018年第1期。

③ 参见李泠烨：《城市规划合法性基础研究——以美国区划制度初期的公共利益判断为对象》，载《环球法律评论》2010年第3期。

④ 笔者所称"公共性"均指公共利益之实现必需。其一，公共性意指"国家促进所有公民的共同利益"的正当性，凡是能导致公共利益关怀的制度都具有公共性，因此，公共性也可谓之征收权行使的正当性。其二，在"公共的"和"私人的"之间作区分的目的在于，保护个人不受到各种各样的侵害，同时，公共领域只能以公共利益的名义来侵害个体，此乃公共性之体现。因而，笔者将公共利益的实现必需谓之公共利益具有正当性。关于"公共性"认知的阐述可参见 Michael Edwards, Civil Society, Polity Press, 2004, p.61; Kant, Political Writings, edited by H.S.Reiss, Cambridge University Press, 1991, p.139；詹世友：《公共领域·公共利益·公共性》，载《社会科学》2005年第7期。

⑤ 参见何明俊：《城市规划中的公共利益：美国司法案例解释中的逻辑与含义》，载《国际城市规划》2017年第1期。

用法》第 3 条包括了 49 种收用适格事业类型，同时《城市规划法》第 69 条规定"将城市规划事业视作《土地收用法》第 3 条规定的收用适格事业"。作为城市规划事业类型之一的市区开发事业，其大多数包含建设工厂、私人住宅和商业中心等使私人受益的内容。为论证市区开发事业的公共性，日本法学界和司法界构建了"规划的公共性确保思路"：整体视角下，城市规划事业服务于解决城市问题或大都市问题的公共目的，其中的个别项目作为"城市规划的一个环节"，可依托规划的整体公共性品格确保自身的公共性。① 依据远藤博也教授的观点，城市规划的整体公共性能够确保规划内任何一个环节的个别事业的公共性，进而使得依据城市规划的内容所设定的征收事业均具备公共性。②

笔者并不认为"城市规划本身之公益性整体能够确保每项个别事业具有征收之公共性"③。但必须承认，公共品格的整体确保路径值

---

① 参见［日］遠藤博也「土地収用と公共性」同『行政過程論 計画行政法』（2011）397 頁。

② 当然，"并不是说只要参与进任何一个规划即可，而是意味着规划自身必须是合理的"。参见遠藤博也「土地収用と公共性」同『行政過程論 計画行政法』（2011）398 頁。

③ 持"规划本身服务于公共利益能够直接证成征收之合法性"观点的学者意见主要参见：李泠烨：《城市规划合法性基础研究——以美国区划制度初期的公共利益判断为对象》，载《环球法律评论》2010 年第 3 期；黄宇骁：《日本土地征收法制实践及对我国的启示——以公共利益与损失补偿为中心》，载《环球法律评论》2015 年第 4 期；何明俊：《城市规划中的公共利益：美国司法案例解释中的逻辑与含义》，载《国际城市规划》2017 年第 1 期；刘玉姿：《征收的规划控制》，载《城市规划》2015 年第 8 期；于洋：《什么是城市公共利益——基于四个城市规划司法案例的法理言说》，载《城市规划》2018 年第 2 期；乔艺波：《演进的价值观：城市规划实践中公共利益的流变——基于历史比较的视野》，载《城市规划》2018 年第 1 期。

得借鉴，至少它避免了对"每种征地事业目的进行个别解释"的目的性论证——传统的征收归根结底都是一对一的财产转移，其局部性、单向性难以改变，若要求必须进行单项征收事业的目的论证，则某些具备征收现实必要性的财产将难以成为适格的被征收财产，而使得公共利益的实现受阻。因而，依照城市规划实施的征收项目，应当从规划的整体布局出发进行考量，而非零敲碎打地评断单项征收事业对财产所有者的征收挑战。但笔者认为，上述"城市规划整体公共性直接确保单项规划事业之公共性"的论证逻辑，缺乏有效的过渡性——规划的整体公共性缺乏与个别征收事业之间的直接联系。经过充分审议的综合规划，并不具备论证单项征收事业公共性的直接效力，因此，仅仅依靠征收事业作为更大的规划的一个环节的事实，难以证明征收事业旨在为社会公众提供公共产品或者公共服务。虽然基于利益衡量产生的规划整体公共性难以直接论证个别规划事业的公共性，但能够证明作为整体的规划具有公共利益实现的必要性，由此，只需将征收范围控制在规划目标之实现所需的必要范围即可，即必须保证个别事业具备对于整体的规划目标实现的必要性。由此，必须建立一个必要于规划目标实现的过渡环节，该过渡环节应当具有一体实施性（系多个建设项目的集成项目），由此方可确保单项征收事业的公共性，且通过"过渡环节对于规划目标实现的必要性"保证单项征收事业"对于规划目标的实现具有一体性的紧急公共性"，即遵循"城市规划整体公共性—'过渡环节'的公共性—单项规划事业的公共性"的保障逻辑。

（二）成片开发建设应为整体公共性确保的"过渡环节"

"过渡环节"是规划的整体公共性实现的必要范围，此定位也保障了处于必要范围内的单项征收项目的公共性，此乃规划整体公共性品格的确保路径，此时单项征收事业对于规划的整体公共性实现具有必要性。如此，无须对单项征收事业进行独立的目的性审查，即便个别的征收事业具有商业经营属性，但其作为更大的"规划整体公共性实现的必要范围"的一环且不能从中分离，便可经由"规划整体公共性品格的确保路径"保证其对于整体公共性实现的必要性；在该路径的确保下，可以彻底摆脱"因单项征收事业的公益属性不明晰，导致整体的征收项目面临目的正当性质疑"的困境。笔者认为，"成片开发建设项目"应当作为规划的整体公共性实现的必要范围（亦即上文提到的"过渡环节"），这具有应当性和必然性：

其一，城市发展理念的更新，造就了进行成片开发建设的必然性。二战以来，城市发展经历了城市重建、城市再开发、城市复兴到城市振兴、城市更新①阶段。城市更新阶段要求摆脱单纯以"拆毁和重建"为主的物质性重建方式，不再单纯表现为对陈旧物质结构的去除和更新，②如置换居住区贫民窟、破旧街道及工业衰败区；其应当表现为对衰落和退化状态的应对，对正在丧失经济活动能力的重新开发，对已经出现障碍的社会功能的恢复，对已经出现社会隔离的地方促进融合，对已经失去了的环境质量和生态平衡进行复原，③实现城市的更

---

① 参见丁凡、伍江：《城市更新相关概念的演进及在当今的现实意义》，载《城市规划学刊》2017 年第 6 期。

②See KEITH N S. Rebuilding American cities： the challenge of urban redevelopment. 23（3）The American Scholar，1954，pp.341—352.

③See COUCH C，FRASER C，PERCY S，Urban regeneration in Europe：Wiley，2003.

新与发展，应于整体视角而非零散的基础上予以考量。[①] 明确成片开发征收，及时将实践证明行之有效的改革措施制度化、法治化，有助于提高土地资源配置效率，促进改造成本与收益之间的平衡，推动组织能力较差的城中村以及难以单独开发的诸如"边角地""夹心地""插花地"等零星地区实现土地的更新利用。[②]

此外，城市更新正在由旧城改造走向有机更新[③]，如美国纽约的苏荷区由衰败的工业区转变为世界知名的艺术中心、荷兰的鹿特丹从衰败工业区转变为旅游业发达的文化城市，即是有机更新的典型。有机更新强调的是"综合性复兴"，具有更深刻的社会和人文内涵。基于多元性公共利益实现的考量，一对一的单独的财产转移形式，已然不能满足城市的综合性发展需求，其应结合社会、政治、生态、经济等多维度展开对商业、居住和休闲用途的整合修复，最终形成一个强大的有机整体，而非局部的去除更新。如此，奠定了依据多重的、综合性的规划行使征收权的合法空间，《土地管理法》第45条正是通过"规划区内成片开发建设需要"的条款，为整合性的城市更新理念的实现奠定了基础。

其二，成片开发建设的征地需要，是以结构性优化的方式实现城市发展的必然选择。传统征收依靠强制性的低价获取土地，是政府主导下的城市化，同时，受制于城乡二元体制，城市政府仅向拥有城市

---

① 参见高圣平：《发展经济是土地征收的正当理由吗？——凯洛诉新伦敦市案》，载《苏州大学学报（法学版）》2014 年第 2 期。

② 参见凤瑞：《〈土地管理法〉成片开发征收标准的体系阐释》，载《中国土地科学》2020 年 08 期。

③ 参见丁凡、伍江：《城市更新相关概念的演进及在当今的现实意义》，载《城市规划学刊》2017 年第 6 期。

户籍的城市原住民提供公共服务。农民只能在城乡结合部或城中村聚集，虽然在空间上城乡结合部已然进入城市范围，事实上却被排斥在城市公共服务和管理体制之外：第一，农民自发的城市化区域，普遍存在基本公共服务提供能力不足的现象，土地城市化普遍快于人口的城市化[1]；第二，城乡结合部基础设施未纳入城市市政设施体系，公共服务也未纳入城市公共服务体系，只能由农民集体组织自行提供，由此导致城乡结合部的公共设施超负荷运转。最终的结果是，本应作为城市拓展主要空间和发展潜力最大的地区，却因产业低端、缺乏规划、土地资源分散、开发利用低效，造成绝大部分的土地价值流失。理解成片开发征收，应当秉持系统思维，中国土地制度改革的目标之一是缩小土地征收范围，在这一制度目标下《土地管理法》规定成片开发征收的目的重在提高土地利用效率，优化产业布局，而不是扩大建设用地规模。[2]

笔者认为，单纯的土地需求从来不应该成为征收的唯一理由，公共利益要求实现公共产品及服务的均等化、公平化，由此，"未来的城市化必然转向城市质量的提升和城市治理能力的提升"[3]，为原住农民提供与城市居民均等的公共服务和社会保障，由此实现公共利益的纵向功能。但是，解决城乡结合部的问题，不是简单地将城乡结合

---

[1] "虽然城市发展吸引了大量外来人口到城市就业和生活，但他们无法在社会保障、就业、医疗和教育等领域与具有城市户籍的本地人口享受同等权利。"参见刘守英、熊雪峰：《二元土地制度与双轨城市化》，载《城市规划学刊》2018年第1期。
[2] 参见于凤瑞：《〈土地管理法〉成片开发征收标准的体系阐释》，载《中国土地科学》2020年第8期。
[3] 参见刘守英、熊雪峰：《二元土地制度与双轨城市化》，载《城市规划学刊》2018年第1期。

部纳入城市规划的布局，而是一系列的土地结构优化和产业升级，包括控制新工业项目在该区域落地、鼓励老工业项目向城郊地区或已有工业区迁移、优化公共用地布局和结构、增加街道用地和公共空间等方便宜居宜业等，必须将该区域的整体进行重新规划和建设，并组织进行成片开发建设。

其三，清除衰败的公共性倾向，要求进行成片开发建设。城市中的衰败弊病兼具传播性和恶性循环性，这种"衰败"会逐渐侵蚀公共设施进而催生更多的不安全因素，政府不得不投入更多的财政资金来修复被侵蚀的公共设施、消除不安全因素。[①] 每个公民具有获得由居住场所带来的生活安宁以及渴望得到健康舒适环境而不受他人影响、侵扰的权利，法律应当对其进行保障；清除衰败以更新城市空间，无疑构成一种公共性。衰败的清除，不仅是拆除现有的不卫生或不雅观的建筑物，还必须重新设计整个地区以控制衰败的周期性发展；如此，为遏制衰败的再次发生，须制定适合该区域发展的协调性、综合性规划，这不仅仅是以公共事业设施建设为主的公共产品供给，还包括修建学校、教堂、公园和购物中心等附带利益。[②] 可以说，清除衰败所产生的公共利益及其附带产生的私人利益，明显是彼此融合与相互促进的，很难将私人受益从公共利益中抽离出来；一旦抽离，公共利益的目标便可能难以实现。

---

①See Cook, The Battle Against Blight, 43 Marquette L Rev 444, 1960.

②See Berman v. Parker, 348 U.S. 26（1954）.

四、"成片开发建设需要"确定的正当性保障

尽管集体土地征收是近年来学界讨论的热点，但由于成片开发征收作为《土地管理法》确立的新概念、新制度，对其标准尚缺乏体系化探讨。《土地管理法》规定成片开发征收有其合理性和正当性。法律实施中的核心问题在于，成片开发征收所创造的公共利益必须达到何种程度方具有正当性。[1] 根据一般理解，"成片开发"是指房地产开发或者集餐饮、购物、娱乐于一体的万达式的成片开发。[2] 该定义过于片面，"成片开发"包括的范围广泛，其不仅包含商业色彩浓厚的成片开发，亦包含以公共利益实现为目标的综合性建设。笔者认为，成片开发系数个项目的集成，包括平整场地、建设供排水、供电、供热、道路交通、通信等公用设施的综合性开发建设，以形成工业用地和其他建设用地条件。成片开发建设项目由数个项目集合组成，避免了对项目逐个的目的性审查；成片开发建设项目只要符合"规划的整体公共性实现的必要范围"标准，即可确保其组成内容的数个独立项目的公共性，因而，如何保障"成片开发建设项目满足规划整体公共性实现的必要范围"，成为本部分讨论的问题。

（一）成片开发建设中公共利益需保证自身可还原性

1. 成片开发建设中公共利益必须进行充分铺陈

作为一种理性论证活动，成片开发征收标准的理性程度，直接受制于规则的体系理性与目的理性，因此成片开发征收标准既应秉持科

---

① 参见于凤瑞：《〈土地管理法〉成片开发征收标准的体系阐释》，载《中国土地科学》2020 年 08 期。

② 参见 https://baike.baidu.com/item/成片开发建设/23695353，最后访问于 2019 年 11 月 25 日。

学性，把成片开发的制度优势充分发挥出来，更应"以这类建设是否属于公共利益的范畴为判断前提"。[①] 要确保成片开发征收的制度内容具备合宪性，相关解释性立法必须将其实体标准严格限定为属于"特别重大的公共利益"需要的建设项目。[②] 征收的目的性论证，要求对公共利益进行充分披陈。征收要求建立"合理确信"，[③] 不仅要求具备适当的事业实施期，以保证公共利益的实现具有合理预期，还要求在利益衡量中对公共利益进行充分铺陈。公共利益分为抽象实现层面和具体实现层面，从而在社会生活中呈现出"虚实相间"的面貌。具体的公共利益，往往指代修建公路、铁路、机场等场所带来的利益，适用的法律规则较明确；而抽象的公共利益则是看不见、摸不着，但却实实在在存在的抽象范畴的利益，如构建社会之基础、条件、环境、秩序、目标、道德准则等皆为抽象公共利益之涵括范围。具体公共利益的实现，可以依靠《土地管理法》第 45 条前四项的规定，通过公共利益的横向供给层面得以实现。而抽象公共利益的实现，通常表现为两个方面：其一，作为制度利益存在，一般表现为具体法律制度所承载的抽象利益，如交通法律制度的交通安全利益；[④] 其二，作为价值功能承载的公共利益的纵向功能，以实现社会主体间的公平正义要求和公共秩序的构建需要。笔者认为，公共利益的铺陈，应当结合公共利益实现的双重层面展开。

---

① 参见陈小君：《〈土地管理法〉修法与新一轮土地改革》，载《中国法律评论》2019 年第 5 期。

② 参见程雪阳：《合宪性视角下的成片开发征收及其标准认定》，载《法学研究》2020 年第 5 期。

③ See Boston & Maine Corp.，503 U.S.，at 422—423.

④ 参见梁上上：《公共利益与利益衡量》，载《政法论坛》2016 年第 6 期。

　　其一，"成片开发建设需要"应符合城市土地规划的制度性利益，要求规划本身符合"土地适当且合理利用"或"土地利用结构优化"的制度要求。如前所述，"成片开发建设"是良好的土地规划目标实现的必要布局。制度利益系法律制度所固有的根本性利益，同时，法律制度并非孤立制定的，而是立法者对社会上各种现存利益及将来可能产生的利益进行综合衡量的结果，[①] 可以说，制度利益是社会整体公平正义的具体性表现，换言之，公共利益可以制度化的方式实现。由此，征收作为促进公共利益实现的手段，征收权的运用首先应当促进制度利益的增值而非贬值，本章特指规划的制度利益。笔者认为，规划之制度利益与公共利益之间构成相互成就的关系[②]：首先，荷兰《空间规划法》确定了分区规划制度应以"良好的空间布局"为目标导向，我国《城乡规划法》和《土地管理法》亦将"土地节约集约利用"确定为土地规划的制度目标；其次，土地规划本身具有程序功能与规范功能[③]，规划不仅确定了土地用途的结构性布局，更作为政府其他

---

① 参见梁上上：《公共利益与利益衡量》，载《政法论坛》2016 年第 6 期。

② 土地利用结构的优化系规划的制度性利益，其与公共利益的纵向功能是两个维度的概念。成片开发建设蕴含公共利益纵向功能的实现，其应当以"土地适当且合理利用"或者"土地利用结构优化"的目标实现为前提条件。

③ 土地规划具有程序功能和规范功能，主要是指：其一，政府利用土地应以土地利用规划之设定为基础，即，土地规划内容作为政府权力行使之依据；其二，土地规划本身具有规范功能，可作为政府其他决策行为的评估框架。首先，规划为政府权力提供边界性框架，征收权之行使必须依照土地利用规划预定行使，从而可作为论证征收权正当性的依据；其次，规划为公民土地开发行为提供保障和指引，对于公民自主实现规划功能的，其只要向政府提出建设许可申请，并满足其他关于建筑许可的要求，政府必须授予其建筑许可；若公民非按照土地规划内容实现，政府必须拒绝其建筑许可申请。See Maarten Hajer, Will Zonneveld, Spatial planning in the Network Society-Rethinking the Principles of Planning in the Netherlands, 8 European Planning Studies 2000, p.340.

决策行为的评估框架。在"土地适当且合理利用"基础上协调各方利益，才能创造最有利于地区发展的条件，最终形成永续和韧性发展的城市格局。

其二，公共利益的纵向功能实现，要求成片开发建设的确定满足"清除衰败"之必须。基于资源、土地生产能力、产业对于公共福利的重要性，以及人民长期形成的方法和习惯，使得不同地区的社会需求呈现差异性，成就了公共利益的地方性。[1] 由此说明，并非任何公共产品和公共服务的不均衡分布均可引发征收。出于对私人财产安全的必要考量，具备权利侵扰性的征收权发动必须受到严格限制，政府不能仅仅因为新的所有人能够更为有效地利用土地而征收私人财产[2]，单纯的土地无效率利用，不足以构成征收的目的正当性基础，其完全可以通过其他强制或者限制手段排除妨害；[3] 只有因土地有害使用并造成地区实质衰败或存在衰败的可能，方产生公共利益纵向功能实现的需要。

衰败的清除，不仅要求去除腐败不堪的个别衰败财产，还需控制衰败周期并防止衰败再次发生的可能。这要求立基于整体性视角，对认定的衰败地区或者具有衰败可能的整片地区进行整体征收并重新规划。基于整体公共性品格的确保路径，只需论证作为整体的成片开发建设项目的公共性，而无须对其范围内的各项财产的征收必要性进行

---

① See O' Neil v. Leamer， 239 U.S.244，253（1915）.

② 参见高圣平：《发展经济是土地征收的正当理由吗？——凯洛诉新伦敦市案》，载《苏州大学学报（法学版）》2014 年第 2 期。

③ See MEREDITH C. Eminent domain as a tool for redevelopment： a case study analysis of Boston' s West End and New London' s Fort Trumbull Area. Tufts University Master Thesis， 2013.

说明，无须对衰败地区内个别非衰败财产的征收之正当性进行单独论证。因此，笔者认为，"清除衰败之必须"的判断，存在可以量化的标准，即量化处于衰败状态的单块土地在整个地区中所占的比例，只要达到一定比例的衰败便可认定整块地区处于衰败状态，如此，该区域便满足征收的目的性条件，可以进行成片开发建设。

2. 依照"城市公共利益的服务半径"确定第三方参与主体的范围

在功利主义哲学视角下，城市公共利益不是一个抽象的、漫无边际的概念，而是由一个个实实在在的个人利益构成的组合，并最终体现于个人利益；[1] 由此，公共利益不可能作为与任何人都不相干的抽象存在，其最终必须能够还原为特定类型、特定群体的民事主体的私人利益，脱离特定类型、特定群体的民事主体的私人利益的公共利益，绝非正当的公共利益。[2] 此种属性尤其反映在城市发展中的公共利益，其在生产和消费上均具有空间性，并"通过空间手段进行交易"[3]，城市公共利益"均可被还原为一个相关空间内关系多数人的利益"[4]。由此，城市公共利益具有自身的地域基础：城市公共物品本身具有一定的服务半径，并依据服务半径发展出公共利益服务的空间范围；根据受益人与公共物品的距离远近，城市公共利益最终呈现为"伸缩式的公共利益"。假设拟定一项征收项目用于公园建设，那么，根据空间范围的延伸，该公园将带来周边土地价值的递减性提升，该公园带

---

① 参见张千帆：《"公共利益"是什么？——社会功利主义的定义及其宪法上的局限性》，载《法学论坛》2005年第1期。

② 参见［美］约翰·罗尔斯：《正义论》，何怀宏、何包钢、廖申白译，中国社会科学出版社1988年版。

③ 参见赵燕菁：《城市的制度原型》，载《城市规划》2009年第10期。

④ 参见陈新民：《德国公法学基础理论：上册》，山东人民出版社2001年版。

来的公共利益的服务边界止于土地升值几近为零的距离，该距离被称为"公共利益的服务半径"。根据"公共利益的服务半径"即可确定公共利益服务的空间边界，亦为"成片开发建设需要"服务的空间范围。

根据公共利益的服务半径，不仅可以确定公共利益的受益范围，而且"仅仅提供公共产品并不能构成城市，只有在特定区域范围内供给公共产品并依托空间区域收费，才构成城市"[1]，由此，服务半径亦可确立为"公共利益所致溢价买单"的主体范围。如上例，业主若选择在公园的服务半径范围内居住，便需支付该公共利益造成的地价增值，由此，该公共利益带来的价值增值，最终将以级差地租的形式，由服务半径范围内的所有业主共同买单。如按照《城市用地分类与规划建设用地标准》规定，被划入居住用地的小区游园，将作为业主的公摊面积，由此成为小区业主的共有财产，小区游园与业主之间便是直接性的财产权利关系。因此，公共利益服务半径范围内的主体，亦为公共利益附带福利付费的主体。

遗憾的是，学界对于征收参与机制构建的主体探讨，仅限于征收所致权利被剥夺的被征收人，严重忽视了"为城市公共物品所形成的价值外溢买单的群体"的参与权。然而，基于公共产品形成的积极性价值，该类主体已然与被征收客体产生了直接或间接性的财产权利关系。[2] 笔者认为，城市公共利益具有自身的独特性，相应地，其征收参与机制的构建，不应仅限于"与征收的公共利益形成对抗关系的相关权益"的保护，也应扩张与延展至"与征收的公共利益密切相关的

---

[1] 参见陈新民：《德国公法学基础理论：上册》，山东人民出版社2001年版。

[2] 参见陈新民：《德国公法学基础理论：上册》，山东人民出版社2001年版。

第三方主体"层面。第三方参与主体的范围，可以依据公共利益的服务半径来确定。我国现行城市规划体系都已确立了各种城市公共物品服务半径的技术性规范，可以作为第三方参与主体范围确定的技术参照，如《城市居住区规划设计规范》（GB50180-93）等、上海根据步行15分钟可达划定社区生活圈并据此配置相应的公共服务功能的"15分钟社区生活圈"[①]规则。

（二）成片开发建设需要之目的确定应适用更为严苛的审查机制

欲确定征收的目的正当性，需要判断公共利益是否具有实现的必要性，需要详细调查利益的状态、充分阐述可能影响判断的诸项考量事项，最终通过利益间的比较衡量作出判断，如此，方能体现利益衡量的过程妥当性。[②]对行政决定的统制，不能仅着眼于最终结果，还应当关注达至结果的过程。[③]成片开发所欲实现的公共利益必须具有特别的优势，才能合理化征收权的行使，否则将导致出现更高概率的寻租行为。概言之，为实施成片开发而行使征收权，不仅要求公共利益确实存在，还应要求其公共利益达到明显可提升公共福祉的高度。[④]新《土地管理法》第45条采取的开放性、不完全列举方式，为征收目的的司法审查预留了空间：其一，公共利益概念本身具有不确定性，

---

① 上海2035规划提出"社区生活圈和城镇圈"的概念以保障公共服务均等化和城乡统筹发展。"社区生活圈和城镇圈"即按步行15分钟可达划定城镇社区生活圈，已配置相应的教育、文化、医疗、养老、体育及就业创新服务功能，以及按慢行可达划定乡村社区生活圈。

② 参见梁上上：《公共利益与利益衡量》，载《政法论坛》2016年第6期。

③ 参见王天华：《行政裁量与判断过程审查方式》，载《清华法学》2009年第3期。

④ 参见于凤瑞：《〈土地管理法〉成片开发征收标准的体系阐释》，载《中国土地科学》2020年08期。

行政机关对于征收决定的作出具有一定程度上的裁量余地；其二，征收牵涉到私人财产权的剥夺，必须允许法院以中立第三方的立场进行合理性审查。但是，司法审查必须保持自我抑制，原因在于：规划是一种多指标、分类限制的综合体系，依据规划作出的成片开发建设的决定，乃是对"征地事业的内容、达成该事业计划后所带来的公共利益、作出事业计划认定的过程以及事业所涉土地的状况等诸多方面因素"进行综合性、整体性政策考量的结果；而法院往往并不具备把握政策的适当能力，也未掌握预测未来的必须资料，因而，其应当充分尊重征收决定中的专家意见和立法判断。

另一方面，征收机关应当对作出征收决定是基于怎样的信息、立于何种考量负说明责任，[①]并在比较衡量中应尽到"合理注意义务"[②]，即要求征收机关对其裁量过程中"本来最应重视的要素和价值""本来不应加以考虑的事项""本来不应过大评价的事项"等会左右征收决定的事项进行合理衡量[③]。相应地，法院负相应的审查义务，但审查范围仅限于征收机关作出征收决定时的判断方法选择及过程的妥当性，这是一种以"判断过程的合理性来确保不确定性法律概念（此处指公共利益）具体化的正当性"的方式，既能克服"裁量逸脱审查范围"的审查不足现象，以及"另辟蹊径的程序性审查"缺乏实体论证环节造成的跳脱感，又能通过一定程度上的实体性审查，从而将审查

---

① 参见王贵松：《论行政裁量的司法审查强度》，载《法商研究》2012 年第 4 期。

② Kelo v. City of New London， 268 Conn. 1 （Conn. 2004）.

③ 若行政机关对于衡量因素的"陈述"并不承担某种义务或者责任，判断过程审查方式将失去确定的前提。参见王天华：《行政裁量与判断过程审查方式》，载《清华法学》2009 年第 3 期。

控制在合理范围，避免"判断代替审查方式"导致的审查过度，实质上是一种程序性的实体审查方式。[①] 因而，对于"成片开发建设"的征收决定进行司法审查，仅需审查行政机关在确定成片开发建设区域的整个判断过程中，是否有本来应当考虑的事项没有考虑，或者过重评价了本来不应当过重评价的事项，以至于出现明显不妥的比较衡量瑕疵并造成其内容在社会普遍观念参照下显著缺乏妥当性；若是如此，法院即可认定征收决定因超出或者滥用裁量权而违法。[②]

五、成片开发的标准界定与理解

自然资源部发布了《关于公开征集土地征收"成片开发"标准意见的公告》，先后征集了 40 余位专家和数百个地方政府的要件，对土地征收"成片开发"涉及的有关问题予以探讨。2020 年 11 月 5 日，自然资源部印发了《土地征收成片开发标准（试行）》，对《土地管理法》第 45 条规定的成片开发的标准作出了规定。对于如何理解成片开发建设中的公共利益，笔者已在上文中进行探讨，在此不予赘述。对于如何执行成片开发建设的土地征收行为，应当基于实践需求设定"成片开发"的标准，具体而言：

第一，成片开发征收应与农村集体经营性建设用地入市制度相互配合，共同完成城镇规划的建设目标，由此，"成片开发"的空间范围应当与国土空间规划用途管制直接挂钩，成片开发必须在国土空间

---

① 参见王天华：《行政裁量与判断过程审查方式》，载《清华法学》2009 年第 3 期。
② 参见最判平成 18 年 11 月 2 日民集 60 卷 9 号 3249 页。

规划确定的城镇开发边界内的集中建设区，[①] 从而有利于城市统一规划布局，配套公益性基础设施的建设，并提升土地节约集中节约利用的水平。而在城镇规划区外，即城镇开发边界外的建设用地需求，应当通过农村集体经营性建设用地入市满足建设用地的用地需求，只有在涉及诸如国防、外交、通信、水利等重大基础性公共利益需求时，可考虑征收为国有土地。

第二，为满足"成片开发"中公益性的显性比例，成片开发建设的整体公益性需要考虑用地功能的复合性（成片开发土地的建设用途应涵盖基础设施、教育、商业、住宅等多元化的功能），依靠用地空间布局的科学性，方能弱化其中的商业利益，使得成片开发的整体公益性呈现显性。由此：首先，至少需要设定成片开发建设的最小面积单元，以满足复合性的用地需求并且在此基础利益间相互融合、消减的情况下亦能使公益属性呈显性。如武汉市要求"成片开发建设的控规管理单元面积在 60—80 公顷不等，一般社区级公共设施的服务半径约为 500 米，即服务面积约 80 公顷"；北京仲裁委仲裁员、中国土地学会土地法学分会副主任委员、中国土地估价师与土地登记代理人协会副会长岳晓武认为，"统一开发的片区面积达到一定规模，县级城市原则上不低于 7 公顷，地级城市原则上不低于 15 公顷，省会

---

① 《安徽省土地征收成片开发标准实施细则（暂行）》第四条："成片开发必须在国土空间规划确定的城镇开发边界内的集中建设区。在市、县以及镇国土空间规划批准实施前，成片开发位于土地利用总体规划确定的城镇建设用地范围内或者位于城市、镇总体规划中确定的城镇建设用地范围内的，视同位于国土空间规划确定的城镇开发边界内。"

城市、计划单列市和直辖市原则上不低于 25 公顷"。[①] 其次，设定成片开发的用地布局与用途结构比例。[②] 成片开发区域的边界和内部宗地划分需要进行规整，要求经营性用地和公益性用地应捆绑开发。由此，经营性用地和公益性用地的比例需要经过严格论证，保证经营性用地收益覆盖公益性用地的投资，[③] 如《土地征收成片开发标准（试行）》，集中建设区范围内基础设施、公共服务设施以及其他公益性用地的比例一般不低于 40%。本细则实施前，已经国务院及省人民政府批准设立的开发区，其核准的四至范围内基础设施、公共服务设施以及其他公益性用地的比例不低于 40%，或者在依法调整开发区用地结构后不低于 40%，在本细则实施后需要继续实施征收土地的，可以不再编制土地征收成片开发方案，但应当纳入市、县国民经济和社会发展年度计划，并经集中建设区内或者剩余未被征收土地范围内集体经济组织成员的村民会议三分之二以上成员或者三分之二以上村民代表同意。

总体而言，理论形成共识是实践的前提。对公共利益进行界定的目的，实质是要明确如何平衡各方面合理却又相互冲突的政策目标以及不同利益相关者的权益。[④] 当前中国正处于经济转型升级、加快推

---

① 参见关于土地征收"成片开发"标准的几点意见，https://baijiahao.baidu.com/s？id=1670262806491652998&wfr=spider&for=pc，2021 年 5 月 15 日访问。

② 参见于凤瑞：《土地成片开发如何体现科学性公益性》，载《广州日报》2020 年 1 月 6 日。

③ 参见陈力、陈瑶恬：《关于土地征收"成片开发"标准的探讨》，载《中国土地》2020 年第 10 期。

④ 参见国务院发展研究中心和世界银行联合课题组：《中国：推进高效、包容、可持续的城镇化》，载《管理世界》2014 年第 4 期。

进社会主义现代化的重要时期，未来一段时期内新型城镇化依然是推动中国社会全面发展的强大动力，特别是对于城镇化率不高的地区，土地征收仍将发挥着支持城镇化建设、促进产业转型升级及经济社会快速发展的重要作用，如果将成片开发征收从立法中排除，将对尚未完成城镇化的地区发展产生重大影响，使人民难以共享经济社会发展与现代化建设的成果。[①] 经济高度增长和快速转型背景下的新型城镇化，决定公共利益的需求应迈向更高层次；城市发展理念的更新，产生了重新配置公共利益类型的需求。这主要表现在两个方面：一方面，虽然用于公共设施建设和社会事业建设的土地，仍旧需要通过征收制度进行供给，但该类用途的土地规模应有所缩减。另一方面，实现公共产品和服务供给的纵向平衡，已经成为客观需求；实现以质量提升及结构优化为主的公共利益的纵向功能，便成为必然。综上所述，"将成片征收纳入可征地情形"的立法举措，恰能满足以上公共利益的现实需求，但成片开发建设的确定必须符合规划的内容设定。

[①] 参见于凤瑞：《〈土地管理法〉成片开发征收标准的体系阐释》，载《中国土地科学》2020 年 08 期。

第三章

中外土地征收程序比较研究

　　程序是看得见的正义。①土地作为"一切生产和一切存在的源泉"②，不仅是重要的生产资料与社会财富，亦是关键的环境资源要素，关乎人类的生存与发展。基于此，土地的征收程序便显得至关重要。而我国土地征收程序存在诸多弊端，农民的土地权利遭受多重威胁，最突出的便是通过征收土地满足工业增长或是城市扩张的需求，尽管有一系列的法律法规予以保障，但具体落实中失地农民得到的补偿远不能满足其后续的生存发展要求。③征地程序的制度存在缺失是被征收的土地财产权获得充分保障的障碍。④党的十八届三中全会通过的《中共中央关于全面深化改革若干重大问题的决定》指出："加快完善现代市场体系……规范征地程序，完善对被征地农民合理、规范、多元保障机制。"土地征收程序的法律设计既反映了土地征收制度的成熟程度，又突出地关涉社会资源分配的公平性与效率性。因此，本章拟从比较的视野，就土地的征收程序作一番探讨与研究，以求教于方家。

---

① 参见陈瑞华：《看得见的正义》，中国法制出版社 2000 年版。
② 参见《马克思恩格斯选集》（第二卷），人民出版社 1972 年版。
③ See Zhu Keliang and Roy Prosterman，Securing Land Rights for Chinese Farmers A Leap Forward for Stability and Growth，Yale Economic Review（2009）.
④ 参见高飞：《征地补偿中财产权实现之制度缺失及矫正》，载《江西社会科学》2020 年 02 期。

第一节　　土地征收制度的程序
　　　　　定位研究

　　土地征收权是宪法赋予政府的权力，其制度设计的经济理性在于避免政府与每一个所有者进行市场交易的谈判，控制经济成本，从而高效地提供公共产品。[①]公共产品即是土地征收中所强调的公共利益的具体载体。土地征收权虽然限制土地所有权，但其自身也必须受到制约与限制，否则可能导致公权力的滥用。因而，土地征收的本质便是衡平公共利益与私人利益[②]关系的制度设计。而如何衡平公共利益与私人利益的关系问题，更是人类悠久历史上一直尚待解决的课题。利益关系的衡平更多的是一种主观判断的过程，而公共利益与私人利益并没有绝对的孰优孰劣的等级顺序，私有财产的神圣不可侵犯性与财产权的社会属性共生地存在，且共同地构筑了财产权的完整属性。故而可说，与其反复思忖价值的先后等级，不如思考如何通过程序的设计厘清价值的边界，构建价值的屏障，从而实现对价值的落地保护。

[①] 参见罗伯特·考特：《法和经济学》，上海人民出版社1999年版。
[②] 在中国现行法律体制框架项下，也包括集体利益。

正如学者所指出的，在一定条件下，把价值问题转换为程序问题来处理是打破僵局的一种明智的选择。[①]美国的土地征收程序的成功经验之一便是将价值问题转化为程序问题来处理。美国强调正当程序，因而对于土地征收而言，如果其步骤或要求不符合正当程序的要求，便可以直接终止土地征收程序，即使土地征收的真实目的是基于公共利益的需要。

一、土地征收程序的概念、性质与特征

（一）土地征收程序的概念

学界并未对土地征收程序的概念达成共识。目前而言，学界对土地征收程序的概念界定主要有广义概念与狭义概念之分。前者定义的范围包括土地征收的整个过程，即包括土地征收行为自身的程序、土地征收补偿的程序以及土地征收救济的程序等，谓之征收主体在被征收主体的参与下，对土地进行征收的过程中应当遵循的方式、步骤以及时限的总和。[②]后者则仅指土地征收行为本身的程序，排除补偿程序、救济程序等，谓之征收主体行使土地征收权，在进行土地征收行为的过程中所应遵循的方式、步骤以及时限的总和。[③]

笔者认为，学者对土地征收程序的上述界定仍需进一步规范表达。一方面，学者忽视公共利益在土地征收程序中的构成作用。一般而言，在界定土地征收的概念时，必离不开公共利益的目的性要素。而在界定土地征收程序的概念时，学者却对公共利益不加强调，这是一种非

---

① 参见季卫东：《法律程序的意义》，中国法制出版社 2012 年版。

② 参见吕昊：《我国土地征收程序研究》，中国政法大学 2007 年硕士学位论文。

③ 参见荆向丽：《土地征收程序研究》，郑州大学 2006 年硕士学位论文。

科学性的省略甚或遗漏。实际上，公共利益作为土地征收存在的基石与边界判断的标准，必得贯穿土地征收的整个过程，如此才能保证实现土地征收制度设计的立法初衷。另一方面，学者对土地征收程序的界定缺乏具体的指向性。准确的定义须得具有明确的指向性，提炼出定义对象的构成要素，避免定义的涉及范围过大，甚至与其上位概念的种属关系不清。

对土地征收程序的概念界定须得区分生活意义上的程序与法律意义上的程序，在此基础上，结合土地征收的内涵限定，如此生成的概念才是土地征收程序的科学定义。一方面，生活意义上的程序是指"按时间先后或依次安排的工作步骤"[①]，法律上的程序是指"人们在进行法律行为时所必须遵循的时间和空间上的步骤、顺序、形式和手续，是实现实体权利和义务的合法形式和必要条件"[②]。可见，法律意义上的程序更强调对实体权利的保障。这也说明，土地征收的程序的设计初衷是为了保障被征收人的合法权利，其步骤的设计并非仅对工作或行为的安排，亦抵触步骤的随意性，其从根本上而言需要以保障私权为逻辑前提。正如学者所指出的，"程序，从法律学的角度来看，主要体现为按照一定的顺序、方式和步骤来作出法律决定的过程"，其注重"通过促进意见疏通、加强理性思考、扩大选择范围、排除外部干扰来保证决定的成立和正确性"以及"经过程序而作出的决策被赋予了既定力"。[③]另一方面，在对土地征收程序的界定不得离开土

[①] 参见《辞海》（缩印本），上海辞书出版社 1979 年版。

[②] 参见张文显主编：《法理学》，高等教育出版社、北京大学出版社 1999 年版。

[③] 参见季卫东：《法律程序的意义——对中国法制建设的另一种思考》，载《中国社会科学》1993 年第 1 期。

地征收的语境下，必须始终把公共利益作为核心抓手，结合土地征收的具体要旨。美国当下的土地征收程序中，征收意图也即公共利益的考量已经成为联邦最高法院的土地征收监管体系的必要组成部分。[①]

为了更好地规范土地征收，笔者倾向于广义的土地征收程序。土地征收程序首先是规范土地征收行为的法律程序，在这个过程中，强调与被征收人的沟通交涉以及基于土地征收行为所带来的具有法律效果的既定力。因此，土地征收程序是指在保障公共利益的前提下，法律规定的规范土地征收过程的，促进与被征收人沟通交涉且具有法定效力的步骤、形式、手续及时限的总和。

（二）土地征收程序的性质

学界对土地征收程序的性质较少论及，笔者认为，土地征收程序的性质为一种法律程序。有学者指出，法律程序是"从事法律行为、作出某种决定的过程、方式和关系。过程是时间概念，方式和关系是空间观念。程序就是由这样的时空三要素所构成的一个统一体"[②]。其中最重要的是"关系"。我国学者季卫东教授指出，程序主要表现为"按照一定的顺序、方式和手续作出决定的相互关系"。进一步地，德国社会系统论的著名学者尼古拉斯·卢曼认为："程序就是为了法律性决定的选择而预备的相互行为系统。法为了从人们脑海中浮现的具体行为的印象中解脱出来，为了具有更抽象的概念性质，需要实现内在于概念性质之中的选择作用。正是这一原因导致了程序这一种特

---

① See Ronald J. Krotoszynski Jr, Expropriatory Intent: Defining the Proper Boundaries of Substantive Due Process and the Takings Clause, 80 NORTH CAROLINA LAW REVIEW 2002 p.172.
② 参见孙笑侠：《程序的法理》，商务印书馆 2005 年版。

有的行为秩序的发展。"①

因此，法律程序应当包括两层含义。第一种，对外来看，它表现为步骤、方式、顺序、时限等，具有较强的指引性，为法律程序的主导者所遵循。第二种，对内来看，它为法律程序的参与者提供权利实现、利益获得、纠纷解决的路径与保障。同样地，土地征收程序亦有两层含义。一方面，通过具体的步骤、顺序、方式及时限等为土地征收权人提供具体的行为规范。另一方面，通过程序的设计，使得被征地人对征地行为的过程实施以及被征地人应有的权利有着清晰的认知，从而实现被征地人的权利保障。②

（三）土地征收程序的特征

1. 正当性

正当性是法律程序的永恒追求。自从自由放任的神话被抛弃后，政府干预便不再被视为一个令人吃惊的命题。但政府的干预行为并非随意的，缺少正常性基础的程序很难为社会所接受，缺乏正当性构成要素的程序设计亦难以有效发挥其制度效用。土地征收因与保护私有财产稳定性与安全性的原则相背离，美国土地征收的相关部门一度成为"最令人反感的政府部门"。因此，建设法治国家不可轻视程序的正当性建设。1791年通过的《美国联邦宪法》（第五修正案）指出："未经法定程序，不得剥夺任何人之生命、自由或财产。"1868年通过的《美国联邦宪法》（第十四修正案）进一步强调："无论何州亦不得不经正当法律程序而剥夺任何人之生命、自由或财产。"前后两部宪法修正案确立了正当性之于法律程序的重要地位，赋予了正当程序的双重

---

① 参见季卫东：《法律秩序的构建》，中国政法大学出版社1999年版。

② 参见蓝潮永：《土地征收补偿制度研究》，中国文联出版社2015年版。

内涵，即程序上的正当程序（procedural due process）与实体上的正当程序（substantive due process），以避免公民权利遭受州政府权力的侵害。我国学者陈瑞华教授亦指出，"法律程序的正当性也是指它所具有的伦理价值或者道德上的'善'，这种价值或者'善'有两大标准：功利性标准和正义性标准。法律程序的功利性又可以被称为'工具性'，即程序在实现实体法所承载的价值目标方面的有用性和有效性；法律程序的正义性又可以称为'公正性'，即程序本身所具有的内在品质。"①

　　基于土地征收之于社会民众的重大利益关系，其对正当性的追求则更甚。土地征收牵涉的地域广阔，牵涉的民众众多，特别是对于农民而言，土地是农民最基本的资产，也是最好的社会福利保障，②土地承载着安全感与归属感。因此，土地征收程序面临着复杂性与多元化的挑战。除此之外，土地征收程序关系公共利益与私人权利的博弈与平衡，倘若程序正义出现失范，则无疑会损害私权利的合法利益。土地征收程序一方面要考虑土地被征收人的权利保障，另一方面，土地征收程序亦须保证征收行为在合法的框架下进行，并在此基础上实现土地资源的优化配置，从而在公共利益与私权利之间达到一个平衡的状态。公共利益较私人财产权益而言似乎更能体现利益的本质性，因此，立法中总会有为实现公共利益而干涉或者强迫私人意志的情形，而这种干涉或强迫并非以专制的方式改变财产所有，而是给予其充分的补偿或者与损失等量的替代物，此种情形下，公众被视为个体，征收被视为与不同个体间的利益交换，法律只是利用公权力强制所有权

---

① 参见陈瑞华：《程序正义理论》，中国法制出版社 2010 年版。
②See Zhu Keliang and Roy Prosterman，Securing Land Rights for Chinese Farmers——A Leap Forward for Stability and Growth，Yale Economic Review（2009）．

人以合理的价格转让其财产。[①]可以说，理想的土地征收程序，即是实现公平正义的过程。

2. 法定性

法律程序必需具有法定性。一般而言，法定性是指程序规范已为法律所明确规定，以及程序的展开需要接受法律的严格监督。[②]法律程序的法定性是实现法律程序正当性的关键保障。在法定性的拘束下，才能保证法律程序在调整权利义务的过程中不被扭曲，不被随意克减或增加。强调程序的法定性，意味着对程序随意性的抵制。社会日新月异地发展，社会关系愈趋复杂，利益划分与计算亦愈加精细化。由此，市民社会对法律保护其合法财产的诉求愈加强烈，特别是对于法律程序而言，随意化的法律程序设计无疑将市民的合法财产置于危险的境地，故而程序的法定性是立法者必须考量的重要因素。

对于土地征收程序而言，其对法定性的要求则更高。相比较其他法律程序而言，土地征收程序牵涉的利益关系更为复杂，且更具有重要性，不夸张地讲，其关系社会的发展与秩序，因而，土地征收程序的法定性更为严苛。土地征收程序的法定性意味着土地征收主体必须严格地遵守行政强制程序，实施土地征收的方法、步骤、顺序与时限等均必须受到土地征收程序的约束，任何违反土地征收程序的行为都必须承担相应的法律后果。

3. 多重性

土地征收牵涉多重法律行为与法律关系，进而影响土地征收程序

---

① See Keith Davis, *Law of Compulsory Purchase and Compensation*, Tolley Publishing Company 1994, 5th edition, p10.

② 参见孙晋主编：《现代经济法学》，武汉大学出版社 2014 年版。

形成多重性的特点。就土地而言，其本身便承载着多重的功能。从抽象的人的角度而言，其离不开土地而存在。于农民而言，土地是其生存发展之本。[①] 于社会发展而言，土地承担着提供社会发展的土地供应功能。可以说，作为重要的自然资源，土地及土地要素贯穿市民生活的方方面面。而聚集到土地征收程序上而言，其包含着公共利益的衡量、私人权益的保障、补偿标准的确定、补偿费用的衡量、补偿款项的分配等多种法律关系。由于法律关系的多元化，故而土地征收程序所涵盖的法律领域也较为宽泛，有行政法领域的问题、物权法领域的问题等，这些复杂的行为内容使得土地征收程序展现出特有的多重性特征。[②]

二、土地征收程序的基本原则

土地征收程序的启动、实行均需要遵循一定的原则，这是正当程序法律原则的应有之义。正当程序法律原则蕴含着近现代社会所追求的正义价值与人权理念。正如美国宪法修正案所确定的正当程序，正当程序条款所提供的不仅仅是政府的保证，其若要剥夺一个人的生命、自由或财产就必须采取公平正义的程序，否则便因违宪而失去正当性与合法性基础。[③] 罗尔斯在其所著《正义论》中指出："程序正义的概念，也即公共规则的正规和公正的执行，在适用于法律程序时就成

---

① 实际上，关于土地的征收征用而引起的纠纷已经成为农村治理的最突出的问题。See Zhu Keliang and Roy Prosterman，Securing Land Rights for Chinese Farmers——A Leap Forward for Stability and Growth，Yale EconomicReview（2009）.

② 参见蓝潮永：《土地征收补偿制度研究》，中国文联出版社 2015 年版。

③See Lawrence Berger，Public Use，Substantive Due Process， and Takings—An Integration，Nebraska Law Review， 74 Neb. L. Rev.（1995）.

为法治。"①土地征收程序的基本原则必须贯穿适用于土地征收程序的始终。

（一）公开原则

土地征收程序的公开原则是防止国家征收权滥用的基础保障。透明的程序往往是有效程序。②公开原则要求将土地征收程序的全过程予以公开，公开拟订各种土地征收实施方案、用地审查的过程和结果、行政审批的过程和结果。③一方面，土地征收程序向被征收人公开，方能保证被征收人的知情权、参与权与申诉权，才能保证被征收人参与到土地征收的过程中。土地征收人在提交用地申请时，便需对征地情况予以公开，接受土地权利人对其征地行为的合法性与合理性提出的质疑。在用地批准后，土地征收人亦须公开内容，以方便被征收人就征收赔偿问题等与其进行平等的沟通协商，若存在争议，被征收人得提起诉讼或仲裁以维护合法权利。西方国家更注重程序的公开原则。如加拿大，在完成土地征收的赔偿工作后，在土地利用之前还会再进行公告，以使得被征收人得以计算时间，保证其有宽裕的时间完成搬迁等工作。另一方面，对社会公开可以接受来自社会的监督，减少社会矛盾。如加拿大规定，在征地机关向批准机关申请时，需在当地的定期报纸上每周一次、连续三周地向社会公开征地内容，任何与被征收土地相关的人均可在公告发出后向批准机关提出召开听证会的申

---

① 参见［美］约翰·罗尔斯：《正义论》，何怀宏、何包钢、廖申白译，中国社会科学出版社 1988 年版。

② See W Zimmermann, Effective and Transparent Management of Public land——Experiences, Guiding Principles and Tools for Implementation, International Federation of Surveyors（2008）.

③ 参见孟群主编：《法理探究》，陕西人民出版社 2007 年版。

请。① 在我国香港地区，土地征收通知必须公布在报纸上，并送达至土地所有权人或承租人。如果出现无法送达的情况，则需要在被征收土地上临时张贴公告。② "土地征收程序的公开性还体现在征收依据公开、征收信息公开、征收审查公开、征收仲裁和诉讼公开，以及征收实施方案公开。土地征收程序公开最大限度地提高了有关方面信息交换效率，缓和土地征收各方之间的矛盾，增强了行政行为的透明度，切实体现土地征收程序的公开与效率。"③

（二）公正原则

公正原则是土地征收程序正当性的前提和基础。土地征收程序若是背离了公平原则，则会疏离社会的信任感，从而破坏国家行为的合法性，抑制可持续的经济发展，增加贫穷的风险。美国大法官杰克逊指出："程序的公正与合理是自由的内在本质，如果可能的话，人们宁愿选择通过公正的程序实施一项暴戾的实体法，也不愿意选择通过不公正的程序实施一项较为宽松的实体法。"④ 程序公正重点关注"过程价值"，存在并适用于立法、司法以及行政法律程序中，构成程序的内在价值。程序公正的界定主要包含两方面的含义：一是为实现实体正义所采用的方法和程序是否有利于实体正义的实现，二是这些方法和程序本身是否符合一定的正义标准。⑤ 具体到土地征收程序，正当原则程序"侧重于将宪法、法律，包括行政实体法中所规定的一般公民的各项人身、财产权等转化为更有实质感、含有具体应用内容、

---

① 参见刘国臻主编：《土地与房产法研究》，中国政法大学出版社2013年版。
② 参见符启林主编：《国家征收法律制度研究》，知识产权出版社2012年版。
③ 参见刘国臻主编：《土地与房产法研究》，中国政法大学出版社2013年版。
④ 参见陈瑞华：《刑事审判原理论》，北京大学出版社1997年版。
⑤ 参见宋英辉：《刑事诉讼原理》，法律出版社2003年版。

可即时实际操作的权利。诸如对于征收情况的了解权、对于征收活动的参与权、对于违法征收侵权的诉讼权等。正是因为有公正的程序作保障，行政相对方才能由实体法中所规定的义务承担者转化为程序方面的权利主体"[1]。

（三）参与原则

参与原则要求当事人得以参与到土地征收程序的全过程，其最能体现土地征收程序的正当性。在土地征收程序中，公共参与的理念渐已得到普遍性的认可。对于参与原则，应摒弃将其简单地理解为"介入"或"群众的参与"。事实上，参与原则强调的是基层群众被赋权的过程。公共参与的过程，本质上便是抵制公权力肆意侵入的过程，其追求私人权利的安宁，从而达致社会的公平公正。同时，通过公共参与的渠道，得以充分调动公众的积极性与贡献力，群策群力地完成土地征收程序，是一种合作共赢的局面。[2]倘若否定当事人的参与权利，无疑是将当事人当作行政权力的客体，与法治国家的建设要求相背离。国际立法一般都会充分尊重当事人在土地征收程序中的参与权。如韩国1991年修订的《土地征收法》第25条规定："项目在获准公告之后，项目发起人为了征得或取消该土地使用权，应按总统令，与土地所有者及关系人进行协商。如果协议不成或不能协商时，项目发起人则应在自项目获准公告之日起一年以内向管辖的土地征用委员会提出征用申请裁决；协商达成一致，也要征得土地所有者的同意，报土地征用委员会审核。"通过参与原则在土地征收程序中的应用，可以培养与

---

[1] 参见刘国臻主编：《土地与房产法研究》，中国政法大学出版社2013年版。

[2] 参见冯文利：《土地利用规划中公共参与制度研究》，载《中国土地科学》2003年第6期。

增强民众的民主技能，[①] 提高土地征收的合法性与合理性。

（四）效率原则

法律程序的设计必须注意其对实践效率与司法效率的控制与影响。[②] "法律程序及其环节的制度设计，使法律意义上的权益纷争或者说权利义务纠纷的解决，被纳入固定化的渐次展开的逻辑联系的程式之中，其每一个环节的目的和任务都非常明确，不会因为各个环节的目的和任务不明确而不得不反复地'尝试'或者'试错'，从而在时间和社会资源或者说社会成本上造成浪费。"[③] 对于法律程序中的效率原则，必然离不开经济学学术团体的贡献。[④] 从法经济学的视角出发，效率原则是衡量一个法律程序水平高下的必要参数。法律程序的设计，应当遵循效率原则，从而实现以最低限度的人力、物力、时间的消耗取得最大的收益。对于土地征收程序而言，土地征收的目的是给社会提供公共产品，因而，其效率性的要求相应地提高。土地征收时间跨度广，牵涉关系复杂，具体细节烦琐，决定了土地征收程序的设计更需要体现效率原则。当然，需要指出的是，追求法律程序的效率是以决策正确、结果公正为前提的，程序的效率首先服从公正性，不能盲目地、一味地追求效率而不顾公正。在设计法律程序时，一切

①See Hoops, B.Expropriation Procedures in Germany and the Netherlands—— Ready for the Voluntary Guideliness on the Responsible Governance of Tenure？ European Property Law Journal，237，2016（3）.

②See Simeon Djankov, Rafael La Porta, Florencio Lopez-de-Silanes, and Andrei Shleifer, Legal Structure and Judicial Efficiency—— the Lex Mundi Project，https：//courtslaw.jotwell.com//redefining-efficiency-in-civil-procedure/（访问时间 2018 年 10 月 17 日）

③参见周农、张彩凤主编：《法理学》，中国人民公安大学出版社 2011 年版。

④See Ayres, I., & Gertner, R., Strategic Contractual Inefficiency and the Optimal Choice of Legal Rules，The Yale Law Journal，730（1992）.

必要的手续和步骤都不应省略。

三、正当程序下的土地征收程序

正当程序的思想源流发轫于古罗马的自然法思想，发展于英国的古典自然法的自然正义（nature justice），成熟于美国的正当法律程序。自然正义理念最开始包括两层含义：第一是任何人不可充当审理自己案件的法官，第二是双方当事人的意见应当被公正平等地听取。这是自然正义理念对正当程序提出的初步设想。1215 年英国《自由大宪章》第 39 条规定："任何自由人，如未经其同级贵族之依法裁判，或经国法判，皆不得被逮捕、监禁、没收财产、剥夺法律保护权、流放，或加以任何其他损害。"1789 年法国《人权宣言》第 7 条规定："除非在法律规定的情况下，不得控告、逮捕或拘留任何人。"美国更是将程序正义置于宪法的保护高度，1791 年《美国联邦宪法》（第五修正案）规定："未经法定程序，不得剥夺任何人之生命、自由和财产。"如今，正当程序已经由一项司法原则逐渐发展成为立法、司法、行政等领域所共同遵循的重要原则。

根据法律程序的价值判断标准的不同，可将法律程序的价值理论区分为两种基本模式，第一种是程序工具主义理论，第二种是程序本位主义理论。[1] 对于前者，又可分为绝对的程序工具主义理论、相对的程序工具主义理论以及经济效益工具主义理论。[2] 边沁对绝对的程序工具主义的经典论断是："实体法的唯一正当目的，是最大限度地增加最大多数社会成员的幸福……程序法的唯一正当目的，则为最大

---

[1] 参见陈瑞华：《程序价值理论的四个模式》，载《中外法学》1996 年第 2 期。
[2] 参见陈瑞华：《程序价值理论的四个模式》，载《中外法学》1996 年第 2 期。

限度地实现实体法。"美国学者德沃金提出了相对的程序工具主义理论，其认为法律除了程序工具性价值外，还有非工具性目标的限制，包括不得对无辜者定罪以及被告人有权获得公正审判。美国学者波斯纳教授则是经济效益程序主义的代表人物，其认为审判程序的本质不过是最大限度地增加公共福利或提高经济效益。而程序本位主义理论则认为，法律程序的价值不在于保证实体结果的实现，而在于程序本身存在的内在优秀品格。我国陈瑞华教授指出，对法律程序的评价以及构建不应当仅按照某种单一的标准，宜当采取一种多元化的价值标准。[①]

具体到土地征收程序，其不仅需要程序工具主义的外在设计，更需要程序本位主义的内在构建。现代行政法将正当程序界定为：行政机关作出影响相对人权利义务的行政行为，必须遵循正当法律程序，包括事先告知相对人、向相对人说明行为的理由、根据、听取相对人的陈述、申辩、事后为相对人提供救济的途径等。[②] 这里的定义，实际上兼采了程序工具主义与程序本位主义的双重品质。因而可以说，正当程序下的土地征收程序不仅是程序设计公正合理，亦需要具备内在的优秀品质，具体要求是土地征收程序是公开透明的，在此前提下，相关利益主体有权且平等地参与到土地征收程序中，在出现纠纷时，裁判者能保证中立性，从而有效地保证当事人权益以及社会公共利益，实现土地征收程序的设立初衷。

---

① 参见陈瑞华：《程序价值理论的四个模式》，载《中外法学》1996 年第 2 期。
② 参见姜明安：《行政程序研究》，北京大学出版社 2006 年版。

第二节　土地征收制度的程序
　　　　内容研究

　　土地征收事关公私利益的博弈，为社会稳定与经济发展的至关重要的影响因素，因而世界各国一般都对土地征收程序予以高度重视。我国作为法治后进型国家，虽然依法治国的统筹部署正在全面落实，法治国家的国际形象正在稳固树立，但不可否认的是，土地征收问题仍然是困扰我国社会稳定的不可忽视的问题，这绝大程度上源于我国土地征收程序的不完善与不周延问题。因此，以比较的视野，从宏观与微观两条路线，夫借鉴域外国家及地区先进的土地征收程序的发展经验，可谓是激活我国本土法治资源的重要抓手。欧美洲代表性国家作为发达国家的标志，其早早经历了土地征收的发展历程，积累了丰富的、切实有效的土地征收程序的成败经验，为我国提供了充分的借鉴效用。作为与我国同处亚洲一隅的亚洲主要国家，其均直接或间接地受到我国汉唐文化的影响，故在一定程度上与我国在文化传统方面有着共同的渊源，在我国的土地征收程序的借鉴方面，存在着客观的积极效用。而作为"一国两制"管理下的大陆与港澳台地区，其均遵循着各自的法治模式，在土地征收程序方面存在着极大的比较价值。更进一步讲，比较研究大陆及港澳台地区的土地征收程序，有利于促进中国法治的多元化，体现中国法治的包容性。

一、国外土地征收制度的程序内容

（一）欧洲主要国家土地征收的程序内容

1. 英国

英国在 1215 年通过《自由大宪章》规定了正当程序的内容，其当时对包括土地在内的强制征购程序的规定较为简单，但伴随着经济的发展，社会对加强私有产权保护力度的呼声愈加强烈，相应地，对土地的强制征购程序亦随之精细化与科学化。为了平衡《强制征购土地法》的公权力的肆意扩张，英国的立法以及司法判例相继对土地征收程序予以了完善。

协商程序是英国土地征收程序的前置性程序。英国实行土地私有制，政府高度重视私有产权的保护。因此，当英国政府为了公共利益的需要而不得不征收私人土地时，其首先由征收机关与当事人进行协商沟通，以协商购买私人土地。在通过协商谈判并未达成一致意愿的情况下，政府才启动征地权强制征购私人土地。值得注意的是，这里的当事人并非仅指土地所有权人，亦包括占有人、使用人等。

英国土地征收程序一般遵循如下步骤：（1）强制征购的申请。土地征收机关需要向内阁提出强制征购的申请。（2）强制征购的公告。一般由经过授权的国家机关（acquiring authority）起草征地通知（compulsory purchase order），并描述所征地的情况。紧接着，需要在当地报纸上连续两周发布公告，以确保相关人员收悉征地情况。①
（3）强制征购的调查。首先会通知与所征土地有相关利益的人要进行土地征收的调查，然后由相关大臣公开主持召开调查会，听取相关当事人对强制征购的意见与建议，同时任命一名独立的督察员进行评估。（4）政治征购的核准。调查结束后，这名指定的督察员需要向国务大臣呈交评估报告，此时，国务大臣需要根据《强制征购土地法》的相关规定，判定此次所强制征购的土地是否符合《强制征购土地法》的规范。符合条件者，发出强制购买令；否则，便不批准强制征购。（5）补偿协议。被征收者的私有产权被剥夺，其有权要求取得合理的补偿。双方当事人可分别聘请评估师对所涉土地进行价值评估，然后在此基础上就补偿数额进行磋商。倘若经过协商无法达成双方均满意的协议，土地被征收方可向土地裁判所请求裁决。对于补偿协议，最重要的便是补偿金数额的确定，英国特别重视补偿金的确定方式与标准。"根据国会法案有权获得补偿的权利人，需将对其造成的所有可合理预见的损害汇总，提出一项索赔要求。"②英国一般是按照土地的市场价值对补偿金进行评估，评估过程中也有需要遵循的规则性与原则性规范。（6）订立合同。经过上述一系列的程序，双方当事人必须签订正式的合同，将双方的权利义务明确清晰地表达出来，并给付补偿金。③英国的土地征收程序各要素间联系紧密，并非

---

① 参见张珽：《土地征收基本问题研究》，知识产权出版社 2013 年版，第 151 页。

② See Chamberlain v. West End of London and Crystal Palace Rail.Co.2 B.&S.617.（1863）.

③ 参见符启林：《国家征收法律制度研究》，知识产权出版社 2012 年版，第 122—123 页。

绝对分离，[①] 共同构成符合正当程序要求的土地征收程序。

2. 法国

行政权与司法权的分离是法国土地征收程序的显著特征。"出于公共用益的征收行为是一个行政和司法过程，在这个过程中，出于公共用益目的，政府部门运用自身的强制权力，来获得一项财产所有权。"[②] 在土地征收程序中，行政权与司法权相互独立并且在各自的领域内发挥自身的效用是实现宪法价值的有益尝试。[③] 因此，法国的土地征收程序便分为行政程序与司法程序两个步骤。不动产的征收中对公共利益[④] 的控制，主要是通过行政机关与司法机关的权限的控制以及相关程序的进行来予以保障的。但需强调的是，法国土地征收程序中行政程序与司法程序并不是绝对分开的，恰恰相反，两者其实是相辅相成的。行政程序中的相关标准，如果在司法程序中被认为是有悖公共利益或者违反相关规范的，其仍可以决定停止土地征收。

法国土地征收程序中的行政程序一般包括四个步骤：（1）土地征收的申请。征收单位向被征收土地所在地的省长提出土地征收的申请调查书。（2）土地征收的调查。在征收单位提交申请调查书后，

---

①See Keith Davis， Law of Compulsory Purchase and Compensation .Tolley Publishing Company 1994， 5th edition， p13.

②See Rép.min. à M.Colin， JO Sénat 19 mars 1992；MTP 8 mai 1992，STO p.282.

③See 22 juillet 1980 - Décision n° 80-117 DC，Recueil， p. 42 ； RJC， p. I-81 - Journal officiel du 24 juillet 1980， p. 1867.

④ 法国不动产征收中词为"l'utilité publique"，笔者更愿意倾向翻译为"公共用益"。但笔者请教了我国著名罗马法学家徐国栋教授，他说在古罗马词汇中 "utilitas publica" 也具有"公共利益"的意思。加之为了表述的方便，本书将"l'utilité publique"用作"公共利益"或者"公益"的表达。

省长作出是否进行调查以及决定调查方式。如果省长作出拒绝调查的决定，申请人可以选择向行政法院起诉。如果省长决定进行调查，则审核部门调查的事项便是审核所涉项目是否符合基于公共利益的需要，并将调查报告呈交给省长，以此决定土地征收的批准与否。[①] 在法国，其实是以公共用益指称公共利益的。为了杜绝私人利益通过公共用益的名义而进入到土地征收中，法国对公共用益进行了严格的界定，[②] 行政法院负担着对公共用益（utilité publique）界定的职责[③]。在对"公共用益"条款进行反思与完善的过程中，司法判例也总结出属于"公共用益"的事项，[④] 以作为判断的辅佐标准。（3）具体位置的调查。第二步骤的调查主要解决的是土地征收合法性的问题，第三步骤的调查是为了确定不动产是否可以转移。这需要通过调查确定可转移不动产的具体位置以及应受补偿的不动产所有权的利害关系人。（4）土地征收的决定。省长根据调查报告所确定的具体位置，决定可以转让的不动产的边界，并公布所涉不动产是否可以转让的决定。但此时须注意，此处的决定并不会立即发生实际转让的法律效力。对于转让的决定，当事人有权提起越权之诉。[⑤]

　　法国土地征收程序中的司法程序主要包括两部分：（1）完成土地所有权的转移。转移土地所有权，首先需要土地所在地的省长或其

① 参见王名扬：《法国行政法》，中国政法大学出版社1988年版。

②See Art.L.11.1 à 5 et R 11-1 à 3 du Code de l' expropriation（Partie Législative），Art.L 123-8 du Code de l' Urbanisme.

③See Tribunal Administratif，Cour Administrative d' Appel et Conseil d' État.

④See Conseil-etat.L'utilité publique aujourd' hui，rapport du 25 novembre 1999，La Documentation Française 1999. http://www.conseil-etat.fr/ce/rappor/index_ra_li9905.shtml.

⑤ 参见符启林：《国家征收法律制度研究》，知识产权出版社2012年版。

代理人提出申请，申请时需提供批准征地的决定、具体位置的调查以及可转让的决定等一系列的文件。法官在收到这些文件后，需要在八天内作出书面审查的决定。法官作出土地征收的决定后，征收单位需要将法院的裁判分别告知所有的利害关系人。对于未告知者，不对其产生法律效力。法院作出土地征收的裁判后，土地所有权完成转移。（2）补偿金的确定。土地所有权转移后，原所有权人以及利害关系人便产生了法定的补偿请求权。需要明确的是，虽然确定补偿金是属于司法阶段的步骤，但其可发生在土地征收程序的任何阶段，即在行政程序时亦可确定土地补偿金的数额。在原所有权人以及利害关系人取得补偿金后，征收单位便可实际占有被征收土地了。①

3. 德国

德国土地征收程序很大程度上由《联邦德国建筑法典》（Baugesetzbuch 1997，BauGB）规制。同英国一样，在政府行使征地权进行土地征收之前，必须与土地所有权人进行沟通协商。土地征收虽然是为了给社会民众提供公共产品，更好地满足、服务公众的生产生活需要，但公共利益优于少数人的私有利益并不具有绝对的正确性与正当性。因此，征地权并不可以轻易地使用，必须在经过协商谈判后不能达成共识时方可启动。从总体上看，德国土地征收程序的相关规范多是散见于联邦与州的法律之中，并未有集中性的统一规范。

德国土地征收程序一般包括如下步骤：（1）土地征收的申请。土地征收程序的启动必须先经过关系人②的申请。一般而言，只有行

---

① 参见符启林：《国家征收法律制度研究》，知识产权出版社2012年版。
② 关系人是《联邦德国建筑法典》第86条第1款规定的作为征收根据的计划而需要土地的人。

政主体才能作为申请主体，其中行政主体包括联邦、州、乡镇等各级行政主体。除此之外，在特定情况下，私法主体也可以作为土地征收的申请人。（2）土地征收的口头审理准备。申请人提出土地征收的申请后，接着便是土地征收的口头审理的准备阶段。口头审理准备阶段至关重要，因为这个步骤的本质便是提供给被征收土地的相关利害关系人一个公开陈述自己观点的平台。征收机关应当让土地所有权人、土地征收的申请人以及土地征收对其业务有重大意义的单位或个人充分地表达观点与建议，倘若征收对象存在特殊性，应当认真地听取本行业内具有权威性的机构所出具的相关意见。（3）颁发许可证。德国法律要求，凡与土地征收程序相关的法律行为、计划等均需要取得征收机关的许可，除非上述行为会对征收目的造成实质性的损害，征收机关不得颁发许可证。（4）达成协议。征收机关应当竭力促进参与人之间达成土地征收的合意。合意达成后，征收机关应当根据合意内容制作笔录，并由参与人签字。一旦签字后，协议便等同于不可撤销的征收决议。征收机关以可能提供的补偿数额为限向权利人预先支付补偿金，但允许达成其他形式的支付方案。对于土地征收的补偿费用，德国强调适当或公平的补偿（appropriate or fair compensation）。补偿费用必须能够使被征收人足够购买另一与被征收财产性质相同或功能一致的财产。因此，其补偿费用既包括被征收财产的客观现值（市场价值），亦包括由于间接损害而支付的额外款项，以弥补所有者的个人损失[1]。（5）征收机关的决议。在完成上述程序后，征收机关作

---

[1]See Winrich VOSS，Compulsory Purchase in Poland， Norway and Germany - Part Germany，www.fig.net/pub/fig2010/papers/ts03f/ts03f_voss_4022.pdf.（2018 年 10 月 17 日访问）

出征收的决议，采取征收行为。①

4. 荷兰

荷兰高度重视对土地产权的法律保护。根据荷兰宪法的规定，土地原则上不允许被征收，当且仅当基于社会整体利益的需要，并且政府对因征收所造成的损失完成全部的赔偿义务后，方能启动土地的征收程序。为保证土地征收的正当性，荷兰法律对土地征收设置了多种限制，其在土地利用规划阶段便界定公共利益。土地只能按照土地使用规划的方式予以开发利用，土地发展规划在土地财产权行使中扮演重要角色。② 可见，对于公民土地财产权的限制主要体现在土地利用规划中，此限制必须遵循公共利益（public interest）的约束。荷兰的土地征收程序主要规定于荷兰征收法规定。对于社会整体利益的需要，荷兰法律是在不损害公民合法权益的前提下，寻求社会利益与公民利益的最佳平衡点，即为了良好治理（good governance）。对于完整赔偿而言，根据荷兰法律的规定，荷兰政府必须赔偿因征收所造成的全部损失，既包括土地的市场价值，亦包括如搬迁至其他地方的费用等。③

荷兰土地征收程序包括行政程序与司法程序两部分。在土地征收程序之前，有一个协商谈判的前置性要求。一般而言，政府在未与土地的被征收人就土地征收进行协商谈判之前，土地征收程序不得启动。当政府与被征收人协商失败后，方得进入土地征收程序。

---

① 参见张珵：《土地征收基本问题研究》，知识产权出版社 2013 年版。

②See J. de Jong, Eigendom, bouwrecht en concurrentiebevordering op ontwikkelingslocaties Property, Developments Rights, and Competition at Development Sites, BOUWRECHT No. 6（June 2005）（Neth.）.

③ 参见考克曼、维斯塔潘、冯克：《荷兰土地利用规划》，张千帆主编：《土地管理制度比较研究》，中国民主法制出版社 2013 年版。

土地征收程序以行政程序为起点，主要包括：（1）制定土地征收规划。市议会必须制定一个概念性的土地征收规划，在这份土地征收规划中，必须详细且明确地阐述政府基于何种原因征收何块土地，方便被征收者对土地征收进行准确评估。概念性规划既可以在公共记录中查阅，市政府也会以信件的形式及时地告知被征收人，同时，亦需要在当地报纸上发布相关通告。接着，市议会会作出概念性征收的决定。这份决定存于市政府办公室中，以方便公民查阅。但仅允许与所征收土地有利害关系的人提出征收决定的异议。[①] 然后，市议会根据调查期间的异议作出最后的土地征收决定，并将决定及时告知提出异议的人，以及在当地报纸上进行通告。（2）批准。市议会需要将决定提交给内阁，此时，之前对决定提出异议的人可以再次向内阁提出异议，内阁将严格依照荷兰宪法以及土地征收法审查市政府的工作是否尽职。在内阁作出决定前，内阁还必须咨询国务委员会（Council of State）的建议。在内阁未作出决定之前，土地征收程序不得启动。[②]

荷兰土地征收程序中的司法程序主要包括：（1）法官评估。实际上，当内阁作出批准土地征收的决定后，司法程序便开始启动。此时需要由一名法官对内阁作出的批准征收的决定作出评估，以检验土地征收的决定是否符合土地征收法的规定。法官在评估补偿费时，遵循的原则是完全补偿原则（full compensation），其被征收人有权获得补偿的财产损失应当是征收引起的直接（direct）且必要的（necessary）

---

①See Art. 3.8（1）Wro.

②参见考克曼、维斯塔潘、冯克：《荷兰土地利用规划》，张千帆主编：《土地管理制度比较研究》，中国民主法制出版社2013年版。

损失，以平衡土地的财产属性与社会属性[①]。（2）非正式途径获得土地。荷兰法律要求市政府与被征收者协商谈判，通过非征收的途径取得土地所有权。如果达不成协议，则司法程序介入，法官同时需要评估市政府的行为是否符合土地征收法的规定。（3）征收终止全部物权。一旦土地征收被最终记载在公共记录中，则该土地相关的全部物权全部发生终止的法律效力，甚至包括在土地征收程序进行过程中不为政府所知的权利以及并未涉及的权利。[②]

（二）美洲主要国家土地征收的程序内容

1. 美国

美国实行土地私有制，土地分属联邦政府与州政府管理。美国的土地征收权分联邦、州、县三级。在美国，除了政府可进行土地征收，从事公益事业建设或经营的法人亦可征收土地。相同的是，不管政府抑或从事公益事业的法人，其土地征收的缘由均是基于公共利益[③]的需要。公共利益的考量贯穿美国的整个土地征收程序，从征收前的调查到征收授权再到征收的实施和救济都置于公共利益的保障之下。《美国统一征收法典》第310条规定，"征收授权应包括：①征收财产拟用于公共使用的一般性声明…②对征收财产位置和范围的大致描述……"[④]

美国土地征收程序启动前亦存在协商谈判的前置性程序。《美

[①] 参见柴荣、李竹：《城市规划中土地利用的法律规制——基于公平正义的分析》，载《山东社会科学》2017年第6期。

[②] 参见考克曼、维斯塔潘、冯克：《荷兰土地利用规划》，张千帆主编：《土地管理制度比较研究》，中国民主法制出版社2013年版。

[③] See Kelo v. City of New London，125 S. Ct. 2655（2005）.

[④] See Uniform Law Commissioner's Model Eminent Domain Code § 301（a），（c）.

国联邦宪法》规定，非通过正当的法律程序，土地征收不得进行，这相当于为土地征收者提供了与民事诉讼过程中相类似的通知和对抗程序[1]，包括以下步骤：（1）土地征收的公告。（2）估价阶段。首先由政府方对所征收的土地进行价值评估，土地所有人或与土地有利害关系的人进行报价。接着，审核员在取得土地所有人的同意下进行实地的调查工作，并将最终的调查报告提交给征地机构。再次，由高级监督员研究审核员在调查报告中所提出的补偿价格。（3）要约与反要约。土地征收方与被征收方就补偿价格进行要约与反要约的谈判。（4）听证。美国较为重视社会民众的监督，因此需要召开公开的土地征收听证会，向公众阐明土地征收的合理性与必要性。（5）庭前协议。政府机关与被征收者就补偿价格再次进行磋商。（6）司法程序。倘若经过庭前协议，仍无法就补偿款达成一致，需要由政府将案件交给法院处理。为了不使土地征收受到阻碍而影响公共利益，政府机关一般会向法官提交一笔适当的欠款作为定金，并请求法院允许政府机关在裁判作出前提前取得被征收土地。如果被征收者认为定金过低，可聘请专业的评估机构对所征收土地进行评估，并在法庭中就评估报告与政府机关当庭交换。（7）确定补偿金。首先由双方当事人就补偿金的数额进行最后的磋商谈判，以协商和解。如若仍无法达成一致，则由陪审团确定合理的补偿金。（8）征收土地。在法院作出判决的30日内，政府支付补偿金并实际取得土地。[2]

---

[1] See D. Zachary Hudson, Eminent Domain Due Process, 119 Yale L.J. 2010, p1280.

[2] 参见符启林：《国家征收法律制度研究》，知识产权出版社2012年版。

2. 加拿大

加拿大作为一个联邦制国家，其并没有全国统一的土地征收法，一般都是由各省的土地征收法加以规范。其中，安大略省的土地征收法可以说是加拿大各省土地征收法的原型，其土地征收的基本框架、征收体系以及基本性的原则、规则形成了较大的示范性作用。安大略省的土地征收法规定，国家为了公共利益的需要才可行使征收权，征地的范围被限定在为公共服务的交通、能源、水利、市政建设以及学校、医院、社会福利等方面。需要注意的是，加拿大的土地名义上是属于女皇所有，因而，加拿大对征收的行为实际上是以收回称谓。①

加拿大土地征收程序主要包括：（1）提交土地征收的通告。征收者应当向当地的土地产权办公室提交计划征收的通告，当征收者不是政府时，还需要向审批机构提交计划征收通告的副本。除此之外，计划征收的通告还必须至少在当地的两家报纸上予以刊登。（2）反对声明。加拿大法律不允许任何人反对土地征收机构的征地权，但允许被征收者在土地征收的过程中，对土地征收的具体行为提出合理性与合法性的反对声明。反对声明必须在土地征收通告发出后的 21 日内提交给审批机构。如果延期或者期内撤回，审批机构则应当视为没有反对声明。（3）调查。当审批机构收到反对声明时，应当及时提交给司法部长以及总监察长。在收到反对声明的 5 日内，副司法部长或和副总检察长或其选定的人将指定一个调查员进行土地征收的调查工作。调查员将安排具体的时间与地点，并给征收者与反对者发放调查报告，调查员必须在 30 日内将调查报告提交给审批机构。（4）发

---

① 参见符启林：《国家征收法律制度研究》，知识产权出版社 2012 年版。

放审批。审批机构根据调查员的调查报告，决定是否发放审批。审批机构必须同时阐明其作出决定的理由。（5）审批证明登记。土地征收者在获得土地审批证明后在120日内应到土地产权办公室进行审批证明登记。办理完审批证明登记后，征地者需要及时给付土地征收补偿金。完成补偿金的给付工作后，征地者与土地所有权人进行土地产权的变更手续。[1]

（三）澳洲主要国家土地征收的程序内容

澳大利亚属于联邦制国家，联邦与州共享土地征收权。因而联邦与州均对土地征收程序进行立法，分别规范属地范围的土地征收行为。澳大利亚宪法第51条赋予联邦议会对土地征收的立法权："为了联邦的和平、秩序和善治……（第31项）为了议会有权就其制定法律的任何目的，以正当条件从任何州或个人手中征收财产权。"[2]各州宪法授予其立法机关为了州的"和平、秩序和善治"，制定规范土地征收的法律。因此，澳大利亚形成了九个法律体系，但其关于土地征收程序方面的立法却大体一致。其主要是由土地征收基本立法、配套法规以及土著地权法构成。[3]

一般而言，澳大利亚土地征收程序主要按照如下步骤：（1）发布征收通知。政府需要向土地所有权人以及与该土地有利害关系的人发布征收通知，正式地表达出政府将通过行政强制手段征收土地，有些州的法律要求该通知必须发布在政府公报上或当地公开发行的报纸

---

[1] 参见张珵：《土地征收基本问题研究》，知识产权出版社2013年版。

[2] See Ostler, The Drafting of the Australian Commonwealth Acquisition Clause, 28 University of Tas-mania Law Review 2009, p211.

[3] 参见李志强：《澳大利亚土地征收制度初探》，载《行政法论丛》2011年第14卷。

上，以充分告知利害关系人，接受社会民众的监督。（2）协商。政府与土地所有权人可就土地价格、补偿以及其他相关事项进行协商谈判，从而达成合意。对于哪一方先提出补偿标准，各州法律体系规定并不一致。不过，大部分法律体系规定由被征收人开启协商程序。澳大利亚法律鼓励征收方与被征收者之间自愿达成协议，如此便可极大限度地减少土地征收的阻碍，提高土地征收的效率。（3）异议。倘若通过协商，并未达成一致的协议，则被征收者有权利提出异议。在未对异议进行裁决之前，土地征收的程序不得进一步开展。提出异议的途径主要有向土地裁判所申请救济、向法院起诉、向调查委员会申诉或者向议会申诉。（4）登记。当通过上述途径完成异议的审查工作后，当裁决支持行政机关时方可进行登记工作。根据澳大利亚的相关法律规定，征收者需要在当地的产权所进行登记，以确认土地征收的目的。一旦完成登记，则土地所有权人转变为征收人。但这并不意味着，原土地所有权人需要立即搬迁离开，当且仅当征收人给付完土地征收补偿金后，原土地所有权人才有义务搬迁离开。（5）评估。土地征收的双方都可以聘请专业的评估机构对所征收的土地进行价值评估，在此基础上再进行磋商工作。因为澳大利亚法律规定，被征收人有权利获得专业的建议，因此其聘请专业人士的费用可以由政府负担。[1] 当然，需要强调的是，金钱补偿并非唯一的征收人取得土地的对价方式，补偿方式的选择权在于被征收人。（6）占有土地。如前所述，当征收者完成补偿金的给付工作后，才实际上占有土地。[2]

---

[1] See Compulsory Acquisition Of Property | How Will I Be Compensated？ https：//www.homeloanexperts.com.au/home-loan/compulsory-acquisition/（2018 年 10 月 17 日访问）

[2] 参见李志强：《澳大利亚土地征收制度初探》，载《行政法论丛》2011 年第 21 卷。

（四）亚洲主要国家土地征收的程序内容

1. 日本

日本的土地征收法已形成较为成熟完备的法律体系。根据日本法律的相关规定，进行公共事业建设是土地征收的唯一目的。日本《宪法》第 29 条第 3 项明确规定："私有财产，在有正当补偿之下，可供公共所使用。"日本《土地收用法》第 3 条以列举的方式规定了公共事业的范畴，其不仅包括国家和政府进行的公共事业，亦包括民间企业承担的如铁路、供电等具有高度公共事业性的建设项目。[①]

日本的土地征收程序主要由日本《土地收用法》加以规范，包括：（1）提出申请。在为了进行公共事业的建设需要征用土地时，日本的公共事业营业者（起业者）首先需要向建设大臣或都府县知事递交土地征收的申请。在收到申请后，建设大臣或者知事需要对土地征收的申请进行审查，以决定是否批准申请。若土地申请得到批准，则土地所有权人或者利害关系人有权要求起业者预先支付一部分的补偿金。（2）登记土地及建筑物。当土地申请得到批准后，起业者便可依法对所欲征收的土地以及其上的建筑物进行登记，并经地权人签字确认。经签字确认的登记内容，作为后期调整双方当事人之间权利义务的依据。（3）达成征购协议。起业者与地权人可以通过协商谈判，签订征购协议。征购协议签订后，需要经过征地委员会的确认，在得到征地委员会的确认后便具有与裁定相同的法律效力。其中，日本的土地征收补偿费用实行的是完全补偿标准，这是由日本《宪法》第 29

---

① 参见符启林：《国家征收法律制度研究》，知识产权出版社 2012 年版。

条所确定的，因此通常以公平市价作为标准①。（4）申请征地委员会的裁定。倘若地权人与起业者没有通过磋商达成统一的征购协议，则地权人可申请征地委员会进行裁定。若是没有合理的理由驳回，则征地委员会需要作出确认起业者的申请决定以及准予征用的裁定，并根据裁定确定被征收土地的范围、赔偿以及实效等具体事项。（5）让与裁定。在作出征地裁定后，自征地申请被批准之日起 4 年内，征地委员会会对关键当事人的申请再作出让与裁定。（6）征用结束。在让地期限之前，起业者需要向原地权人支付补偿金。原地权人若搬迁离开，则土地征收工作宣告终结；若原地权人不愿意搬迁离开，则起业者可向道府县知事请求代为执行，知事可通过强制手段取得土地，完成征地工作。（7）申诉和诉讼。若当事人对土地征收委员会作出的裁定不服，可向国土交通大臣请求审查。对补偿金数额不服的事由不得作为申诉的理由，只能通过诉讼的途径予以解决。②

2. 新加坡

新加坡法律赋予政府较强的土地征收权力。新加坡起初严格控制公共利益的范围③，将公共利益解释为"公益建设事业、实施国家经济政策、国家国防安全的需要"④，但后来在 1985 年对公共利益的界

---

①See Compensation System of Japan，https：//www.hosyoukikou.jp/zisyukenkyu/CONTENTS/Compensation System Of Japan.pdf.（2018 年 10 月 17 日访问）

② 参见刘济勇：《日本土地征用模式对我国的借鉴和启示》，载《中国劳动保障》2005 年第 8 期。

③See Land Acquisition Act 1966- Singapore Statutes Online，https：//sso.agc.gov.sg/Act/LAA1966.（2018 年 10 月 17 日访问）

④ 参见缪青、朱宏亮：《东亚部分国家和地区土地征收法律制度比较研究》，载《建筑经济》2006 年第 s1 期。

定采用了概括式立法的方式，根据该规定，住宅、商业或工业区用地均可纳入征地范围[①]。除此之外，新加坡将对公益事业的认证放在对征收申请的审核里面，法律中没有单独地规定土地征收公益目的认定程序。[②] 通过赋予政府较强的土地征收权，新加坡稳健地保障了国家经济发展对于土地供应量的需求，为经济的持续健康发展奠定了生产资料的基础。

新加坡土地征收的主要程序如下：（1）征地申请。在政府部门和法定机构提出土地征用建议前，要求进行充分的调查工作，既要论证土地征收的合理性与必要性，亦要弄清土地开发所涉及的技术问题以及所涉的土地权属关系。在此基础上，将土地征用的建议提交给规划审查委员会审核，经同意后由发展部报总统批准。如果总统拟批准土地征收，则需要派遣主管人员进行包括土地划界、测量与规划等实地调查的工作。在进入调查的建筑物前，需至少于七日前告知建筑物的所有权人，并征得其同意方可进入，对因实地调查而造成的损失应立即赔偿。（2）征用公告。当总统决定征用土地时，必须在政府征用土地的公报上发布公告。公告中必须明确说明政府欲征用的土地、征用后的用途等详细信息，土地所有权人或者利害关系人可提出具体的补偿要求。（3）土地调查。地税征用官对土地测量结果、土地价值等其他事项进行调查从而加以确定。如果当事人对土地测量结果等持不同的意见，有权提出异议。当异议提出后，地税征用官需要就这

---

① 参见黄洁、曹端海、岳永兵：《中国与东盟国家土地征收政策比较与借鉴》，载《中国矿业》2012 年第 s1 期。

② 参见缪青、朱宏亮：《东亚部分国家和地区土地征收法律制度比较研究》，载《建筑经济》2006 年第 s1 期。

些异议进行再次调查，并厘清所征收土地的价值以及相关地权人的实际权益。待调查结束后，地税征用官需要对重要的事项作出明确的决定：确切的土地面积、补偿数额、应补偿的权利人、补偿费的分配等。决定作出后，需要及时将补偿金支付给当事人。（4）征用土地。在地税征用官完成上述工作后，经律政部部长批准后便可在所征收的土地上张贴通告，并实际占有土地。[①]

二、我国土地征收制度的程序内容

我国实行"一国两制"制度，土地征收制度便具有极大的包容性与丰富性。因而，我国的土地征收制度实际上包括大陆的土地征收制度、台湾的土地征收制度、香港地区的土地征收制度以及澳门地区的土地征收制度。本部分主要论述我国大陆的土地征收程序以及台湾地区的土地征收程序。

（一）台湾地区

台湾地区对土地征收的界定为："土地征收乃系近世自由经济国家因公共需要或公共用途，于公正补偿（Just Compensation）之原则下，行使其上级土地所有权（Supreme Landownership），强制取消私有土地之下级所有权另行支配使用之行政行为。"[②] 台湾地区土地征收伴随着社会经济的发展，作出了一系列的适应性规范，逐渐形成较为成熟的土地征收法律体系。

台湾地区的土地征收程序主要遵循以下步骤：（1）土地征收的

---

① 参见符启林：《国家征收法律制度研究》，知识产权出版社 2012 年版。
② 参见来璋：《台湾土地征收问题》，台湾商务印书馆 1974 年版。

申请。台湾地区的法律规定，计划征收私有土地的，必须先与土地所有人进行协商以购买或通过其他方式取得土地产权。如果协商不成，才能向"内政部"提出土地征收的申请。在提出征地申请时，需要取得主管机关对其兴办的事业的许可。在作出许可前，需要召开公听会，以听取土地所有权人以及利害关系人的意见与建议。（2）土地征收的审议批准。首先是确定土地征收的核准机关，一是"行政院"，再则是"省政府"。按照需用土地人的地位以及兴办实业的管辖或监督机关和征收土地所在的区域，确定具体的核准机关。"行政院"或者"省政府"在审批时，首先需要对申请进行形式审查，接着进行实质审查。实质审查的事项主要包括公共利益合目的性之考虑、土地征收的必要性之考虑等。"行政院"或者"省政府"在核准土地征收之后，需要将原案全部通知该土地所在地的行政机关。（3）土地征收的执行。首先是征收土地的通知。市县政府在接到"内政部"的核准批准以后，应立即公告征收案，并书面通知相关权利人。其次，进行土地他项权利备案。土地他项权利人应在公告期满的 30 日内向土地征收所在地的市县地政机关申请其备案权利。再次，发放补偿费用。公告期满的15 日内，需用土地人应委托市县地政机关向相关地权人发放土地征收补偿金以及其他补偿费。如果相关地权人对补偿费不满意，有权提出异议，由市县地政机关提交标准地价评审委员会予以评定。需要强调的是，土地征收完毕后，需用土地人若不按照核准计划实行，或者征收完毕后 1 年内未进行开发使用的，原土地所有权人可以按照征收价

格收回被征收的土地。^①

（二）大陆地区

改革开放后，我国大陆经济迅速发展，城市化进程加快，与之相伴随的是社会发展对土地供应量的需求亦大幅度提高，土地征收已发展成为一个普遍性的社会现象。我国大陆并未有专门的规定土地征收程序的统一立法文本，相关法律条文主要散见于《土地管理法》《土地管理法实施条例》《建设用地审查报批管理办法》《城乡规划法》等法律法规中。

根据征收土地的法律性质的不同，我国大陆的土地征收程序主要分为集体土地的征收程序与国有土地的征收程序。前者是指将农民集体所有的土地征收为国有土地，意即通常意义上的土地征收；后者则指将国有土地的使用权强制收为国有，主要涉及城市房屋拆迁。本部分以集体土地的征收为例，具体包括如下步骤：（1）征地申请。对于农民集体土地的征收，首先需要经过土地征收的申请程序。用地人向县级以上人民政府土地行政主管部门提出农用地转用申请，由其进行预审。（2）审查批准。《土地管理法》第44条规定："建设占用土地，涉及农用地转为建设用地的，应当办理农用地转用审批手续。永久基本农田转为建设用地的，由国务院批准。在土地利用总体规划确定的城市和村庄、集镇建设用地规模范围内，为实施该规划而将永久基本农田以外的农用地转为建设用地的，按土地利用年度计划分批次按照国务院规定由原批准土地利用总体规划的机关或者其授权的机

---

① 参见符启林：《国家征收法律制度研究》，知识产权出版社2012年版；张千帆主编：《土地管理制度比较研究》，中国民主法制出版社2013年版。

关批准。在已批准的农用地转用范围内，具体建设项目用地可以由市、县人民政府批准。在土地利用总体规划确定的城市和村庄、集镇建设用地规模范围外，将永久基本农田以外的农用地转为建设用地的，由国务院或者国务院授权的省、自治区、直辖市人民政府批准。"市县人民政府按照土地利用总体规划和土地利用年度计划拟订农用地转用方案、补充耕地方案、征收土地方案、建设项目用地呈报说明书，并逐级上报有批准权的土地行政主管部门审查。上述方案经市县人民政府审核同意后，逐级上报有批准权的人民政府审批。（3）公告和登记。土地征收方案由县级人民政府负责实施。被征收人应该在公告期限内凭土地权属证书到公共部门办理征地补偿登记。（4）征收听证。被征地的农村集体经济组织、相关地权人等如果对征地补偿、安置方案等存在异议可以要求举行听证会，在征地补偿、安置方案公告之日起 10 个工作日内向市县政府的土地行政主管部门提出。（5）征收补偿。土地征收的补偿费用需要由用地单位在征收补偿安置方案批准之日起 3 个月内足额给付。如果用人单位没有及时或足额给付，则政府不发放建设用地批准书，农村集体经济组织或者农民可以拒绝建设单位动工用地。①

三、我国土地征收程序的困境

我国作为法治后进型国家，域外成功的立法例可以成为我国发现问题、解决问题的路径之一，并且也是极为必要的学习、借鉴的路径。

---

① 参见王静谊：《浅析我国土地征收程序》，大连海事大学 2015 年全日制应用型硕士研究生学位论文；李倩倩：《土地征收的程序缺陷及其补正》，山东财经大学 2015 年硕士学位论文；符启林：《国家征收法律制度研究》，知识产权出版社 2012 年版。

通过前述对中外土地征收程序作的比较研究，以及我国土地征收实践中切实产生的诸多问题，可以清晰地看出，我国土地征收程序中存在许多弊端，它们在客观上阻碍了我国法治国家的进程发展，同时也使得民众的合法权益处于一个危险的境地，必须明确问题，才能有效地保障民众的权益，促进法治的发展。

（一）法律体系：系统性缺失

1. 土地征收立法分散化

我国并未有专门规范土地征收程序的立法。我国土地征收程序的规范散见于诸多法律法规中，如《土地管理法》《土地管理法实施条例》，国务院颁布的《国务院关于深化改革严格土地管理的决定》《国务院关于加强土地调控有关问题的通知》《国土资源听证规定》以及各地方出台的法律法规中。这些规范性文件涉及法律、法规、规章以及其他规范性文件，层级复杂。由于这些法律法规等立法文件过于分散，导致立法的体系性不足。单从一部立法文件中并不能提炼出我国土地征收的完整程序，必须结合诸部规范性文件才能厘清土地征收程序，这毫无疑问地会给从事土地征收工作的机构和人员增加工作负担，降低工作效率，对被征收土地的地权人而言，也不利于其参与到土地征收的程序中，同时亦不利于其在土地征收中权利受损时的维权行为。

2. 立法内容存在冲突

立法内容不得冲突是立法的基本要求。但对于我国的土地征收程序而言，由于其规定散见于诸多规范性文件中，制定主体不同，每个主体在制定规范时带有天然的部门主义，从而导致内容上就相同事项存在相互冲突的规定。从基本的法理来看，下位法不得违背上位法，只可在上位法规定的范围内做具体性的细化工作以及补充工作。但我国土地征收程序的规范内容，存在着下位法违背上位法的情况，严重地损害了土地征收法律的体系性与科学性。

3. 立法内容重复以及存在漏洞

由于分散的土地征收程序的立法主体不同，其在制定规范性文件时便必然会对相同事项作重复规定。这对于不同的立法文件而言，具有客观的必要性。但对于法律的整体性而言，不可谓是一种立法资源的不良利用。除了重复规定外，还存在立法漏洞的情况，比如缺乏职能分离的主体制度、公共利益的认定制度以及争议行政裁决制度等。[①]对于一些事项，虽然我国立法有规定，但这些规定存在着诸多不完善、不合理之处。这些立法内容的缺陷问题，对土地征收程序的体系性、连贯性、效率性而言，均造成了实质性的损害。

（二）基本原则：忽视私权保障

客观上讲，我国对苏联时期的立法思想与基本原则存在着一定的延续性与继承性，加之我国作为社会主义国家，强调国家与集体的利益，这不可避免地会造成重公权力而忽视私权利的弊端。在这种情境下，民众习惯性地遵从个人利益服从集体利益与国家利益的号召，立法者亦以如此惯性思维指导着规范性文件的制定。具体到土地征收的程序设计而言，亦存在着过度保护公权力而牺牲私权利的问题。比如我国土地征收的听证程序形式化、申诉权利得不到应有的尊重、民众的参与权未有法律明确规定等等，这些土地征收的程序问题都体现出我国法律对私权的轻视。诚然，在国家利益与集体利益面前，个人利益需要从长远角度出发，作出一定的牺牲，但这种牺牲并非随意的、

---

① 参见吕昊：《我国土地征收程序研究》，中国政法大学 2007 年硕士学位论文。

廉价的。与之相反，建设法治国家必然要求在公权力与私权利中间寻求最佳的平衡点，既要服从公权力的安排，同时亦须尊重私权利的实现。①

然而，调整我国土地征收程序的相关法律并没有规定土地征收程序的基本原则。我国宪法仅规定："国家为了公共利益的需要，可以依照法律规定对公民的私有财产实行征收或者征用并给予补偿。"宪法只是规定"依照法律规定"，措辞过于抽象，同时也没有阐明依据何种程序进行土地征收，这造成我国土地征收的实践中出现程序混乱的问题。土地征收程序基本原则的缺失，加剧了我国土地征收程序中公权力对私权利的侵犯，极大地损害了社会民众合法的土地产权以及其他合法权益。

（三）程序内容：存在制度缺陷

1. 申请阶段存在的问题

土地征收的申请阶段对于土地征收的程序而言至关重要，因为其直接奠定了土地征收程序的基本基调。土地征收的申请阶段的制度设置，能够反映出我国立法者以及行政机关对于土地征收中公权力与私权利博弈的把握，可以说，申请阶段的程序设计在很大程度上决定了土地征收程序的成败。我国土地征收程序的申请阶段已形成相对完整的框架结构，主要包括用地预审、立项审批、规划符合性认定、征前调查以及征前公告，② 但问题在于，这些具体制度仍然存在诸多欠缺之处。

---

① 参见张珺：《土地征收基本问题研究》，知识产权出版社 2013 年版。

② 参见吕昊：《我国土地征收程序研究》，中国政法大学 2007 年硕士学位论文。

第一，缺乏征前协商程序。从国家征收权的外部视角出发，征收法律制度建构与发展的关键问题之一在于如何有效形塑被征收人的主体地位，发挥公民私权对于国家公权的制衡作用。[①]征前协商程序是西方法治国家在土地征收程序中必不可少的前置性程序。一般而言，西方国家实行土地私有制，当政府基于公共利益的需要而征收私人所有的土地时，首先需要与土地的所有人进行协商沟通，尝试通过购买或者其他方式取得私有土地的产权。如果双方协商过程顺利，并且最终达成合意，则不需要国家启动土地征收权力而进行土地征收。这样的方式最大限度上表现出对土地所有权人的尊重，保障了其土地产权获得相对满意的对价实现。有些国外法律甚至规定，非经协商谈判程序，不得进行土地征收。而我国在协商谈判程序方面存在制度缺失。虽然我国实行土地公有制，但对于集体土地而言，国家并非缺少与之协商谈判的对象。因为按照我国宪法以及《物权法》的规定，农民集体经济组织代表农民集体行使相关权利，国家在征收时可以先与农民集体经济组织协商，而我国却并不存在这方面的规定，客观上损害了农民集体的合法权益。被征收人的多数权利受到了限制抑或虚置，未能有效参与征收制度实践过程，进而在一定程度上导致政府非法强征、公民暴力抗征等现象频发。[②]征收矛盾出现后被征收人对政府的信赖程度降低，也不太愿意相信程序的安排，反而更乐于采取其他过激的方式来增加征收谈判的筹码，这与现阶段政府所倡导的阳光征收制度

---

① 参见高鲁嘉：《国家征收权的美国法叙事及其启示》，载《河北法学》2020年第12期。
② 参见杨显滨：《美国财产权的司法保障机制及对我国的启示——以征收为视角》，上海三联书店2017年版。

是背道而驰的。①《土地管理法》第47条规定了征收公告前置程序、补偿协议前置程序以及补偿方案听证程序，一定程度上强化了被征地农民的参与权与监督权。但也有学者敏锐地提出该条规定"只是较为主观地规定由征收主体的公权力一方认为必要时采取听证程序，更缺乏要求在作出征收决定时以书面形式表明是否采纳了农村集体经济组织及其成员的意见及理由"，并且尚未规定被征收人不服征收决定时的程序救济条款。②

第二，征前公告程序不规范。美国、德国、英国等西方国家均非常重视征前公告程序。将土地征收的相关信息全面准确地通知被征收人是土地征收程序合法合理的应有之义。③土地征收涉及被征收人的切实利益，因而必须及时告知其土地征收的相关信息，保证被征收人的知情权，从而可以减少因土地征收引起的纠纷，助益土地征收的效率化开展。然而就我国土地征收的公告程序而言，存在着客观上的弊端。虽然我国法律中规定了土地征收的公告程序，但在实践中征收公告普遍流于形式，未能起到应有的保障民众知情权、鼓励民众积极参与土地征收的制度设计初衷。我国《土地管理法》将公告程序规定在征地方案被批准之后进行，公告内容主要包括批准事项、被征收土地范围、补偿安置以及征地补偿登记的办理。这种顺序设计是将政府确定的方案告知民众，更多的是发挥信息公示的功能，已经背离了公告

---

① 参见陈怡竹：《土地征收中被征收人参与的法理与路径选择》，载《中国土地科学》2019年第11期。

② 参见陈小君：《〈土地管理法〉修法与新一轮土地改革》，载《中国法律评论》2019年第5期。

③ 参见李倩倩：《土地征收的程序缺陷及其补正》，山东财经大学2015年硕士学位论文。

制度的基本内涵。[1]

第三，调查程序规定不完善。在土地征收之前，行政机关对申请征收的土地进行调查，通过调查搜集的信息以确定征收土地是否符合公共利益的需要以及决定后续的安置补偿事宜。[2]我国《土地管理法》虽然规定了土地征收的调查制度，但却没有相配套的规范性文件以保证征前调查程序的贯彻落实，导致关于调查程序的规定过于原则化，不具有可操作性。同时规范的内容体现出调查程序是以土地征收为中心，调查程序仅是工具化的制度设计，忽视了调查程序之于被征收人权益保障的重要性。如原国土资源部颁布的《关于完善征地补偿安置制度的指导意见》虽然规定了调查程序，但其主要是对土地及其附着物的自然状况进行调查，并不会影响土地征收的批准决定。而且该部门规章只是规定被征收人有配合调查的义务，并未赋予被征收人参与权和救济权。[3]

2. 审批阶段存在的问题

第一，土地征收审批权配置不当。我国土地征收审批的相关权力均是把控在行政机关手中，从而造成行政权力一家独大，往往出现行政权失控、侵害私权的现象。在土地征收审批的过程中，我国的立法机关并没有实际权力，从而无法影响土地征收审批的结果。虽然我国司法机关有权受理土地征收造成的纠纷，但在司法实践中往往存在立案难的问题，即使法院受理了案件，也仅是限于土地征收中安置补偿费用的事项范围，提供的司法救济范围远小于实际发生纠纷的范围。

---

① 参见李倩倩：《土地征收的程序缺陷及其补正》，山东财经大学2015年硕士学位论文。
② 参见李倩倩：《土地征收的程序缺陷及其补正》，山东财经大学2015年硕士学位论文。
③ 参见吕昊：《我国土地征收程序研究》，中国政法大学2007年硕士学位论文。

因此，行政权把持住土地征收审批的相关权力，立法机关、司法机关又不能发挥实际的监督与制约作用，以及提供的救济范围过于狭窄等，这种横向权力配置的严重失衡直接造成土地征收乱象横生。[①] 虽然我国也强调权力的纵向配置，强调上下级之间的监督与被监督关系，但这种理论上的优越性在实际中并不能有效地得以展现，特别是对于土地征收背后所隐藏着的巨额的"土地财政"，行政权力更容易被不当运用，从而加剧了土地征收的弊端。

第二，政府的事先干预排除了土地市场化。我国农村集体土地的征收，是由县级人民政府启动征收后，再挂牌出让土地。这个过程便产生了巨大的经济差额。因为政府征收土地是以公共利益的名义开展，对被征收者补偿时便按照公平补偿原则予以补偿费用。当政府将土地挂牌出售时，是以市场价格为标准进行出让，而土地的市场价格是远远高于按照公平补偿原则给付的补偿费用的，因而在这个过程中，政府便获得了巨大的经济差额，也便形成"土地财政"。应当看到，土地从农民集体手中到市场主体手中，中间存在着人民政府的中介角色。在土地征收到土地出让的过程中，政府通过行政权力进行事先干预，阻断了农民集体与市场主体的直接对话，从而使得农民集体无法与市场主体进行协商谈判，限制了农民集体选择征收补偿的方式和途径，排除了土地市场化的可能性。[②] 这与十八届三中全会通过的《中共中央关于全面深化改革若干重大问题的决定》强调的"建立兼顾国家、

[①] 参见钟娟娟：《我国农村土地征收程序机制研究》，西南政法大学2015年法律硕士专业学位论文。

[②] 参见钟娟娟：《我国农村土地征收程序机制研究》，西南政法大学2015年法律硕士专业学位论文。

集体、个人的土地增值收益分配机制，合理提高个人收益"明显相悖。

第三，公共利益的认定程序缺失。我国宪法与《物权法》均规定了土地征收的唯一性目的，即基于公共利益的需要，但何谓公共利益并未给予界定，土地征收的相关法律法规亦未对公共利益的内涵、由谁判断公共利益以及依据何种程序判断公共利益作出统一的阐述。在我国土地征收的具体实践中，政府以"土地储备""促进经济发展"等为由，或者直接称基于"公共利益"的需要，进行土地征收。对于国家以公共利益为名义而征收的土地，其中既包括政府为了公共基础设施的建设而征收的集体土地，也包括企业等组织为了从事经济活动而向政府申请征收的土地。政府为了公共基础设施的建设而征收农民集体土地的行为存在正当性，可以称之为基于公共利益的需要。但问题在于，企业等组织从事经济活动的公共利益属性体现在哪些方面？其虽然在结果上创造了就业岗位，增加了政府税收，推动了经济发展，但其进行经济活动的初衷并非这些，而是出于对经济利益的追逐，这些对民众对社会创造的福利仅是其生产经营的附属品。因而，不能将其为了从事经济活动而向政府申请征收土地的行为界定为出于公共利益的需要。而实践中之所以出现如此问题，根本原因在于我国法律缺乏对公共利益的认定程序。公共利益认定程序的缺失，直接导致政府在土地征收的审批中没有具体的依据评断土地征收的申请是否符合公共利益的需要，从而产生我国耕地面积锐减，土地征收失控的尴尬局面。[1] 这可能是立法者为了经济建设与社会发展而作出的立法上的权宜之计，但对于改革开放已经进行了 40 年的当下中国而言，并不再

---

[1] 参见李倩倩:《土地征收的程序缺陷及其补正》,山东财经大学 2015 年硕士学位论文。

需要一味追求经济发展而忽视对私权保障的发展路径。

3. 补偿阶段存在的问题

我国土地征收的补偿程序并未切实保护被征地者的合法权益。我国土地征收的补偿标准低，补偿范围窄，特别是对于被征地农民而言，其所获得的补偿并不能有效填补其受到的损失。[1] 我国《土地管理法》对土地征收的补偿范围作出规定，包括土地补偿费、安置补助费以及农村村民住宅、其他地上附着物和青苗等的补偿费用。和域外国家和地区的立法相比，我国土地征收的补偿范围仅仅包括直接损失，而域外法律则规定征收补偿的范围包括直接损失和间接损失。直接损失是指土地和地上附着物等的损失，间接损失则是指被征收者因土地征收而丧失的其他利益，包括土地被征收后残余地价值减损、征收后续生活转变的损失以及在土地征收期间的营业损失等。[2] 可以说，我国土地征收的补偿费用是无法满足被征收者的生存与发展要求的。所以，我国土地征收的补偿程序是存在较大问题的。

第一，补偿安置程序启动时间晚。我国《土地管理法》将土地征收的补偿安置程序置于土地征收的审批程序之后，如此便造成一个严重的问题，即使得被征收者从征地申请到征地批准均无法参与进来，变相地剥夺了被征收者的知情权、参与权等。[3] 在政府将土地征收的相关信息公告后，被征收者便极为容易产生异议，如对征收补偿的数额以及安置方案等不满，极大地损害了被征收者的合法利益，产生大

---

① 参见李倩倩:《土地征收的程序缺陷及其补正》，山东财经大学 2015 年硕士学位论文。

② 参见徐凤真、章彦英、何翠凤:《集体土地征收制度创新研究》，法律出版社 2012 年版。

③ 参见李倩倩:《土地征收的程序缺陷及其补正》，山东财经大学 2015 年硕士学位论文。

量的纠纷，影响社会的稳定以及土地征收的效率。

第二，补偿安置程序欠缺参与性。我国《土地管理法》第47条规定："县级以上地方人民政府拟申请征收土地的，应当开展拟征收土地现状调查和社会稳定风险评估，并将征收范围、土地现状、征收目的、补偿标准、安置方式和社会保障等在拟征收土地所在的乡（镇）和村、村民小组范围内公告至少三十日，听取被征地的农村集体经济组织及其成员、村民委员会和其他利害关系人的意见。多数被征地的农村集体经济组织成员认为征地补偿安置方案不符合法律、法规规定的，县级以上地方人民政府应当组织召开听证会，并根据法律、法规的规定和听证会情况修改方案。"问题在于，征地补偿安置方案被确定后才允许农民集体经济组织和农民提意见，对于政府已经确定了的征收补偿安置方案，农民提出意见后基本上得不到应有的尊重，这种规定明显地流于形式。而且，法律也只是规定农民对征收补偿安置方案提出意见，并未规定对土地征收的目的以及其他事项提出意见。在实践中，农民提出意见的权利往往也是被村委会替代行使了，而村委会往往承担着辅助完成土地征收的任务，因而其很少会为农民的权利提出反对意见。①

4.执行阶段存在的问题

我国土地征收程序的执行阶段亦存在问题。以补偿安置程序执行为例，我国土地征收的补偿安置费用占建设项目工程总投资较少的份额，但是在总投资数额中政府各种税费则占到用地成本的60%以上。②

---

① 参见王静谊：《浅析我国土地征收程序》，大连海事大学2015年全日制应用型硕士研究生学位论文。
② 参见鹿心社：《研究征地问题 探索改革之路》，中国大地出版社2003年版。

可见，土地征收的受益者并不是被征收者，国家与民争利的问题突出。更为严重的是，即使是给被征收者的补偿安置费用不高，实践中还普遍地存在着随意拖欠、截留、挪用等问题。[①]我国土地财政问题突出，被征收者的知情权被限制甚至剥夺，在征收补偿执行过程中更是缺少监督与参与性，极大地损害了被征收者的利益。

除了申请程序、审批程序、补偿安置程序以及执行程序外，我国土地征收的救济程序中亦存在诸多问题，但关于土地征收救济程序的问题探讨主要放在下文专门的章节中予以讨论，此处暂予不陈。

四、我国土地征收的程序性重构

（一）增强土地征收法律体系的规范性

土地征收牵涉法律关系复杂，需要系统性强的规范体系予以整合、调整。我国土地征收的程序设计在合理性和可操作性上还存在较大的提升空间，首先必须解决既有的法律法规分散化严重的问题。土地征收法律体系的构建除了需要运用高超的立法技术，更必须立足土地征收的实践，重视理性与经验的结合，如此才能提高土地征收的效率，切实保障被征收人的权利。

第一，提高规范的等级性。当前在实践中发挥规范土地征收功能的规定多是自然资源部等部门以规章或其他文件形式发布的规范性文件，法律效力等级较低，缺乏一定的执行力。至于我国是否需要制定一部专门的《土地征收程序法》，这个问题有待考究，但有必要提高我国土地征收程序的规范性文件的等级，并同时注意规范内容的体系

---

① 参见李倩倩：《土地征收的程序缺陷及其补正》，山东财经大学2015年硕士学位论文。

性设计，在必要性以及可行性范围内逐步收拢对相同事项的统一规定，从而既解决土地征收程序规范性文件效力等级不高的问题，亦解决其分散化问题，有利于增强土地征收程序的体系性要素。

第二，细化规范的具体性制度。我国土地征收程序之所以存在较大的问题，一个重要的原因在于我国土地征收程序的立法粗糙，从而导致土地征收的规范存在重叠、冲突甚至漏洞的情况。[1] 因此，必须细化土地征收的具体性制度，增加土地征收的程序理性。一个比较好的方案即是首先确定一个科学合理的土地征收的程序步骤，再以此为基础，从环境、被征地人、相关地权人、征地人的立场分别进行考量，综合利益诉求，平衡争议纠纷，从而作出科学合理的具体的制度设计。

第三，增加惩罚和归责条款。我国土地征收程序的一个突出特点即是过度强调公权力的形式，强调民众的配合义务，而忽视了公权力的谦抑性以及社会民众的应有权利。我国土地征收程序的法律法规虽然规定了征收者与被征收者的权利义务，但却没有规定征收者即政府出现违法行为的责任以及救济路径，从而导致政府滥用公共利益的名义进行土地征收，并且在土地征收程序中出现行政权过度强硬而损害被征收者利益的问题。[2] 因此，必须在土地征收程序的法律法规中增加针对政府行为的惩罚与归责条款，从而避免土地征收的程序设计流于形式，切实保障被征收人的合法利益。

---

[1] 参见王静谊：《浅析我国土地征收程序》，大连海事大学 2015 年全日制应用型硕士研究生学位论文。

[2] 参见王静谊：《浅析我国土地征收程序》，大连海事大学 2015 年全日制应用型硕士研究生学位论文。

（二）确定私权保障的基本原则

在计划经济时代，一切生产资料实行公有制，私有制不是法律保护的对象。但随着我国改革开放的不断纵深推进，私有制已经发展成为推动社会发展不可或缺的重要力量。因此，我国法律必须作出适应性的调整，摒弃重公权轻私权的立场。具体到土地征收程序而言，即必须强化对土地被征收者利益的保护。

确定谁使用谁补偿的原则。[①]被征收者在土地被征收后往往不能确保其生活质量不受影响的重要因素在于其并未获得合理的市场对价。这是因为在土地使用者与被征收者中间横亘着政府的角色。政府以低廉的价格将土地征收后，再以市场价格挂牌出售，需要土地进行建设的市场主体以高额的价格购买土地使用权后，在生产经营的过程中会将这高额的购买费用折算到产品或服务中去，最终还是由土地被征收者承担这些费用。因而，若要真正实现土地被征收者的合法权益，我国法律必须确定谁使用谁补偿的原则，通过土地市场化的路径来保障被征收者因土地征收而遭受的直接损失与间接损失，而政府的中介角色需要转变为管理者、服务者，从中可以收取管理费与服务费。

确定合理补偿原则。公民权益在因土地征收而遭受损失时必须得到合理的补偿。美国宪法要求对所有私人财产的征收必须进行"公正的补偿"。同样，菲律宾宪法也要求"支付公正的赔偿"，菲律宾共和国法案8974（2000）规定了确定要支付的补偿金额标准，目的是"使受影响的财产所有者有足够的资金购买政府要求的大致区域的类似地点，从而尽早恢复自己的正常生活"。巴西和柬埔寨的宪法也是要求

---

① 参见李如霞、刘芳主编：《征地补偿疑难问题专家解析》，中国法制出版社2012年版。

提供公平公正的补偿。① 根据国际立法经验，土地征收的补偿标准与补偿范围通常是与该国的经济发展水平呈正相关，我国作为世界第二经济体大国，早已不是改革开放之前的综合国力水平了，因而必须及时地提高我国的土地征收补偿费用。国际的土地征收补偿政策主要分为三种：完全补偿原则、不完全补偿原则以及相当补偿原则。完全补偿原则信奉"所有权神圣不可侵犯"，土地征收的行为侵犯了土地所有权人的神圣私权，破坏了法律平等保护的原则。因为，为了校正被破坏的公平正义，需要对因土地征收而遭受的全部损失均予以补偿；不完全补偿原则强调所有权的社会义务，因而其所有权的属性并不是绝对的，可以基于公共利益的需要而加以限制。而土地征收的行为并非对所有权进行限制，而是对所有权的剥夺，因此需要给予合理的补偿；相当补偿原则则是完全补偿原则与不完全补偿原则的中间地带，其强调需要根据具体情况而作出完全补偿或不完全补偿。② 我国目前采用的是不完全补偿原则，如前所述，这种补偿标准与补偿范围已无法满足被征收人的经济需求，我国需要借鉴其他国家成功的立法经验，提高补偿标准与扩大补偿范围。但考虑到我国的实际国情，可以沿着不完全补偿原则—相当补偿原则—完全补偿原则的路径逐渐演进。

确定程序公开原则。程序公开原则要求必须将土地征收的完整程序都予以公开化，使得土地所有权人、相关地权人以及社会都可以及时地获悉土地征收的相关信息以及进展情况，从而可以及时地提出诉

---

① See A Mahalingam，A Vyas，Comparative Evaluation of Land Acquisition and Compensation Processes across the World，Economic and Political Weekly，Vol. 46，No. 32（AUGUST 6-12，2011），p. 95.

② 参见李如霞、刘芳主编：《征地补偿疑难问题专家解析》，中国法制出版社2012年版。

求、建议以及异议。公开透明的土地征收程序可以最大限度地限制公权力、保障私权利。一方面，征地程序的相关信息对外公开后，行政机关便会在外在压力下行使职权，不会随意地侵害民众的利益；另一方面，土地所有权人以及相关地权人可以通过对外公开的征地程序的相关信息，自主地行使选择权，有利于保障其参与权的实现。①

（三）构建正当土地征收程序内容

正当土地征收程序是土地征收合法合理进行的程序性保障。牛津大学法哲学教授约瑟夫·拉兹（Joseph Raz）2018 年 9 月 23 日在台北福华文教会馆发表了"法自身之品行"（The Law's Own Virtue）的演讲，指出法治是法律所必须追求的美德或品行。政府必须依法行使行政权力，可具体延伸为若干子原则：第一，政府需要向社会公众公布决策背后的理由（giving reasons）；第二，理由必须是公正的、没有差别待遇；第三，政府需要提供给社会公众发言的机会，通过理性辩论提出自己的主张；第四，法治要成为公共文化的一部分，必须与教育、政治的对话相结合。唯有如此，法治才能由字面上落实到地面上，法治的原则与内容才能得到扩展，变得更为厚重和全面。②约瑟夫·拉兹教授的论断正好可以指导我国土地征收正当程序的构建，从而将土地征收程序纳入规范化和法治化轨道。

1. 申请阶段的程序构建

引入土地征收协商环节。成功的法律程序的必备品质之一便是具备良好的交涉性。管理主义型土地征收程序制度已不适应当代社会发

---

① 参见李倩倩：《土地征收的程序缺陷及其补正》，山东财经大学 2015 年硕士学位论文。
② 参见孙海波：《拉兹与台湾法学界对谈侧记》，https://mp.weixin.qq.com/s/tMNqjm2yxH-BRzWPjiDSWw，2018 年 10 月 5 日访问。

展需求，应努力构建协商合作型土地征收程序制度。[①] "交涉的基础含义是通过协商达成解决问题的合意。协商的方式决定了平等与和平是交涉所应秉持的两项基本价值。"[②] 土地征收中的协商环节可以缓冲征收的对抗性，充分尊重被征收人的意愿与选择权。如果通过协商双方当事人可以达成合意，则避免了土地征收的进行，转换为自由意志支配下的自愿行为。协商谈判是土地征收程序中经济效率与社会最优的解决方案。协商程序基本上已为国际立法例所肯定，主张未经过协商程序的不允许启动土地征收程序。如新加坡和菲律宾的法律规定，政府机构和开发商首先与相关地权人谈判，以达成双方都能接受的补偿方案，其中可能包括对所收购物业的金钱和非金融补偿。如果谈判失败了，国家才可以根据预先确定的土地征收法规定的程序，采取强制征收。美国亦以法律的形式规定"协议购买程序"作为行使土地征收权的前置性程序，倘若没有经过"协议购买程序"便启动土地征收权的，则被直接认定为违法。

为了推动我国市场经济的国际化接轨与发展，我国应当引入征地协商程序。以农村集体土地的征收为例，在启动土地征收权之前，政府应当与农村集体经济组织及其成员进行沟通协商。如果是市场主体需要土地从事公益事业等，需要直接与农村集体经济组织及其成员进行协商沟通，协商失败后再向人民政府提出征地申请。如果市场主体需要土地是从事经营活动，则禁止通过土地征收的方式取得土地，在征得政府的同意后，可以参照我国宪法以及《物权法》的相关规定，

---

① 参见陈怡竹：《中国土地征收程序模式之转型：从管理主义到协商合作》，载《中国土地科学》2020 年第 4 期。
② 参见陈多旺：《论现代法律程序中的交涉》，苏州大学 2016 年博士学位论文。

市场主体与农村集体经济组织以及农民协商购买土地，经本集体经济组织的村民会议 2/3 以上的成员或 3/4 以上的村民同意后，可由农村集体经济组织作为代表与用地者签订土地转让等形式的合同。①

完善征前公告程序。征前公告程序是保障被征地者知情权的重要措施，同时也是为后期减少征地纠纷而作的必要制度设计。需要强调的是，征前公告程序必须置于土地征收批准程序之前，这是决定征前公告程序成败最重要的因素。我国现行法中，是将征地公告程序规定在土地征收批准程序之后，如此制度设计，则丧失了征前公告程序的设计初衷，丧失了其制度本来的生命力。名义上是公告程序，本质是公示程序。因此，我国立法机关必须对其顺序进行校正，使得土地征收的决定并非行政机关的单方决策，相关地权人的呼声亦可对征收决定施加影响。《国务院关于深化改革严格土地管理的决定》便将征前公告程序置于征收审批程序之前，其规定："在征地依法报批前，要将拟征地的用途、位置、补偿标准、安置途径告知被征地农民"，"要将被征地农民知情、确认的有关材料作为征地报批的必备材料。"虽然这一规定值得肯定，但其效力层级较低，具体的执行效力不高。除此之外，借鉴域外的立法经验，土地征收公告程序还应当作出其他方面的改进。比如，公告方式应当采取多元化的形式，除了法律规定的书面形式以及实践中采用的村广播等，还可以吸收留置送达、邮寄送达，特殊情况下还可以采取公告送达等。②公告方式的多元化，目的是在最大程度上确保将征地的相关信息告知相关地权人，保证其知情

---

① 参见许迎春：《中美土地征收制度比较研究》，浙江大学出版社 2015 年版。
② 参见钟娟娟：《我国农村土地征收程序机制研究》，西南政法大学 2015 年法律硕士专业学位论文。

权的实现。

完善征地调查程序。首先，需要对征地调查程序进行进一步细化，提高其可操作性，毕竟土地征收程序的真实生命在于程序得以流畅地执行。其次，需要实现征地调查程序的回归。如前所述，虽然我国《土地管理法》规定了征地调查程序，但是其目的在于厘清土地的自然情况和权属情况，是为了国家的土地管理工作而服务的，而不在于实现土地征收。因此应当实现征地调查程序的功能回归，使其以服务土地征收、保障被征收人地权为中心。征地调查程序不仅需要调查土地的自然情况与权属情况，也应当调查影响土地征收决定以及征收补偿的其他事项。[①] 除此之外，还需要加强土地调查程序的交涉性，即需要赋予被征收人参与权，不能仅强调其配合征收的义务。土地征收之于被征收人而言至关重要，因此赋予其参与权，使得被征收人在征地调查程序中可以发表自己的意见，提出自己的异议，是土地正当程序的应有之义。

2. 审批阶段的程序构建

第一，重塑土地征收审批权的配置。任何制度都是立基于某种价值理念之上，具体的制度设计与制度实践都要受到基础性制度理念的统领。因而，针对中国征收法律制度的发展与完善，必须先对于其背后深层次的征收权力理念进行调试与纠偏。[②] 我国土地征收审批权的配置已造成土地征收实践的混乱，必须及时地重置土地征收审批权的主体。首先，构建行政权、司法权、立法权共享的土地征收权利体系。

---

① 参见李倩倩：《土地征收的程序缺陷及其补正》，山东财经大学2015年硕士学位论文。
② 参见高鲁嘉：《国家征收权的美国法叙事及其启示》，载《河北法学》2020年第12期。

我国土地征收的权力大体可分为规划权、决定权、执行权与监督权，而我国行政机关却享有上述所有的权力，造成行政权力垄断的问题。对于土地征收的执行权而言，行政机关毋庸置疑地应当独自享有。但对于土地征收的规划权、决定权以及监督权而言，司法权与立法权的介入会使得其权力的形式更加科学化、规范化、民主化，虽然对于土地征收的效率性会造成一定的阻碍，但这是必要的效率牺牲，于土地征收的整体程序与实际效果而言是利大于弊的。其次，调整土地征收权力在中央与地方间的合理配置。自改革开放以来，伴随着政治经济体制改革的不断深入，原有中央高度集权化体制逐步解体，中央与地方之间的权力配置关系发生了较大调整，"正从中央独占的单极权力格局向双极权力结构演变"。于征收领域而言，在国家征收权力的纵向配置方面，中央政府或上一级政府扮演着制约基层政府开展征收的制度性角色。[1] 中央应享有直接关系到国家利益的土地征收权，地方享有除此之外的直接关系地方利益的土地征收权。再次，赋予被征地人的参与权。我国土地征收程序失范的重大问题之一便是未赋予被征收人应有的权利，使得其在土地征收程序中仅发挥配合征收的角色，而丧失了其应有的主体性。强调土地征收审批程序中被征收者的参与权，尊重其在土地征收审批中发表建议、提出异议，摒弃轻视其话语权的惯性做法。[2]

第二，弱化或逐步取消政府的中介干预。我国土地征收程序中，政府一直扮演着关键的角色，贯穿始终地发挥作用。土地征收事关社

---

[1] 参见高鲁嘉:《国家征收权的美国法叙事及其启示》，载《河北法学》2020 年第 12 期。

[2] 参见季金华、徐骏:《土地征收法律问题研究》，山东人民出版社 2011 年版。

会公共利益，需要政府的管理与干预，但对于某些事项，可以适当弱化或者逐步取消政府的干预行为。比如用地者需要土地时，要向政府提交用地申请，然后由政府进行土地征收再挂牌出让。甚至有些情况下，在没有申请人的时候，政府也会直接进行土地征收，然后再挂牌出让。挂牌出让获得的市场价格要远高于土地征收时的公平补偿费用，这是典型的政府与民争利的现象。亦如《城市房地产管理法》第26条规定，"以出让方式取得土地使用权进行房地产开发的，必须按照土地使用权出让合同约定的土地用途、动工开发期限开发土地。超过出让合同约定的动工开发日期满一年未动工开发的，可以征收相当于土地使用权出让金百分之二十以下的土地闲置费；满二年未动工开发的，可以无偿收回土地使用权"；土地被征收后满两年仍未开发的，有权无偿收回土地使用权的主体是政府，而非之前的被征收人。这毫无疑问地损害了被征收人的合法权益[1]。因此，在这方面政府需要作出适当的改变。实际上，我国已有这方面改革的迹象，虽然不是针对土地征收，但于土地征收而言，具有积极的借鉴作用。我国原国土资源部、住房和城乡建设部关于印发《利用集体建设用地建设租赁住房试点方案》的通知中规定农村集体土地无须经国家征地即可进入市场，这为我国土地征收程序中弱化甚至取消政府一征一卖的行为打开了可能性的突破口。

第三，增加公共利益的认定程序。对于公共利益的认定而言，域外立法经验不一。以美国为例，美国是联邦制国家，各州均有土

---

[1] 参见王静谊：《浅析我国土地征收程序》，大连海事大学2015年全日制应用型硕士研究生学位论文。

地征收程序的立法权，因而各州均对公共利益作出了相关规定。有些州认为，为了保护私有产权，必须对公共利益作出严格限制。而有些州则认为，需要对公共利益作扩大解释。比如新加坡作为一个国土狭小的国家，土地资源并不富裕，其对公共利益的范围作出了宽泛的界定，将住宅、商业区、工业用地均纳入公共利益的范畴。[①]因而可以说，对公共利益的认定并没有一个固定的模式，不同标准之间并不存在决定的优劣之分，只有适合本土实际国情的认定标准才是值得肯定的模式。

基于我国土地征收中公共利益被滥用的问题，我国对公共利益的认定应当采取严格的标准。首先是界定公共利益的内涵。《德国民法典》及《日本土地收用法》采用概括式，《韩国土地征收法》采用的是列举加概括式。[②]概括式立法虽然符合立法的抽象性原则，但在我国当下执法水平等有待提高的情况下不适用，我国宜采用列举加概括式立法，规定土地征收应仅局限于公共利益，并对公共利益的范围可作列举式规定。其次是确定由谁来认定公共利益。这个步骤至关重要，可以说是公共利益认定程序的"魂"，日本以狭小的国土面积为国家经济的发展提供了科学的土地供应量，其土地征收程序成功的关键点之一即在于日本将何谓公共利益转化为由谁来界定公共利益的问题，从而保证了土地征收的有序进行。对于由谁来作公共利益的判定，域外立法存在差异。如美国是交由法院来判断是否符合公共利益，日本

---

① 参见李倩倩:《土地征收的程序缺陷及其补正》,山东财经大学2015年硕士学位论文。
② 参见王静谊:《浅析我国土地征收程序》,大连海事大学2015年全日制应用型硕士研究生学位论文。

在几经改革后终于确定由专门的公益事业认定厅来作判定。[①] 我国法律并未明确规定判断公共利益的主体，实践中均是由行政机关加以判断。该种模式的弊病在于，判断是否符合公共利益的行政机关即是土地征收的主体，很多县级政府需要"土地财政"来维持政府的正常运转，因而其作出的判定不可避免地存在主观倾向性，无法做到公平公正，有违背"自己不得做自己法官"的嫌疑。因此，我国土地征收中公共利益的判断机构不宜由县级行政机关担任，可以考虑由立法机关或者法院作为中立的判断者。

3.补偿阶段的程序构建

第一，补偿安置程序前移。我国现行法将补偿安置程序规定在土地征收审批程序之后，这也就意味着政府公布的补偿安置程序是已经由政府确定好了的，被征地人等其他相关地权人即使再提出异议，其对最终的安置补偿方案并不能造成多大的影响，甚至可以说，根本就不会产生影响。如此，便等于无视被征地人的参与权，间接性地损害被征地人的合法权益。因此，必须借鉴域外先进的立法经验，将补偿安置程序置于征地批转程序之前，使得在补偿安置方案形成的过程中，允许被征地人积极建言献策，发表意见，最终对征地补偿方案的形成发挥实际的功能。

第二，引入留地安置的补偿方式，使农村人口在向城市人口的转变中有足够的生存空间及发展余地，让被征地农民及其集体共享成片开发的好处，促进地利共享目标的实现。《土地管理法》第48条改变了"按原用途补偿"的原则，首次明确了"公平合理补偿"标准，

---

① 参见李倩倩：《土地征收的程序缺陷及其补正》，山东财经大学2015年硕士学位论文。

并设置了"区片综合地价"，值得肯定。但与《土地管理法》第45条第1款前四项相比，成片开发征收权的公共利益强度较弱，因而对于此时的征收补偿应有特殊安排。在我国台湾的区段征收中，被征收人除获得现金补偿外，还可依一定比例取得部分原土地所有权，从而分享土地增值。虽然我国宪法规定"城市的土地属于国家所有"，但仍可考虑通过让农民集体拥有部分土地一定期限的用益物权的方式，为农民的市民化提供物质支持。

第三，赋予被征收人参与权。我国既有法律法规规定土地征收的补偿安置方案由行政机关单方拟定、批准及实施，被征地者如果存有异议可以通过政府协调或者司法途径解决。但土地征收的实践经验显示，被征地者的异议并不会影响土地征收补偿安置方案。这是因为我国法律并未实际赋予被征地人在土地征收程序中的参与权，补偿阶段的参与权的落实依赖增加补偿安置的协商前置程序。[1] 英国、法国、美国、德国等国家在土地征收补偿方面并未引发严重的冲突问题，很大程度上源于其设置了补偿安置的协商程序。如美国法律规定征地双方需要就征收补偿安置方案进行协商，如果双方意见不一致可以召开听证会，若被征收方还不满意，可以提起诉讼。如果双方就安置补偿方案达成合意，则政府可预先支付补偿金以转移被征收土地。[2] 就我国而言，应当赋予被征收人在补偿阶段的参与权，允许其发表意见、提出异议，对于一些比较重要的事项，赋予相关地权人召开听证会的权利。听证会不能只流于形式，其结果必须要接受"自然正义"的检

---

① 参见柯晓飞：《论我国集体土地征收补偿制度之完善》，华南理工大学2013年硕士学位论文。

② 参见李倩倩:《土地征收的程序缺陷及其补正》，山东财经大学2015年硕士学位论文。

验。英国法院主张听证是行政程序中的"准司法"（quasi-judicial）阶段，意味着其需受到"自然正义"的约束。英国法院对"自然正义"的追求典型的表现为其以自然正义为由宣告部长决定无效，这个成功案例便是 Fairmount Investments，Ltd. v. Secretary of State for the environment。因此，我国法律必须重构听证程序，使其实现听证程序的回归。在土地征收补偿安置方案的确定过程中，我国法律须尊重被征收人的参与权，要求征收方与被征收方进行协商程序，就补偿安置的方式、标准、范围等事项进行谈判，发挥被征收人在土地征收补偿安置方案形成过程中的应有作用。

4. 执行阶段的程序构建

土地征收的执行程序直接决定了土地征收的成败。再好的制度设计，如果不能真正地贯彻落实，也仅停留在纸面上，没有实践的活力与生命力。因此，为了提高土地征收执行程序的落地性，必须要对该阶段的程序体系以及程序内容进行科学化构建。我国台湾《土地征收条例》规定，土地征收执行由征收土地或土地改良物所在地的直辖市或县（市）主管机关负责。具体的执行程序可以分为土地征收的公告通知以及土地征收补偿费的发放。该条例对土地征收补偿费的方法有着严格的要求，其规定补偿费由用地人负担，并交由土地征收所在地或土地改良物所在地的直辖市或县（市）主管机关准发。补偿费应在公告期满 15 日内发放，但征收补偿数额经复议或行政救济后发生结果变动的，应补偿其价款差额，并在结果确定之日起 3 个月内发放。若未在规定期限内完成土地征收补偿费发放的，则土地征收案失去效力。[1]我国大陆地区必须强化土地征收执行阶段的责任，对土地征收补偿未按期足额发放的行为，必须施加严重的法律后果，如此才能保证被征地人的合法权益。

---

[1] 参见刘民培：《农村土地征收程序与补偿机制研究》，中国农业科学技术出版社2011年版。

第四章

中外土地征收制度的补偿比较研究

城乡一体化的建设进程使得征收农村土地的方式成为新增建设用地、扩建城市规模的主要途径，城市边缘就像充满硝烟的战场，随时可能引发征地矛盾。我国《宪法》第 10 条第 3 款明确规定"国家为了公共利益的需要，可以依照法律规定对土地实行征收和征用并给予补偿"，《土地管理法》第 2 条第 4 款也规定"国家为了公共利益的需要，可以依法对土地实行征收或者征用并给予补偿"，为土地征收补偿制度提供了坚实的法律基础，土地征收补偿制度也成为协调、平衡和解决征地中权益冲突的重要法律制度。[①] 基于法治国家倡导的社会本位思想本质上在于认可个人权利为公共利益做出让步和牺牲的前提下，更加强调对个人损失的充分补偿。而在中国，土地对于农民而言具有更加深远的意义，不仅是农民安居乐业的物质基础，同样也是其情感和心理上的归宿和寄托。[②] 因此，我国集体土地征收补偿制度必须为失地农民提供充分补偿并对其进行合理安置。

[①] 参见王兴运：《土地征收补偿制度研究》，载《中国法学》2005 年第 3 期。
[②] 参见薛刚凌、王霁霞：《土地征收补偿制度研究》，载《政法论坛》2005 年第 2 期。

第一节　土地征收制度的
补偿制度定位研究

　　土地征收补偿作为当下时局关注的热点问题，已经在一定程度上影响了社会稳定。[①] 妥善处理好土地征收补偿问题，不仅有利于社会公共利益的有效实现，也有利于农村集体经济组织和农村村民土地权益的保护，保障国家建设的顺利进行。[②] 公允而言，征收补偿制度的立法演进表明国家对征收制度的功能定位的转变，表明农民权利意识逐步增强。自 2013 年中央一号文件《中共中央、国务院关于加快发展现代农业进一步增强农村发展活力的若干意见》提出"合理确定补偿标准""提高农民在土地增值收益中的分配比例，确保被征地农民生活水平有提高、长远生计有保障"以来，如何提高征收补偿标准、增加农民分享城市化发展成果的比例，便成为研究的重点问题。《物权法》第 243 条增设了"被征地农民的社会保障费用""保障被征收

---

① 参见蔡乐渭：《中国土地征收补偿制度的演进、现状与前景》，载《政法论坛》2017 年第 6 期。
② 参见王兴运：《土地征收补偿制度研究》，载《中国法学》2005 年第 3 期。

人的居住条件"等补偿标准，但直到《土地管理法》第 48 条"征收土地应当给予公平、合理的补偿，保障被征地农民原有生活水平不降低、长远生计有保障"的规定出台后，方才确定了征收补偿的标准及目标。

但是，既有立法和研究仍呈现出系统性错误和功能性视角缺失的双重不足。其一，征收补偿制度研究未能融入中国特色土地制度的大框架之中。现有研究将征收补偿制度视为土地征收制度中的独立单元，忽视了征收正当性论证的基础。征收补偿制度的研究，只有与土地整体制度相结合，才能避免"盲人摸象"。其二，征收补偿制度的功能性视角缺失。制度内容的确立应当紧紧围绕制度功能设定。现有征收补偿范围与方式的确立，仅仅是对域外补偿标准的本土化改造，忽视了补偿标准背后的社会制度背景以及征收补偿制度的目标定位。例如，学者依据美国确立的公平市场价格的补偿标准，提出我国亦应采用市场价值补偿的建议，其中却未关注美国对于征收补偿制度的功能定位，忽视了我国土地二元所有制下完全不存在集体土地所有权交易的市场环境。① 各国确立的具体补偿标准会有所差异，这是由社会制度背景的差异造成的，但其补偿制度的功能定位却可能趋向一致。将制度与背景相结合进行整体性探讨，乃是比较法研究最为基本的价值取向。

---

① 提出此观点的研究成果较多，可参见屈茂辉、周志芳：《中国土地征收补偿标准研究——基于地方立法文本的分析》，载《法学研究》2009 年第 3 期；宋志红：《美国征收补偿的公平市场价值标准及对我国的启示》，载《法学家》2014 年第 6 期；方涧、沈开举：《我国集体土地征收与补偿制度之嬗变与未来——兼评〈土地管理法（修正案征求意见稿）〉》，载《河北法学》2018 年第 8 期；高鲁嘉、齐延平：《论美国征收法上的"公平补偿"原则——兼论中国征收补偿法律制度之完善》，载《学习与探索》2018 年第 4 期。

因此，征收补偿制度的比较研究，必须对征收补偿制度的功能定位进行深入分析，方能理解其设定的补偿标准与具体内容，进而回答我国"征收补偿应当补偿什么？以何种方式补偿？如何具体确定补偿额度？"等关键问题。本部分拟对此进行探讨。

一、比较法视野下的土地征收公平补偿原则

公平合理的征收补偿制度是土地征收的基本内核。土地征收补偿原则不仅决定着土地补偿的具体标准，而且还对土地征收补偿的范围和方式产生重大影响。[①] 最初阐述土地征收补偿理论的是荷兰法学家格劳秀斯，他指出，"为了公共用途，可以征收私人土地，但应当给予补偿"，各国理论和实践也均将征收和补偿称为"唇齿条款"，以形容两者的不可分性。[②] 而无论基于何种路径的征收补偿理论，也不论基于何种语言的描述以及具体的征收补偿制度设计，各国征地制度最为核心的模式均可表达为"公共利益 + 正当程序 + 公平补偿"。[③]

（一）基本阐述

公平补偿原则作为各国确立的征收补偿原则，具体指导各国在征收补偿制度中的实践运用。1789 年法国《人权宣言》第 17 条规定，"……在实现公平补偿的条件下，任何人的财产不能被剥夺"，从而确立了法国的公平补偿原则。现行《公用征收法典》第 1 部分第 1 编

① 参见胡瓷红：《论土地征收补偿原则——以比较法为视角》，载《杭州师范大学学报（社会科学版）》2011 年第 2 期。
② 参见刘婧娟：《中国农村土地征收法律问题》，法律出版社 2013 年版。
③ 参见方涧、沈开举：《土地征收中的公平补偿与增值收益分配》，载《北京理工大学学报（社会科学版）》2017 年第 3 期。

明文规定，"补偿数额必须包括由于公用征收产生的全部直接的、物质的和确定的损失在内"，进而确立了"直接的、物质的和确定的损失"作为法国公平补偿的范围。[1]1791 年生效的宪法第五修正案确立了美国"公正补偿"的土地征收补偿原则，由于评估个人对财产的主观价值是非常困难的，因此必须找到相对客观的衡量方法，即不动产"公平补偿"的市场价值确定方法——市场被认为是确定征收不动产价值最权威的认定方法，由市场继续进行利益衡量与补偿可以起到定纷止争的作用。[2]早在 1845 年英国便通过《土地重整法》规定了公平补偿原则，"补偿根本原则被描述为等价原则，以及补偿额应尽可能使所有权人处于，就如同他们的财产从来没有被征收过一样的相同境况"。[3]沿袭英国立法影响的加拿大同样确立了公平补偿原则，并通过 1985 年通过的《联邦征收法》第 25 节确定了表述形式："政府征收土地所应支付的补偿金额应当等同于征收时被征收利益的价值总额以及其他剩余财产的任何价值减损之和。"德国基本法在第 14 条中用"公共利益与原所有者利益的公平的平衡"来确认"公平补偿"。日本宪法在第 29 条第 3 款中直接规定了"公平补偿"，即"私有财产在公正补偿下得收为公用"。[4]

---

① 参见王名扬：《法国行政法》，中国政法大学出版社 1989 年版。

② 参见靳相木、陈箫：《土地征收"公正补偿"内涵及其实现——基于域外经验与本土观的比较》，载《农业经济问题》2014 年第 2 期。

③ 参见胡瓷红：《论土地征收补偿原则——以比较法为视角》，载《杭州大学师范学报（社会科学版）》2011 年第 2 期。

④ 参见胡瓷红：《论土地征收补偿原则——以比较法为视角》，载《杭州大学师范学报（社会科学版）》2011 年第 2 期。

（二）理论支撑

各国对于公平补偿观念的形成，主要基于以下三种理论：（1）财产权保障理论。即，从个人财产权的角度解释征收补偿的正当性。征收补偿作为财产权与国家征收权之间的平衡器，保障国家在剥夺私人财产权的同时，使私人继续保有其财产的货币价值，以达到"近似未牺牲"的效果。（2）特别牺牲理论。该理论认为，基于普遍地、平等地施加于每一位社会成员的财产权限制不会产生补偿问题，但公共负担落在特定个人身上便构成特别牺牲，应对作出特别牺牲的个人作出补偿。学者认为《美国联邦宪法》（第五修正案）的目的即在于保证所有人"公平分享"社会管理和改造的负担，防止政府强迫某些人承担公平和公正原则要求公众整体承担的公共负担，进而避免其与他人相比承受不成比例的负担。[①]（3）政府行为理性框定理论。政府作为基于公民社会契约诞生的主体，其必须承担公共管理与调控功能，其中便包含调控土地资源开发利用的形式，若允许政府以极低的成本获得土地将极大地诱发政府权力滥用之可能，只有在土地资源被征收之后给予被征收者公平补偿才能将政府行为控制在合理范围之内。公正补偿要求的主要功能在于迫使政府将行使权力的成本内部化，政府官员便对社会资源在政府手中的价值和在私人手中的价值进行比较，使得政府在决策过程中必须进行利益平衡和成本控制，从而不仅保证政府行为在经济学意义上的理性，而且有助于约束政府滥用权力并限制政治冲突，从而使社会资源配置达到经济学意义上的最佳点。[②]

---

① See Pennsylvania Coal Co. V. Mahon，260 U.S. 393（1922）.

② 参见张千帆：《"公正补偿"与征收权的宪法限制》，载《法学研究》2005年第2期。

二、征收补偿的制度性功能定位

征收补偿基本原则作为制定征收补偿标准的基本准则，亦表现出国家在征收补偿问题上的基本立场。[①]然而，在完全补偿、适当补偿、衡平补偿这三种补偿原则下如何做到具体补偿范围的区分，却一直未能阐明。征收补偿制度的功能定位，将决定征收补偿方式的选择以及补偿范围的明确。

（一）征收补偿应区别于损害赔偿的补偿功能

确实，征收与损害对私人财产权造成的不利影响几近相同，因此有学者主张，"民事损害赔偿与征收损失补偿是相通的两个概念和制度，征收损失补偿可以准用民事损害赔偿的原理、原则及规则"[②]。笔者对此结论并不持异议。但如果就此认为二者结果完全归一，则混淆了征收与侵害的本质差异。笔者认为，在现有土地征收制度的整体框架之内，损害赔偿制度与征收补偿制度两者在补偿正当性基础上存在差异，进而在损害填补的范围与功能目标方面具有不同。这是我们确定征收补偿的制度功能的出发点。

损害赔偿旨在使被害人处于犹如损害未曾发生之情况，其补偿功能以受害人损失的填补为导向，而非集中于行为人的过错程度，以使行为人在以后从事相似行为时提高注意义务。[③]如根据德国《物权法》第 249 条的规定，损害赔偿制度的设置乃是基于一种假定的状态，即

---

① 参见屈茂辉、周志芳：《中国土地征收补偿标准研究——基于地方立法文本的分析》，载《法学研究》2009 年第 3 期。

② 参见房绍坤、王洪平：《论民事损害赔偿与征收损失补偿之合流——以征收损失补偿的原则为核心》，载《烟台大学学报（哲学社会科学版）》2010 年第 2 期。

③ 参见郑晓剑：《侵权损害完全赔偿原则之检讨》，载《法学》2017 年第 12 期。

使被害人处于如同损害未发生的权益发展状态。因此，法律规制的功能在于消除非法侵害之后果，损害赔偿义务人应当使被害人恢复至侵害行为未发生之情形下存在的假定状态，即认可假定的财产发展可能性。① 由此损害赔偿的补偿功能在于实现财产的"应有状况"而非"原有状况"。②

同样，征收补偿旨在填补损害，但与损害赔偿法的补偿功能存在本质区别。根据特别牺牲理论的观点，基于普遍地、平等地施加于每一位社会成员的财产权限制不会产生补偿，但公共负担落于特定个人即构成特别牺牲，应对其补偿达到"近似未牺牲"的效果，避免与他人相比承受不成比例的负担。于此，征收作为一种合法性侵害与社会共治理论的结果实现手段，基于公民之间的政治性契约获得正当性，③也成为公共利益实现的必然选择，这决定作为社会个体存在的被征收人应当承担一定程度的牺牲。因而，尽管各国法律并未确立充分乃至最大限度的补偿原则，但都体现出应该给私人所有权以尊重，征收补偿额的确定总在"为了公共利益而承受一定牺牲"与"所有权保障"两者之间进行权衡。

另一方面，征收补偿能够体现征收正当性，并衡量征收公益性，其着眼于被征收者的损失填补，而非政府因征收获得的财政收入。政府征收后的收益减去用于支付补偿的部分，所剩余之差额即为公共利

---

① See Medicus/Lorena, Schuldrecht I Allgemeiner Teil, 18. Aufl., Rn. 624-635；BeckOK GG/ Axer GG Art. 14. Rn. 127. 转引自袁治杰：《德国土地征收补偿法律机制研究》，载《环球法律评论》2016 年第 3 期。

② 参见曾世雄：《损害赔偿法原理》，中国政法大学出版社 2001 年版。

③ 参见张千帆：《"公正补偿"与征收权的宪法限制》，载《法学研究》2005 年第 2 期。

益，^① 因此，征收作为社会资源配置的手段，应该进行利益衡量与成本控制，从而达到经济学意义上的最佳点。征收补偿额作为征收成本，实现控制的手段并非一味地缩减，并非对私人财产权的掠夺，而应当体现宪法对所有权的充分尊重。在此认知基础上，实现成本控制的手段已然明确，即确立质量时点，以框定被补偿权利损失的范围，排除被征收人享有征收带来的财产未来发展价值的可能性，同时通过补偿额足额先前给付的制度设计，保证被征收人能够取得被征收财产的替代物，如此，被征收人可获得既不多也不少的补偿，亦能实现成本控制的目标。除此之外，公民应当在其权利遭受合法性侵害时，进行自我防御和减少损害^②，因此，在征收过程中，被征收人应积极接受征收补偿并实现自我地位的不减损。

综上所述，征收补偿制度旨在填补被征收人在被征收物被征收时已经具备的权利状态，使被征收人能够获得被征收物在征收尚未发生时、同等地位的替换物，使被征收人处于征收尚未发生时的财产状态，并不包含对征收所致财产未来发展状态的损失补偿。征收补偿所填补损害可概括为"征收确定之时、征收效果产生之前"的权益损失，不包含财产的可得利益损失。^③

（二）公平市场价值标准并非本质性共同因素

公共利益应与征收所牺牲之利益进行比较衡量，并占据明显优势，这是征收正当性的必然要求。这也意味着，私人财产权负有保障公共

---

① 参见刘连泰：《宪法文本中的征收规范解释——以中国宪法第十三条第三款为中心》，中国政法大学出版社 2013 年版。

② See Sluysmans & Van der Gouw 2015，46.

③ 参见袁治杰：《德国土地征收补偿法律机制研究》，载《环球法律评论》2016 年第 3 期。

利益实现的社会义务，所有权人在诸多情形下要无偿容忍法律所施加的限制，这也是物的非同寻常的价值从一开始就被排除在补偿范围之外的原因。由此，所有者对于财产的独特需求或者特殊依恋等不可转让的价值，通常被认为是一般公民应当作出的牺牲，[①] 这也确立了市场价值标准的基础。德国征收立法明确指出，[②] 补偿的基本原则在于使被征收人处于能够重新获得他所损失之物的境地。[③] 补偿数额应当是根据土地属性、状况等进行评估得出的客观价值，也就是土地对于任何人而言具有的市场购买价值；在日本，完全补偿原则占据主流优势，其主张征收补偿的目标在于挽回土地所有者遭受的特别牺牲，给予其在被征收地附近的、同等地位的替代土地的补偿数额，因此，补偿额应当参照附近类似土地的交易价格；[④] 虽然美国宪法第五修正案并未详细解释公正补偿的含义，但学界普遍认为，应当以被征收财产最高最优使用用途（the highest and best use）情形下的公平市场价值（fair market value）补偿，才能使被征收人的状况不会比征收前变差（worse off），此谓之公正补偿。[⑤] 可以说，以市场价值衡量被征收客体的价值，成为各国普遍认可的标准，这一共同因素也确立了制度间比较的可能

[①] See United States v. 564.54 Acres of Land, More or Less, situated in Monroe and Pike Countries, Pa., 441 U.S.506, 511（1979）.

[②] 虽然 1794 年颁布的《普鲁士普通邦法》第一编第 11 章第 9 条在确定补偿额度时不仅考虑了通常价值，也考虑物的非同寻常的价值，即基于物的特殊使用方法而产生之价值，甚至物对于特定人所具有的情感价值；但该种充分补偿的原则从一开始就被立法者拒绝。

[③] 参见陈新民：《德国公法学基础理论》（下册），山东人民出版社 2001 年版。

[④] 参见黄宇骁：《日本土地征收法制实践及对我国的启示——以公共利益与损失补偿为中心》，载《环球法律评论》2015 年第 4 期。

[⑤] See Black's Law Dictionary, 7th edition, West Group 1999, p.277.

性。^①但这一共同因素存在的同时，各国征收补偿的范围与方式已呈现分野。不过，即便如此，笔者认为，"被征收客体物的市场价值"与"征收补偿额"之间并不具有直接的对等性。^②公平市场价值作为征收补偿的标准，的确是治疗征收补偿领域诸多顽疾的特效药，可以通过内化成本来制约政府的征收冲动，可以通过第三方定价警醒想一夜暴富的财产权人，可以求得合宪性证成。但公平市场价值标准不是神药，任何特效药的治愈率都不可能是百分之百。^③

1. 纯粹的公平市场价值补偿标准呈现自我弥补性

公平交易最能体现财产的真正价值，因而，以公平市场价格衡量被征收客体价值才可能是公正的。^④美国宪法确立的公正补偿框架中，被征收客体的公平市场价格为唯一的补偿项目，^⑤其既不等同于被征收人的实际损失，也不等同于征收人的实际获利，而是一种独

---

① 参见［荷兰］科基尼－亚特里道，刘慈忠译：《比较法的某些方法论方面的问题》，载《环球法律评论》1987 年第 5 期。

② 当然，笔者认同征收补偿中的损益相抵原则之适用，为完成正当补偿与禁止得利的目标，因同一征收行为带来的价值增减应当在确定补偿金额时予以考量。但为比较展示在共同认可以市场价值衡量被征收客体物之价值前提下，各国最终确定的征收补偿范围与补偿额度之差异，笔者此处仅指整体征收之情形而未包含征收可能带来剩余土地价值变化的部分征收情形。

③ 参见刘连泰：《征收补偿中的主观价值》，载《法学家》2020 年第 2 期。

④ 参见石佑启：《私有财产权公法保护研究——宪法与行政法的视角》，北京大学出版社 2007 年版。

⑤ 美国法上征收补偿范围仅及于合同法意义上的直接损失，而在通常情况下忽略所有间接损失，包括预期获得的商业利润等。此补偿限制原则的理论意义在于，为公共产品提供补给。若政府对于直接损失与间接损失均给予补偿，势必为公共财政添加过重负担，使政府丧失通过征收促进公共利益的动机。参见张千帆：《"公正补偿"与征收权的宪法限制》，载《法学研究》2005 年第 2 期。

立的标准①；其补偿内容不包含后果损失，与损害赔偿或恢复原状相比是一种不完全补偿（incomplete compensation）。②首先，公平市场价值仅是被征收财产本身的价值，不包含征收所致间接损失，如未来利润的丧失、与财产地理位置有关的商誉损失、搬迁费用等。③当然，征收补偿区分于损害赔偿的补偿功能，其不包含征收财产的未来发展损失，但以市场价值为补偿标准，依旧忽略了征收导致的其他附带损害，如因征收产生的重新安置费用、经营损失等。其次，公平市场价值亦非征收人（社会整体）之获利。征收将改变土地分散利用的低效率，集中规划与利用也将带来土地价值的提升，④征收后实现的公共利益价值必将高于征收时的土地市场价值，这恰恰是征收正当性的体现。征收人（社会整体）获利高于征收补偿额，乃征收正当性使然。

美国确立公平市场价值为补偿标准，主要原因在于该标准切实可行、经济有效。⑤同时，它试图通过司法实践弥补公平市场价值补偿标准的局限性，主要是在联邦和一些州出台的安置补助法令中另行规定了安置补助费用，对因征收所致的间接损失进行补偿。如1970年

---

① 参见宋志红：《美国征收补偿的公平市场价值标准及对我国的启示》，载《法学家》2014年第6期。

② See Thomas W. Merrill，"Incomplete Compensation For Takings"，11 New York University Environmental Law Journal（2002），p. 111.

③ See，United States v. Petty Motor Co.，327 U.S. 372，377—378（1946）.

④ See Thomas W. Merrill，"Incomplete Compensation For Takings"，11 New York University Environmental Law Journal（2002），p. 118.

⑤ 公平市场补偿标准适用成本低，面临的估价困难较少，被美国一个多世纪的司法实践证明最为经济有效。See Thomas W. Merrill，"Incomplete Compensation For Takings"，11 New York University Environmental Law Journal（2002），p. 128—134.

美国联邦立法《统一安置补助与不动产征收政策法》中有规定，因征收造成他人重新安置的，应赔偿其合理的实际搬迁费用。[①] 可见，被征收人不仅可以获得被征收土地的损失补偿，还包括征收所致生产、生活的损失补偿，只是未将该类间接损失纳入公正补偿框架之中。

2. 后果损失补偿呈现"对人主义"与"对物主义"的分野

相较而言，德国、日本征收法确立的补偿范围，不仅包括被征收客体物的市场价值，更及于征收所致后果损失。德国《建筑法典》第93条第2款明确规定，征收范围包括因征收产生的权利损失以及其他因征收而产生的财产损失，也可称为实质损失以及其他后果损失；[②]日本《土地收用法》第71条将土地所有权及其他权利的补偿确定为补偿内容。深入探究，两国确立的后果损失补偿范围呈现出"对人主义"与"对物主义"的分野。

德国征收补偿范围可区分为权利损失补偿与其他财产损失补偿。其一，《基本法》第14条确立的"所有权受到保护"构成《建筑法典》第95条"权利损失补偿"的基本前提。[③] 该"所有权"并非指单纯民法意义上的所有权，而是具有财产属性的法律地位，即权利人可以通过诉讼方式获得救济的法律状态或事实状态。"权利损失补偿"成立的前提在于，该种权利地位被剥夺或者遭受损害；而公权力行使造成的权利不利地位或者不利影响，如单纯的机会丧失或者赢利可能性等

---

① See Uniform Relocation Assistance and Real Property Acquisition Act，42 U.S.C. &4622（a）（1）（2006）.

② 德国《建筑法典》第95条和第96条分别对权利损失的补偿和其他财产损失的补偿做了细致的规定。参见袁治杰：《德国土地征收补偿法律机制研究》，载《环球法律评论》2016年第3期。

③ 参见袁治杰：《德国土地征收补偿法律机制研究》，载《环球法律评论》2016年第3期。

的丧失、因修建公路产生的噪声、烟尘等，则属于权利人应当承受或容忍的负担，无须补偿。其二，《建筑法典》第96条确立了征收所致其他财产损失的补偿类型，包括因征收导致的暂时或者持续性的职业损失、因土地分割造成的剩余土地价值的减损、因征收所致的必要搬迁费用等。可见，德国确立的后果损失补偿，仍旧是以"物"为中心展开，仅及于征收所致附随财产性损失。

而日本土地征收的补偿范围，已然由"对物主义"向"对人主义"转变。其《土地收用法》第88条"其他的因为征收或使用土地引起的土地所有人或关系人通常遭受的损失，应当进行补偿"的规定，成为"通常遭受的损失"类型化推导的概括性条款，并为新补偿类型的学说和判例发展提供了广阔的解释空间。据此，征收补偿呈现双重标准：其一，以附近同类土地的交易价格确定被征收客体物的损失补偿；其二，以"对人主义"为立法指导，对"通常遭受的损失"进行类型化发展。具体表现为：第一，《土地收用法》确立了因征收所致生活权侵害的补偿类型。如《土地收用法》第83条规定，"如被征收的土地是以耕作为目的的土地"，土地所有人或关系人可"要求由事业实施者将代替地调整成为耕地"；或者根据《公共用地的取得伴损失补偿基准要纲》的规定取得农业废止补偿，为失去生产资料的农民重新生活和规划提供帮助。第二，《土地收用法》第139条之二增加了生活再建措施的规定，"提供公示事业之必要土地等而丧失生活基础者，在获得对价的同时，如果认为有实施之必要，应当向事业实施者申请生活再建措施，包括取得住宅、店铺、介绍工作、职业训练等"，起业者负有提供再建措施之努力义务。农业废止补偿与生活再建措施的规定，摆脱了以财产性价值为中心的补偿导向，着眼于"作为整体的人的生活本身或者为该人之生活设计的补偿"。

（三）后果主义推演乃制度功能表达的共同路径

在以市场价值衡量被征收客体物价值的共同基础上，征收补偿内容的阐释与表达方式呈现差异化，可见，征收补偿的制度目标并不在于构建市场价值标准。由此引发制度思考——作为共同因素存在的市场价值标准，究竟在征收补偿制度中承担何种功用？笔者认为，主要有以下两点：其一，以物的客观价值作为参照，剥离了附着于物的人格要素对价值的影响，从而为确立征收补偿的主观价值排除规则奠定基础；其二，市场被认为是确定不动产价值最为权威的认定主体，由市场进行利益衡量可起到定纷止争的作用。[①]通过上述制度比较得知，面对征收补偿问题的错综复杂，各国征收立法形成了差异化的补偿思维和阐述路径，这足以说明，市场价值作为共同标准，并非构建征收补偿制度功能的关键要素，亦非厘定补偿范围的主要依据，其仅为对征收所致权利损失进行价值衡量的技术标准。而"异类的法律制度或者法律规则在功能方面仅存在部分地相当，却仍有可能导致相似的结果"[②]。笔者认为，共同的市场价值标准为制度的比较研究提供了索引，其引出的深层次的"同质性因素"是征收补偿制度的功能趋同性。这就需要重新进行征收补偿制度的功能定位比较研究。

德国联邦最高法院在 1962 年 11 月 8 日的判决中写道："征收补偿之任务在于，对被征收人所施加的特殊牺牲（Sonderopfer）以及因

[①] 参见靳相木、陈箫：《土地征收"公正补偿"内涵及其实现——基于域外经验与本土观的比较》，载《农业经济问题》2014 年第 2 期。

[②] 参见［荷］科基尼－亚特里道，刘慈忠译：《比较法的某些方法论方面的问题》，载《环球法律评论》1987 年第 5 期。

为该牺牲而产生的财产损失加以补偿……价值补偿意味着，被征收人借助它能够获得同样种类的物，或者同样价值的客体……征收补偿旨在通过补偿给予被征收人所失去的同样的替代品。"[1] 通过"拿走什么，补偿什么"的思维方式，实现与被征收财产分量相当的"同等置换"，此乃征收补偿的制度功能；同样，日本最高法院在判决中写道："《土地收用法》所确立的损失补偿之目的在于，可以让被征收人取得在附近的、与被征收地同等之代替土地的金额。"[2] 与此同时，美国的公正补偿制度旨在构建一个"具有充分买家的公开、公平市场，进而确定一个在该土地达到最高最优使用用途的情况下，买主愿意付给卖主的合理价格"。[3] 该构建的意义在于，使被征收人在接受补偿的当下，能够无障碍地通过市场交易并取得同等置换物。美国最高法院指出，"个人有权获得相应于被征收财产而言完全和严格等同（full and exact equivalent）之补偿，使其在金钱上处于和财产未被征收时同样的地位"[4]，因而应"向私有产权人偿还相应的公平等价物"[5]，便可实现公正补偿的制度功能。比较法视野下，征收补偿制度存在共同的推理结构：通过赋予被征收人实现同等置换的能力，保障其征收

---

[1] BGHZ 39，189（199f.）. 转引自袁治杰：《德国土地征收补偿法律机制研究》，载《环球法律评论》2016 年第 3 期。

[2] 参见日本最高裁判所 1973 年 10 月 18 日第一小法庭判决，民集第 27 卷 9 号 1210 页判决书内容。资料来源于"中外土地征收制度比较研究"课题组于完成对《日本土地征用法》之翻译稿。

[3] 参见张千帆：《"公正补偿"与征收权的宪法限制》，载《法学研究》2005 年第 2 期。

[4] See Seaboard Air Line Ry. v. United States，261 U.S. 299（1923），at 304.

[5] See Monongahela Navigation Co. V. United States，148 U.S. 312，1893，p.325.

前后财产及生活地位的对等性，欲达致此目标，须以"结果安定性"[1]原则为取向，填补征收所致后果损失，方能保障被征收人地位不因征收而减损。

① 参见杨知文：《后果取向法律解释的运用及其方法》，载《法制与社会发展》2016年第 3 期。

<table>
<tr><td>第二节</td><td>土地征收制度的
补偿范围与内容研究</td></tr>
</table>

一、我国农村集体土地征收补偿范围的现状与反思

土地征收补偿已经成为当今社会的热点问题，因补偿引发的矛盾和冲突已经严重影响社会稳定，必须予以认真对待。[①] 近年来，国家和各地方政府都在极力完善土地征收的补偿制度，但是，该领域内总体上仍然呈现出矛盾越积越多、冲突屡有所见的态势。

（一）集体土地征收补偿制度的现状

1.补偿范围过窄

根据《土地管理法》第 48 条规定，征收耕地的土地补偿费由土地补偿费、安置补助费以及农村村民住宅、其他地上附着物和青苗等补偿费用三部分组成，但未包含所有因土地征收而引致的损失，如迁移费的损失、营业损失等等。但作为我国特有的具有社会福利和保障

---

① 参见蔡乐渭：《中国土地征收补偿制度的演进、现状与前景》，载《政法论坛》2017 年第 6 期。

功能的宅基地使用权是否应当给予独立的补偿以及如何补偿？尽管《土地管理法》第48条第2款中将农村村民住宅作为独立补偿客体，区分于地上附着物而获得独立补偿资格。但这其中如何处理宅基地征收中宅基地所有权与房屋所有权之间补偿款的分配，却未予明确。作为用益物权属性的经营权是否能够成为独立的补偿客体，立法未给出明确的答复。《物权法》已经将土地承包经营权作为一项独立于集体所有权的独立物权，土地征收不仅导致土地所有权的灭失，同样导致承包经营权的灭失，仅规定对集体土地所有权给予征收补偿不符合《物权法》所规定的农地物权结构体系，缺乏正当性。[①] 在其他国家或地区，为了避免被征收人遭受不必要的损害，一般都规定了较为宽泛的补偿项目，如我国台湾地区对改良物的一并征收与补偿、被征地使用影响接连土地的补偿、残余土地的一并征收与补偿等作出了规定，从而增加了征地补偿的项目和范围，对被征收人的财产权的保障更加充分。[②]

2. 补偿标准过低

现有补偿标准计算以"产值倍数法"为基准，土地补偿费为被征收土地被征收前三年平均年产值的6～10倍，安置补助费为被征收土地被征收前三年平均年产值的4～6倍，而地上附着物和青苗等的补偿费由省、自治区、直辖市直接规定。然而相对于农民土地被征收后的处境而言，该补偿额度显然严重偏低。"产值倍数法"不考虑被征收的集体土地的潜在使用价值和市场价值，其只相当于对集体土地

---

① 参见郭继：《土地征收补偿标准的法经济学解读——兼论〈物权法〉第42条第2款及第132条之适用》，载《法学论坛》2012年第4期。

② 参见高飞：《征地补偿中财产权实现之制度缺失及矫正》，载《江西社会科学》2020年02期。

之使用权的补偿。[①] 对于大部分农民而言，一旦失去土地，他们就只能作为农民工而进入城市，只能从事一些处于产业边缘的高风险、高消耗、低收入的体力劳动，并且处于城市的社会保障体系之外，根本无法享受城市化发展带来的优势。相较于具有持续利用性的土地而言，征收补偿款难以起到长期维持农民生计的物质保障。直到 2005 年原国土资源部下发《关于开展制订征地统一年产值标准和征地区片综合地价工作的通知》指出，"区片综合地价是指在城镇行政区土地利用总体规划确定的建设用地范围内，依据地类、产值、土地区位、农用地等级、人均耕地数量、土地供求关系、当地经济发展水平和城镇居民最低生活保障水平等因素，划分区片并测算的征地综合补偿标准（原则上不含地上附着物和青苗的补偿费）"。《土地管理法》第 48 条第 3 款明确采用了征地区片综合地价补偿标准，区片综合地价的制定使得土地征收补偿的标准有了突破产值倍数的想象空间，增加了对"同地同权"实现的向往。但事实上，在区片综合地价的测量方式中，年产值仍然是其重要的衡量标准，[②] 依据区片综合地价得出的补偿标准也与年产值倍数计算得出的补偿数额不会有太大出入，本质上仍然是行政机关决定土地征收的补偿价格，并没有改变我国土地征收补偿标准过低的现状。[③] 虽然《土地管理法》第 48 条第 2 款明确表明"安排被征地农民的社会保障费用"，但这种脱离市场价值计算补偿数额的

---

① 参见高飞：《征地补偿中财产权实现之制度缺失及矫正》，载《江西社会科学》2020 年 02 期。

② 参见渠滢：《我国集体土地征收补偿标准之重构》，载《行政法学研究》2013 年第 1 期。

③ 参见赵秀梅：《农村集体土地征收补偿立法构建研究——以〈土地管理法〉的修改为中心》，载《中国农业大学学报（社会科学版）》2018 年第 6 期。

方式显然极大地剥夺了农民对土地增值利益的分享，事实也证明集体土地的补偿金往往只有其出让金价格的几十分之一甚至几百分之一。[①]这种改革思路没有跳出现行法对土地征收按照原用途进行补偿的思维定式，依然是试图通过政府主导制定被征收集体土地的补偿价格，不可能真正确保集体土地的应有价值得以实现，也无法真正改变征地补偿标准偏低的局面。[②]

3. 补偿款分配不明确

依据《土地管理法实施条例》第 32 条第 2 款的规定，"土地补偿费归农村集体经济组织所有；地上附着物和青苗等的补偿费用，归其所有权人所有"，同时《物权法》第 132 条规定"承包地被征收的，土地承包经营权人有权依照本法第 42 条第 2 款的规定获得相应补偿"。可见，土地补偿款中包含了对土地承包经营权的补偿，但需要由集体经济组织在其内部进行自主分配。但是，我国集体经济组织一直处于事实上的缺位状态，更遑论其内部是否具备有效的组织架构，笼统地规定土地补偿费归农村集体经济组织所有，难以解决现实中处理被征地承包户与集体之间及与其他农民之间的利益关系的问题。[③]且实践中，乡镇政府或村委会主要掌握了行使集体土地所有权的权力，因此，作为所有权代表的乡镇政府以及村委会也就自然成为征收中的谈判参与方，掌握着农村土地征收补偿的分配权。部分村干部没有严格依法

---

① 参见方涧、沈开举：《我国集体土地征收与补偿制度之嬗变与未来——兼评〈土地管理法（修正案征求意见稿）〉》，载《河北法学》2018 年第 8 期。

② 参见高飞：《征地补偿中财产权实现之制度缺失及矫正》，载《江西社会科学》2020 年 02 期。

③ 参见蔡乐渭：《中国土地征收补偿制度的演进、现状与前景》，载《政法论坛》2017 年第 6 期。

履行职责，甚至将本集体土地被征收作为捞取个人私利的有利时机，这种不称职的举动既对集体土地所有权的实现不利，也致使农民集体成员在集体土地被征收后分享的补偿款数额降低。[①] 可以说，农民已经被架空在了征收补偿分配的参与机制之外。[②] 农民的征收补偿分配款被挤占，补偿款的分配格局呈现为政府占 60%～70%，村级组织占 25%～30%，而最终分配到农民手中的只有 5%～10%，大部分土地补偿款被截留在乡镇政府和村级组织手中。

（二）我国现有征地补偿制度存在功能偏差

1.比较法视野中的交易补偿思维

首先，交易思维在我国处于重要位置。确实，"只有通过市场价格进行补偿才是最合理的补偿"[③]。但我国的社会制度环境与域外存在本质差异，农村土地属于集体所有，城市土地为国家所有，土地所有权交易几乎不存在，土地交易市场环境亦极为不完善，仅有的集体经营性建设用地和国有建设用地市场缺乏稳定性和标准价格评估机制，直接适用交易价值补偿原则自然不可行。

其次，以交易价值进行补偿，仅是确定补偿数额的一项具体操作，而非域外征收补偿法律思维的完全概括；征收补偿制度呈现出趋同化的功能定位，即通过"同等置换"实现被征收人权利地位的不减损。而我国现行的征收补偿制度，仍旧夹带着浓重的计划经济烙印，这与

---

① 参见高飞：《征地补偿中财产权实现之制度缺失及矫正》，载《江西社会科学》2020 年 02 期。
② 参见李凤章：《通过"空权利"来"反权利"：集体土地所有权的本质及其变革》，载《法制与社会发展》2010 年第 5 期。
③ 王利明：《物权法草案中征收征用制度的完善》，载《中国法学》2005 年第 6 期。

当前快速城镇化的背景和市场经济体制截然背离，也是现行征收补偿制度与社会脱节的根本原因。我国应当明确同等置换的功能定位、遵循"对人主义"的思维导向，来确立征收补偿的范围、方式及额度。只有实现被征收权利所承载功能的替换，才能实现对被征收人生产、生活的保障。笔者认为，集体土地权利所承载的功能实现分为"集体"和"农民个体"两个层面：其一，通过赋予农民土地承包经营权和宅基地使用权，由农民现实支配集体土地，实现对农民生产和生活的保障；其二，集体所有制具有公有制属性，决定集体所有权的权能不同于传统所有权，集体仅对土地行监督之权力、尽服务之义务，[①] 征收仅导致集体对土地支配力的丧失。因此，征收导致的生产、生活保障的丧失，仅是针对农民个体而言，而非农民集体。而结合《土地管理法》第48条的体系解释可知，征收标的仅包含土地所有权、住宅所有权、地上附着物以及青苗所有权，而不包含土地承包经营权、宅基地使用权等他物权。这些承载着农民生存保障功能的他项权利，由于缺乏独立的补偿地位，只能纳入安置补助费的范围，可以说，征收补偿制度的立法设计，并未实现以农民权益保护为本位的功能目标。

2. 历史视野中的产值倍数思维

遵循征收补偿制度的演进脉络，可以发现，指导我国征收补偿标准确立的法思想始终带有深刻的计划经济烙印，形成了征收补偿立法的思维定式。我国最早于1958年《国家建设征用土地办法》中规定了征收补偿的范围、方式与标准，直至1982年《国家建设征用土地

---

① 参见房绍坤：《土地征收制度的立法完善——以〈土地管理法修正案草案〉为分析对象》，载《法学杂志》2019年第4期。

条例》颁布后，对于补偿范围、方式与标准的立法规定均未发生大的变化，即按照年产值倍数给付土地补偿费和安置补助费，并给付青苗补偿费、地上附着物补偿费；而后，1998年修订的《土地管理法》仍然延续了以土地原用途为依据的"年产值倍数法"补偿思路；直到《土地管理法》第48条明确了"区片综合地价"的补偿标准，给予了征收补偿突破原产值倍数的想象空间，增加了对"同地同权"的向往；但事实上，自2005年原国土资源部下发的《关于开展制订统一年产值标准和征地区片综合地价工作的通知》提出区片综合地价的补偿标准以来，补偿数额的测算仍旧是以土地年产值为重要衡量指标，得出的结果与年产值倍数法确定的补偿数额未有太大出入。[1] 实质上，我国征收补偿标准，始终遵循的是土地年产值倍数法，各项改革措施和应变策略不过是在"量"上做调整，本质上与20世纪50年代初期以被征地年产值为补偿基数的做法无异。

实质上，我国征收补偿标准的确立，始终未能摆脱计划经济时代法思想的影响。计划经济时期，集体土地征收一直作为国家进行经济建设、实现经济增长的工具，农民集体应当服从国家长远利益，而国家仅需保证农民群众的当前利益得到适当照顾。在引发被征地农民普遍不满的情形下，给予农民征收补偿仅是国家不得已的选择。[2] 但在当时，处于计划经济时代的集体经济组织具有强大的组织生产能力，仅将部分征地款项用于举办乡镇企业，便可实现失地人员的就业安置，因此，即便20世纪50年代初期，以年产值倍数法确立了征收补偿标

---

① 参见渠滢:《我国集体土地征收补偿标准之重构》,载《行政法学研究》2013年第1期。
② 参见1953年《国家建设征用土地办法》第5条。

准，强大的集体经济组织仍能够妥善安排被征地者的生产和生活。如1982年《国家建设征用土地条例》即规定，可以通过发展农业生产、社队工副业生产、迁队或者并队的途径进行安置。上述途径仍未安置的，经批准可安排到集体所有制单位就业；生产队土地被征完，又不具备迁队、并队条件的，经批准可转为非农业户口或城镇户口。[①] 然而，该补偿思维延续至今，已难以满足实际需要：将补偿标准与土地产出能力挂钩，仅能反映土地农业用途的价值，而并非土地价值的全部，也不能反映土地作为永久性的和不可破坏的地力的价值，更不能体现环境和文化的价值，[②] 不仅造成农民失去其赖以生存的物质基础，也失去了长远生计的保障与平等发展的机会。由此，重构我国征收补偿制度，必须扭转立法演进的局限性，破除传统思维定势形成的功能定位障碍。可喜的是，新修订的《土地管理法》在宅基地征收和安置补偿方面已经意识到单一货币补偿之不足，从而为安置补偿的制度设计回归正轨提供了契机。

3. 制度改革应遵循功能替代思维

一国的土地制度安排始终应与其经济社会发展条件相适应。[③] 交易补偿思维和产值倍数补偿思维均难以实现被征收权益的同等置换。农村土地制度的中国特色在于：土地不仅具有经济财产属性，更承载着农民生产、生活和生存保障功能。土地的社会保障功能与经济价值功能间的冲突，成为我国征地制度中的主要矛盾。由此，实现征收补偿制度的"同等置换"效果，必须遵循权利功能的替代思维。

---

① 参见《国家建设征用土地条例》第 12 条。

② 参见叶必丰：《城镇化中土地征收补偿的平等原则》，载《中国法学》2014 年第 3 期。

③ 参见韩长赋：《中国农村土地制度改革》，载《农业经济问题》2019 年第 1 期。

首先，不能将征收补偿数额确定为市场交易价格。其一，依靠市场交易价值补偿实现被征收财产权益的同等置换，依赖于完备的土地市场交易环境；而我国缺乏土地交易市场，导致土地市场价值无法准确评估；其二，集体土地经济价值功能的实现必须以社会保障功能的实现为前提。即便依据中介机构评估和类比置换法等方式可以评测出土地的市场价值，但以市场价值进行补偿，是否真正能够实现失地农民的妥当安置、保障其长久生计，无法得到直接论证，因此，集体土地权利的功能承载并不能简单地以市场经济价值评测。

其次，产值倍数法补偿思维有可取之处，但并不足以实现失地农民权益的同等置换。以土地平均年产值衡量农民原有的生活水平具有一定的合理性；依据年产值倍数思维，以被征收土地净产值为单位乘以承包期限得出的补偿数额，可以实现对失地农民经营权益的同等置换，但却不足以保障失地农民的长久生计。农民长久的生计保障通过"现有承包关系稳定不变"的政策得以确保。笔者认为，失地农民权益补偿应遵循"失地补偿和社会保障并用"路径，使农民除获得对被征收土地经营权益的货币补偿，还可以获得社会保障法意义上的社会保障。[①]

二、功能定位下的征地补偿内容重构与补偿方式的创新

征收补偿之制度定位是设置补偿内容的路径关键。实现"同等置换"是征收补偿的制度效果，补偿内容的构建理应紧密围绕该效果之

---

① 参见肖新喜：《论新型城镇化背景下集体土地征收立法中失地农民社保制度完善》，载《湖南社会科学》2016 年第 6 期。

实现展开。

（一）确立被征地农民之补偿主体地位是改革的基础和保障

首先，实现征收补偿制度从"对物主义"到"对人主义"的转变，应当确立被征地农民的补偿主体地位，并以失地农民为主体展开补偿内容及方式的立法设计。我国立法初步确立了财产性损失之外的生活权损失补偿的正当性，并为征收补偿向"对人主义"的转变指明了方向，如2006年国务院颁布的《大中型水利水电工程建设征地补偿和移民安置条例》第4条规定，补偿应遵循"以人为本……满足移民生存与发展的需要"；此外，《土地管理法》第48条和《物权法》第243条规定，安排被征地农民的社会保障费用，征收个人住宅的应保障被征收人居住条件。但现有补偿项目仅包含"土地补偿费、安置补助费以及农村村民住宅、其他地上附着物和青苗等的补偿费用"，土地补偿费作为对地上权利的直接补偿，立法规定其归属于集体所有权人所有，却又未明确土地补偿费的具体分配规则，导致被征地农民补偿主体地位的缺失，并未体现"以被征地农民权益保障为主体"的原则。笔者认为，确立被征地农民的补偿主体地位，不仅是对"以被征地农民权益保障为中心"原则的宣示，更重要的是，只有以被征地农民为主体展开补偿内容的设计，才能真正实现被征收土地权益的功能性置换。

其次，确立被征地农民之补偿主体地位具有理论正当性。征收补偿制度遵循"拿走什么，补偿什么"的思维路径，在后果推演主义逻辑下，土地征收不仅导致所有权的灭失，同样导致土地上他项权利的消失。他项权利的灭失是征收公益性实现过程中的特别牺牲，因此，具有征收补偿之正当性。

最后，确立被征地农民之补偿主体地位符合现实需求。土地补偿费是对集体土地所有权的补偿，归属于农村集体经济组织所有，同时，因征收导致权利丧失的用益物权人有权获得相应补偿，但其只能以集体经济组织成员的身份参与到集体经济组织内部的土地补偿费分配，不能直接以他项权利丧失为由请求征收方给付补偿，因此，他项权利人请求分配的依据是成员权，而非他项权利。另外，由集体经济组织决定土地补偿费分不分、分给谁、如何分，将造成丧失权利的他项权利人与未被征地的其他成员地位的同质化，在分配方案"多数决"的表决规则下，其权益极易遭受损害。[①] 根据现有补偿规则，他项权利人根本没有机会参与征收补偿的谈判，难以通过制度途径表达自身利益诉求，[②] 这不仅与其权利的物权性质相悖，也严重侵害了被征地农民的合法权益。[③]

因此，赋予被征地农民独立的补偿请求权，是"以被征地农民为主体进行补偿内容设计"路径的必然要求。对此，域外征收法提供了可资借鉴的立法例。日本《土地收用法》第 69 条规定，土地所有人及关系人之损失可以获得分别补偿；德国《建筑法典》第 97 条规定，只要从权利人之权利没有被继续维持或者通过新的权利替代，则其应获单独补偿；英国《土地补偿法》和《农业持股法》分别确定了"被征收的土地占有人有权向征收机构请求获得'侵扰支付'和给予承租

---

① 参见田韶华：《论集体土地上他项权利在征收补偿中的地位及其实现》，载《法学》2017 年第 1 期。

② 参见周龙杰：《论土地承包经营权征收独立补偿的实现》，载《法学杂志》2013 年第 5 期。

③ 参见申建平：《对农村集体土地征收补偿范围的反思》，载《比较法研究》2013 年第 2 期。

人单独补偿的方式"①。另外不能将被征收农民的土地权利直接确定为征收客体。基于征收之原始取得属性，被征收土地上除所有权以外的其他权利负担，具有限制所有权行使的效力，其在征收过程中被一并消灭，同时国家取得完全无负担的所有权。征收过程中，权利的取得是对所有权的直接获取，而非先行消灭各项地上负担，再取得所有权。因此，他项权利不应直接作为征收客体。

（二）"同等置换"之制度效果需依据权利功能属性确定

1. 土地所有权补偿负载增值收益的分配

学界认为，关于集体土地征收补偿标准以及补偿范围等的争议，实质上仅是增值收益分配矛盾的具体表现形式。② 目前，土地增值收益存在两种分配主张：其一，土地增值收益涨价归公。理论上，土地发展权源于土地国家管制，因而增值收益应为国家所有；③ 同时，基于社会再分配和公平的需要，可在二次分配过程中适当提高对失地农

---

① 1973 年英国《土地补偿法》第 37 条规定被征收的土地占有人有权向征收机构请求获得"侵扰支付"。同时同样确定了给予承租人单独补偿的方式：其一，1968 年《农业持股法》第 9 条规定，对于按年租赁者，或者为有限期即将届满的固定期限承租人，征收机构应对承租人的占有权支付年租金的四倍数额的补偿，用来"促进该承租人事务的重组"。其二，根据 1948 年《农业持股法》第 34 条规定，有效的"放弃通知"送达承租人，而非因承租人的过错使其失去占有时，所有权人应当向承租人支付补偿，当承租人有权依据此条获得"侵扰补偿"时，上述补偿也应当支付。因此，承租权人可以依据 1948 年《农业持股法》第 34 条获得侵扰补偿，其同样有权利依据 1968 年《农业持股法》第 9 条获得"事务重组"的补偿。对于农业占有人确定了基于征收的"农业损失补偿（farm loss payment）"：根据 1963 年《农业法》，征收机构对农地占有人的搬迁以及交易损失费用的确定具有自由裁量权，以保证强制购买程序中被逼迁的农民是否能够获得充分的"侵扰"补偿。

② 参见程雪阳：《土地发展权与土地增值收益的分配》，载《法学研究》2014 年第 5 期。

③ 参见陈柏峰：《土地发展权的理论基础与制度前景》，载《法学研究》2012 年第 4 期。

民的补偿水平，完成增值收益向集体和农民倾斜之目标。[1]其二，土地增值收益应归土地所有权人所有。土地发展权是从土地所有权中分离而来的一种相对独立的物权，农民集体自然应享有土地增值收益。[2]以上主张均能提高农民的增值收益分配比例，但笔者较为认同第二种主张。征收实现了集体土地的用途转变，同时产生了土地增值收益，以此决定，土地增值收益并非依附于农民的土地利用权，而是土地所有权。因此，实现"提高农民分享土地增值收益的分配比例"的改革目标，应以农民集体为单位，而非失地农民个人。

首先，不应以失地农民作为土地增值收益的分配主体。"同等置换"的制度效果决定，征收补偿应以"被征地农民失去了什么"为视角展开，并以物之特征为衡量标准。物之价值需要根据其特性衡量，不仅包括土地的自然状态，也包含所有对物的价值施加影响的其他因素，如土地地理位置、土地建筑用途、周边开发情况、土地发展状况（Entwicklungszustand）以及其上影响价值的其他权利或负担等。[3]同时，征收补偿制度旨在恢复"征收确定之时、征收效果产生之前"的权益状态，以排除征收行为本身所生之利益。因此，被征地农民所获补偿

---

① 参见彭錞：《土地发展权与土地增值收益分配　中国问题与英国经验》，载《中外法学》2016 年第 6 期。

② 参见胡兰玲：《土地发展权论》，载《河北法学》2002 年第 2 期；程雪阳：《土地发展权与土地增值收益的分配》，载《法学研究》2014 年第 5 期；刘国臻：《中国土地发展权论纲》，载《学术研究》2005 年第 10 期；王小映：《全面保护农民的土地财产权益》，载《中国农村经济》2003 年第 10 期。

③ See Weiβ，in：jäde/Dirnberger/weiβ，Baugesetzbuch Kommentar，6 Aufl.，§ 95，Rn.2. 转引自袁治杰：《德国土地征收补偿法律机制研究》，载《环球法律评论》2016 年第 3 期。

的时间节点为征收确定时且征收效果产生之前，其并不分享土地用途转变产生的土地增值收益。

其次，土地增值收益的分配应通过集体土地所有权补偿之形式实现。城乡二元结构背景下，形成了独具中国特色的集体所有权制度。[①] 一直以来，国家对农村土地进行严格的用途管制，严重限制了农村土地的经济价值；而征收实现土地所有权转化的同时，必将释放巨大的土地增值收益，这部分土地价值是由"农业支持工业、农村支持城市"的发展路径积累形成的，增值收益分配的正当性应当来源于对农村奉献和对农民权益剥夺的历史现实的弥补，因此，土地增值收益归属于集体土地所有权，具备历史正当性。征收补偿确定以征收效果产生之前为时间节点，由此，征收补偿制度并不负载土地增值收益的分配，但笔者仍主张土地增值收益的分配应当通过集体所有权补偿的形式实现，主要有两点理由：其一，如上所言，土地增值收益归属于集体土地所有权。通过集体土地所有权补偿实现增值收益的分配，具有权源正当性。其二，现有补偿标准难以为农民提供长久的生存保障，而必须依赖于土地增值收益的分配。同时，土地出让收益的分配亦应改变长期以来"取之于农、用之于城"的现实，遵循"取之于农、用之于农"的改革要求，由其负载失地农民的生存保障，符合改革要求，且具有现实必要性。因此，应确定固定比例的土地出让金收入，作为集体土地所有权的征收补偿金，用于失地农民的社会保障；剩余出让金作为土地增值收益调节金，由国家支配投入到农村现代化建设。由此，

---

① 参见孙宪忠：《推进我国农村土地权利制度改革若干问题的思考》，载《比较法研究》2018 年第 1 期。

立法应当明确土地补偿费的分配规则，对此下文将进行阐述。

2. 补偿方式的创新：依据权利所承载功能属性确定补偿内容

我国征收补偿制度应实现对"人本主义"的转变，以被征地农民权益保障为中心，依据被征收土地权利所承载的功能属性展开补偿内容的立法设定。

首先，征收补偿制度应当负载失地农民的生存保障功能。学界对于征收补偿制度是否应当承载农村社会保障功能存在争议。有学者认为，征收补偿制度与社会保障、住房保障等制度功能迥异，诸项制度混杂在同一程序中将导致各自功能的抵消，因而，应当剥离附着于征收补偿制度的社会保障功能。[①] 对此，笔者并不认同。征收补偿制度之完善本就不能孤立看待，必须纳入土地制度的整体框架之中，遵从"并非农户地权来源于集体，而是集体地权来源于农户"的历史现实。集体土地所承载的生存保障功能通过用益物权得以显化，表现为土地承包经营权和宅基地使用权。一方面，自家庭联产承包责任制建立以来，土地承包经营权经历了"类似于租赁权的债权属性、物权法确认的物权稳定性、'稳定承包关系'政策保障下的权利长久不变"的演进历程，充分展现出农民与集体关系的特殊性：农民集体恰恰是农民自己组成的，土地承包经营权与集体土地所有权的关系不能简单地用民法上的所有权与用益物权理论来解释；同时，土地承包经营权设置的初衷更多的是从社会保障功能出发，以解决粮食短缺与农民温饱、

---

① 参见宋志红：《美国征收补偿的公平市场价值标准及对我国的启示》，载《法学家》2014 年第 6 期。同样主张可参见高鲁嘉、齐延平：《论美国征收法上的"公平补偿"原则——兼论中国征收补偿法律制度之完善》，载《学习与探索》2018 年第 4 期；叶必丰：《城镇化中土地征收补偿的平等原则》，载《中国法学》2014 年第 3 期。

实现农业人口生存保障，达致农村社会稳定。①另一方面，宅基地使用权旨在实现"居者有其屋"的基本权利，通过"一户一宅、一宅一地"政策实现该权利承载的社会保障属性。该权利设置的初衷在于，通过对集体所有的宅基地财产的无偿分配，满足集体成员的生存利益需求。②综上，在公权力保障缺位的情况下，农村土地已然承担起农村的社会保障功能，并通过土地承包经营权和宅基地使用权的形式实现。实现征收补偿"同等置换"的制度目标，必须兼顾被征收权利所承载的社会保障功能，方能实现被征收人权利地位的不减损。

其次，他项权利之补偿厘定应遵循"功能替代"路径。征收补偿的本质是补偿被征收者因征收遭受的损失，征收所致损失后果并非仅指该权利本身，亦造成他项权利所承载的社会保障功能的实现缺失，由此，征收补偿必须补全该法思想实现的空缺。他项权利的补偿内容应当依据权利所承载的功能属性确定，实现被征地农民权益的"同等置换"，这不仅是社会稳定的需要，更是对作为社会弱者存在的失地农民进行特殊保护的立法考量。

其一，针对宅基地的征收补偿。集体土地上房屋征收应区别于国有土地上房屋征收，其不可能按照国有土地征收补偿的程序和标准对被征收土地农民进行安置补偿。宅基地使用权遵循"一户一宅"法思想的影响并保持长期稳定，发挥着农民生活保障之功用，因此，其补偿的重心在于保障农户宅基地资格权的实现。对宅基地征收进行补偿，可以采取"附近同等"的补偿思路，以"使农户重新购买到附近同等

---

① 参见郑尚元：《土地上生存权之解读——农村土地承包经营权之权利性质分析》，载《清华法学》2012年第3期。

② 参见江平审定，刘智慧主编：《中国物权法释解与应用》，人民法院出版社2007年版。

房屋"为标准给付补偿金额；或者，为失地农民提供安置地并按照建筑面积计算房屋结算成新的重置价格给付补偿金；或者，将原来一家一户的安置格局转变为层楼式住宅。由政府或者委托实施征收的机构建设安置楼，由集体经济组织负责进行集中安置，并按照社区模式进行社区建设和服务配套；当然，允许农民将分配的安置楼转为国有并持有产权证书，通过市场交易实现房屋的财产属性，让农民分享城市化成果，并为其职业转变提供资本支持。[①] 实现上述安置与补偿所需资金，均应从土地补偿费中扣除，土地增值收益分配给"农民集体"的比例至少应当满足此项资金需求。

其二，针对承包地的征收补偿。第一，应当明确，因承包关系丧失所需要的补偿金额应从土地补偿费中扣除，土地增值收益分配给"农民集体"的比例至少应当满足此项资金需求。"稳定现有土地承包关系并保持长久不变"的改革要求，并非"承包资格权作为集体成员权，应保持长久性"，而是指"已有的承包关系期限应无限延长，使农民承包的地块总体上保持稳定不变"，这也是承包经营权保障农民长久生计的体现。其中，长久不变的承包关系经由农民集体成员权得以确保，因而，从土地所有权补偿项目中扣除该笔补偿额具有正当性。第二，失地农民的生存保障应以"年产值倍数补偿＋社会保障制度"并存的形式实现。耕地征收过程中，农民失去的是一份长久的生计来源，而现有年产值倍数法的补偿标准只能为农民提供一定年限内的生存保障，因此，笔者主张，耕地的征收补偿应当分为两种途径：一是将本

[①] 参见邓晓兰、陈拓：《土地征收增值收益分配双规则及相关主体行为分析》，载《贵州社会科学》2014 年第 5 期。

集体内承包地的同等置换设置为优先补偿路径。在诸多情形下，农民仍以土地为其生存保障来源，单纯的金钱补偿不足以弥补其所受损失，最好的补偿办法就是为其提供一块安置地继续从事农业经营。二是农户放弃或者不能获得承包地置换的，除按照"年产值乘以剩余承包期限"的补偿金额之外，还应当从土地补偿费中支付社会保障费用以及就业安置费用等。

其三，保留集体经营性建设用地的征收路径。自党的十八届三中全会提出"建立城乡统一的建设用地市场""实现农村集体经营性建设用地与国有土地同等入市、同权同价"以来，全国 33 个县（市、区）展开了集体经营性建设用地入市改革，并形成了相对成熟的规则体系，为集体经营性建设用地的市场价值评估创造了条件。虽然学界多持集体建设用地直接入市的观点，集体经营性建设用地应与国有建设用地具备相同的权利内容、适用相同的交易规则、并受同等的规划与用途管制，但在各地进行的集体经营性建设用地入市探索中，济南的"权利转让模式"、湖州的"混合模式"以及重庆的"城乡建设用地增减挂钩模式"仍然保留了集体建设用地的征收路径。笔者认为，当下集体建设用地入市改革，不能"一刀切"地封闭集体经营性建设用地的征收路径。但不论是征收路径还是直接入市路径，农民集体都应当获得建设用地的市场价值，在此制度共识的基础上进行集体建设用地入市改革，才能体现对农民权益的充分尊重。具体构建规则犹待学界深入探究。

当下，城镇化已经到达快速发展时期，实现农业农村和农民现代化的机遇已经到来。法律制度运作的科学性和体系性，要求将征收补偿制度视为土地制度整体问题的一个环节、一个方面，尤其是在农民已然对土地制度形成法感情的情况下，必须尊重农民地权构建的法思想，并将其落实到征收补偿制度的构建环节。首先，征收补偿内容的重构应以其制度功能为导向，以"同等置换"效果为目标，重新厘定补偿的范围及方式。这一路径是实现集体土地所承载社会功能的必然选择，也是解决土地增值收益分配问题的应然要求。其次，农民只能被动地接受合法性征收的结果，但其应当享有土地制度改革的福利。当前进行的"三权分置"等一系列土地制度改革，必将为农村社会带来巨大的经济活力。失地农民作为农村社会的一员，不能仅仅因为土地被征收，便被推出改革的浪潮。强化集体经济组织能力、尽早完善集体成员立法，将是保障失地农民分享城镇化成果的关键一环。

三、集体土地征收补偿对象的审思与完善

《土地管理法实施条例》第 32 条第 2 款规定："地上附着物和青苗等的补偿费用，归其所有权人所有。"而《土地管理法》也并没有改变这一规定的意旨。当然，土地补偿费完全归属于农村集体经济组织的方式并不合适，必须保障补偿款分配于农民手中的比例。对此，各地均已展开实践，以固定农民分配的比例。如黑龙江省固定土地补偿费全部支付给农村集体经济组织，再由其设立专户来进行分配。《辽宁省人民政府关于做好征地补偿安置工作切实维护农民合法权益的通知》规定："土地征用后，农村集体经济组织如不能从机动地中调整相当的土地给被征地农民承包经营，应当将不少于 80% 的土地补偿款支付给被征地农民，集体经济组织留用的土地补偿费不得超过土地补偿费总额的 20%。"《湖北省国土资源厅关于进一步加强和规范征地管理工作的通知》第四项中规定："土地补偿费支付给享有被征收

土地所有权的农村集体经济组织，农村集体经济组织如不能调整质量和数量相当的土地给被征地农民继续承包经营的，必须将不低于70%的土地补偿费分配给被征地农民。土地被全部征收的，同时农村集体经济组织撤销建制的，土地补偿费应全部用于被征地农民生产生活安置。"自然，农村集体经济组织仅作为集体土地所有权的代表行使主体，土地补偿款作为对集体所有权的补偿，必须保障农民集体作为集体土地所有权主体的所有者身份，保障农民对于土地补偿款的分配比例。但农村集体经济组织一直以来便承担着向农村供给公共服务产品的职能，且基于农村土地的社会属性，其并不能简单地看作被征地农民的私有资产。农民集体才是真正的所有权人，但是被征地农民对于被征收土地确实享有近乎永久的承包经营权，在集体经济组织无法分配其他机动地的情况下，必须保障"土地作为农民生存来源"的补偿功能实现。因此，必须保障农民取得土地补偿款的分配比例，但具体比例应当如何确定，应当给予地方自主权。

但农村集体经济组织在现实中的缺位，却成为保障农民获取补偿权利的羁绊。有学者提出"集体经济组织是改革开放后为适应政企分开而在农村成立的经营性组织，这些组织大多由村民委员会或乡镇人民政府发起设立，主要负责人多由村或乡镇的党政负责人兼任或任命。现实中行使集体土地所有权的权力，主要集中在乡镇政府或村委会手中"[1]。厘清农村集体经济组织在农村社会中的定位以及如何解决农村集体经济组织在实践中的缺位情况，是保障农民真正获得应有的补

---

[1] 参见赵秀梅：《农村集体土地征收补偿立法构建研究——以〈土地管理法〉的修改为中心》，载《中国农业大学学报（社会科学版）》2018年第6期。

偿比例的前提。唯有落实农村集体经济组织在农村社会中的作用发挥，方能探究保障农民在征收补偿中基于自身权利保障的话语权、参与权。

（一）农村集体经济组织的重构应以"乡村善治"为视角

就法律规范构建而言，"村民委员会"规定在《宪法》第 3 章国家机构部分，[①] 属于基层群众性自治组织，决定其主要职能是对村民的自我管理、自我服务以及相应公共事务和公益事业的提供；[②] 而"农村集体经济组织"属于集体所有制范畴，规定在《宪法》第 1 章总纲部分。就宪法结构而言，两者功能、属性截然不同。[③] 但从我国现行立法的整体情况考察，两者之间的关系却是若即若离。《土地管理法》——集体土地由村集体组织或者村民委员会经营管理[④]、《物权

[①]《中华人民共和国宪法》第 111 条第 1 款"城市和农村按居民居住地区设立的居民委员会或者村民委员会是基层群众性自治组织。居民委员会、村民委员会的主任、副主任和委员由居民选举。居民委员会、村民委员会同基层政权的相互关系由法律规定"。

[②]《中华人民共和国村民委员会组织法》第 2 条"村民委员会是村民自我管理、自我教育、自我服务的基层群众性自治组织，实行民主选举、民主决策、民主管理、民主监督。村民委员会办理本村的公共事务公共事业，调解民间纠纷，协助维护社会治安，向人民政府反映村民的意见、要求和提出建议。村民委员会向村民会议、村民代表会议负责并报告工作。"

[③] 参见谭启平：《中国民法典法人分类和非法人组织的立法构建》，载《现代法学》2017 年第 1 期。

[④]《土地管理法》第 11 条规定："农民集体所有的土地依法属于村农民集体所有的，由村集体经济组织或者村民委员会经营、管理"。第 57 条规定："土地使用者应当根据土地权属，与有关自然资源主管部门或者农村集体经济组织、村民委员会签订临时使用土地合同，并按照合同的约定支付临时使用土地补偿费"。

法》——集体所有权由集体经济组织或者村民委员会代行[1]、《村民委员会组织法》——村民委员会应尊重集体经济组织独立进行经营活动的自主权[2]、《土地承包法》——集体土地由集体经济组织或者村民委员会负责发包[3]，均将农村集体经济组织与村委会视为并列关系，规定由农村集体经济组织或者村委会代为行使集体所有权；而现实生活中，由于集体经济财力薄弱，集体经济组织缺乏经济支撑，并且《农村土地承包法》将农户承包期限延长后，集体经济组织"调整"农户承包地的权利基本被中止，直至《村民委员会组织法》第24条授予村委会以集体经济组织的主要权能，"农村集体经济组织"基本上已然名存实亡，代之而起的是村委会这种名义上为村民自治组织、实际上发挥农村基层政权组织作用的机构。[4]《民法典》第101条规定："未

[1]《物权法》第262条规定："对于集体所有的土地和森林、山岭、草原、荒地、滩涂等，依照下列规定行使所有权：（一）属于村农民集体所有的，由村集体经济组织或者村民委员会代表集体行使所有权；（二）分别属于村内两个以上农民集体所有的，由村内各该集体经济组织或者村民小组依法代表集体行使所有权；（三）属于乡镇农民集体所有的，由乡镇集体经济组织代表集体行使所有权。"

[2]《村民委员会组织法》第8条第3款规定："村民委员会应当尊重并支持集体经济组织依法独立进行经济活动的自主权，维护以家庭承包经营为基础、统分结合的双层经营体制，保障集体经济组织和村民、承包经营户、联户或者合伙的合法财产权和其他合法权益。"

[3]《土地承包法》第13条："农民集体所有的土地依法属于村农民集体所有的，由村集体经济组织或者村民委员会发包；已经分别属于村内两个以上农村集体经济组织的农民集体所有的，由村内各该农村集体经济组织或者村民小组发包。村集体经济组织或者村民委员会发包的，不得改变村内各集体经济组织农民集体所有的土地的所有权。国家所有依法由农民集体使用的农村土地，由使用该土地的农村集体经济组织、村民委员会或者村民小组发包。"

[4] 参见孙宪忠：《推进农地三权分置经营模式的立法研究》，载《中国社会科学》，2016年第7期。

设立村集体经济组织的，村民委员会可以依法代行村集体经济组织的职能。"农村集体经济组织作为宪法确定的"农业经营体制的组织载体"，其建设与发展却呈现日趋弱化或边缘化的趋势，由此，村民委员会作为替代性制度安排弥补了农村集体经济组织管理职能的空缺。

然而，村委会总是代行农村集体经济组织职能，客观上将造成农村基层组织"政经不分"的状态。长期以来，村民委员会与农村集体经济组织"合二为一""政经合一"的存在形式广受诟病，村民委员会权力滥用使基层民主异化为"富人治村"，其他大多数村民处于权力的边缘；村委会缺位集体土地监管表现严重，尤其在村委会换届选举过程中候选人常将对土地滥用行为的"漠视"作为竞选筹码；"乡村利益共同体"以权谋利现象严重，面对集体土地的巨大利益，一些村干部将集体土地当作私有财产，"利用职权捞好处"，形成一种体制上的"乡村利益共同体"，从而激化农民内部矛盾，引发悲剧。村委会与农村集体经济组织在管理农村集体土地和财产的经济职能上出现的"同构现象"，令人不免诘问，"假如一个社区承担着繁重的经济管理，它还能安心地做好社会管理吗？"

1.《民法典》第 101 条规定或引发乡村治理结构失衡危机

面对法律规范对于"农村集体经济组织"和"村民委员会"之间关系界定之"前后不一"，农村治理实践究竟应如何应对"政""社"关系缺失法律指引。直到《民法典》第 101 条规定："居民委员会、村民委员会具有基层群众性自治组织法人资格"，"未设立村集体经济组织的，村民委员会可以依法代行村集体经济组织的职能"，有学者进一步主张既然村委会事实上取代农村集体经济组织已成为普遍现象，干脆予以法律确认以避免法律规定与法律实践之间的冲突，进而主张通过政府权力上移形成"政、社、团"合一体制，扩大村民委员会的经济功能，使之向集体经济组织方向发展；利用"一套班子、几块牌子"的组织形式集中使用资源，节省开支。① 但该种打乱"乡村治理结构'三驾马车'"的主张下却隐含着诸多"隐形"危机：

（1）村庄产权单位与治理单位的不对称，严重影响村庄治理效果

农村经多次改革形成的行使集体土地所有权的"农村集体经济组织"作为农村产权单位，而以村民自治为基本单元的村民委员会则是治理单位，村庄产权单位与治理单位的对称区分是集体土地公有制下实现村民自治的重要保障。

人民公社时期集体经济极度萎缩的根本原因即在于"政社合一"② 造成的产权单位与治理单位之间的结构非对称，严重影响村庄自治。人民公社时期的基本特征在于以行政手段管理经济的"一大二公"③ "政社合一"，以乡为单位的集体经济组织作为集体产权单位与以乡政府为单位的治理单位合一，由公社统一行使集体所有管理权造成"公社行政化"，行政权与农民集体决策权、农村集体经济组织管理权之间存在巨大的冲突和矛盾，村庄自治俨然变成"行政他治"。"政社合一"治理体制下，行政权任性干预"农村集体经济组织"的

---

① 该主张可参见张玉：《集体法人地位的都江堰试验》，载《农村经营管理》，2011年第 3 期；李昌平：《从后税费时代看村民委员会的走向》，载《中国乡村发现》，2006 年第 1 期。

② 所谓"政社合一"，就是以乡为单位的农村集体经济组织与乡政府合一，公社行使所有的管理权力。参见陈剑波、陈锡文等：《中国农村制度变迁 60 年》，人民出版社 2009 年版。

③ 所谓"一大二公"，"大"是指规模大，一乡一社，整个乡就是一个生产核算单位，"公"是指所有的生产资料归公社集体所有。

经济管理权，导致产权边界不清、治理边界不明；在以行政强制为手段的集体所有"他治"方式下，民主仅具文本和理论意义。[1]

（2）村民委员会取代农村集体经济组织难避"土地财政"危机

在集体经济体制下，政府与企业之间形成"父爱主义"关系；[2]1994年分税制改革造成地方政府的巨额财政缺口，促使地方政府转向"经营土地"，以土地出让金为主体的土地收入成为地方财政的主要来源，学界一般称之为"土地财政"。农村作为"农民集体"所有的财产，"土地出让"方式为土地赢得了巨大的增值收益，政府通过垄断土地一级市场取得的巨大的土地级差收入也正是"经营土地"的前提之一[3]，而"农民集体"作为真正的集体土地所有权主体却未分取丝毫。也正是地方政府"土地财政"的行为逻辑促使学者呼吁"盘活农村存量集体建设用地，建立城乡统一的建设用地市场，逐步实现农村集体建设用地和国有建设用地的'同地、同价、同权'"。[4]农村集体建设用地入市，能够让农民分享城市化收益，同时缓解对农地转为非农建设用地的严格指标管控，国家出台相应弹性政策增加城市建设用地指标，以"增减挂钩"为代表允许农村建设用地复垦为耕地所增加出来的指

---

① 参见邓大才：《产权单位与治理单位的关联性研究——基于中国农村治理的逻辑》，载《中国社会科学》2015 年第 7 期。

② 参见焦长权、周飞舟：《"资本下乡"与村庄的再造》，载《中国社会科学》2016 年第 1 期。

③ 参见蒋省三、刘守英、李青：《中国土地政策改革：政策演进与地方实施》，上海三联书店 2010 年版。

④ 该主张可参见北京大学国家发展研究院综合课题组：《还权赋能：成都土地制度改革探索的调查研究》，载《国际经济评论》，2010 年第 2 期；蒋省三、刘守英、李青：《中国土地政策改革：政策演进与地方实施》，上海三联书店 2010 年版；张曙光：《博弈：地权的细分、实施与保护》，社会科学文献出版社 2011 年版。

标转换为城市新增建设用地指标。各地实践中也出现了多种变通做法，促使农村建设用地进入市场，最为突出的是成渝地区的土地指标交易制度、重庆涪陵区以"土地整理"换取"地票"[①]机制、湖北省通过"迁村腾地""用地置换""宅基地换房"等方式盘活农村存量非农建设用地。[②]农村集体建设用地成为基层政府吸引资本下乡的重要载体，焕发了乡镇政府"经营土地"换取"土地财政"的积极性，"农民集体"土地权益也受到前所未有的威胁。允许集体建设用地入市的弹性政策虽为农村集体土地实现增值收益打开了"绿色通道"，在通道中受益的主体（企业、地方政府）中却唯独少了出让土地的原所有权人——"农民集体"。

笔者认为，在乡镇政府"经营土地"的行为逻辑中侵害"农民集体"对集体土地增值收益权的根本原因在于"村民委员会"作为"基层群众性自治组织"与乡镇政府关系"暧昧"，为乡镇政府剥夺"农民集体"的土地发展权打开了缺口。虽然《村民委员会组织法》第4条[③]确定了乡镇政府对村委会工作的指导关系，村委会协助乡镇政府开展工作；但实践中，乡镇政府的许多工作必须依靠村委会办理，村委会不听从

[①] 乡镇每整理出一亩"地票"，就能够从土地出让金中获得2万元的"工作奖励"，这种奖励，就是从"地票交易"中划拨给乡镇的部分。有些乡镇仅2011年就整理出"地票"指标1000多亩，一次性增加了2000万元的预算外收入，这对乡镇来讲是一笔巨额可用财产。参见曹亚鹏：《"指标漂移"的社会过程——一个基于重庆地票制度的实证研究》，载《社会发展研究》，2014年第2期。

[②] 参见《中共湖北省委、湖北省人民政府关于大力实施回归创业工程的意见》（鄂发〔2008〕12号）。

[③]《村民委员会组织法》第5条："乡、民族乡、镇的人民政府对村民委员会的工作给予指导、支持和帮助，但是不得干预依法属于村民自治范围内的事项。村民委员会协助乡、民族乡、镇的人民政府开展工作。"

指挥，乡镇政府的工作就无人落实，乡镇政府与村委会一直处于领导与被领导关系。可见，村民委员会缺乏对抗乡镇政府的能力，而《村民委员会组织法》第24条的规定以及实践中普遍存在的"村民委员会"代行"农村集体经济组织"职能的现象，使得土地增值收益纳入乡镇政府财政收入，剥夺了农民集体分享土地收益的机会。

（3）村委会单独行使管理职能，农民将丧失话语权

村委会的广泛"号召"作用导致农民陷入"被动"局面，失去自由选择权。村委会干部行使职权过程中往往受到上级政府的压力，乡镇干部直接参与动员、协调，村两委必须积极配合，村两委成员的积极动员，难以避免农民失去表达机会、无奈地被"裹挟"进行土地流转。在湖北省柳村土地流转过程中，村委会积极协助土地流转，分组反复展开说服动员，农民在此过程中缺少表达意见、权衡考虑的时间和机会，"突然之间，农民在宣传动员下很快就搬上了楼、租出了土地"。

2. "农民集体"与农村集体经济组织关系之厘清

集体所有制系"一定范围内"的成员公有制，其实现与成员经济利益的实现紧密相关，因而，所有权主体界定为相应集体范围内的全体成员集体所有乃基于集体所有制实现的要求。法律上的"农民集体"是在计划经济背景下以农村自然村落为基础、以村落自然居民为成员形成的共同体形态，[①] 并不具备法人"财产联合"之特色；长期以来，在法律解释和实践操作层面集体成员没有任何具体的民事权利。通观《宪法》第10条第2款、《民法典》第261条以及《土地管理法》

---

① 立法上以自然居住村落划分"农民集体"及其成员的做法来源于1962年"公社六十条"的规定。

的相关规定，虽然"农民集体"概念在条文中呈现数次转变，却皆通过"（农民）集体所有"表达，笔者揣测，其规范属性仅限于说明"土地集体所有应界定为'属于本集体成员集体所有'"。此外，"农民集体"不可能作为民事主体直接出现，因其直接参与民事活动将可能产生以自己财产为基础清偿的对外债务，^①丧失农民生存的物质基础。于此，"农民集体"的法律地位并非取决于立法之选择，"农民集体"并不具备"直接实现"的法律期待。

以主体制度的重新建构为切入点进行的集体所有权制度改革，是农村制度变革不能回避且无法绕过的障碍。^②集体所有权的制度运行必须重视所有权在利益实现层面的权能发挥，将重构农村集体经济组织作为农民集体以所有者身份获取经济权益的基本路径。^③

（1）农村集体经济组织是"农民集体"的集体所有权代表行使主体

"农民集体"概念本身带有落后的身份色彩、高度的抽象性并且缺乏自我利益的实现机制，只能作为集体所有权的静态主体；只有通过构造农村集体经济组织对其明确化和具体化，才能实现集体所有制的制度操作性。《物权法》第 262 条明确区分了"农民集体"与其代表主体之间的关系；《土地管理法》第 11 条规定属于农民集体所有

---

① 参见高飞：《集体土地征收中公共利益条款的法理反思与制度回应》，载《甘肃政法学院学报》2018 年第 1 期。

② 参见孙宪忠：《争议与思考——物权立法笔记》，中国人民大学出版社 2006 年版。改革开放之后，大量农民离开集体涌入城市，却因"二轮承包"以来稳定土地承包关系的政策而仍旧保留着原集体之中的成员身份和土地权利，而无法成为"当地集体"的成员。

③ 参见高飞：《集体土地所有权主体制度研究》，法律出版社 2012 年版。

的土地，由集体经济组织经营、管理，表明所有权权利主体与行使主体相区分，以保障"集体所有"与"集体经济"之分别实现以及"所有权"与"经营权"之分离，改变倚仗于成员的"集体主义觉悟"实现集体经济的现状，摆脱"看似人人所有，实则无人所有"的困局。[①]

（2）农村集体经济组织是"农民集体"的意志表达主体

在《土地管理法》《农村土地承包法》的规定下，农村集体经济组织作为承包地发包方负有监督职责，用以确保承包地在符合农民集体意志的前提下经营，农村集体经济组织成为"农民集体"的意志表达载体，而"农民集体"缺乏直接的意志表达途径，立法者似乎并不需要其独立意志的出现，也并未对其直接表达怀有期待。

（3）农村集体经济组织应为"农民集体"利益表达之主体

长期以来，一些地方征收补偿款直接拨付给农地使用权人，作为所有者的"农民集体"却未获分毫。《关于全面深化改革若干重大问题的决定》指出，新一轮农村土地制度变革鼓励通过农民集体财产自身增值功能的有效实现促进农民收入的持续增长[②]，由此，农村集体经济组织应作为农民集体的利益表达主体，保障农民分享土地增值收益并实现公平分配。

（二）"乡村善治"视域下村民委员会之重构路径

在《物权法》第 262 条指引下允许村委会代行农村集体经济组织的职能，只是对两者关系的片面规定，其中隐含的乡村治理结构失衡

---

① 参见韩松、廉高颢：《论集体所有权与集体所有制实现的经营形式——从所有制的制度实现与经营实现的区分认识集体所有权的必要性》，载《甘肃政法学院学报》2006 年第 1 期。

② 参见陈小君《农村土地法律制度的现实考察与研究》，法律出版社 2010 年版。

危机也并非一定发生，可以通过村委会与农村集体经济组织两者关系的深入探究与明确避免该情形发生的可能。从民法典制定的体系性出发，总则采取潘德克吞立法体系、通过抽象概括适用于民事领域的一般规则，分则在总则体例安排的基础上负责具体执行、体现规则之间的差异性。村委会代行农村集体经济组织职能的规定出现在总则之中，具体处理村委会与农村集体经济组织在乡村治理结构中的关系，需要由分编或者相关单行法予以规定。不可否认的是，总则规定的村委会代行农村集体经济组织职能的方式符合我国农村部分地区集体经济组织体匮乏的现状，具有现实意义。因此，在总则出台背景下，事先明确村委会代行农村集体经济组织职能可能引发的诸多潜在危机，进而探究村委会与农村集体经济组织的联合方式以规避危机，也是编纂民法典分两步走战略方针的意义所在。

《深化农村改革综合性实施方案》提出"在进行农村集体产权制度改革、组建农村股份合作经济组织的地区，探索剥离村'两委'对集体资产经营管理的职能，开展实行'政经分开'试验"，为"三权分置"改革背景下妥善处理"政""社"关系提供了方向指引。但实现"政经分开"的限度何在？彻底分离是否存在现实障碍？彻底分离是否符合村民委员会在"三权分置"改革中的"功能性"？"政经分开"具体应当通过何种方式实现？以下将对此展开探索。

1. 村委会职能重构中应凸显"农村集体经济组织"之双重功能

显而易见，农村集体经济组织的产生及60年的发展形成的社区性、股份相对封闭性决定其难以简单地归为营利法人或者非营利法人；历史延续下的农村集体经济组织具有人民公社的"基因遗传性"，家庭承包经营责任制和村民自治制度实现了农村生产和生活、经济和社会组织的相互分离，改变了人民公社时期自然村与生产队并存、生产组织与社区组织同体的一元化治理体系。然而，由于村民自治组织与集体经济组织之间缺乏明确的功能界定，导致立法上两种组织的功能混同，承袭了生产队一元化治理的"遗传因子"而产生经济职能、社会职能、自治职能的交叉，使农村集体经济组织在实现农民集体营利性目标的同时，兼具一定的"准行政"职能的公益属性。而这也就是建立和发展农村集体经济组织欲实现的"中国特色"本身，[①]也只有明晰了这一点，才能真正厘清村委会与村民委员会之间的关系。

2. 村民自治视域下，"政""社"合一乃农村治理之未来走向

（1）村委会应在土地补偿制度中发挥主导作用

有学者提出通过政府权力下放形成"政、社、团"彻底分离体制，诚然，该主张有一定合理性，"作为民主载体的公共管理机构村委会和作为经济载体的集体经济运营组织农村集体经济组织混合在一起会带来一系列的问题，将基层自治组织与集体经济组织职能分开，剥离村委会经营管理集体资产的职能，在村党支部统一领导下，村委会和集体经济组织各司其职、各行其是，将是实现乡村善治视角下比较理想的一种乡村治理模式"[②]。然而，由于农村集体经济组织本身建立

---

① 全国人大常委会委员刘振伟：《赋予农村集体经济组织法人资格符合农村实际体现中国特色》，载《检察日报》2016 年 12 月 26 日。

② 该主张可参见徐增阳、杨翠萍：《合并抑或分离：村委会和村集体经济组织的关系》，载《当代世界与社会主义》2010 年第 3 期；石磊：《试析农村集体经济视角下的村民委员会职能》，载《当代世界与社会主义》2013 年第 5 期；陈小君：《我国农村土地法律制度变革的思路与框架——十八届三中全会〈决定〉相关内容解读》，载《法学研究》2014 年第 4 期；郑林、郑或豪：《非改制状态农村集体经济组织的运行矛盾及其有效治理》，载《中州学刊》，2015 年第 3 期；李昌平：《从后税费时代看村民委员会的走向》，载《中国乡村发现》2006 年第 1 期。

在村或组全体农民的生产资料集体所有制基础之上，根本没法与村委会、村民小组分离，即使将二者分开亦仅是徒具形式，反而增加无谓的组织成本。[1] 如何避免两者分离的"形式主义"，同时保证两者各司其职以形成"乡村善治"的良性结构，将是处理"农村集体经济组织"和"村民委员会"两者关系需重点关注的问题。

笔者通过调研湖南宁乡鹊山模式以及贵州安顺塘约经验，总结得出，发挥村委会在促进土地流转中的主导影响对于以土地为中心组建的农村集体经济组织的重塑具有至关重要的作用。在缺乏农村集体经济组织的地区，如要重新构建"三驾马车"治理体系，必须依赖于村委会的组织力量。可以说，"农村集体经济组织"的重新构建很大程度上依赖于村委会主导功能的发挥；而"农村集体经济组织"一旦建立，必须实现其与"村委会"机构、职能的分离，以保障农村治理的"三驾马车"结构功能的发挥。

（2）政社人员实行"交叉任职"，发挥"能人效应"

农村土地制度变革的根本在于提高农村的经济发展水平，处理农村集体经济组织与村委会关系也应以实现集体经济组织经济服务功能为首要考量。一直以来，村民委员会代行集体经济组织的权能已经为广大农民普遍接受。在此种环境下，农村集体经济组织应当以何种形式存续取决于其能否适应市场经济运行体制并为农民带来效益。现代乡村社会治理要求实现由权威服从向民主协商转变，这其中自然不能否认村民自治制度所充当的利益表达渠道的角色，更不能否认其在促

---

[1] 该主张可参见张玉：《集体法人地位的都江堰试验》，载《农村经营管理》2011年第3期；李昌平：《从后税费时代看村民委员会的走向》，载《中国乡村发现》2006年第1期。

使村民权利意识觉醒方面的价值，以及其整合乡村社会的各种资源进行自我管理方面所发挥的治理功能。[①]而村委会领导人皆由村民选举产生，其自身利益即与村民社员相一致。比较优势战略要求各类主体充分发挥自身比较资源优势以在市场竞争中获得生存和发展，乡村治理结构的塑造应当充分利用"村委会"成员在数年农村工作中积累的"能人带动效应"。早在1984年中央一号文件《关于一九八四年农村工作的通知》中即指出："为了完善统一经营和分散经营相结合的体制，一般应设置以土地公有为基础的地区性合作经济组织；这种组织，可以同村民委员会分立，也可以一套班子两块牌子。"事实上，彻底割断村委会与农村集体财产的关系，建立以党支部为核心、辅之以"纯粹的集体经济组织"和"纯粹的村委会"是难以实现的，这种分割仅是形式上的。针对农村地区面临目前精英阶层对公共事务参与积极性不高、普通农村居民由于社会交往圈子的狭窄所能选出的熟悉且信任的组织负责人不多等实际情况[②]，由村委会领导人兼任农村集体经济组织管理者，可以由村委会主任兼任"农村土地股份合作社法人"董事长或总经理，以"能人领办"或"村两委领办"为主发展农村集体经济组织，有利于充分发挥"村委会"在农民群体中的广泛号召作用。地方实践中，面对政经不分体制所致困境，枫桥村即采取了村干部分流组建农村集体经济组织的方式。[③]在实现村委会与农村集

---

① 参见于建嵘：《社会变迁进程中乡村社会治理的转变》，载《人民论坛》2015年第14期。

② 参见王胜利：《深化农业集体经济组织改革的本源原因与路径选择》，载《理论月刊》2016年第3期。

③ 参见刘柳：《"政经分开"的"枫桥探索"》，载《中国老区建设》，2016年第1期。

体经济组织"交叉任职"的情况下，内部治理结构的权力制衡是关键，必须保证村委会与农村集体经济组织职能分开、财务分开，同时需接受委托代理制下集体经济组织成员的广泛监督。

（3）"村""社"职能分离乃"三驾马车"治理结构运行之底线

"农村集体经济组织""基层党组织"和"村民自治组织"构成我国乡村治理结构的"三驾马车"，[①] 农村集体经济组织作为农村基本经营制度统一经营层次的经管主体和维护农民基本经济权益的组织保障，具有代表村级党组织和村民委员会的不可替代性。[②] 村级党组织作为执政党在农村的基层"党务性"组织，村民委员会作为村民选举产生的基层"政务性"组织，而农村集体经济组织是以集体土地资产为联结构建的"经济性"组织。村民委员会的权力来源于广大村民的选举和授权[③]，其成立并非基于自治组织全体成员的共同意志，而是按照法律规定必须设立的，村民也没有加入和退出的自由。[④] 因而，农村集体经济组织具有机构存在的独立性，村民委员会不能直接改制为集体经济组织。只有"村""社"机构分离，"三驾马车"治理机理才能实现"政"保护"社"的功能，"社"促进"政"功能的发挥，

---

① 参见张红宇：《关于农村集体产权制度改革的若干问题》，载《农村经营管理》2015 年第 8 期。

② 参见关锐捷、黎阳、郑有贵：《新时期发展壮大农村集体经济组织的实践与探索》，载《毛泽东邓小平理论研究》2011 年第 5 期。

③ 参见于建嵘：《村民自治：价值和困境——兼论〈中华人民共和国村民委员会组织法〉的修改》，载《学习与探索》2010 年第 4 期。

④《村委会组织法》第 3 条规定："村民委员会的设立、撤销、范围调整，由乡、民族乡、镇的人民政府提出，经村民会议讨论同意后，报县级人民政府批准。"

"党团组织"不直接参与行政和经营却可以超越"政"和"社"，主导决策和监督执行，保证"政""社"前进的正确方向。[①]"以史为鉴，可以知得失"，人民公社时期"一大二公"造成的"公社行政化"使村庄自治失去自主权，新一轮农村集体资产产权制度变革中必须实现"农村集体经济组织"与"村民委员会"之间"经济职能"和"政治职能"的分离，充分发挥村民自治的基础作用。

总体而言，村民委员会主体身份应当为"基层群众性自治组织法人"，只是迫于现实需要——各地区必须开展土地制度改革、发展集体经济，在集体经济组织相对匮乏的地区暂时需要由"村民委员会"这一长期以来代行集体经济组织权能并为广大农民普遍接受的组织体代行集体经济组织的经济职能。一旦"农村集体经济组织"存在或者设立，必须实现村民委员会与农村集体经济组织职能分离，由"农村集体经济组织"作为集体土地资产管理主体，代表集体成员集体行使集体土地所有权，恢复"农村集体经济组织""基层党组织"和"村民自治组织"构成的我国乡村治理结构的"三驾马车"，负责农村经济事务、党的事务和自治事务。赋予村委会监督集体资产特别是集体土地资产运营的权力，借助现有的村民自治制度框架，将村民自治制度与集体土地权益保障进行有效对接，在村民自治的框架内解决对集体经济组织行使集体土地所有权的监督问题。[②]

---

① 参见李昌平：《从后税费时代看村民委员会的走向》，载《中国乡村发现》2006年第1期。

② 参见陈小君、陆剑：《论我国农村集体经济有效实现中的法律权利实现》，载《中州学刊》2013年第2期。

（三）土地征收补偿方案之正当化实现路径

集体土地征收补偿金的分配是土地征收程序的重要环节，将直接影响征收程序的进行。失地农民因征收失去其赖以生存的土地承包经营权，农民集体丧失用于保障本集体生存发展的物质基础，集体土地征收补偿对于农民集体和失地农民而言均意义重大。现有法律已然意识到这一点，《中华人民共和国土地管理法》和《中华人民共和国土地管理法实施条例》规定了集体土地被征收人在征收补偿、安置方案制订时的听取意见制度[①]，可谓给予了农民为自身权利作出主张的表达机会。有权参与征收补偿制订环节的主体为被征收土地的农村集体经济组织和农民，但是农村集体经济组织事实上的缺位使得难以谈及其参与权的实现是否真正反映农民集体、保障农民集体的权益。因此，以土地征收补偿制度中农民权益的维护为视角探究如何充实农村集体经济组织的主体制度，使其真正能够代表和保障集体权益具有重要意义。对于土地征收补偿方案参与权的权利充实和落实，前文已经有所阐述，本部分不予讨论。

1. 构建集体成员权体系充实集体所有权主体制度

构建成员权制度是使农民集体获取土地所有权增值利益的法律渠道。法律团体主体人格的赋予不仅有助于团体以独立名义从事社会交往，"更应有利于自然人实现其基本权利"[②]，农村集体经济组织之

[①] 根据《土地管理法》第47条，市、县人民政府土地行政主管部门在拟定征收补偿、安置方案时，应当听取被征收土地的农村集体经济组织及其成员、村民委员会和其他利害关系人的意见。

[②] 参见彭诚信：《主体性与私权制度研究——以财产、契约的历史考察为基础》，中国人民大学出版社2005年版。

主体塑造亦应保障农民成员基本权利的实现。而实践中，除存在土地承包方面的利益关联外，农村集体经济组织成员缺乏基本的身份认同，缺失集体经济实现对其自身权利保障的安全感，往往在集体经济运行中置身事外。[①] 而成员权的设置将改变"各人自扫门前雪，不管他家瓦上霜"的传统观念，农民个人也会更加关注集体所有权的运行情况，将是加强农村集体经济组织成员身份认同的关键举措，也是保障集体所有权"落实"、防止集体所有权利益虚化的重要手段。成员权本属于集体土地所有权主体制度的重要成分，但农村集体经济组织法人化改造必须将成员权从集体土地所有权制度中分离出来。一是强化成员身份认同，推动集体经济组织意志形成；二是创建农村集体经济组织成员分享集体利益的渠道，实现农村集体经济组织成员享有的公平分配权。[②]

2. 实现农村集体经济组织法人化治理

重建集体所有权主体制度的目的在于保障集体成员决策权，体现社会主义民主精神。而现行法律制度下，农民参与决策和监督权利基础薄弱；农村集体经济组织作为农民集体意志表达主体，应当通过完善的法人治理结构，"达到相关利益主体之间的权力、责任和利益的相互制衡，实现效率和公平的合理统一"[③]。以全体成员组建的社员大会应作为农村集体经济组织法人的权力机关（意思机关），在村民委员会之外设立一个单独的组织取代当前村民委员会代行的

[①] 参见王卫国：《中国土地权利研究》，中国政法大学出版社1997年版。

[②] 参见张静：《身份：公民权利的社会配置与认同》，载张静主编：《身份认同研究》，上海人民出版社2006年版。

[③] 参见高飞：《集体土地所有权主体制度研究》，法律出版社2012年版。

经济职能，作为农村集体经济组织法人的执行机关，该执行机关由社员大会选举产生的理事组成，该执行机关即为理事会，主要负责人为农村集体经济组织法人之法定代表人；同时，选择设立监事会作为法人监督机关，但鉴于农村集体经济组织成员的社区封闭性，一般不需要设立监督机关，可以村务公开制度为基础保障集体成员行使监督权。

为实现农村集体经济组织对于土地征收补偿方案的参与权，应当尽量保障其参与权的效果力。有学者主张我国应当建立专项征收与补偿委员会，由征收管理部门的代表、申请征收的建设单位代表以及被征收人共同组成，由专项征收与补偿委员会对于征收事项作出表决才能展开进一步的征收程序。[①] 笔者认为专项征收与补偿委员会的设计对于土地征收补偿制度中被征收人参与权的实现具有积极作用，但必须保障农村集体经济组织和被征地农民在专项征收与补偿委员会中的表决比例，以使其意见能够产生对被征收人的约束力。笔者认为，可由农村集体经济组织设立的理事会成员代表农村集体经济组织参与表决。同时，保障被征收人充分表达自己意见的机会，政府必须对相关信息进行全面公开，以保障被征收人提出异议和意见的信息基础；赋予被征收人对补偿方案修改的异议权。补偿方案的制订是在被征收人参与权的监督下进行的，在征收过程中，若因客观原因确需对补偿、安置方案内容作出修改的，征收管理部门必须及时通知被征收人，被

---

① 参见渠滢：《不动产被征收人参与权的价值定位与制度重构》，载《中国法学》2018 年第 1 期。

征收人有权对修改后的方案提出异议。[①] 同时，修改方案的通过，必须充分考虑并听取被征收人的意见；对于被征收人意见不予采纳的，应当召开听证会，同时以听证会笔录为修订补偿、安置方案的依据。因听证会笔录中融入了各方参与主体的意见，保障听证会笔录的依据性效力也是落实参与权的重要环节。

---

① 参见渠滢：《不动产被征收人参与权的价值定位与制度重构》，载《中国法学》2018 年第 1 期。

| 第三节 | 土地征收补偿中增值收益分配的具体规则 |

一、土地增值收益分配的理论争议与中国问题

随着中国城镇化建设时代的到来，土地增值收益的分配问题成为征地过程中的主要矛盾；关于土地征收补偿标准的争论以及征收补偿范围等产生的争论，实质上都只是集体土地征收过程中增值收益分配矛盾的具体表现形式而已。[①]中国目前的征地遵循"先征地，再出让"的行为模式，1994 年通过的《城市房地产管理法》第 9 条规定，"城市规划区内的集体所有的土地，经依法征用转为国有土地后，该幅国有土地的使用权方可有偿出让"，该规定的真实意图乃在于保证国家对于整个城市规划区内的房地产建设用地的垄断供应。然而，用于城镇化建设的所有用地均可来源于集体土地之征收的行为模式，已然消弭了集体土地征收过程中的公益用途。国家基于公共利益之目的征收集体土地，但该被征收土地不仅可被用于基础设施建设之目的，而且

[①] 参见程雪阳：《土地发展权与土地增值收益的分配》，载《法学研究》2014 年第 5 期。

还可用于城镇化建设中的经营性建设目的，因为国家已然垄断了土地交易的一级市场，任何开发建设项目申请用地只能申请使用国有土地；而国有土地除本身即为国有性质之土地外，均需要通过农村集体土地征收之途径提供。加之，根据我国《宪法》第10条第4款的规定，"任何组织或者个人不得侵占、买卖或者以其他形式非法转让土地"，实则否定了集体土地私权转让的途径，集体土地用于城镇化建设的供应地只能以国家征收之途径实现。如此，城镇化俨然已经成为集体土地征收国有化的"合法理由"，而理论上就公共利益的认识仍然存在分歧。城镇化，尤其是城镇化造成的农村土地被包围的情形，使得集体土地因城镇化之事实划归国有成为正当情形，进而导致征收制度的异化，出现城市扩展到哪里，征收也就相应地扩张到哪里的"圈地"恶果，纵容地方政府滥用征地、无度"造城"，完全使集体土地沦为国有土地的附庸。①

从学理上看，目前关于土地增值收益分配的争论，主要可以总结为两种进路：

第一种进路，即认为土地增值收益应当遵循"涨价归公"理论，土地一级市场由政府垄断，并将土地增值收益收归国有。其认为土地发展权在理论上源于国家土地管制而非土地所有权，其基于立法和分区规划已然从土地所有权中分离，而成为一种由政府掌管用于优先满足社会发展需要的权力手段，因而，在没有获得国家开发许可的前提下，集体土地所有权人对其所拥有的土地并不享有开发和建设的权

---

① 参见黄忠：《城市化与"入城"集体土地的归属》，载《法学研究》2014年第4期。

利。① 土地发展权基于国家管制产生的路径决定土地增值收益只能由国家享有，只是基于社会再分配和公平的需要，在二次分配过程中应注意适当提高失地农民的补偿安置水平，适度将农地转用产生的增值收益向集体和农户倾斜。②

第二种进路，即认为土地增值收益应当归属于土地所有权人所有的"土地发展权私有论"。土地发展权作为一种相对独立的物权，系从土地所有权中分离而来。其功能类似于中国法律规定的"国家建设用地使用权""集体建设用地使用权""宅基地使用权"等多个权利组成的权利束共同构成的对于土地进行开发建设的权利，即变更土地用途或改变土地利用强度的权利。③ 农村土地归属于农民集体所有，自然同时享有土地发展权益，那么就自然享有相应的土地增值收益。学者进而提出，应当允许"农民或集体自由出让建设用地与农用土地"④，在征收集体土地时应当以市场价格予以公平补偿。学者提出的"建立以公共利益为基础的土地征收制度，必须将经营性建设用地从土地征收中分离出来"，"建立独立的经营性建设用地制度，允许

---

① 参见陈柏峰：《土地发展权的理论基础与制度前景》，载《法学研究》2012 年第 4 期。
② 参见彭錞：《土地发展权与土地增值收益分配　中国问题与英国经验》，载《中外法学》2016 年第 6 期。
③ 参见胡兰玲：《土地发展权论》，载《河北法学》2002 年第 2 期；程雪阳：《土地发展权与土地增值收益的分配》，载《法学研究》2014 年第 5 期；刘国臻：《中国土地发展权论纲》，载《学术研究》2005 年第 10 期；王小映：《全面保护农民的土地财产权益》，载《中国农村经济》2003 年第 10 期。
④ 参见叶必丰：《城镇化中土地征收补偿的平等原则》，载《中国法学》2014 年第 3 期；屈茂辉、周志芳：《中国土地征收补偿标准研究——基于地方立法文本的分析》，载《法学研究》2009 年第 3 期；宋志红：《美国征收补偿的公平市场价值标准及对我国的启示》，载《法学家》2014 年第 6 期。

集体土地不必再经征收而是可以直接进入建设用地市场"的议价购买制度，①同样是属于"土地发展权私有论"的主张。

笔者认为，"集体建设用地进入土地交易市场"制度的确立只能作为解决当前土地征收并非符合公共利益目的实现之问题的路径，却并非解决集体土地征收增值收益分配问题的方案。《宪法》第10条第4款已经禁止土地所有权的转让途径，面对城市化的必然进行，集体土地国有化的实现只能通过国家强制征收的路径完成。然而，集体土地进入建设项目的单一途径也造成进入城镇化建设的集体土地在用途上可能是公益性使用，也可能是经营性使用。②欲解决该问题，应当将经营性建设项目从现有的集体土地征收制度中分离，仅将符合公共利益目的的建设项目保留于土地征收制度范围之内。我国集体土地按照使用性质可以分为农用地、宅基地和建设用地三类，而集体建设用地又可分为集体公益性建设用地和集体经营性建设用地，按照"全面深化改革决定"的精神，可以试点允许集体经营性建设用地直接进入建设用地市场，由国家进行议价购买；③这种议价购买制度本质上相当于集体经营性建设用地以市场价格进入交易环境，集体经营性建设用地由交易前的只能用于建设乡镇企业建设之限定用途转变为符合城市规划建设用途，必然会带来土地价值的增长，而集体经营性建设用地进入市场交易前后产生的增值收益是全部归属于农民集体所有还是应当"返还社会"，还有待进一步探究。

纯粹的土地发展权私有论并不适用于我国的本土情况。首先，农

---

① 参见王克稳：《我国集体土地征收制度的构建》，载《法学研究》2016年第1期。
② 参见王克稳：《我国集体土地征收制度的构建》，载《法学研究》2016年第1期。
③ 参见王克稳：《我国集体土地征收制度的构建》，载《法学研究》2016年第1期。

村土地一直承担农民社会保障的替代作用，允许土地发展权私有化将导致大量土地食利阶层出现。基于我国的城乡二元体制，农民一般很难在土地之外获得持续稳定的就业机会，国家也缺乏足够的财力构建起城乡一体化的社会保障体系，因此，只能依靠农村土地为集体成员提供最基本的社会保障，也因此，集体土地的财产属性一直被严重压抑。[1] 但若允许农民基于土地所有权而享受土地增值收益，将大量滋生单纯的土地食利阶层[2] 的出现——他们无须劳动，只需要凭借土地所有权便可向社会其他各阶层收取建设用地的高额级差地租。[3] 其次，允许土地发展权的私有化将导致严重的区域不平等效应。如果允许土地发展权私有化，必须看到的是，与城郊和发达地区农村不同，中国大部分的农村并不处于城市扩展的范围之内，也就无法经由集体土地进入城镇化建设的路径分享城市的巨额土地级差收益。[4] 如此，中西部或者偏远、贫困山区的农民基本享受不到城市化的成果，而中部和城市郊区的农民在经济和社会权利上都将占据绝对优势，进而导致"马太效应"，扩大农村内部的差距，诱发区域之间更大的不公平。[5] 再次，土地发展权国有化本身不符合土地增值收益的产生路径。土地价值从来不是由土地所有权人单独创造，也不是占有土地者创造，而是基于

---

[1] 参见黄忠：《城市化与"入城"集体土地的归属》，载《法学研究》2014 年第 4 期。
[2] 1848 年自由主义大师约翰·斯图亚特在《政治经济学原理及其在社会哲学上的若干应用》一书中就曾抨击过地主阶级的不劳而获，认为这些人"不干活儿，不冒风险，不节省，就是睡大觉，也可以变得愈来愈富"。参见［英］约翰·穆勒：《政治经济学原理及其在社会哲学上的若干应用》下卷，胡企林、朱泱译，商务印书馆 1991 年版。
[3] 参见黄忠：《城市化与"入城"集体土地的归属》，载《法学研究》2014 年第 4 期。
[4] 参见黄忠：《城市化与"入城"集体土地的归属》，载《法学研究》2014 年第 4 期。
[5] 参见黄忠：《城市化与"入城"集体土地的归属》，载《法学研究》2014 年第 4 期。

社会发展创造。[①] 国家的城市化发展战略部署以及城市规划格局对于土地增值收益都具有创造功能，相较于土地的自然属性（比如气候、土壤构成、区位等）和土地权利人的改良（比如施肥、平整等）对于土地增值的贡献程度，前者作用更为显著。[②] 如此，若将土地发展权归属于私人所有并不符合土地增值收益的贡献路径，违背路径正当性。

　　然而，目前我国奉行的"土地发展权国有化＋国家垄断土地一级市场＋低征高卖"的"发展权国有化模式"[③]，虽然实现了土地增值收益返还社会的目标，但这种极端的产权剥夺方式却也弊端凸显。从我国《土地管理法》等现行立法规定来看，农民集体土地征收补偿主要分为土地补偿费、安置补助费、农村村民住宅、其他地上附着物和青苗等的补偿费等部分，补偿标准是按照土地现有用途的平均年产值的倍数进行衡量。按照土地原用途给予的补偿并不会因土地征收过程中土地用途的转变而发生改变，因而对于土地征收过程中产生的发展性利益并未作出特别规定；而政府"低征高卖"的征地模式将全部的土地增值收益收归国有化。从表面上看，土地发展权归国家所有的制度设计虽然实现了国家对于土地发展权的掌控，有效防止了农民集体或者农民未经许可擅自变更土地用途的"违法行为"，但由国家独占土地用途改变而产生的发展性利益，却也形成了政府与民争利的残酷现实。[④]

---

① 参见［美］亨利·乔治：《进步与贫困》，吴良健、王翼龙译，商务印书馆1995年版。
② See Eric T. Freyfogle, Property's Functions and the Right to Develop, in Eric T. Freyfgole, On Private Property : Finding Common Ground on the Ownership of Land, Beacon Press, 2007, p.94.
③ 参见程雪阳：《土地发展权与土地增值收益的分配》，载《法学研究》2014年第5期。
④ 参见刘国臻：《论我国土地征收收益分配制度改革》，载《法学论坛》2012年第1期。

二、比较经验下土地增值收益分配的逻辑厘定

（一）修正主义视角下的土地增值收益分配的英国经验

通过梳理英国土地管理制度的早期史发现，英国的土地发展权一直不完全归属于私有，而受国家管控：从 1909 年规划法初步奠定政府对国土开发的规划控制，到 1919 年规划法将规划法定义务化和征地法把补偿标准从主观价值降低到市场价值标准，再到 1932 年规划法扩展规划范围至全境与提高政府获取土地增值的比例，国家管控权力一步步扩大，而私人土地财产权利一步步限缩。[1] 本着达到"保证土地得到最佳利用"的目标的实现，早在 1942 年英国政府就已经开始通过筹划整个国家未来的土地开发、城市建设和空间布局等形式保证对土地利用的国家管制，确保可用土地可以根据社会整体利益得到最佳使用，可以说，英国的土地发展权从来不是私人独享，而是受到国家管制。

但与此同时，英国的土地发展权也并非学者界定的"土地发展权国有模式"。如有学者论述，"土地发展权不太可能是土地所有权的派生权利，其产生于国家管制权对土地开发利用的限制。土地利用若不受限制，即无须所谓土地发展权"；[2] "1947 年以后英国境内的所有私有土地将被国有化，私有土地只能在现有用途范围内进行利用，且只拥有《城乡规划法》通过时的土地使用价值。私人若想变更土地用途，需要向规划当局申请许可；如果许可被批准，任何由此引起的

---

① 参见彭錞：《土地发展权与土地增值收益分配　中国问题与英国经验》，载《中外法学》2016 年第 6 期。

② 参见陈柏峰：《土地发展权的理论基础与制度前景》，载《法学研究》2012 年第 4 期。

土地增值都需要支付开发费。"[1] 表面上，土地发展权是属于国家所有；实质上，土地发展权国家所有的模式乃是基于国家一次性买断行为的结果。英国中央政府在 1939 年便设立了补偿总基金，用于购买全国范围内的土地发展权，由此，土地发展权被国家一次性整体买断用以保证国家对于土地的规划控制。在此模式下，土地权利人只能按照土地现有用途获得征收补偿，而无法获取土地因开发建设而享有的土地增值收益。[2] 这种"土地发展权国有化模式"并未达到预期目标，由于土地开发的利润完全被市场拿走，私人失去了开发利用土地的动力进而导致土地市场萎缩，无法实现英国城市化发展建设的目标；因而，英国政府在 1959 年将征收补偿标准提升到"公平的市场价格"补偿，由土地权利人在初次分配过程中便享有土地增值收益，进而激发民众开发土地的激情；同时基于土地增值收益产生的路径贡献，确定了"土地增值收益的社会返还"目标，并主张通过征收土地增值税实现土地增值收益的返还目标。[3]

英国土地增值收益社会化返还具备正当性，符合社会财富分配的合理机制。初次分配应借由自由的市场交易来完成，重心在于尊重和保护产权；第二次分配应当注重公平，通过政府征税以及提供社会保障等公共服务来实现；第三次分配主要通过公益慈善和社会爱心捐助

---

[1] 参见程雪阳：《土地发展权与土地增值收益的分配》，载《法学研究》2014 年第 5 期。

[2] 参见程雪阳：《土地发展权与土地增值收益的分配》，载《法学研究》2014 年第 5 期；彭錞：《土地发展权与土地增值收益分配　中国问题与英国经验》，载《中外法学》2016 年第 6 期。

[3] 英国政府并非通过单一的土地增值税或者地产税实现土地增值收益的社会化返还，主要是通过土地交易税、资本利得税、遗产税以及市政税和营业税等分散的税种来实现。

等途径来奠定社会的伦理道德基础。土地增值收益的初次分配归属于土地所有权人，基于土地发展权属于土地所有权人所有而产生，因而应当尊重权利人基于所有权人身份获得相应土地增值收益的权利。在此意义上，土地征收补偿的自由市场价格标准实际上反映的是土地增值收益归属于土地所有权人所有的内在机理——在自由市场交易情形下，土地价格的形成并非按照土地现有用途的价值进行确定，而是就该土地在新一轮土地利用规划或者城市规划等各项用途限定作为参考因素条件下所确定的"土地最大最优用途"之价值，其中已经包含了对于该土地未来开发价值的发展收益。英国土地征收补偿标准由1947年的现用途价值到以市场交易下的潜在用途价值的价格标准的转变已经充分说明，英国的土地发展权并不属于国家所有，土地增值收益的初次分配也是归属于私人所有者所有。

　　然而，也正是因此缘故，征地悖论相应产生。显而易见，土地征收补偿的市场价格确定是要遵循国家对于土地利用的统一规划和城市发展规划部署的要求予以确定，此中即已经包含了国家对于土地利用的普遍性开发禁止，国家的规划控制已经对土地利用形成压制进而也影响到土地价格的确定，市场价格的产生本质上已经产生了国家截留。而值得玩味的是，私有论者并不打算彻底取消国家管制，也支持规划控制；可以说，其既主张土地发展权私有化，又赞成发展权国有化。[①]根本原因在于其从不反对土地管理制度的根本正当性，其是在认可土地管理制度的现行制度安排的前提下，主张土地开发收益全部归公。[②]

---

① 参见彭錞：《土地发展权与土地增值收益分配　中国问题与英国经验》，载《中外法学》2016年第6期。

② 参见程雪阳：《土地发展权与土地增值收益的分配》，载《法学研究》2014年第5期。

因此，有学者主张，由"土地发展权国有化＋国家垄断一级市场＋低征高卖"的产权剥夺模式到"市场价格补偿＋合理征税"的方式实现土地增值收益的社会返还目标的方式转变，表面上具有合理性，但实质却存在"土地发展权私有化"观点的悖论。英国的经验表明，土地发展权私有化理论下，改变土地利用状态的自由和由此造成的涨价归属于土地所有权人具有历史的正当性，同时土地发展权基于国家管理权而具备价值意义，土地开发不再属于私人自由而应面临普遍禁止；两种思路皆基于无法辩驳的历史事实或者法律事实，只是基于两种事实状态的冲突使两种理论争议之正当性无法取得彼此认同，这两种理论在本质上并不能区分出更具有科学性的答案，而只能诉诸价值，将土地发展权与土地所有权或者国家管制权绑定的方式在理论上和实践上都不具有可行性和必要性。[1]

我国土地增值收益分配机制的逻辑确立应当以尊重历史事实为基础，接受土地发展权国有的制度现实，认可国家土地管理制度的正当性。在此基础上，实现集体和农民在土地增值收益分配过程中的比例倾向。土地开发应当受到国家土地管理制度的规制，而私人可在申请并取得国家许可后自行开发，国家通过征收增值税等方式收回增值，实现上地增值收益的社会化返还，进而在理论和制度上，将土地发展权与土地增值收益分配脱钩，真正实现农民及集体对土地增值收益的分享。如此，应当允许农村集体经营性建设用地不经征收直接入市，避免"土地财政"危机，同时让农民和集体在一次分配中即享有土地

---

[1] 参见彭錞：《土地发展权与土地增值收益分配　中国问题与英国经验》，载《中外法学》2016 年第 6 期。

增值收益分配；其次，应当提高土地征收补偿标准，实现市场价格补偿标准的确立，配合土地增值税的征收实现地利共享。在建立税收模式实现"土地增值收益社会返还"目标下，应当尽力调节中央与地方增值收益分配的平衡，改变目前土地增值收益集中于市县人民政府的格局。据学者调查统计，土地征收中增值收益分配过程中中央及省政府分取的税费收入极低，绝大部分截留在市县人民政府。[①] 在建立税收模式框架后，可以将土地税设置为中央与地方共享税，然后通过转移支付将相应税款转移到农业区域，以实现不同区域之间的利益平衡；同时，可以抽出相关税收所得一定比例用于建立和完善农民的社会保障体系，从而为农民创造分享城市化进程的成本，有效避免农民因大规模失去农用地可能出现的社会不稳定状况。[②]

（二）土地征收补偿的制度功能是土地增值收益分配问题的关键

实践中出现的"征收补偿款过低"或"因征收补偿而一夜暴富"的诸多现象，并非由于土地增值收益分配的不合理所致。虽然表面上诸多纠纷是由于土地增值收益未公平分配而使得原土地所有权人未分享增值收益或者增值收益全部转换为"土地财政"，但实质上，解决这些问题的关键在于"土地征收补偿的制度目标"是否实现。

征收补偿制度应当剥离土地增值收益分配之功能。由于我国土地征收制度是将土地所有权的转变与土地用途的转变同时、一起杂糅在

---

① 以四川省人民政府为例，2007 年四川省土地使用权出让金占地方财政比重为 67%，中央和省收取的各种税费占总额的 21.4%。江苏省昆山市、安徽省桐城市和四川省成都市新都区三地工业用地土地增值收益分配中，归属于中央和省级人民政府支配使用的比例不超过 20%。参见刘国臻：《论我国土地征收收益分配制度改革》，《法学论坛》2012 年第 1 期。

② 参见程雪阳：《土地发展权与土地增值收益的分配》，载《法学研究》2014 年第 5 期。

征收程序之中，由此造成土地增值收益分配机制中缺乏农民和集体的参与。一方面，对于农民的征收补偿，我国法律仅规定了按照土地前三年平均年产值的倍数计算的土地征收补偿标准，确定了土地原用途补偿标准；另一方面，政府采取"低征高卖"征地模式，使土地出让价格远远大于土地征收价格，而政府自身享有该巨额的土地增值收益。尽管现有学者大多主张，让农民和集体参与土地增值收益的分配，享受城市化发展的成果；这种思路固然正确，但其具体实现路径却集中在确定农民分享土地增值收益的比例的方式之上，答案自然会五花八门，难以统一且缺乏说服力，因为导致土地价值增长的因素繁多而且难以断定每种因素对于土地价值增长的贡献大小，因此，确定分享土地增值收益比例的方式自身便难以自恰。[1]

在土地征收补偿中，学者们探讨最多争议也最大的便是土地增值收益的分配问题。[2] 实践中，我国土地征收补偿制度不仅承载着实现征收价值填补的功能，还承载着实现农民社会保障实现之功能。2007年颁布的《物权法》第 42 条中规定，"征收集体所有的土地，应当依法足额支付土地补偿费、安置补助费、地上附着物和青苗的补偿费等费用，安排被征地农民的社会保障费用，保障被征地农民的生活……征收个人住宅的，还应当保障被征收人的居住条件"。除此之外，还主张土地增值收益应当交付到农民和集体手中，通过土地征收补偿制度实现，由此，为征收补偿制度增添了本不属于其制度自身的功能实

---

① 参见宋志红：《美国征收补偿的公平市场价值标准及对我国的启示》，载《法学家》2014 年第 6 期。

② 参见宋志红：《美国征收补偿的公平市场价值标准及对我国的启示》，载《法学家》2014 年第 6 期。

现预期。笔者认为，既然土地发展权已经与土地所有权和国家管制权分离，土地增值收益分配的问题自然也应当跳脱于该问题本身，从征收补偿的制度功能实现之角度来分析，将更加有利于该问题的解决。土地征收补偿制度的本质功能在于补偿被征收者因此遭受的损失，使得被征收人能够重新获得同样类型和同样价值的被征物，也就是说，通过征收补偿应当使得被征收人重新获得其所遭受牺牲的同等替代品，他所获得的与他所失去的分量应尽量保持相等。[1] 因此，土地自身价值的确定应当以"最高最优使用"为标准确定土地市场价格；在确定土地征收补偿范围与方式时，着重参考因土地征收行为导致农民丧失的各种财产价值以及生存保障价值等，上文已述，此处不再赘述。此处应当关注的是，如何剥离因征收行为本身而导致的土地增值，这部分土地增值完全与土地所有权人之占有与使用土地的行为无关，自然应当剥离该部分土地增值。土地征收补偿制度唯一要对土地增值收益承担分配功能的情形是存在土地补偿款延迟支付并且导致被征收人按照原补偿数额难以重新获得类似的被征收物。综上所述，征收补偿的目的在于使得被征收人处于能够重新获得与被征收物相同之物的地位。[2] 德国联邦最高法院根据《基本法》第14条第3款确定了所谓的"增值判决（steigerungsrechtsprechung）"，确定了在不动产价格浮动较大的时代，补偿款被显著延迟支付时应当将被征收不动产价值的评估时点朝着对延迟支付款项负有责任的一方不利的方向向后推移，即被

---

① Aust/Jacobs/Pasternak，Rn. 976. 转引自袁治杰：《德国土地征收补偿法律机制研究》，载《环球法律评论》2016 年第 3 期。

② Aust/Jacobs/Pasternak，Rn. 976. 转引自袁治杰：《德国土地征收补偿法律机制研究》，载《环球法律评论》2016 年第 3 期。

征收人应当对其非自身原因导致的未支付部分的款项享受增值。

三、土地增值收益分配的具体规则

2020 年 1 月 1 日开始实施的《土地管理法》破除了集体经营性建设用地进入市场的法律障碍，为集体经营性建设用地依法入市提供了制度保障。在集体土地征收补偿领域，取消了延续多年的"产值倍数法"，确立了"区片综合地价"的补偿计算模式，为土地征收增值收益的分配寻求了新的路径。

（一）构建向农民倾斜的收益分配结构

由于行政性干预和国家对土地市场的长期垄断，我国土地征收补偿标准普遍偏低，导致农民享受不到土地的大部分收益。政府在农村集体经营性建设用地流转过程中占据主体地位，受"理性经济人"的影响会不自觉地追求自身利益的最大化。[1]党的十八大和十八届三中全会都对农村土地增值收益分配的问题进行了重点强调，鲜明地提出要着力提高农民在土地征收当中的增值分配比例，逐渐实现农民共享土地增值收益，维护农民的合理合法权益。农民集体作为农村集体土地的真正所有者，农民作为农村集体土地的使用者，收益分配应该向农民一侧倾斜。

德国土地征收立法明确指出，拆迁补偿标准要保证被征收人可以重新获得损失的能力。[2]政府的土地补偿款必须根据土地属性、利用情况、位置情况等进行综合评价，算出其客观价值，即这块土地的市

---

[1] 参见周学荣，陈莉：《政府在农地征收增值收益分配中的角色定位研究》，载《经济与管理评论》2013 年 05 期。

[2] 参见陈新民：《德国公法学基础理论》（下册），山东人民出版社 2001 年版。

场价值①。在日本实行的是完全补偿方式，也就是说政府征收补偿的原则在于尽量追回土地拥有者遭受的无可挽回的损失，并给予被征收土地附近同等地位的置换用土地补偿额。在美国，法律规定公平市场价值作为拆迁补偿标准，主要因为该标准认同度高且行之有效；另外，政府还在积极探索利用司法途径来补充公平市场价值补偿标准的缺陷性②。以上各国的做法都体现了对被征地农民的保护。因此，我国地方政府在制定拆迁补偿标准时，不仅要考虑被征地块当前的价值水平，还必须把未来区域发展潜力结合在一起，制定合理的分配方式，确保政府的征地拆迁补偿标准基本上达到农民预期的土地增值收益。

除了提高补偿标准以外，还要设置有利于农民的全面土地增值收益方式。众所周知，我国各地的拆迁改造，基本上都是使用产权置换和货币补偿的措施。但是，这两种方式都不能带给被征地居民长期的生活保障，因此需要多样化的土地增值收益方式。不仅仅是提高村民征地补偿标准，而是从多方面并全方位且长久地保证失地农民的权益。必须通过拓展土地增值收益方式来满足村民多样化的需求，比如现在各地都在积极推进的为失地农民购买失地保险也是增加村民的长期保障；另外，在就业、医疗等方面也可以为村民提供方案来保障失地村民的生活需要。

（二）完善土地开发增值收益社会分享制度

集体土地入市最核心的问题就是土地增值收益在相关利益者之间

---

①See Nicolaas Groenewold, Lee Guoping, Chen Anping. Regional output spillovers in China: Estimates from a VAR model ［N］. Papers in Regional Science, 2007.

②See Thomas·W, Merrill. "Incomplete Compensation For Takings". New York University Environmental Law Journal, 2002（11）, pp.133—134.

的分配。[①] 土地的增值收益分配过程实质上就是土地价值的重新分配，土地的拥有者、管理者、开发者应该获得由于他们投入而产生的土地增值，地方政府应该获得由于城市扩展和公共基础设施投资等形成的土地增值收益，开发商应该获得由于自身开发形成的那部分收益。但是，不同的投资因子在土地增值过程中所占的比重，无法准确界定，所以土地增值收益在相关利益主体之间共享成为各方的共识[②]。

关于土地开发增值收益分配，许多国家和地区都在不同程度上采取社会分享制度[③]。在美国，土地开发增值收益在补偿土地的主人后归政府所有，其补偿标准是财产没有被征收时的市场价值，而不是土地的主人与政府按土地转用后的市场价值分成，以保证产权人与公共财政及纳税人之间的公平。在德国、法国等欧洲国家，这种补偿以征地之前相隔一段时间同类土地的市场交易价格作为参考定价，或土地所有者以前纳税申报的价格作为依据。日本从德国学习了土地开发增值收益社会分享的经验，创造了"减步法"的土地开发增值收益社会分享制度。"减步"以土地权益人在用途和规划变更前后的土地价值不变为基准，土地权益人必须交出原来拥有的大部分私人土地，用于公共设施用地以及公共设施的建造费用，如果留用开发的部分以后出售获利，还要缴纳高额累进所得税。韩国在 20 世纪 80 年代后期兴起

---

① 参见崔文星：《土地开发增值收益分配制度的法理基础》，载《政治与法律》2021年第 4 期。

②See Anping CHEN.Inter-regional spillovers in China：The importance of common shocks and the definition of the regions. Nicolaas GROENEWOLD， Guoping LEE， China Economic Review ，2007（1）：pp.34-39.

③ 参见程雪阳：《论集体土地征收与入市增值收益分配的协调》，载《中国土地科学》2020 年第 10 期。

的"土地公"概念即土地开发增值收益社会分享的立法浪潮，就是步日本后尘。新加坡和香港兴修巨量的低价保障房，其实也是土地开发增值收益社会分享制度。① 英国实质上实行土地开发增值收益社会分享制度，要求土地利用者为社区或周边区域提供基础设施和服务，促进社会福利分配的公平化。② 土地开发增值收益社会分享制度有利于平衡社会财富分配，有助于遏制土地投机现象。

在我国，土地开发增值收益社会分享的观点也为绝大部分学者所认同，其主要倡导者周诚认为，应当在公平补偿失地者的前提下，将土地自然增值的剩余部分归社会所有，因为凡是来源于整个社会经济发展的土地自然增值，其产权也自然而然地应当归属于全社会。在坚持"涨价归公"理论的大前提下，对失地农民进行公平合理的补偿，包括土地本身补偿和安置性补偿两大项。土地开发增值收益分配的基本原则应当概括为"合理补偿，剩余归公，支援全国"。③ 应将土地增值收益在政府和土地权利人之间进行合理分配，"建立兼顾国家、集体、个人的土地增值收益分配机制"。增值收益共享并非简单的平均分配，其本质是各方将土地的增值收益用于增进社会福利，使土地的增值收益真正返还社会。土地增值收益分配应在尊重产权的基础上注重公共性和统筹性，集体与农民通过分享增值收益获得财产性收入，地方政府通过对增值收益的提取和调节，实现承担地方基础设施、公

---

① 参见华生：《新土改：土地制度改革焦点难点辨析》，东方出版社 2015 年版。
② 参见林坚、吴宇翔、郭净宇：《英美土地发展权制度的启示》，载《中国土地》2017 年第 2 期。
③ 参见周诚：《"涨价归农"还是"涨价归公"》，载《中国改革》2006 年第 01 期。

共服务、平衡不同群体利益的公共职能。[①] 建立土地增值收益归社会的机制，保障原土地所有者获得公平补偿和土地级差地租，保障城市基础设施建设所需的土地和资金，保障土地增值收益回馈社会，让公民分享。[②]

（三）完善农村集体经营性建设用地入市税收制度

基于土地增值收益"公私兼顾"理论，政府有权参与土地增值收益分配，这样有利于地方政府将土地增值收益用于该区域的公共基础设施建设，从而真正实现土地增值收益归全社会共享。在集体经营性建设用地入市中，政府既不是集体经营性建设用地的所有权人，也不是使用权人，而是行政管理者和公共服务提供者，在入市、再转让这一市场行为中不应当直接介入、参与收益分配。但是可以根据"初次分配基于产权，二次分配基于税制"的原则，通过税收的方式对土地增值收益进行提取和调节，进行二次分配。即在初次分配中均以市场调节为基础，以自由形成的市场价格形成初次的利益分配格局，国家不直接介入、参与分配；然后国家通过税制参与二次分配，调节土地增值收益分配状态，提取、分享土地增值收益，以此作为政府提供基础设施建设、公共服务等的财政支持。合理之处在于，一方面，税收是政府对集体经营性建设用地土地增值收益调节的正当方式。另一方面，政府通过税收调节集体经营性建设用地土地增值收益具有现实必要性。有利于调节土地增值收益分配不公，抑制贫富差距，维护社会

[①] 参见吴昭军：《集体经营性建设用地土地增值收益分配·试点总结与制度设计》，载《法学杂志》2019年第4期。

[②] 参见刘守英：《土地制度与中国发展》，中国人民大学出版社2018年版。

公平正义。[①]

（四）完善内部增值收益分配机制，化解农民集体内部矛盾

我国现行《土地管理法》虽规定农村土地集体所有制，但由于当前农村集体建设用地存在所有权性质模糊不清、所有权主体错位或虚位以及所有权行使主体混乱的问题。这就使得乡村干部成为土地所有权的"人格化主体"，造成集体内部无法形成可持续的增值收益分配机制，从而实际上使得农民在土地增值收益分配中处于劣势地位。例如，有的地方出现村干部与用地企业合谋压低土地价格，从而损害农民利益的现象；有的地方则出现村干部以权谋私，侵吞土地收益等土地腐败现象。因此，在今后农村集体建设用地入市中必须解决到底由谁来行使入市主体，以及健全入市后的集体内部的增值收益分配机制问题。[②]

要确保农村经济的发展，在入市中就要探索更多新模式，以确保不断壮大集体经济。集体经济壮大后，集体成员将会更加关注自身收益，因此围绕土地增值收益的博弈会更加激烈，这时就应该明确通过法律形式形成可持续的集体内部土地增值收益分配机制。首先，在入市时应充分尊重农民的决策权和知情权，最大限度地保障最大多数成员的利益。其次，在入市后内部增值收益分配上，侧重于保护失地村集体、村民、经营者的利益。通过以上这些举措，在集体内部形成可持续的增值收益分配机制，进而化解农民集体内部收益分配矛盾，促

---

① 参见吴昭军：《集体经营性建设用地土地增值收益分配：试点总结与制度设计》，载《法学杂志》2019年第4期。

② 参见崔文星：《土地开发增值收益分配制度的法理基础》，载《政治与法律》2021年第4期。

进城乡之间融合发展。

（五）完善监督协调机制

任何一种机制上的运转，都离不开监督机制的建立和完善，只有相对应的监督机制，才可以较为合理有效地解决分配不均、效率不高的问题。集体经营性建设用地入市增值收益的分配直接关系到相关主体的权益是否实现公平与公正。因此，在增值收益的分配过程中应建立监督管理机制来保证增值收益的公平合理合法的分配。从我国当前增值收益分配现状来说，并没有一个专门性的监督机构来对增值收益分配的各个环节进行监督。在没有专门监督机构的情况下，一般是政府代履行监督管理的职责。

土地增值收益分配不均的根本原因还是当前缺失监督机制。抓紧完善土地增值分配全过程的督查机制，通过这套机制来平衡各方的收益，既要监督政府自身的依法履职情况，也要提高对开发商的指导检查水平；以此保证开发商安全合法完成项目建设，切实提高广大村民对土地增值分配的满意度。①

---

① 参见黄漫漫、李文生：《征地过程中土地增值收益分配的探讨——基于级差地租视角》，载《皖西学院学报》2018 年第 1 期。

第五章

中外土地征收救济
机制比较研究

无权利则无救济，权利的充分实现离不开救济机制的相应保障，救济机制的设置与权利的性质及其背后的价值追求密切相关。[1] 征收是国家对国家内所有财产的主权要求，以国家强制力为支撑，只要满足公共利益这一正当理由，征收者即有权对抗私人的财产权主张。这种极具侵略性的权利，在行使过程中极易对个人权益造成严重侵害，因此救济机制的设置与完善显得尤为重要。本部分将从救济机制的功能定位出发，旨在通过证明各国征收制度中救济机制的功能性完善我国救济机制，以功能性的填补为导向解决我国征收救济机制的制度缺失。

---

① 参见韩静茹：《民事程序权利救济机制的建构原理初探》，载《现代法学》2015年第5期。

<table>
<tr><td>第一节</td><td>土地征收救济机制的
定位研究</td></tr>
</table>

一、土地征收救济机制的核心概念理解

土地征收是国家非必要不得行使的对所有者财产权利进行强制取得的权力，是国家权力与私人权利之间由冲突走向妥协的一种权力状态，在本质上属于国家权力。

首先，我们应当明晰"土地征收"区别于"土地征用"。土地征收和土地征用两者都包含"征"的程序步骤，但在目的指向上存在根本差异。"征收"旨在获取对被征土地的支配权，是一种对土地财产权的永久性改变；而"征用"旨在获取对被征土地的使用权，一般是国家在特殊情况下于特定期限内使用被征土地的行为。其次，应当正确理解"救济"的法律含义。目前，对法律意义上的"救济"存在着两种差异性的理解：一是认为救济是"纠正、矫正或改正已发生或业已造成伤害、危害、损失或损害的不当行为"；二是认为救济是"恢复权利或防止错误或矫正申冤的法律手段"。本章倾向于后者，理由

在于救济之于权利，至少是一种共生共存的关系[1]，有权利必须要有救济，无救济则无实际存在的权利。一种无法诉诸法律保护的权利，实际上根本就不是什么法律权利[2]，即只有为具体权利提供救济途径，权利才能够具备存在的实际意义。因此，救济的内涵范围不应限于仅对"已发生或业已造成的损害"进行事后的矫正或补救，而应延伸至权利存在的最初阶段，尊重救济之于权利的相伴性，以防止任何潜在的不法侵害侵犯权利。最后，应当明确"机制"是区别于"制度"的有机动态运行主体，制度通常是指共同遵守的办事章程或行动准则，或基于一定历史条件而形成的政治、经济、文化等方面的系统；而机制强调系统内各子系统、各要素之间相互作用、相互联系、相互制约的形式和运动原理[3]，实质上是将相关的制度组合起来形成的一个有机运行的整体。在此层意义上探讨的土地征收救济机制，强调救济模式、救济方式、救济制度组合的互相协调、有机运行的整体性，以期为权利提供切实可行、及时有效的救济保护，从而追求公平正义的实现。

二、土地征收救济的理论基础

"权利为什么需要救济？"这是对土地征收救济进行定位研究必须回答的问题。实际上，任何一种权利若能按照规定的、预设的轨迹运行和实现，则无须谈及救济；但倘若权利的合法实现受到来自不同方面的阻碍，为消除阻碍，畅通救济途径则为必要的。法律在宣示各

---

[1] 参见章彦英：《土地征收救济机制研究——以美国为参照系》，法律出版社2011年版。

[2] 参见程燎原、王人博：《权利论》，广西师范大学出版社2014年版。

[3] 参见袁曙宏、宋功德：《统一公法学原论》，中国人民大学出版社2005年版。

种权利的同时，应当配置合理的救济机制。

从社会学的冲突理论视角出发，认知"冲突"是寻求权利救济理论的理论根据的基本线索。"冲突"包含如下要件：一是冲突表现为主体的特定行为，而非情绪对抗、心理观念等行为表现；二是冲突造成损害结果，暂且不论冲突主体的主观责任；三是冲突的影响取决于冲突行为的性质，冲突行为性质的差异是导致救济方式不同的主要原因或依据。[①] 在权利救济的理论框架中，冲突实际上被视为"侵权"现象的存在，即同现有规范体系相背离，是对合法权利的侵犯。[②] 救济的目的是遏制或解决冲突，为权利的顺畅实现扫清障碍。明晰救济机制设置的理论依据，能更好地把握整体的目标追求和具体规则背后的价值取向。土地征收救济机制的理论依据主要包含如下内容：

（一）人民主权理论

人民主权，即主权在民，是指国家一切权力来源于人民，归属于人民，受控于人民。在现代社会，要求在宪法中确认国家对内最高权力和对外的绝对权力来源于人民、归属于人民、受人民支配，宪法以此为基调确立人权内容和国家机构框架。[③] 依据卢梭系统化的《社会契约论》，国家产生和存在的主要目的就在于保护私人的财产和权利，国家的主权归属于个人，对私人财产和权利的侵害毫无疑问都是对人民主权的侵害，对此种侵害进行救济是人民主权原则的内在要求。如果体现人民主权的个人权利遭到侵害，而法律或社会无力提供有效及

---

① 参见程燎原、王人博：《权利论》，广西师范大学出版社 2014 年版。

② 参见胡文靖：《社会冲突理论视野里的农村征地纠纷》，载《山东农业大学（社会科学版）》2006 年第 3 期。

③ 参见程华：《主权在民：源流与反思》，载《法制与社会发展》2003 年第 6 期。

时的救济，那所谓的个人权利仅是形式上的存在，其所体现的人民主权沦为空洞的口号。[①] 尽管在实然层面，多数国家在制度设计上体现了人民主权理论，但在实际贯彻落实的复杂社会生活中，公权力侵害私人权利的现象仍屡屡出现，立法上存在的漏洞和缺陷也使得部分权利身处险境，时常有被侵害之忧。一方面，土地资源是人赖以生存和发展的重要基础；另一方面，征收权作为国家主权的基础性权力，是典型的公权力[②]，土地征收制度迫切需要加以完善，以将人民主权原则落到实处。

（二）人权保障理论

人权保障理论是一种建立在理性基础之上的以人为本的基本理念，强调保障人基于自然属性和社会属性应当享有的权利。人权具有普遍性、本原性和不可剥夺性等特征，是保障公民基本生活生产的基本前提条件。人权所包含的人性尊严，是权利存在和正当性的重要内在依据，权利的创设蕴含着人类对人性尊严和价值的保护性认同。对权利进行侵害的行为，都是对人性尊严的蔑视、对人权保障的违背，因此必须畅通救济途径，以实现人的尊严价值；一个认识和崇尚人性尊严、人权保护的社会，必然完善权利体系和保护机制。[③] 具体到土地征收之中，土地征收行为实质上是对公民合法所有财产的所有权的剥夺。上升到人权高度，土地与人的生存和发展密切相关，土地征收行为同人的基本权利相对峙，因此保障被征收者的合法权益得到及时

---

① 参见陈焱光：《公民权利救济论》，中国社会科学出版社 2008 年版。

② See William B. Stoebuck, A General Theory of Eminent Domain, 47 WASH. L. REV.1972, pp.553.

③ 参见陈焱光：《公民权利救济论》，中国社会科学出版社 2008 年版。

有效的救济，是实现人权保障的重要方面。

（三）利益平衡理论

法律层面上的利益平衡，强调运用法律权威调节冲突，使相关的各方利益在并存和相容的前提下达到合理的优化状态。若究其源头，利益平衡理论应源于公共负担平等理论，即强调以宪法平等保护原则为基础，以法治国家对社会公平和正义的追求为导向，衡平公共利益和个人利益的关系。在该理论下，征收行为以公共利益为正当理由而实施，行为成本自应由全体社会成员平均分担，在就征收财产进行充分补偿的基础上，以防给被征收人增加不平等的负担。一方面，土地征收的实质是实现公共利益的需要；另一方面，土地是个人及家庭进行生产活动的重要载体。问题的本质转化为对公共利益与个人利益关系的衡平，而这种利益关系的衡平更多的是人的主观判断，难以厘清所谓的等级次序之分。在土地征收中，面对个人利益和公共利益的冲突，同样不能仅取其一，而需努力寻求双方利益的平衡点。因此，在实现土地征收的同时，国家需要让渡出一定的利益来保障个人的基本生存，实现个人利益同公共利益的统一。

（四）有权利必有救济理论

有权利必有救济是普通法的一项古老原则，为大多数法治国家所接受。"没有救济就没有权利"在英国早已成为妇孺皆知的法谚，尽管由于法律传统的差异，英国法谚中的"救济"与大陆法系存在不同的理解，但对权利救济和保护的价值追求和根本目的是相同的[1]，即使受冲突或纠纷影响的合法权利及法定义务能够得到实现和履行，保

---

[1] 参见程燎原、王人博：《权利论》，广西师范大学出版社2014年版。

障救济途径的有效畅通，能有效地保护好公民的合法权利，促进法治社会的稳定。在土地征收的过程中，公民合法享有其土地的所有权，应保障和畅通公民土地被征收时获取权利救济的有效途径，同时也促进征收行为的合法有效。

三、土地征收救济的基本原则

（一）依法救济原则

依法救济原则强调权利救济的合法性，要求救济主体在采取救济行动和救济方法时应当合乎法律的规定，不能违反或破坏法律的规则秩序。需要明确的是，依法救济并非要求救济主体仅限于采取法律明文规定的救济途径和方法，而是强调其救济行为不应当逾越法律，且对于法律明确的限制性规定应当严格遵守。依法救济本应是包含土地征收救济在内的一切救济的题中之义，但是考虑到土地征收中的特殊性，应当予以着重强调。在土地征收争议中，征收者通常为政府机关，被征收者为私权利主体，双方主体之间明显处于强弱悬殊、地位不均衡的状态，而且在部分情形下提供救济的又是批准征地的政府机关或其上级机关，容易发生以权相压、救济落空的情形，因此必须强调土地征收救济应当严格遵循依法救济的原则，以避免救济过程中的恣意妄为和专断，以保障被征收者合法权利的实现。

（二）及时救济原则

及时救济原则注重权利救济的时限性，救济主体必须遵守时限规定的严格限制，避免随意耽搁延误，为权利方的合法权益提供及时的、妥当的保护，以最大限度地维护法律的尊严，减少或避免损失的扩大或产生。救济的时限既包含法定的救济时限，又包含合理意义层面的救济时限，即在合理的时限期内进行及时有效的救济，能明显减少或避免不必要的损失。"迟到的正义不是正义"，权利救济是矫正正义的体现，权利救济的及时性是法律秩序的连续性、稳定性的必然要求[①]。在土地征收救济的过程中，秉承及时救济的原则至少能达到如下目标：一是在当事方合法权益即将或正在受到不法侵害时，能有效防止损害的进一步扩大；二是对于征收过程中出现的新问题、新争议、新纠纷能及时处理，可以有效地化解矛盾，减少争议解决的时间损耗，节约大量的人力、物力、财力；三是能便利救济，保证救济渠道的实效性，同"便民原则"有效地结合，以创设一套运行良好的救济机制。

（三）充分救济原则

充分救济原则强调权利救济的充分性，是对救济的质方面的要求。救济的一项基本规则是：救济应尽可能地使受损方回归其未遭受损害的本原状况。实际上，救济是否"充分"包含着两种层面的考量——法律层面和公平层面。法律层面的救济充分性，是指受损方因不法侵害所遭受的损失，法律提供有效的、可操作性的补救措施，一般是恢复原状或提供合理的损害赔偿。而公平层面的救济在某些情形却难以补足其充分性[②]，如针对个人而言，其独一无二的财产被销毁，财产蕴含的独特情感或价值不可能通过损害赔偿得以补救。除以上两种层面对"充分"考量的理解差异外，置于案件中，争议双方出于不同的立场同样会产生不同的答案。但不容置疑的是，我们应当充分尊重法

---

① 参见陈焱光：《论公民权利救济的基本原则》，载《武汉商业服务学院学报》2006年第1期。

②See LUFF，PATRICK，The Market Value Rule of Damages and The Death of Irreparable Injury，Social Science Electronic Publishing（2011）.

律层面救济的充分性要求，可适当合理考虑公平层面的充分性。就土地征收中的救济而言，面对被征收者为公共利益而蒙受了损失的事实基础，应当遵守救济的一项基本规则，即尽可能地使被征收者的生活恢复到损害发生前的状况。

一般而言，救济的充分性主要体现在对不法侵害所致损害的损害赔偿或补偿的充分性，即征收者因土地征收致损而获补偿的充分性。但实际上，还应当包含救济方法的充分性，即救济方法的畅通使用、救济方法的中立公正等。

四、土地征收救济的价值目标

（一）促进公共利益的实现

公共利益是土地征收的唯一正当理由，换言之，土地征收的根本目的是实现公共利益，问题的关键在于对公共利益的界定。界定公共利益的核心在于"公共"的范围问题，如果把"公共"视为同"私人"相对应的概念，"公共"的内涵仍处于模糊的地位，因为"公共"是私人的集合体，多少个私人才构成"公共"？[1]这似乎是个无解的问题，只能通过提供各种维度进行衡量划分。现今较为普遍承认的学说为"不确定多数人理论"，即强调以受益群体的多寡为标准认定"公共"。无论如何，可达成共识的是：公共利益必然会或多或少、或深或浅地反映、代表和维护个体利益及其实现，绝不能从根本上与个体利益相背离。[2]真正的公共利益只能是共同的、长远的个体利益，与每个社

---

① 参见胡建淼、邢益精：《公共利益的法理之维——公共利益概念透析》，载《法学》2004年第10期。

② 参见程燎原、王人博：《权利及其救济》，山东人民出版社1998年版。

会成员的利益在根本上具有一致性；个体利益的实现反过来又能促进公共利益的实现，两者互为助益。

构建和完善土地征收的救济机制，一方面，通过及时解决争议、化解矛盾使出于公共利益的土地征收活动能顺利进行，直接促成公共利益的实现；另一方面，通过为被征收者通过及时有效的救济，保障个体权益间接作用于公共利益的实现。

（二）制约公权力的滥用

孟德斯鸠曾直言，"一切有权力的人都容易滥用权力，这是万古不易的一条经验"。在诸多启蒙思想家看来，权利和自由被侵凌的最大危险并非来自公民个体的不法行为，而是源于政府权力的肆意滥用。人们起初通过"人性善恶"的论题对权力滥用作出解释，但从根本上而言这是社会自身冲突的产物，反映了统治阶级与被统治阶级之间、社会和个体之间、集体和个人之间的利益冲突关系。[①] 滥用权力行为表面上是对社会规则秩序的冲击行为，更为根本的是对既定的权利义务关系的破坏，是对权利的侵凌。任何对权力滥用现象的放纵，都是对权利本身的漠视。征收是国家对国家内所有财产的主权要求，表现为权力行为，对于遭受公权力侵害的农民财产权利而言，救济既是对被征收者权利的切实保障，更是监控国家权力、制约公权力恣意和滥用的有效途径和生动体现。[②] 对被征收者权利的充分保护和有效救济本身就是对公权力滥用的有力制约，在实现保护的同时，必然要求公权力进行合理的配置安排；如若出现滥用情形，可通过救济机制加以

[①] 参见程燎原、王人博：《权利论》，广西师范大学出版社 2014 年版。

[②] 参见陈焱光：《公民权利救济论》，中国社会科学出版社 2008 年版。

监督矫正。

（三）维护法治社会的和谐稳定

法治是一种理想的社会治理状态。亚里士多德曾在其著作《政治学》中对法治作出定义："法治应包含两重含义，已成立的法律获得普遍的服从，而大家所服从的法律又应该是本身制定的良好的法律。"可见，法治社会的首要核心是"良法之存在"。具体到土地征收中，土地征收救济制度的构建和完善是"良法"的重要组成部分，既关系公共利益的实现，又直接关乎被征收者的切身利益，影响到整个法治社会的和谐稳定。其二是"对良法的服从"，包含两层含义：一是公权力行使者必须严格按照法律规定的程序开展征收活动，使被征收者的个体全体处于一种"预保护"的状态；二是被征收者能按照法律规定找到权利保护和救济的途径，能及时、充分、有效地化解矛盾纠纷，或良法能为权利的保护和救济提供垫脚石。概言之，土地征收救济机制的建立和完善，能有效保护被征收者的切身利益，促成法治秩序的实现，维护实质上的社会和谐稳定。

<table>
<tr><td>第二节</td><td>土地征收救济机制的
内容研究</td></tr>
</table>

一、土地征收救济的模式比较与分析

各国在对土地征收权的规制过程中，在立法层面对土地征收权的行使进行严格的限制规定，这种立法规制的完善构成征收救济机制建立的前提和基础。权利救济之大端莫过于宪法救济，土地征收的立法规制必然建立在最高法律性的宪法规范之上。任何法律权利只有通过宪法规范和宪法救济才能有效地进入真正的运行过程，该机制通过强化政府责任，使能够实际支配权力的国家机构或其他组织能够严格按照宪法设计的轨道有序、有效地运转，以充分保障个体的基本权利。[①] 几乎全部的国家宪法中均规定有征收条款，《美国联邦宪法》（第五修正案）规定："非有公正补偿，不得征收私有财产为公共使用。" 德国的扩张征收理论体现于《魏玛宪法》第153条第2项："公用征收，唯有因公共福祉，根据法律，方可准许之。除了联邦法律有特别规定外，

---

① 参见程燎原、王人博：《权利论》，广西师范大学出版社2014年版。

征收必须给予适当补偿，有征收之争讼，由普通法院审判之。"法国《人权宣言》第 17 条规定："财产是神圣不可侵犯的权利。除非由于合法认定的公共需要的明显要求，并且在事先公平补偿的条件下，任何人的财产不能被剥夺。"宪法作为根本法在规范意义上具有最高性，关于土地征收及救济的一切法律规范都能从宪法的征收条款中取得"合法"效力，即构成其合法性来源。①

以宪法中的征收条款为核心或源头的征收立法规制体系构成征收救济机制建立的前提和基础，在此基础上，根据具体的国情和制度要求，形成不同的土地征收救济机制，主要有法院主导型救济模式和议会主导型救济模式。不可否认的是，不同的救济模式随着全球政治体制、思想文化和社会文明等因素的交互影响，而呈现出交叉融合的趋势。②

（一）法院主导型救济模式

法院主导型救济模式是指法院不仅直接介入土地征收，而且在被征收人利益的保护上发挥着不可替代的决定性作用的模式，以法国、德国为典型代表。③ 以法国为例，法国是典型的通过法院来实现土地征收的国家，在法国的传统观念中司法机关被认为是私人自由和财产的最可靠保障，只有法院才有权剥夺私人的财产权利。④ 根据宪法分权的一般原则，对立法权、行政权和司法权进行明确的划分规定，法

---

① 参见邢益精：《宪法征收条款中公共利益要件之界定》，浙江大学出版社 2008 年版。
② 参见丁文：《土地征收救济机制之比较研究》，载《法学评论》2008 年第 1 期。
③ 参见丁文：《论中国土地征收救济机制之构建——以比较法为视角》，载《中国农村观察》2007 年第 4 期。
④ 参见丁文：《土地征收救济机制之比较研究》，载《法学评论》2008 年第 1 期。

国的土地征收程序、步骤也基于此分为立法阶段、行政阶段和司法阶段。立法阶段即为前文所述的在立法层面对土地征收权的行使进行严格的限制规定，构成土地征收的基础和前提。行政阶段指的是征地机关具体的征地行为，主要包含四个程序：事前调查、批准公用目的、具体位置的调查和可以转移不动产的决定。司法阶段主要是对转移所有权裁判和补偿金的确定。法国法院能渗透到土地征收的全过程中，表现如下：一是对于批准公用目的的决定或可以转让决定不服，或者以违反公用征收程序、越权批准权限为由，可以向行政法院提起越权之诉。[①]根据法国行政征收法典的规定，在事前调查程序中，首先由征收者向被征收的土地所在地的省长提交调查申请书，省长收到申请书后，作出是否进行调查的决定以及确定具体的调查方式。对于拒绝调查的决定，申请者可向行政法院提起诉讼。[②]事先调查在规定的时间内结束，公共利益的宣告程序才能得以进行，视情形由省长和最高行政法院行使。如果公共利益的宣告不符合事先的调查，最高行政法院可以对宣告进行撤销。对于批准公用目的的决定，申请人、被征收土地的所有人以及利害关系人都可以提起行政诉讼，请求撤销决定。在进行具体的位置调查后，由省长决定可以转移的不动产的界限，并宣布可以转让的决定。可以转让的法令必须在公共利益宣告的有效期内进行，同时也需符合之前公共利益宣告的内容，当事方若对决定不

[①] 参见谢敏：《法国土地征用制度研究》，载《国土资源情报》2012 年第 12 期。
[②] 参见张莉：《法国土地征收公益性审查机制及其对中国的启示》，载《行政法学研究》2009 年第 1 期。

服，可向行政法院提起越权之诉。① 此外，对于违反征收程序的行为、越权批准权限的做法，均可提起诉讼。二是关于请求被征收财产所有权的移转和补偿金额的决定，由普通法院管辖，并设公用征收法庭和公用征收法官专门处理。② 转移所有权的裁判由被征收土地所在地的省长或其代理人提出申请，在确认提交材料的完整和所有权转移命令的六个月内，普通法院作出裁定，并通知所有权人及利害关系人。如果对裁定不服，可以向最高人民法院起诉；如补偿金已偿付，对于所有权转移的裁判，只能申请最高法院复核。对于补偿金的确定，在公共利益宣告后，征收当事方可协商确定补偿金额并达成协议；未能达成一致意见的，所有权人可向征收法官申请对不动产进行评估，按照评估的价格获得补偿。如果被征收者对补偿的标准不服，可以向最高法院的第三民事法庭或者申诉法院申诉，由后者确定补偿的价格。③

综上可见，在法院主导型救济模式之下，法院的角色扮演不仅限于征地损害发生后的事后救济处理者，而且包含公共利益要件的审查、土地征收程序步骤的设计和土地征收纠纷解决，渗透到土地征收的全过程。这种彻头彻尾的介入能有效地监督国家征收权的行使，降低土地所有者因违法征收而造成损害的可能性，既保证了征收的合法有效、降低了征收成本，又能及时化解征收矛盾、提高征收效率。法院积极介入土地征收的全过程中，不仅仅扮演着裁判者的身份，更能对征收

---

① 参见许中缘：《论公共利益的程序控制——以法国不动产征收作为比较对象》，载《环球法律评论》2008 年第 3 期。

② 参见谢敏：《法国土地征用制度研究》，载《国土资源情报》2012 年第 12 期。

③ 参见许中缘：《论公共利益的程序控制——以法国不动产征收作为比较对象》，载《环球法律评论》2008 年第 3 期。

权的行使进行有效的约束和监督，彰显分权与制衡的理念。

（二）议会主导型救济模式

议会主导型救济模式是指议会不仅享有征收立法的权力，而且可以对征收的法定要件进行审查，通过避免违法征收的出现以实现对被征收者利益的保护，以英国、美国为典型代表。以美国为例，征收权被称为 eminent domain，该词最初由法学家格劳秀斯提出，内涵特指"公共实体征收私人所有者财产的固有权力，特别是土地及将其转让用于公用并为征收给予合理补偿"[1]。从征收权的性质和来源出发，eminent domain 是国家对国家内所有财产的主权要求，是一种"无须经所有者同意而将其私人财产用于公共利益的主权"。契合美国三权分立的政治体制，征收权的本质属性同领土主权相关，当然地归属于立法权的范畴。传统的征收权大都由立法机关——议会直接行使，议会控制被认为是防止征收权滥用的有效保障。[2] 当然，议会同样可以对征收权的行使进行授权委托，但授权的范围内容、行使程序的设计等均由议会进行严格的规制。美国法院尽管拥有对公共利益的审查权，但法院普遍对立法机关认定的"征收是否符合公共使用"的要件给予充分的尊重，例如在伯尔曼诉帕克案、夏威夷房屋管理局诉米德基夫案等在美国征收史上具有重要影响的案件中，联邦最高法院均以简短的、一致同意的意见通过。可见，"土地征收是否符合公共使用要件"问题的判断权基本专属于议会。在符合公共利益要件的前提下，征收者获得征收授权，在征收时应当尝试和不动产所有者通过协商谈判达

---

[1] See John E.Nowak，Ronald D.Rolunda，Principles of Constitutional law，Ted，West Academic，2004，p.562.

[2] 参见丁文：《土地征收救济机制之比较研究》，载《法学评论》2008 年第 1 期。

成收购协议，协商谈判的尝试被法律规定为征收的必经程序。无法达成一致意见时，征收者可向法院提出申请，行使国家征收权征收土地。在此过程中，无论是对征收程序缺失的争议，还是对征收程序存在瑕疵的争议，土地所有者均可以征收者未能遵守正当程序为由，向征收者的征收权发起挑战。此时设置听证会制度，当事人可以发表意见和抗辩，由法院进行异议的初步审理。土地所有者亦可提起侵权行为赔偿之诉或通过申请制止状以制止征收活动。[1] 如果法院认同征收行为，但土地所有者对征收程序仍存异议，可以向地方高等法院或联邦地方法院起诉，如果不服，还可以上诉至州最高法院甚至联邦最高法院，最后由联邦最高法院作出终审裁定。[2] 在土地征收补偿的纠纷中，征收者和土地所有者均可提起救济。[3] 征收者提起救济，通常限于补偿金已确定并支付给土地所有者的情形；而土地所有者提起的救济，通常包含其认为土地被征收或侵犯对土地独特性价值产生实质性影响，其土地直接或间接性受到征收的影响而需提起反向征收，对公正补偿金额的标准持有异议等情形。所有者对征收补偿金额所提的异议，可以根据州的法律选择陪审团、法官或评估委员会来决定补偿金额。如果对裁定数额不服，可在法定时效内向联邦地区法院或州上诉法院提出上诉。上诉法院的权限较大，可以改变或维持补偿金额的裁决，对于补偿金额确定的方法错误或腐败问题，可以判定补偿裁决无效或将案件发回重审。[4]

---

[1] 参见许迎春：《中美土地征收制度比较研究》，浙江大学出版社 2015 年版。

[2] 参见许迎春：《中美土地征收制度比较研究》，浙江大学出版社 2015 年版。

[3] 参见许迎春：《中美土地征收制度比较研究》，浙江大学出版社 2015 年版。

[4] 参见许迎春：《中美土地征收制度比较研究》，浙江大学出版社 2015 年版。

综上所述，在议会主导型救济模式下，征收制度的设置似乎与分权制衡的政治理念联系得更为紧密。议会既是征收法律的制定者，又是"征收是否符合公共利益"这一重要要件的决定者，这直接关系到整个征收程序的开展。行政机关则在具体的案件中依据征收法律的规定，对土地征收的决定予以执行，而在其中出现的纠纷问题则由法院介入处理。[①] 该模式的认识基础在于，将议会视为"公益机器"，视作公民利益忠实可靠的守护者，据此对征收开始进行严格的控制，通过避免不符合公共利益的违法征收的出现，以实现对土地所有者利益最大限度的保护。

二、土地征收救济中的主、客体明晰

（一）土地征收救济的主体

土地征收救济主体是指在土地征收过程中为相关当事方提供权利救济的机构或机关。土地征收的全过程基于宪法分权的一般原则被分为立法、行政和司法阶段，权利救济主体因阶段不同而存在差异。若承认救济机制中的事前预防机制，即包含纠纷尚未发生时旨在防患于未然的救济，则大体而言，在公共利益的范围或内涵确定、合理正当的征收程序的内容设计、补偿的征收原则确定等阶段，直至土地征收程序启动前的土地利用总体规划制定、征收意向产生阶段，其权利救济主体主要是制定法律的立法机构。通常而言，法律设计的漏洞应当由立法机构启动立法程序尽快予以修补，为权利提供及时的事前救

---

① 参见郑贤君：《"公共利益"的界定是一个宪法分权问题——从 Eminent Domain 的主权属性谈起》，载《法学论坛》2005 年第 1 期。

济。[1] 但在两种不同的救济模式下，该阶段的救济主体存在差异，其中对公共利益要件的界定区分最为明显，举例说明：议会主导型救济模式下的英国采用"一事一议"说明机制解释公共利益，英国征地法律对于征地公共利益的规定采用的是正面说明、列举路径，其并不存在对于公共利益授权的一般性规定，而是通过具体法律对于具体的征地对象和项目进行说明的列举方式界定公共利益。[2] 对于公共利益的调查，即进入土地的实地调查活动，只有在造成损害时才可诉至法院。相比之下，法院主导型救济模式下的法国，公共利益的宣告由省长或最高行政法院行使，对于不符合事先调查的宣告，法院可予撤销[3]；对公共利益的调查、转让的命令以及裁定等均是可诉的。[4] 在征收程序征收启动后至征收结束的纠纷发生或损害形成阶段，理论上的权利救济主体应当是有关行政机构或司法机构，还包含特定的监督、调解机构或组织，如美国的监察专员制度，主要通过行使调查权、建议权、报告权、调解权等实现对行政行为的监督，以及对公众法律的帮助与救济。[5]

---

① 参见章彦英：《土地征收救济机制研究——以美国为参照系》，法律出版社 2011 年版。

② 参见张千帆主编：《土地管理制度与比较研究》，中国民主法制出版社 2013 年版。

③ 参见许中缘：《论公共利益的程序控制——以法国不动产征收作为比较对象》，载《环球法律评论》2008 年第 3 期。

④ 参见许中缘、陈珍妮：《法中两国不动产征收制度的比较研究》，载《湖南大学学报（社会科学版）》2009 年第 6 期。

⑤ 参见岳彩申：《美国地方行政监察专员制度》，载《政治与法律》1991 年第 5 期。

（二）土地征收救济客体

在土地征收过程中寻求救济或接受救助的一方，既可以是征收方，也可以是被征收方和利害关系方。对于征收方而言，其权利救济的范围在于畅通征收权及其相关的权利的行使。如《美国统一征收法典》第301条规定，征收者合法进入土地或对土地进行授权的活动遭到阻挠、拒绝或被认定无效，可向法院申请准入令，以畅通对拟征收土地的适宜性研究的开展。[1] 对于征收前预存的保证金，征收者可根据实际征收情形的变更向法院申请减少保证金额，以保证其财产性权利；对于法院裁决的补偿金额的异议，也可寻求征收程序再审的救济。[2] 此外，征收者在参与征收诉讼中与诉权相关的权利救济，与一般情形无异。实际中，被征收者和利害关系方多数情形下处于弱势，在土地征收过程中权利最易受到侵害和损害，包括财产性权利和基于其土地权的若干非财产性权利。（1）财产性权利：主要包括被征收者的土地所有权、土地附着物所有权、土地发展权等。（2）非财产性权利：主要包括被征收者的知情权、参与权、自主选择权、异议权和听证权等。在我国还包含被征收者的社员权，即被征收者因具备特定的集体经济组织成员资格，而对集体所有的土地享有若干权利，包含监督与管理集体事务的权利、获得相应份额土地征收补偿金的权利等。[3]

---

[1]See Uniform Law Commissioners' Model Eminent Domain Code § 301.

[2]See Uniform Law Commissioners' Model Eminent Domain Code § 803.

[3] 参见邹爱华：《土地征收中的被征收人权利保护研究》，中国政法大学出版社2011年版。

三、土地征收救济具体方法的比较与分析

在不同的土地征收救济模式下，救济方法也有些许差异。如前文所述，救济的内涵范围应当延伸至权利存在的最初阶段，救济方法体现为在明确公共利益内涵范围、设计正当的征收程序内容和确立公正补偿原则时法律制定层面的补救措施，此时的救济方法对于被征收者而言更多地表现为建言献策的表达参与。实际上，在整个权利救济体系中，诉讼救济基于其最合法、最公正、最彻底和最权威的特质而占据救济方法中的主导性地位，[①] 尽管其可能并非某类纠纷中使用频率最高的救济方法。在诉讼救济过程中，法院或法官以宣示权利的实体法和规则设计的程序法为指引，合理调配争讼双方的权利义务，确认和保护当事人的合法的实体权利，或依法确定补偿的办法和额度。指引的实体法作为解决纠纷的依据，其本身的权利义务内容设定即假定为正义原则的要求，是对权利争端结果预先的、正义的安排；指引的程序法以公正的诉讼程序加持争端处理结果的正义性，所谓"公正"，即已兼顾程序性权利、权力的控制、效率的合理和实体权利目标四维度的考量。[②] 此外，诉讼救济与国家权力或暴力强制相联系，具有切实救济权利的权威性。因此，对于土地征收的救济方法将分为诉讼救济和诉讼外的解决方法两部分进行讨论。

（一）主导性的权利救济：诉讼救济方法

无论是在何种救济模式下，诉讼救济方法仍居于权利救济的主导性地位，权利救济本身是法院天然的职责，也是现代法治社会解决争

[①] 参见程燎原、王人博：《权利论》，广西师范大学出版社2014年版。

[②] 参见孙笑侠：《法律程序设计的若干法理——怎样给行政行为设计正当的程序》，载《政治与法律》1998年第4期。

议的必然选择。① 基于历史传统、政治体制、基本国情的差异，各国的诉讼救济方法有着不同的运用。

1. 美国

《美国联邦宪法》（第五修正案）规定："非有公正补偿，不得征收私有财产为公共使用。"美国其他州的宪法几乎都有类似的征收条款，征收权的行使受到联邦和州宪法的双重规制。② 对土地征收合法性的判断，通常从三个方面进行考量：是否满足"公共使用"的要求、是否遵循正当程序要件、是否符合公正补偿。

如前文所述，美国的土地征收救济机制属于议会主导型，"土地征收是否符合公共使用要件"问题的判断权基本专属于议会。"一旦立法机关宣布征收供公共使用，则法院对该项决定的任何审查都是狭隘的。"③ 但不可否认的是，法院对于公共利益要件的审查权是存在的，诉讼救济的路径是畅通的。依据财产规则和责任规则可以将法院对公共利益的救济划分为两个层次：第一，应当保护私人土地所有者财产不被剥夺的权利，除非其财产被用于公共事业；第二，一旦私人土地所有者的财产被确认应用于公共事业，则必须获得公正的补偿。由此，我们可以看出美国法院对公共利益的救济是从多方面着手的。从程序性救济来看，如果法院发现在征收前，征收机构未举行听证，或者听证未就公共利益作出解释的，可以认定征收违反了程序正当原

---

① 参见杨向东：《论集体土地被征收人权利的司法救济》，载《广东社会科学》2019年第1期。

② 参见王静：《美国土地征收程序研究》，载《公法研究》2011年第2期。

③ See John E.Nowak, Ronald D.Rolunda, Principles of Constitutional law, Ted, West, Academic, 2004, p.543.

则，而判决征收无效①。从实体救济来看，首先，在预先听证程序中，如果被征收者提出征收将违背公共利益原则，且法院认定该主张成立，则法院将裁定征收决议无效，征收机关不得继续实施征收。②其次，若在征收实行后，法院审理认为征收不符合征收目的的，可以要求征收机构将征收的财产退还给被征收人，若无法退还的，则必须根据市场价值对被征收者进行赔偿。最后，法院可以就公共利益进行界定，对公共利益作出解释说明以规范公共利益的使用范围。

对于正当程序要件的救济，无论是征收程序的缺失，还是程序上存在瑕疵，土地所有者均可以征收者未遵循正当法律程序为由，向征收者的征收权发起挑战。此时，必须通过举行听证会的方式让征收者解释说明其行使征收权的正当理由；如果无法说明，或土地所有者证明征收未遵循正当程序，那么通常法院会以征收不合法为由驳回征收者的征收申请。这种听证实质上是对异议的初步审理，遵循司法审理的普通规定。一般而言，土地所有者所主张的异议内容，所有者负有举证说明的义务和责任；但有关存在欺诈、贪污、恶意和滥用权力的主张，举证责任转移至主张者（即土地所有者）。此外，土地所有者亦可提起侵权行为赔偿之诉或通过申请制止状以制止征收活动。③如果法院认同征收行为，但土地所有者对征收程序仍存异议，可以向地方高等法院或联邦地方法院起诉，如果不服，还可以上诉至州最高法

①See D. Zachary Hudson, Eminent Domain Due Process, 119 Yale L.J. 2010（1280）.

②See McKinney's E.D.P.L. § 202.

③参见左婕：《土地征收侵权救济方式比较研究》，载《华中师范大学研究生学报》2007年第2期。

院甚至联邦最高法院，最后由联邦最高法院作出终审裁定。[①]

对于公正补偿要件的救济，分为土地征收在行政程序中以及土地征收在司法程序中两种。当其在行政程序中，在法庭、陪审团或者征收委员会对征收补偿作出裁决后，被征收者若不满补偿额，可以就补偿问题向上级法院提起诉讼。这时候的上诉并不会导致征收行为停止执行。当其在司法程序中时，征收者或被征收者若对补偿额不满的裁决都可以在法定时间内向联邦地区法院或者州上诉法院提起上诉。[②]上诉时必须将个人通知送达对方当事人，在上诉期间，征收者必须中止征收行为。

2. 英国

英国的土地征收救济机制，针对不同的征地纠纷设置了不同的征地纠纷解决机制。在诉讼救济方法上也极具特色，创设了土地裁判所作为一个独立的处理纠纷的裁判机关，处理公民之间、公民与国家之间的土地争端。土地裁判所的司法性质一开始饱受争议，随着欧盟一体化进程的加速，《欧洲人权公约》确定的"公平审判权"对英国土地裁判所制度改革提出了挑战，英国随后颁布的《裁判所、法院和执行法》明确规定裁判所归属于司法体系，受司法独立原则的保障，其司法性质尘埃落定。[③]据此，英国土地征收的诉讼救济主要分为如下两种：

一是对征地授权决定、征地执行程序的纠纷，通常属于普通法院

---

① 参见许迎春：《中美土地征收制度比较研究》，浙江大学出版社 2015 年版。

②See Uniform Law Commissioners' Model Eminent Domain Code § 1201.

③ 参见沈开举、郑磊：《英国土地裁判所制度探微》，载《郑州大学学报（哲学社会科学版）》2010 年第 3 期。

司法审查的范围，诉诸法院得以救济。在征地授权阶段，当事人若认为征地目的不满足公共利益要件、征收授权程序违法或不当等，可寻求司法救济。根据《英国 1981 年土地征收法》第 23 条的规定，被征收人或其他利益受损者可在强制收购令确认通知发出或生效起六周以内向高等法院提起司法审查。征收决定的合法性、合理性，征收程序的正当性，征收权力的合法性等主要由高等法院来处理。法院的司法审查主要是对征地争议中的法律问题进行审查，包括合法性审查和合理性审查。合法性审查主要是考察征地权力是否缺乏法定基础、征地机构是否存在越权行为；合理性审查主要基于英国行政法上的"温斯伯理不合理性原则"和比例原则，审查征地决定的作出是否对相关因素和无关因素进行了考量，且该考量是否对决定的作出产生了根本性、实质性的影响。

二是对与补偿事项相关的争议，该类争议主要涉及事实层面的纠纷，通常专属土地裁判所管辖。土地裁判所是英国处理土地争议最典型的专业裁判机构，目的是解决涉及土地价格评估等专门争议。一般而言，征收当事方可就补偿事项的争议达成有关协议，达不成补偿协议的，根据《1949 年土地裁判所法》第 1 条、《1961 年土地补偿法》第 1 条和《1965 年强制收购法》第 6 条的规定，征收双方均可在征收通知发出之后 28 天将争诉转交给土地裁判所，如果当事人不服判决，还可以向上诉法院上诉，但对征收补偿标准的裁决，法院一般不予改变。上诉法院不对事实问题或评价决定进行判断，而只能就法律问题进行裁判。① 因此，土地裁判作出的补偿金裁决对平衡征收当事方的

---

① See Myers V. Milton Keynes Development Corpn ［1974］2 All ER 1096，CA.

利益显得尤为重要。土地裁判所的职能十分广泛，主要包括对土地征收补偿、土地价值评估、土地协议、土地优先购买权、土地价值损失等争议内容的裁决。土地裁判所具有司法功能，性质相当于法院，但就补偿争议事项的裁定有其独特的优势。首先，土地裁判所处于中立性位置，案件审理不受法院严格的证据规则的束缚，裁判范围也不局限于合法性审查，可以决定事实问题、政策问题等。其次，裁判人员具有非常强的专业性。人员的组成方面可以多元化，可以兼顾法律专业人士和具备特殊技能要求的专业人员，使得补偿金标准的确定更为公平公正。再次，案件审理裁判程序具有多元化的选择空间，主要有书面陈述程序、简易程序、标准程序和特别程序，可以根据具体的案件事实灵活选择适用。此外，对于土地裁判所的裁决决定，当事人认为存在错误或者不服的，可以向上诉法院提起上诉；当事人认为土地裁判所适用法律存在错误的，可以向高等法院申请司法审查以撤销或者直接作出替代性裁决。

3. 日本

日本的土地征收主要由《土地收用法》进行规制。从日本土地征收的程序出发，诉讼救济主要包含征地裁决救济和征地补偿救济。征地裁决救济机制，主要由专门设立的土地征收委员会来裁决纠纷，土地征收委员会负责对地方征地和使用进行裁决，是地方政府的行政机构，但独立于一般行政机关，具有准司法性，独立行使职权。一般的土地征收资格审批、土地征收的裁决审理、调解等都在土地征收委员会进行。当事人对土地征收委员会的裁决不服的，可以依法向内政部长提起行政不服审查，也可以向行政裁判所寻求救济。在征地补偿救济方面，征地补偿方案由兴业人先行拟定补偿标准，后与被征收人进行协议，达不成协议意见的，由征收委员会裁决。兴业人或是土地权利人对损失补偿金不服时，不能提出申诉请求，只能在收到征收委员会的裁决书后三个月内以另一方当事人作为被告提起行政诉讼中的当事人诉讼。[①] 有关损失补偿金额的诉讼，从法律关系来看，属于当事人之间的私法关系，由于土地征收这一公权力行使的行为是损失补偿的前提，因此，采取形式当事人诉讼的争议损失补偿的额度。[②]

（二）辅助性的权利救济：诉讼外的解决方法

同诉讼方法相比，非诉讼解决方法在权利救济时具有其独特的功能和意义。在现代社会，大量的诉讼案件如潮水般涌进法院，再由于诉讼严格的程序要求、庭审的复杂性和诉讼案件本身的复杂性，不可避免地造成讼案成堆，权利救济难以迅速而合法地得以实现。另外，非诉讼解决方法有着其天然的价值和作用优势，主要表现为：符合一种追求致中、和谐的社会结构和社会关系的文化意识；有助于法院摆脱讼案成堆的困境，有助于诉讼当事人摆脱争议困境；处理规则的灵活性和多样性，极大地促进了处理程序的简易性和处理结果的高效性；更为重要的是，非诉讼解决方式避免了"对簿公堂"的尴尬境地，被视为融合人际情感和建立和谐人际关系的社会机制。[③] 在土地征收救济中，主要有如下诉讼外的解决方法：

一是协商和解。协商谈判的方式可谓实现土地征收的最佳路径，既能以平和的方式达到征收的目的，又能体现被征收人的参与度和实

---

① 参见钟头朱：《论日本的土地征收制度》，载《改革与战略》2010 年第 4 期。

② 参见江利红：《日本行政诉讼法》，知识产权出版社 2008 年版。

③ 参见李浩：《调解的比较优势与法院调解制度的改革》，载《南京师大学报（社会科学版）》2002 年第 4 期。

现其意志表达，为后续征收程序的开展清除障碍。但基于实际中征收者和被征收者地位的不平等、力量的悬殊，如何保证协商谈判的公正合理性是各国正在努力尝试解决的首要问题。如美国《统一征收法典》中明确规定协商谈判是征收开始前的必经程序[①]，同时要求征收方必须遵守"善意努力"的协商原则，并对征收当事方可协商谈判的范围作出了明确的法律规定。[②]

二是调解。调解是纠纷的双方当事人在中立第三方的介入下，通过谈判方式予以和解、解决纠纷，包含人民调解、行政调解和法院调解等。在土地征收实践中，较为成熟的是美国的监察专员制度，主要有两类：一类是以俄勒冈州为代表的行政监察专员，其设立于行政机构内部，属于行政机关的一部分，由州长任命，对州长负责；另一类是以夏威夷州为代表的类似于英国议会行政监察专员的地方议会行政监察专员，其由两院选举产生，独立于行政机关之外行使监察权。监察专员制度为被征收者提供了较为全面的帮助和救济，包括搭建征收争议双方的沟通交流平台、公示征收中包含征收的公共目的及补偿标准在内的诸多重要信息、为被征收者答疑解惑和对征地过程中出现的争议进行仲裁或调解等。

三是行政救济方法。在宪法分权的视角下，立法机关作出的概括性规定由行政机关确定具体案件中的适用标准，其中出现的纠纷问题由法院介入处理。[③]故在救济模式的划分之中，行政主导型模式似乎

---

①See Uniform Law Commissioners' Model Eminent Domain Code § 202.

②See Uniform Law Commissioners' Model Eminent Domain Code § 307.

③参见郑贤君：《"公共利益"的界定是一个宪法分权问题——从 Eminent Domain 的主权属性谈起》，载《法学论坛》2005 年第 1 期。

本身就是一个悖论，但不能否认的是，行政救济模式对于征地纠纷的处理有着诸多优势。行政机关掌握着征地全程的第一手资料，行政人员通常具备相关的专业知识，能及时查清争议事实，准确适用法律规范以作出高效的处理。我国现阶段主要采取包含行政裁决和行政复议的行政救济方法。

（三）域外征收救济机制经验的共性借鉴

虽然法律的结构在各个国家中会因不同的法律传统、习惯和文化观念而有所差异，但上述基本系统变量和制度间艰难的交替转换却具有普遍性。[1] 借鉴批判域外法治成熟国家的先进做法，探寻其中具有规律性、一般性的东西，结合我国具体国情，为推进我国土地征收救济机制的完善提供有益思路。[2]

首先，在法国，国家只有基于公共利益的需要方能征收私人所有的土地，虽然行政法院的法官们无权审查征收机关在政策上的合理性、适当性，但依法享有对土地征收目的是否符合公共利益进行合法性司法审查的权力，并且形成了"损益对比分析理论"。司法通过"损益对比分析"的考量已然加入征收目的正当性的判断之中，换个角度讲，对于征收是否符合公共利益的争议，司法具有介入考察并提供救济的路径正当性。其次，美国的土地征收救济机制中，美国《联邦行政程序法》规定，土地权利人有权就任何争议的事实认定和适用的法律寻求司法听证并作出裁决。任何受征地影响的人都可以就征地的真实用

---

① 参见尼尔·K.考默萨：《法律的限度——法治、权利的供给与需求》，申卫星、王琦译，商务印书馆 2007 年版。

② 参见马良全、王梦凯：《失地农民在土地征收中的救济失范及司法回应——以司法权的适度介入为视角》，载《湖北大学学报（哲学社会科学版）》2014 年第 2 期。

途提出上诉请求。各州制定的规范性文件中也有类似的规定。[①] 对于土地征收补偿的争议，任何一方认为自身权益受到侵害，都可以请求司法救济，为司法介入解决征地矛盾提供了正当性，也有力地促进了美国经济的可持续发展与社会的和谐稳定。最后，德国法院一直在行政征收中发挥着重要的监督作用。行政机关决定是否基于公共利益目的进行公用征收，行政机关的征收决定并不是终局性的，法院对征收决定以及被征收财产是否能够转让的决定享有司法审查权。此外，财产所有权人及相关利益关系人皆可以向行政法院提起诉讼。2009 年修订后的《联邦德国基本法》第 14 条第 3 款规定："只有符合社会公共利益时，方可准许征收财产。对于补偿额有争议的，可向普通法院提起诉讼。"此外，根据案件的不同性质，德国不同的法院享有相应的管辖权。一般而言，对于征收补偿的数额发生争议时，由普通法院（民事法院）管辖，如 1919 年德国《魏玛宪法》第 153 条第 2 款规定："财产征收，唯有因公共福利，根据法律，方可准许之。除了联邦法律有特别规定外，征收必须给予适当补偿，有关征收之争讼，由普通法院审批之。"而对于公平补偿请求权，根据基本法的规定具有公法性质，在没有法律规定属于普通法院管辖的情况下，则可以提起行政诉讼，主管权属于行政法院。[②]

　　土地征收涉及公权力与私权利的博弈，其主要依赖于行政机关作出决策，但必须为其提供司法制衡。任何单方面的公权力决策都不可

---

① 参见韩锐：《凯洛案后美国土地征收立法新动向》，载《广西政法管理干部学院学报》2012 年第 1 期。

② 参见马良全、王梦凯：《失地农民在土地征收中的救济失范及司法回应——以司法权的适度介入为视角》，载《湖北大学学报（哲学社会科学版）》2014 年第 2 期。

避免地出现权力倾斜，因此，任何单独的制度化决策都难以对特定事项作出全面周到的考量，必须将两者结合起来，实现优势互补，不断优化结构。在土地征收过程中，适度引入司法性决策，切实改变当前单一的行政性决策措施，并对决策的制定及实施者实行有效监督与规制，充分保障失地农民的合法权益。[①]

---

① 参见马良全、王梦凯：《失地农民在土地征收中的救济失范及司法回应——以司法权的适度介入为视角》，载《湖北大学学报（哲学社会科学版）》2014年第2期。

第三节	我国土地征收救济机制的 现状考察与完善建议

一、我国土地征收救济机制的检讨与反思

（一）我国当前土地征收争议类型明晰

一国的权利救济机制必须与其社会背景下主要集中出现的问题直接相关，这也是法律制度本土化的需求和方向。我国社会经济处于高速发展的阶段，一方面，工业化和城市化的发展客观上存在巨大的土地需求；另一方面，"土地财政"强烈刺激着地方政府征收土地的欲望。而我国土地征收制度存在诸多缺陷，难以解决征地活动频繁的现状，征地纠纷已然从经济问题、法律问题渐变成社会的焦点问题。其中关于征地问题主要出现的争议形态集中的问题点有以下三个方面：

1. 征地理由的争议

我国宪法明确规定："国家为了公共利益的需要，可以依照法律规定对公民的私有财产实行征收或者征用并给予补偿。"可以看出，公共利益是征收的唯一合法理由。但公共利益属于典型的不确定法律概念，即"概念不甚具体、明确，而让法律适用者斟酌实际情形来决

定其内容"①。公共利益无论是从其内涵还是外延来讲都具有极强的不确定性；公共利益具有发展性，因不同社会的发展阶段、各国的具体国情、政治体制和经济发展水平的差异等因素，会具有不同的内涵；②其中可能出现公共利益认定的地方性差异，在大多数地区不被认定为公共利益的情形，会因为特殊的社会发展背景而在部分地方被视为公共利益的类型；同样，公共利益会随着社会本身的发展而有所发展，尤其表现在由于社会背景发展的变化，某些不属于公共利益的情形会向公共利益的方向转变，同样会有本属于公共利益的情形而逐渐不再具备被视为公共利益的情况。③正是由于公共利益及其不确定性，在土地征收过程中，存在征收者随意解释公共利益的情形，打着公共利益的幌子，将征收的土地用于谋取商业利益；公共利益的模糊性给予公权力更多的解释空间，司法部门对于公共利益正义的情形会呈现出"各地裁断标准不一"的实际情况。

值得注意的是，尽管"公共利益"的要件规范在我国存在诸多缺陷，但有关于征收目的的争端却较少。主要原因在于：一是公共利益要件在我国现行的法律规范体系中不具有可诉性，即便被征收人对征收目的有着不同的认识，但无法寻求有效的救济途径，难以与政府机关相抗衡。④我国现行法中规定有两种类型的土地征收：（1）基于社会公共利益的需要，由国家取得不动产所有权；（2）非基于社会公共利

①参见邢益精：《宪法征收条款中公共利益要件之界定》，浙江大学出版社2008年版。
②参见陈宏光、钟祖凤：《行政征收与行政征用之公共利益的界定》，载《理论建设》2012年第2期。
③参见王利明：《论征收制度中的公共利益》，载《政法论坛》2009年第2期。
④参见李春燕：《关于集体土地征收案件的争议焦点和裁判结果的调查与思考》，载《行政法学研究》2015年第1期。

益的需要，开发商利用集体所有的土地从事商业开发建设，不能径直取得集体土地使用权，而是先征收为国有，然后由国土资源部门出让建设用地使用权。[①] 现行法律自相矛盾的规定使得"公共利益"要件变得形同虚设，加之诉讼大门的紧闭，致使救济落空。二是长久以来的法治意识的薄弱，使民众产生习惯性的顺从心理，对于"官方的征收"没有质疑的习惯。三是缺乏对公共利益关注的意识，主要受限于被征收者的知识结构、受教育程度等，无力顾及或完全忽视公共利益的存在。

2. 征地程序的争议

依据法律相关规定，我国土地征收程序大致包含：建设单位依法提出用地申请、土地管理部门的审查报批、依法批准后市县政府组织实施土地征收方案、在被征用土地所在地的乡（镇）村予以公告、拟订补偿安置方案并公告、听取被征收土地的集体经济组织和被征收者的意见、补偿安置方案的报批与落实等。考察我国现行的关于土地征收程序的法律规定，不难发现公民的程序权利受到极大的漠视。在土地规划程序和审批程序中，《土地管理法》和《土地管理法实施条例》均未提及被征收者在乡镇一级土地利用总体规范及征地审批中的任何权利，仅规定应将乡镇土地利用总体规划予以公告。[②] 这意味着，被征收者在此阶段无权参与、不能提出意见，且不享有异议权。在征地

---

① 参见崔建远：《房屋拆迁法律问题研究》，北京大学出版社2009年版。
② 详见《土地管理法》第19条，"乡（镇）土地利用总体规划应当划分土地利用区，根据土地使用条件，确定每一块土地的用途，并予以公告"。《土地管理法实施条例》第11条"乡（镇）土地利用总体规划经依法批准后，乡（镇）人民政府应当在本行政区域内予以公告"。

补偿安置阶段，《土地管理法》第47条规定，"县级以上地方人民政府拟申请征收土地的，应当开展拟征收土地现状调查和社会稳定风险评估，并将征收范围、土地现状、征收目的、补偿标准、安置方式和社会保障等在拟征收土地所在的乡（镇）和村、村民小组范围内公告至少三十日，听取被征地的农村集体经济组织及其成员、村民委员会和其他利害关系人的意见。"《土地管理法实施条例》则明确了公告地点为被征用土地所在的乡（镇）、村，但同样未规定公告和听取意见的具体方式；且公告的时间均在土地征收方案、补偿安置方案作出之后，属于事后公告。故在征地补偿方案和安置方案确定时，现有规范体系并未畅通被征收者的话语权表达和保障机制，缺乏被征收者利益诉求表达以及对方案制订的参与协商，漠视了被征收者的权益。同时该法第25条规定："征地补偿、安置争议不影响征用土地方案的实施。"可见，即使被征收者存在异议，而无论该异议是否影响到征收的合法性，均不能改变土地被征收的结果。此外，原国土资源部《关于完善征地补偿安置制度的指导意见》中明确规定告知征地情况、确认征地调查结果和组织征地听证等征地工作程序，但该规定仍旧不够清晰明确，且在实践中诸多地方政府对此搁置或将公告程序流于形式，这往往容易引发征地纠纷。

3. 征地补偿的争议

征地补偿的争议主要包含对征地补偿安置标准、征地补偿分配不均衡的争议。征地补偿安置标准过低，是引发被征收者强烈不满和纠纷矛盾的直接原因之一。尽管我国物权法对补偿原则和补偿内容作出了明确规定^①，但考虑到各地的发展很不平衡，具体的补偿标准和补偿办法，由《土地管理法》等有关法律依照物权法规定的补偿原则和补偿内容，根据不同情况作出规定。^②《土地管理法》所确定的补偿标准是基于被征收土地原用途的"年产值倍数计算法"，实际上该计算标准充其量只是对被征收者所蒙受损失的适当补偿，甚至可能是部分补偿。补偿的范围仅仅是土地征收所致直接损失的一部分，与市场价值相去甚远，而对于征收所致的间接损失基本排除在补偿范围以外，诸如土地承包经营权的损失、对土地情感的精神损失、残余地和相邻地的损失等，偏小的补偿范围使得征收补偿的基本原则落空——"应尽可能地使受损方回归其未遭受损害的本原状况"。在征地补偿分配和安置方面，物权法将土地补偿费等费用的使用、分配方法归为依法定程序由集体成员决定的事项之一^③，但在实际的操作中，具体的实施细则、分配办法、监督管理等环节均不明确，存在着压低、挪用、截留补偿费等诸多问题。^④

---

① 详见《民法典》第 243 条："征收集体所有的土地，应当依法及时足额支付土地补偿费、安置补助费以及农村村民住宅、其他地上附着物和青苗等的补偿费用，并安排被征收农民的社会保障费用，保障被征地农民的生活，维护被征地农民的合法权益。"
② 参见薇薇：《保护农民和居民权益　物权法对征地补偿作出规定》，载《农村实用技术》2007 年第 12 期。
③ 详见《民法典》第 261 条："下列事项应当依照法定程序经本集体成员决定：（一）土地承包方案以及将土地发包给本集体以外的组织或者个人承包；（二）个别土地承包经营权人之间承包地的调整；（三）土地补偿费等费用的使用、分配办法；（四）集体出资的企业的所有权变动等事项；（五）法律规定的其他事项。"
④ 参见白呈明：《农村土地纠纷及其解决机制的多维观察》，中国社会科学出版社2014 年版。

（二）我国现行土地征收争议解决机制难以应对征地纠纷

1. 调解方式具有自身局限性

调解是一种人民群众熟悉和惯用的纠纷解决方式。调解是指中立的第三方在纠纷主体之间调停疏导，帮助交换意见，提出解决建议，促进纠纷主体化解矛盾的活动，主要有人民调解和行政调解。人民调解介入的纠纷主要是在村级和乡镇级人民调解组织层面，由当事人自愿选择村民委员会或人民调解委员会等其他社会组织或个人介入纠纷，通过交流协商达成一致，解决纠纷。人民调解是具有中国特色的化解矛盾、消除纷争的非讼解决方式，根植于中国传统文化中"和为贵"的观念，且方式灵活、程序简洁、形式多样，能调整适应于各种征地纠纷，节约了大量的社会成本和诉讼压力。[1] 但人民调解在征地纠纷中可适用的情景十分受限，一般只适用于土地权属不明、范围不清、地界没有标志等原因引起的征地争议，此类征地争议数量较少；且征地争议多属于官民纠纷，民众出于对调解人员或机构的不信任，通常不愿以该方式解决纠纷。[2] 行政调解是当事人请求政府部门进行的调解，主要优势表现在行政机关调处社会纠纷符合我国国情与传统习惯。行政调解具有专业性和综合性，能够处理具有行政、民事和专业技术等综合特色的纠纷。但行政调解在征地纠纷中能发挥的作用也极有限，《土地管理法实施条例》的规定似乎使得行政调解的适用在立法层面局限于对补偿标准的争议，加之行政调解组织大都属于普通的行政机

---

[1] 参见薛汉荻：《发挥人民调解在解决农村纠纷中的作用》，载《理论探索》2012年第6期。

[2] 参见刘芸：《征地争议解决机制的探索与思考》，载《土地节约集约利用与转变发展方式——福建省土地学会2010年学术年会论文集》。

关，行政调解人员大都来自所属的行政机关，其中立性大打折扣，民众对调解中立性和结果公正性的存疑致使调解制度的设立难以达到预期目的。[①]

2. 信访救济制度功能不健全

信访一直是农民群众解决征地补偿安置争议的主要途径。[②] 根据国务院《信访条例》，信访是指公民、法人或者其他组织采用书信、电子邮件、传真、电话、走访等形式，向各级人民政府、县级以上人民政府工作部门反映情况，提出意见、建议或者投诉请求，依法由有关行政机关处理的活动。信访是一种具有鲜明中国特色和悠久本土渊源的制度，具有公民权利救济的功能，是化解社会矛盾纠纷的重要途径和手段，是多元化纠纷解决机制的重要组成部分。长期以来，因信访申诉门槛低、流程简便、受理范围广泛，加之多数征收争议被司法救济制度拒之门外，民间救济、行政救济等难以令弱势方获得自我信服的公平结果，信访因而成为公众广泛选择的救济手段。在土地征收中，几乎所有的争议内容都可以选择信访的途径进行申诉，信访在实践中也成为解决征地争议的主要方式，弥合了司法权利救济以及公民行使政治权利以监督、制约政府权力在事实上的漏洞。

尽管信访权在宪法上的上位依据源于包含批评权、建议权、申诉权、控告权与检举权等系列权利在内的现行《宪法》第41条是毋庸置疑的，但信访权却属于一种"断裂"的状态，缺乏明确的规范表述

---

① 参见彭小霞：《我国农村土地征收纠纷行政救济机制研究》，载《行政与法》2014年第4期。

② 参见文晓波、曹成刚、唐琪：《农地征收纠纷救济手段的有效性研究》，载《安徽行政学院学报》2012年第1期。

及指引，且由于司法制度上的缺失，信访权的权利位阶和效力问题被边缘化，隐身于非法律的层面①，导致信访救济制度存在诸多困境。信访具有浓厚的人治色彩，某种程序上改变了司法救济作为权利救济最后防线的地位，不再是柔性辅助的救济制度。依据《信访条例》的规定，从中央到地方，各级党委、人大、政府、县级以上各级人民代表大会常务委员会、人民法院、人民检察院及相关职能部门，甚至包括高等院校，均设有信访机构，信访机构过多过杂，信访事项也几乎涵盖社会生活的所有领域，造成信访量的"爆炸"。②事实上，信访机构面对诸多事项无权管理，且交叉性的受访事项在接访中多存在推诿、拖延等情况；且信访程序失范，缺乏统一的、具体的程序性规范和实质有效的监督、制约环境，导致信访制度的运行效果不尽如人意。

3. 行政救济难以保证中立性

我国现行土地征收争议的行政救济制度主要包含行政裁决和行政复议。行政裁决是指行政机关依法对平等主体之间发生的与行政管理相关的争议进行处理的具体行政行为，行政裁决制度实际上还包含了行政协调作为裁决的前置程序。③行政裁决救济同诉讼途径相比，有着自身独特的优势，如裁决程序快捷简便，救济成本较低，对争议纠纷和相关错误能及时高效地处理，裁决机关对当地的社会公德、风俗习惯、自治规则有着更精准的把握和理解等。④但当前的征地纠纷行

---

① 参见林来梵、余净植：《论信访权利与信访制度——从比较法视角的一种考察》，载《浙江大学学报：人文社会科学版》2008 年第 3 期。

② 参见章彦英：《涉法涉诉信访之案件成因、制度困局与破解之道》，载《法学论坛》2011 年第 1 期。

③ 参见许迎春：《中美土地征收制度比较研究》，浙江大学出版社 2015 年版。

④ 参见梁宏辉：《我国农村纠纷行政解决机制的反思与重构》，载《求索》2010 年第 10 期。

政裁决的机制存在着诸多不完备之处，如依据《土地管理法》和《土地管理法实施条例》的规定，行政裁决的范围过于狭窄，仅限于补偿标准争议[1]，而补偿标准争议仅是土地征收诸多争议中的小部分，且该争议类型一般处于征地程序的"尾声"，对于征地结果的改变并没有扭转式的作用。再者，与裁决相配套的制度体系不够健全，对于裁决的原则、程序、时效、效力以及与行政复议、行政诉讼的关系和衔接，法律均无明文规定，导致各地裁决机制及人员设置水平参差不齐，救济效果不一。行政机关对征收争议所作出的行政裁决属于具体行政行为，行政相对人不服该裁决，可向上级行政机关申请审查并作出决定，即行政复议。行政复议制度不是专门为当事人提供权利救济而作出的制度安排，其设置的初衷是加强内部监督，其制度定位决定了其有限的效果范围。[2] 关于行政复议的争议，一般包括地方政府在批准征地过程中违反土地利用总体规划，超越土地审批权限、违反法定程序以及补偿标准过低等问题。[3] 在实践当中，行政复议大多维持了原征地

---

① 详见《土地管理法》第 14 条："土地所有权和使用权争议，由当事人协商解决；协商不成的，由人民政府处理。单位之间的争议，由县级以上人民政府处理；个人之间、个人与单位之间的争议，由乡级人民政府或者县级以上人民政府处理。"和《土地管理法实施条例》第 25 条："对补偿标准有争议的，由县级以上地方人民政府协调；协调不成的，由批准征用土地的人民政府裁决。征地补偿、安置争议不影响征用土地方案的实施。"

② 参见莫晓辉：《从裁决到裁判：中国征地争议裁判制度研究》，科学出版社 2015 年版。

③ 参见许迎春：《中美土地征收制度比较研究》，浙江大学出版社 2015 年版。

批复，很难起到纠偏的作用；且由于复议期间不停止征收的执行①，导致土地已经被使用，补偿已经给付或恢复财产的原状极度困难等原因，大多数只是在补偿标准上采取微调，或者增加补偿金额作为解决办法。②

从现行的土地征收救济机制可以看出，我国关于土地征收纠纷的救济主要采取行政救济的方式，这不仅与我国权利救济的历史传统相关，也彰显出行政救济的高效率、低成本等优点。但行政救济却有着天然的缺陷：首先，行政机关的中立性不足。中国的行政救济制度是在借鉴两大法系国家和地区行政救济体制的经验基础之上建立起来的，在英美国家行政内救济通常都表现为设立专门的行政裁判所，以保持足够的中立性；③而我国现行征收救济制度中的行政调解、行政裁决、行政复议的处理机关都属于行政机关的范畴，在土地征收过程中，行政机关扮演承担着征地当事方和征地纠纷裁判者的双重身份，行政机关"做自己的法官"同自然正义原则相悖。其次，在城市化进程高速发展的时代，行政机关的财政收入和政绩考量或多或少地同土地征收相关联，在行使征收权的过程中缺乏司法机关和立法机关的监督和制衡，容易造成对"政绩观"的盲目追求。纵观土地征收的全过程，

---

① 详见《土地管理法实施条例》第 25 条："征地补偿、安置争议不影响征用土地方案的实施。"和《行政复议法》第 21 条："行政复议期间具体行政行为不停止执行；但是，有下列情形之一的，可以停止执行：（一）被申请人认为需要停止执行的；（二）行政复议机关认为需要停止执行的；（三）申请人申请停止执行，行政复议机关认为其要求合理，决定停止执行的；（四）法律规定停止执行的。"
② 参见许迎春：《中美土地征收制度比较研究》，浙江大学出版社 2015 年版。
③ 参见袁明圣：《当代中国内地的行政救济体制》，载《北京行政学院学报》2006 年第 5 期。

行政机关既是土地决定的作出者，又是土地征收程序的执行者，还是土地征收争议的裁决者，对于征收行为的控制通常依靠有限的内部监督，但究其根本上下级机关的利益基本是一致的。最后，除上述的行政裁决范围过窄外，依据我国《行政复议法》的规定[①]，有关土地征收争议应先裁决，后复议，再诉讼，这限制了当事人对救济途径和方式的自主选择，增加了行政成本和当事人申请救济的成本。

4. 司法救济缺乏介入路径

司法救济是指通过司法机关对争议的审理裁决来实现权利的救济，普遍被认为是最公正、权威的纠纷解决方式。对于传统的土地权属纠纷、宅基地纠纷、相邻权关系纠纷等，司法救济的途径较为畅通，处理方式也较为成熟。但就土地征收过程中出现的众多纠纷，司法救济途径却不太明晰畅通。在现阶段，我国司法救济主要处理对征收行为本身的异议和对行政裁决或复议机关的决定不服的问题。由于缺乏明晰的法律规定，法院将征地过程中的诸多纠纷都归于不受案范围，被征收者采用司法救济途径困难重重。同时，司法救济途径耗费的时间长、诉讼成本高、胜诉率低等问题，导致被征收者较少选择诉讼救济。

我国当前土地征收中司法救济的困境主要体现在：一是司法救济程序难以启动。现行法律对于征收过程中的诸多争议没有规定明确的救济途径，例如土地征收的目的是否符合公共利益的问题，被征收者即便持有异议也难以通过诉讼解决。我国司法机关的独立性不足，加

---

① 详见《行政复议法》第30条："公民、法人或者其他组织认为行政机关的具体行政行为侵犯其已经依法取得的土地、矿藏、水流、森林、山岭、草原、荒地、滩涂、海域等自然资源的所有权或者使用权的，应当先申请行政复议；对行政复议决定不服的，可以依法向人民法院提起行政诉讼。"

之土地征收关系地方财政收入，法院迫于压力，往往以征收补偿属于行政机关裁决的事务为由不予受理。[①] 二是受案范围的模糊性。例如人民政府对补偿标准争议的裁决是否能申请复议、是否能提起诉讼等问题都缺乏明确的规定。[②] 司法实践中对征收补偿金争议的受理做法也不统一，定性为民事案件还是行政案件的看法也不一致。一般而言，只要是法律未明确指定由行政机关或者人民法院为该类纠纷提供权利救济，则权利人很难进入救济程序而获得权利保障。[③] 三是司法救济的效率低、成本高、执行难。案件进入诉讼程序通常需经受漫长的程序考验，从当事人委托律师进行起诉到法庭审判裁决，需要耗费大量的时间。即便胜诉，往往也需要经过复杂的上诉程序。而在征收诉讼期间，征收方案通常不停止执行，即便征收存在违法情形，恢复原状也极为困难，只能退而求其次，适当提高征收补偿。可见，由于司法救济不力，需要耗费大量时间、精力、金钱，诉讼成本过高，土地征收的司法救济大都处于搁置状态。

（三）对我国现有土地征收救济体系的反思

被征收人利益的维护离不开对征收权进行有效的立法规制，这是土地征收救济制度的基础。我国《宪法》和《物权法》等法律虽然明确规定征收权的行使必须与法定要件严格相符，姑且不论法定要件的规定是否合理、完备，但至少在征收救济方面的规定存在大量的立法空白。主要体现在：现行法律中对征收救济途径和救济方式的明确规

---

① 参见许迎春：《中美土地征收制度比较研究》，浙江大学出版社 2015 年版。

② 参见梁亚荣、张梦琳：《发生征地纠纷，农民找谁讨说法？——谈未来我国征地行政救济制度的发展方向》，载《中国土地》2006 年第 10 期。

③ 参见曹圣明：《土地征收法律制度及完善》，法律出版社 2013 年版。

定较为单一，主要是行政救济；对司法机关是否有权介入的案件范围规定不明确，甚至在部分批复文件中存在明显冲突；部分救济途径存在明显缺陷，且缺乏相配套的制度保障。如关于行政裁决范围的规定过于狭窄，且裁决是否具有终局效力、是否能诉诸法院等问题存疑。

现行法律规定的缺陷，在很大程度上是基于对征收阶段和征收内容的认识不清。对此，我们可以参照借鉴美国的经验，将土地征收的关键性要件划分为公共利益、正当程序、公正补偿，依据不同阶段的特点设置合理完备的救济途径。例如，对于征收是否符合公共利益要件的问题，一是可以对征收的条件和程序作出严格的立法规定，从而降低因公共利益概念的抽象性而导致的法律不确定性的程度。二是通过司法在个案中界定公共利益的内涵，赋予法官较大的自由裁量权，与公共利益的弹性特征相契合。[1] 也有学者主张，对公共利益要件的判断，应由全国和地方人大及其常委会对土地征收和补偿方案的决定发挥实质性的作用。[2] 无论是将判断权交由何者，都不妨碍在立法上规定完备的救济途径，可以效仿域外实践，将司法救济作为权利保障的最后一道防线。对于正当程序要件，建议同补偿标准纠纷一样，增设行政救济途径。但对行政救济的程序开展和监督制约应进行相应的规范，对于行政裁决中行政机关扮演当事者和裁判者双重身份的设置应予以调整，可以采取设置独立的裁决机制，或对裁决决定能提起合法有效的救济，如设置司法救济对不当的行政裁决进行审查和矫正。总之，土地征收牵涉的法律关系错综复杂，需要建立完整的、系统化

---

① 参见王利明：《物权法草案中征收征用制度的完善》，载《中国法学》2005 年第 6 期。
② 参见张千帆：《"公共利益"的困境与出路——美国公用征收条款的宪法解释及其对中国的启示》，载《中国法学》2005 年第 5 期。

的立法规制体系，应立足于我国当前土地征收的实践，选择合理的、兼顾效率和公平的救济模式，以切实保障被征收者的合法权益。

二、我国土地征收救济机制的具体完善

无论是"行政性"决策还是"司法性"决策，单一制度化决策均无法对特定事项作出有效规制[1]，必须将两者有机统一以实现优势互补。在土地征收过程中应当适度引入司法性决策，以改变当前以行政救济为主的救济现状，充分保障失地农民的合法权益。

（一）完善行政救济制度

土地征收救济机制的完善，必须着力于构建系统化的纠纷解决途径。司法可以作为解决争议的最后防线，但绝不能依赖其作为解决纠纷的第一道防线，行政救济即在其中发挥关键作用。可以说，司法救济本身的固有缺陷，决定了行政救济途径的重要性。日本学者棚濑孝雄认为："社会上发生的所有纠纷并不都是通过审判来解决……被审判制度关在门外的纠纷通过其他各种可能利用的手段，有时是通过诉诸暴力来解决，有时则通过诉讼外的方式来解决。在现实中没有得到解决的纠纷不计其数……甚至通过诉讼外的方式解决的纠纷，相比于通过审判解决的占压倒的多数。"[2] 在征地程序中司法救济呈现出其自身固有的缺陷：其一，中国农村是一个很大的熟人社会，诉讼这种相对明显直立对抗的形式会破坏农村生活中的和谐人际关系，是不大

---

[1] 参见马全良、王梦凯：《失地农民在土地征收中的救济失范及司法回应——以司法权的适度介入为视角》，载《湖北大学学报（哲学社会科学版）》2014年第2期。

[2] 参见棚濑孝雄：《纠纷的解决与审判制度》，王亚新译，中国政法大学出版社1994年版。

为广大农民所接受的。这也与儒家传统"无诉、厌诉"的思想相背离。第二，司法救济的适用范围是有限的。在农村土地征收中的许多纠纷，如农民群体性冲突事件因为其涉及的人数多、原因复杂、影响面大而且时效性强等特点是不适宜通过诉讼去解决的。[①]

从我国基本国情和征收实践现状出发，城镇化和社会经济的高速发展对土地征收的需求是极高的，同时政府财政对土地财产有着严重依赖，征地纠纷的数量是极为庞大的。现阶段如果全盘效仿日本、美国的土地征收救济机制，主要采取司法救济方式，势必会造成法院诉讼的负重；过于严格的司法控制和过度的司法权介入会危及行政效率的实现，会影响人民法院对当事人的实体权利的介入，损害了人民法院中立的地位与职能。[②]对行政救济机制的完善建议主要包含如下方面：

1. 完善行政调解制度

我国历来就有通过行政机关解决民事纠纷的传统。行政调解是指行政机关主导的，以国家政策法律为依据、以自愿为原则，通过说服教育等方法，促使双方当事人友好协商，互谅互让，达成协议，从而解决争议的行为。[③]行政机关在介入特定民事纠纷调解时，兼有公权力的管理和服务功能，主管人员通常具有专业知识和技能，既能严格依照法律规定，又能根据实际情况作出灵活的裁量，当事人对其处理

---

① 参见彭小霞：《我国农村土地征收纠纷行政救济机制研究》，载《行政与法》2014年第4期。

② 参见许中缘：《论公共利益的程序控制——以法国不动产征收作为比较对象》，载《环球法律评论》2008年第3期。

③ 参见熊文钊：《现代行政法原理》，法律出版社2000年版。

的权威性、便捷性较为认同，同时也有利于调解协议的履行。①

对于行政调解机制构建可以从如下角度出发：一是设立中立的调解机关。我国现行的行政调解机关主要是征收申请者或征收实施者，一般隶属于行政机关，调解地位的中立性不足。因此，在调解过程中，当事人很容易对调解者的中立地位进行不利的预判，调解结果难以令公众信服。行政调解的改革可以效仿英国的土地裁判所，设置有别于行政机关和司法机关的中立的调解机构，或设定对调解机构能起到监督和管理作用的规定。二是增强行政调解机构的专业化。机构和人员是调解的组织保障，调解机制被视作一种有第三方干预的帮助性谈判，调解机构的专业性对调解成功起着至关重要的作用。② 可以出台相关实施细则，对行政调解人员的组成、资格要求、职业管理等作出规定。三是行政调解规则化。调解具有灵活性的特点，从调解的过程看，调解一般没有正式的程序规则，调解员和双方当事人的交流不受程序的限制。③ 但灵活性并不代表就不需要程序，没有正式的程序也并不意味着完全不讲规则。④ 规则化在调解程序中主要表现为对自愿、合理、合法原则的贯彻落实，体现程序公正、中立的原则可以细化为规则适用，如回避原则，但限制不宜过多。

2.改革行政裁决制度

对行政裁决制度的改革主要存在两种观点：一是主张废除行政裁

---

① 参见章彦英：《社会管理创新背景下的行政救济机制研究》，载《新视野》2012年第6期。

② 参见喻少如：《多元纠纷解决机制中的行政调解》，载《学术界》2007年第6期。

③ 参见喻少如：《多元纠纷解决机制中的行政调解》，载《学术界》2007年第6期。

④ 参见喻少如：《多元纠纷解决机制中的行政调解》，载《学术界》2007年第6期。

决救济机制。在土地征收过程中，行政裁决机关的身份不中立，有违正当程序原则的基本精神。二是主张设立专门的争议裁决机制，扩大争议裁决的受理范围，明确争议裁决的程序规范。[①] 从我国征收实践出发，废除行政裁决制度一方面同我国纠纷解决的历史传统不吻合；另一方面，因土地纠纷数量过多，不充分发挥行政裁决的高效及时性，会导致司法机关不堪重负，当事人权利得不到及时的救济，如此积累必然造成社会矛盾的激化，影响和谐稳定。笔者较为赞同完善现行行政裁决机制的做法，土地征收中的诸多纠纷都可以纳入行政裁决的受理范围，在增加救济途径的同时，应增加裁决机制的中立性，可以考虑设立中立的裁决机构或对行政裁决决定增设有效的救济方式，以达到监督和制约的作用。此外，还应提高裁决人员队伍的专业性，明确裁决程序的规范性。

3. 完善行政复议制度

行政复议在土地征收及补偿体系中具有不可替代的作用，其经济、便利、及时有效的特点决定其成为权利救济的重要方式。首先，在行政复议机构的设置上，部分学者主张除保留国务院各部委和中央垂直管理的部门的行政复议机构外，政府各部门一律不再设立行政复议机构，行政复议工作统一交由各级人民政府法制机构承担。[②] 其次，对于部分饱受诟病的复议规定应予以完善，如被征收者提出行政复议申请的期限、行政复议期间不停止土地征收的执行的规定。最后，对案件的审理可以根据案情事实问题和法律问题的复杂程度，设置不同的

---

① 参见高汉：《集体产权下的中国农地征收问题研究》，上海人民出版社 2009 年版。
② 参见许迎春：《中美土地征收制度比较研究》，浙江大学出版社 2015 年版。

复议程序。在复议过程中，应善于协调运用和解、调解、促成协商谈判等灵活多样的方式促进纠纷的解决；对于裁决决定应予以详细说明，增加当事人及公众的理解度，以利于复议结果的及时履行。

（二）完善司法救济制度

司法救济通常被认为是土地征收救济机制中最为正式、权威、规范的一种方式，是保障公民财产权的最后防线。在土地征收中引入司法救济，可以形成一种"倒逼"机制，有效制约征地机关的行政行为，在拓宽被征收人救济途径的同时有效弥补行政救济的不足。[①] 同行政救济和其他救济方式相比，司法救济具有不可代替的客观性、公正性、中立性和正当性。可以为争议的解决提供对话平台，法官以相对独立的身份参与纠纷解决可以促进双方矛盾化解；将司法救济作为土地征收的终极救济方式不仅可以为被征收者提供最有效的权益保障，而且可以对征收主体的征收行为实施有效监督。但在我国土地征收的实践中，如前文所述，司法救济的途径却不那么清晰明朗。针对我国司法救济的困境，提供如下方面的出路构建：

1. 明晰土地征收纠纷的司法救济同其他救济方式之间的关系

在完善土地征收司法救济机制时，应当协调司法救济与其他救济之间的相互关系，通过救济方式的密切配合和优势互补，使得征收纠纷以最恰当的救济方式，得到有条不紊的解决。借鉴美国土地征收救济的经验，即便已穷尽其他的救济方式，征收当事人通常仍有诉至法院的机会，仍能寻求独立的、最终的法院裁决的机会。在美国的绝大

---

① 参见马良全、王梦凯：《失地农民在土地征收中的救济失范及司法回应——以司法权的适度介入为视角》，载《湖北大学学报（哲学社会科学版）》2014年第2期。

多数州，司法救济是土地征收纠纷唯一的解决方式。具体联系到我国的历史传统，司法救济途径通常被认为是权利得以救济保障的最后防线。因此，在厘清救济方式之间的关系时，应当坚持不断完善司法救济手段，扩宽和畅通司法救济路径的选择，将司法救济作为征地争议的终极裁决方式。与此同时，为促进救济途径和救济方式的多元化，应当增强行政救济、调解、信访等其他救济方式的规范性，努力实现救济程序的正当性、纠纷处理人员的专业化和纠纷解决的高效及时性。

2. 扩大司法救济的适用范围

世界范围内的多数国家，无论是对征地行为是否符合公共利益、是否遵守正当程序，还是补偿标准是否公平的争议，最后都能纳入司法救济的范围中，由法院作出公正裁决。在我国现实的司法实践中，关于政府机关核准土地征收的决定是否合法引起的争议、征收目的是否符合公共利益的争议、土地征收补偿标准和安置标准的争议等都应在法律上进行明确规定，赋予当事人对司法救济方式的选择空间。

具体而言，在民事诉讼制度上，应明确将未予"合理补偿"的侵权纠纷纳入民事责任的范畴。同时，完善《物权法》第 265 条第 2 款的规定，[①] 在规定集体成员民事诉讼权的基础上，明确所谓的"合法权益"是单个或多个成员的权益还是全体成员的权益，明确诉权的行使主体和诉权的实现程序等。在行政诉讼制度上，要建立实现以征收程序为司法监督重点，以被征收人权利救济为中心的全过程监督体

---

① 详见《民法典》第 265 条第 2 款："农村集体经济组织、村民委员会或者其负责人作出的决定侵害集体成员合法权益的，受侵害的集体成员可以请求人民法院予以撤销。"

系。① 因此，需首要解决的问题是扩大行政诉讼的受案范围，将被征收人的土地使用权、用益物权、担保物权、优先权等多种权利均纳入救济范围；可获救济权的主体应从所有权人和使用权人扩展至享有其他用益物权或债权的权利人；对上级行政机关或监察部门对争议的处理行为不服的，也可考虑纳入行政诉讼的范围。同时，应尽快改变目前由行政机关对征收补偿标准争议"一裁终局"的局面，允许对裁决决定或复议决定不满的被征收人或相关权利人提起行政诉讼。在刑事诉讼制度方面，我国刑法规定了非法占用耕地、林地等农用地罪以及国家机关工作人员非法批准征用、占用土地罪，并分别处以相应的刑罚。② 可在现有规定的基础上，加大对责任人的刑事处罚力度，增强法律对潜在违法人的威慑力；同时，针对实践中有关部门和检察院对检举和控告的不作为行为，应当采取适当措施避免在权利保护上的怠惰和迟延。简言之，采取民事、行政和刑事的混合救济手段是世界上土地征收侵权救济方式总的发展趋势。③

3. 明确判断过程性司法审查方式的应用

对行政决定进行统制，不能仅着眼于最终结果，还应当着眼于

---

① 参见杨向东：《论集体土地被征收人权利的司法救济》，载《广东社会科学》2019年第1期。

② 详见《刑法》第342条："违反土地管理法规，非法占用耕地、林地等农用地，改变被占用土地用途，数量较大，造成耕地、林地等农用地大量毁坏的，处五年以下有期徒刑或者拘役，并处或者单处罚金。"和第410条："国家机关工作人员徇私舞弊，违反土地管理法规，滥用职权，非法批准征收、征用、占用土地，或者非法低价出让国有土地使用权，情节严重的，处三年以下有期徒刑或者拘役；致使国家或者集体利益遭受特别重大损失的，处三年以上七年以下有期徒刑。"

③ 参见章彦英：《土地征收救济机制研究——以美国为参照系》，法律出版社2011年版。

达到结果的过程。①此次《土地管理法》修改，在吸收《国务院关于深化改革严格土地管理的决定》《关于完善征地补偿安置制度的指导意见》相关内容的基础上，将社会风险评估和补偿安置协议引入，确定了征前需履行的调查、评估、公告、听证、协议等程序，并对各个程序的主体、步骤作出具体规定，使得司法审查有了明确的对象和内容，同时，这些具有较强操作性的程序规定，还为针对征地批准行为进行的诉讼活动，提供了明确的审查标准。更为重要的是，这些程序所构建的预征收制度，废弃了集体土地征收由政府单方面决定的做法，使征收行为成为一种通过公共参与模式对集体土地进行开发利用的活动，进而将集体土地征收从单纯的行政权运作领域，推入了公私权力（利）的交汇领域，这就在法理上为设置司法审查来保护私权，奠定了合理性基础。②《中华人民共和国土地管理法》第45条采取的开放性不完全列举方式，为征收目的之司法审查预留了空间。公共利益概念本身的不确定性保障了行政机关作出征收决定时保有一定裁量余地的合理性，又因牵涉到私人财产权的剥夺而必须允许法院居于中立第三方立场进行合理性审查；但同时，司法审查必须保持自我抑制——基于征收之需要乃是综合征地事业认定之事业计划内容、完成该事业计划后带来的公共利益、作出事业计划认定的过程以及事业所涉土地的状况等而作出的整体性政策考量，法院往往并不具备把握政策的适当能力，也没有预测未来的必需资料和能力，其必须充分尊重专家意见和立法判断。

---

① 参见王天华：《行政裁量与判断过程审查方式》，载《清华法学》2009年第3期。
② 参见阎巍：《论〈土地管理法〉修改对集体土地征收行政诉讼案件的影响》，载《中国土地科学》2020年第11期。

另外，征收机关应当对其基于怎样的信息、立于何种观点作出征收决定负说明责任①，对裁量过程中"本来最应重视的要素和价值""本来不应加以考虑的事项""本来不应过大评价的事项"这些会左右征收决定作出的事项赋予合理衡量的义务②，即要求行政机关在比较衡量中尽到"合理注意义务"③。相应地，法院仅对征收机关作出征收决定时的判断方法选择及过程的妥当性负审查责任，这是一种以判断过程合理性确保不确定法律概念得以具体化的方式，其既能克服裁量逸脱审查范围的"审查不足"以及另辟蹊径的程序性审查的跳脱感，又能保证一定的实体性审查并将审查控制在合理范围内，从而避免以"判断代替审查方式"导致的"审查过度"，亦为程序性实体审查方式。④因此，成片开发建设需要之征收司法审查仅需审查行政机关在确定成片开发建设区域的整个判断过程中，是否存在应当考虑的事项而没有考虑，或者过重评价了本来不应当过重评价的事项，以至于出现明显不妥的比较衡量瑕疵而造成其内容在社会普遍观念参照下显著缺乏妥当性；若是如此，法院即可认定征收决定因超出或者滥用裁量权而违法。

---

① 参见王贵松：《论行政裁量的司法审查强度》，载《法商研究》2012年第4期。

② 若行政机关对于衡量因素的"陈述"并不承担某种义务或者责任，判断过程审查方式将失去确定的前提。参见王天华：《行政裁量与判断过程审查方式》，载《清华法学》2009年第3期。

③ See Kelo v. City of New London，268 Conn. 1（Conn. 2004）.

④ 参见王天华：《行政裁量与判断过程审查方式》，载《清华法学》2009年第3期。

4. 提前司法救济启动的时间

我国现今的土地征收实践中，司法救济通常是事后救济。而此时征收行为大都已结束，损害后果已经发生，被征收者权利救济的最佳恢复效果已不复存在，即便提高补偿标准，对被征收者来说也是居其次的救济状态。将征地争议的解决提前至征收行为伊始，能对损害私人财产的行为进行有效的预防，并有利于阻止违法征收行为再次进入司法救济的范围而造成司法管理成本的浪费。此外，为了预防对被征收者造成无可挽救的损失，应当调整当前的诉讼执行制度，以停止执行为原则，以不执行为例外。

5. 继续推进司法独立的改革

要落实宪法法律赋予司法机关所享有的审判权、检察权和监督权，不受任何组织和个人的非法干预，确保司法的实体公正和程序公正。[①]在土地征收救济中，更要维护司法的中立性，使司法真正独立于行政，避免出现因地方党政部门和领导干部干预个案的情形，以切实有效地保障被征收者的合法权益。同时，要逐渐加大法院对行政的监督力度，促使行政机关及时依法执行法院的判决，变更其原具体行政行为或采取相应补救措施，避免执行不能。司法独立改革的出发点在于规避地方、行政机关的不当干预，细化到具体的改革措施，可在法官的任免上提高任免机关的级别；在财政方面摆脱对地方财政的依赖；在法院的设置上逐步突破行政区域的限制；等等。

---

① 参见杨翔：《法院地位与独立行使审判权——当下我国司法改革路径的思考》，载《湘潭大学学报（哲学社会科学版）》2015 年第 1 期。

中华人民共和国土地征收法建议稿

第一章 总则

第一条【立法目的】

为了规范土地征收行为，促进公共利益的实现，保护集体土地权利人的财产权益，提高土地资源的利用效率，根据宪法，制定本法。

第二条【土地征收的定义】

本法所称土地征收，是指国家为了公共利益的需要，并符合土地的适当且合理的利用时，按照宪法和法律规定强制将集体土地收归全民所有并给予公平、合理补偿的行政行为。

本法所称土地，是指根据宪法第十条规定的，应当由集体所有的农村和城市郊区的土地，以及宅基地、自留地、自留山。

第三条【公共利益的范围】

本法所称公共利益，是指以下情形，确需征收农民集体所有土地的：

军事和外交需要用地的；

由政府组织实施的能源、交通、水利、通信、邮政等基础设施建设需要用地的；

由政府组织实施的科技、教育、文化、卫生、体育、生态环境和资源保护、防灾减灾、文物保护、社区综合服务设施建设、社会福利、市政公用、优抚安置、英烈褒扬等公共事业需要用地的；

由政府组织实施的保障性安居工程建设需要用地的；

由政府在土地利用总体规划确定的城镇建设用地范围内组织实施成片开发建设需要用地的；

法律规定可以征收农民集体所有土地的其他情形。

前款第五项规定的成片开发应当符合国务院自然资源主管部门规定的标准，实现土地适当且合理利用。

第四条【最小比例原则】

征收的范围应当严格限于兴办公益事业所必需的土地或者其他财产权益范围，非出于公共利益的需要不得实施征收。

征收应当采用对公民、法人、其他组织的财产权益影响最小的方案。

因征收造成不应有的损害的，国家应当给予赔偿。

第五条【一体性征收原则】

征收农村土地时，应一并征收该土地上的农村土地承包经营权、宅基地使用权、建设用地使用权、建筑物、构筑物、土地附着物等。

第六条【正当程序原则】

土地征收必须公开、透明，遵循本法规定的程序。

国家征收应当尊重和保障被征收人和其他利益相关人的参与权。

第七条【公平合理补偿原则】

征收土地应当给予公平、合理的补偿，使其具备重新获得与被征收财产同等或近似地位的财产的能力，保障被征地农民原有生活水平不降低、长远生计有保障。

第八条【珍惜土地原则】

土地征收应当遵循土地资源有效保护与合理利用原则，严格遵守《中华人民共和国土地管理法》有关土地资源保护、规划和开发利用的规定。

第九条【行政救济】

集体土地权利人对土地征收以及土地征收补偿有异议的，可依法提出行政复议或行政诉讼。

第十条【社会监督】

国家在土地征收中，应当通过政府官方网站和公共媒体向社会公开土地征收的所有信息，自觉接受社会公众监督。社会公众依据宪法规定，对国家机关及其工作人员行使土地征收权力的行为有进行批评、建议、申诉、控告和检举的权利。

第二章　土地征收法律关系主体

第十一条【征收当事人的范围】

土地征收法律关系主体是指在土地征收中享有权利和承担义务的各类主体，包括征收权人、被征收人和征收关系人。

第十二条【征收权人】

土地征收权人是指依法享有征收权的国家机关。土地征收权包括：

土地征收规划权；

土地征收决定权；

土地征收执行权；

土地征收监督权。

第十三条【被征收人】

被征收人是指享有被征收土地自物权和他物权的集体组织成员以及集体组织成员以外的自然人、法人及其他组织。本法所称被征收人包括：

对被征收农村土地享有所有权的农民集体；

在被征收的农村土地上享有农村土地承包经营权、宅基地使用权等权利的公民、法人及其他组织；

被征收农村土地上的建筑物、构筑物及其附着物的所有人。

第十四条【征收关系人】

征收关系人是指非征收标的的直接权利人，但因征收的实施而受有损害，有权以自己的名义参与征收程序并提出独立补偿分配请求等权利主张的第三人。

第十五条【征收权行使】

土地征收权人应以维护社会稳定、方便人民生产生活的原则开展土地征收。在土地征收中应当尽可能地减少对集体土地权利人生产生活的影响。土地征收权人与集体土地权利人应本着公平合理、平等协商的原则确定土地征收补偿的数额。

第十六条【被征收人参与权】

集体土地权利人应参与土地征收决策过程，对土地征收是否符合公共利益的性质有提出异议的权利。集体土地权利人有权参与土地征收补偿数额确定过程，对补偿数额有异议的，可依法提起行政复议、土地裁判申请或者行政诉讼。

第十七条【征收关系人补偿请求权】

征收关系人有权以补偿权利人身份登记。在补偿登记期间没有提出登记申请的，但依法可以确认的权利人仍为征收关系人，并有权以征收关系人身份提出补偿请求。

第三章 征收决定程序

第十八条【土地征收规划制定】

土地征收申请须符合土地征收规划。全国人民代表大会和省、自治区、直辖市人民代表大会行使土地征收规划权。

国务院根据国民经济和社会发展计划制定下一年度国家土地征收规划草案，由全国人民代表大会进行审议和批准。

省、自治区、直辖市人民政府根据本行政区域的经济建设、文化建设和公共事业建设需要，按照国家土地征收规划分配的土地征收规模，制定本行政区域内下一年度的土地征收规划草案，由同级人大审议和批准。

上述人民代表大会常务委员会在人大闭会期间，可决定对土地征收规划进行调整和变更。

第十九条【土地征收决定权主体】

国务院和省、自治区、直辖市人民政府行使土地征收决定权；省、自治区、直辖市人民政府行使土地征收执行权。

国务院和省、自治区、直辖市人民政府根据全国人民代表大会或同级人民代表大会批准的土地征收规划，决定并执行属于本行政区域内的土地征收事项。

省、自治区、直辖市人民政府的土地行政主管部门承担土地征收的具体组织与实施工作。

省、自治区、直辖市人民政府的土地行政主管部门可以委托下级行政主管部门具体执行土地征收事项。

第二十条【国务院行使征收决定权事项】

土地征收具备以下情形之一的，由国务院行使土地征收决定权：

涉及永久基本农田转为建设用地的，或者征收永久基本农田以外的耕地超过三十五公顷的，或者征收其他土地超过七十公顷的；

因军事、外交需要征用土地的；

因国家安全、主权和领土完整以及全国性公共事件的需要征收土地的；

因国民经济和社会发展计划需要征收土地的；

涉及两个及两个以上省、自治区、直辖市的土地征收的；

国务院认为应当由自己决定的土地征收的其他情形。

除应由国务院行使土地征收决定权之外的土地征收，依照本法第十九条规定，由省、自治区、直辖市人民政府行使土地征收决定权。

第二十一条【项目可行性论证】

需用地人应于提出征收请求前，就拟兴办的公益事业进行可行性论证，并获得本法第十九条规定的相关主管机关的批准。

本法所称需用地人，即征收申请人，是指为了实现公共利益，需要通过征收取得特定土地使用权的公民、法人和其他组织。

第二十二条【用地申请】

公益事业项目依法经批准后，涉及占用土地的，需用地人应当向国务院或省、自治区、直辖市人民政府的土地行政主管部门提出土地征收的书面申请。建设用地申请依法经批准后，需用地人可以提出征收申请。

第二十三条【申请材料】

申请人应向土地行政主管部门提供以下材料：

申请人情况介绍；

拟征收土地的坐落与范围，并附图纸；

拟征收土地的用途；

拟征收土地符合土地征收规划的公共利益的证明；

拟征收土地涉及的集体土地权利人的总体情况；

土地征收补偿方案与安置的初步方案；

土地征收时间表；

土地行政主管部门认为有必要提供的其他材料；

申请人认为有必要提交的其他材料。

因成片开发建设需要征地的，应当提交拟征收土地符合土地利用总体规划确定的城镇建设用地范围的证明材料。

第二十四条【申请材料补正】

申请人按照本法第十九条规定提供相关材料的，土地行政主管部门应当受理；欠缺必需材料的，土地行政主管部门应当要求申请人补正；申请人不愿补正或无法补正的，土地行政主管部门不得受理。

第二十五条【征收申请审核内容】

土地行政主管部门收到需用地人的申请后，应审查以下内容：

项目是否已经取得项目主管部门的批准；

征收目的是否符合本法第三条规定的公共利益情形；

征收计划是否符合城乡规划、土地利用总体规划和年度利用计划；

补偿方案是否合理；

主管部门认为应该审查的其他事项。

第二十六条【征收申请审核程序】

土地主管部门应当在收到征收申请人递交的材料后三十日内完成前条第二款规定的审查，并作出有关决定送同级行政主管部门，同时抄送申请人；作出不同意征收决定的应说明理由。

同级行政主管部门应当在收到土地主管部门决定书起十日内根据土地主管部门作出的决定和本部门的审查作出是否同意启动征收程序的决定送申请人，并同时抄送同级土地主管部门；不同意启动征收程序的应说明理由。

同级行政主管部门不同意启动征收程序，或未按照本法规定的时限作出决定的，申请人可以分别向上一级土地主管部门申请行政复议；负责审核征收申请的部门为国务院土地主管部门的，应申请国务院裁决。但不得向人民法院提起诉讼。

第二十七条【征收申请审核】

对建设项目可行性进行研究论证时，就建设用地有关事项应当提交自然资源主管部门审查，自然资源主管部门可根据土地利用总体规划、土地利用年度计划和建设用地标准进行审查，并提出意见。

第二十八条【农用地转用】

公益事业项目建设占用土地，涉及农用地转为建设用地的，应当于征收申请提出前，依照法律规定办理农用地转用审批手续。

第二十九条【征收公告】

省、自治区、直辖市人民政府的土地行政主管部门应当在受理土地征收申请的十五日内进行公告和通知。公告应包括以下内容：

征收申请人及其提出的征收目的；

征收的选址、范围；

补偿方案。

公告应当在政府网站和拟征收土地所在行政区域内公开出版发行的媒体上公布，同时应在拟征收土地所在地张贴公布。土地管理部门还应在拟征收土地所在地的基层政府安排专人接受集体土地权利人的咨询。

前款公告期限为三十日。

第三十条【公告效力】

自前条公告发布之日起，除于公告前因继承、行政强制执行或人民法院判决而取得所有权或他项权利，并于征收决定公告期间截止前申请登记者外，不得分割、合并、移转被征收财产，并不得在被征收财产上设定负担等对事业实施造成明显障碍的行为。

对于土地性状的改变，如果已经获得征收申请人的同意，或者基于灾害的防止等其他正当理由有必要改变土地的性状时，集体土地权利人作出的上述行为可被允许；但对于其他被征收人作出的任何增加被征收财产价值的行为，在确定征收补偿数额时，不予考量。

第三十一条【征收公共利益异议】

在公告期内，集体土地权利人及社会公众对土地征收申请符合土地规划和公共利益无异议的，土地行政主管部门对土地征收事项进行合法性审查和批准。在规定期限内，有任何人有异议的，可以向土地行政主管部门组织申请举行公开听证会。

土地行政主管部门应对前款异议进行审查，认为有关征收目的的异议成立的，应当终止征收；对于其他异议，应在征收申请审查时予以考虑，并将处理结果书面通知异议人并说明理由，异议人对处理结果不服的，可以申请公开听证。

第三十二条【听证】

前款听证涉及征收目的的，土地行政主管部门应当在公告截止后十日之内组织听证会。

举行听证会应进行公告与通知。听证会应于公告与通知后十五日内完成。

第三十三条【补偿方案异议】

集体土地权利人对征收申请人提出的补偿和安置方案无异议的，则按照该方案进行补偿与安置；有异议的，可在公告与通知程序结束后起三十日内，提交书面异议，请求举行听证会；若异议人数超过土地行政主管部门认定的被征收人与征收关系人总数的百分之五，则必须召开听证会。

第三十四条【听证程序】

公开听证会主持人由土地行政主管部门选任，异议人认为主持人与该征收事项有直接利害关系的，有权申请回避。

公开听证会的双方当事人为土地征收申请人与集体土地权利人代表。当事人有权聘请专家和律师。双方当事人享有平等的程序权利，有权就征收的公共利益目的进行阐述和辩论，并提供相关材料。

听证会代表出全国人大代表或省、自治区、直辖市的人大代表、土地政策、经济、法律领域的专家和律师等构成。代表人的资格应得到双方当事人的认可。

第三十五条【笔录效力】

听证应制作笔录，听证笔录应当由听证参与人确认无误后签字或者盖章，并提交土地行政主管部门，作为判定土地征收是否符合公共利益标准的审查材料。

第三十六条【异议后征收决定的作出】

听证表决结果认为该征收方案符合公共利益的，且申请人与权利人之间也就补偿方案达成一致意见的，土地行政主管部门即可决定启动征收程序；听证结果认定征收方案不符合公共利益的，土地行政主管部门应驳回征收申请。若仅对补偿方案存有异议的，则应待申请人与权利人就补偿方案达成一致后，方可启动征收程序。

第四章　土地执行程序

第三十七条【权利登记】

征收机关应当组织对被征收财产的所有权和他项权利登记，以征收决定公告之日土地登记部门登记簿的记载为准。征收机关有权向相关财产权人进行询问，必要时可要求查阅相关资料，财产权人应当予以配合。

根据前款规定，在登记期间没有登记记载，但依法可以确认的权利人，可以在征收决定公告期间内向土地行政主管部门申请权利备案。

第三十八条【进入调查】

土地行政主管部门审查征收申请时，为确认土地等征收标的的物理状况和权属状况，有权会同征收申请人进入土地等征收标的内进行调查、勘测。依照法定程序进入征收标的内调查、勘测的，有关财产权人不得拒绝。

进入征收标的进行调查、勘测等活动的，应当于开始七日前通知其所有权人、占有人、使用人或管理人。

对征收标的的调查、勘测活动，应当以损害最小的合理方式进行。因调查、勘测活动给所有权人或使用权人造成的损失，征收申请人应先给予补偿；补偿价额由征收申请人与土地权利人协商，协商不成的，由土地行政主管部门裁决。

第三十九条【先行议价购买】

征收决定公告发布后，需用地人应当先向被征收人发出议价购买要约，请求以平等协商的方式通过签订合同取得征收标的。

被征收人不同意与需用地人协商或者协商不成的，且需要确认被征收标的价值的，由需用地人和被征收人共同委托具有相同资质的资产评估机构评估。

第四十条【评估机构的选择】

需用地人与被征收人无法就资产评估机构的选择达成一致意见的，由土地行政主管部门在资产评估机构名单中随机选择。

前款规定的资产评估机构名单的制定与选定办法由相关土地行政主管部门规定。

第四十一条【评估监督】

被征收人认为资产评估机构的评估过程存在违法情形或结果不公正的，或需用地人有证据证明资产评估机构在评估过程中存在违法情形的，可以申请土地行政主管部门参照前条规定的方式选定资产评估机构进行重新评估。

因评估机构存在违法情形导致的费用损失，由导致评估违法发生的一方承担；双方都有过错的，应由双方平均分摊；双方对违法情形均不存在过错，或者土地行政主管部门认为结果公正或不存在违法情形的，由申请重新评估的一方承担费用。

第四十二条【评估监督】

被征收人认为土地行政主管部门在选定资产评估机构或者土地行

政主管部门选定的资产评估机构评估存在违法情形的，或者需用地人有证据证明上述违法情形的，可以向被征收财产所在地基层人民法院起诉，请求人民法院指定资产评估机构重新评估。

人民法院应当对评估结果进行审查，并根据评估结果裁定被征收财产价值；需用地人或被征收人对裁定不服的，可以向中级人民法院起诉。

基层人民法院作出的裁决生效或者中级人民法院作出裁定后，被征收财产价值以裁定为准。

第四十三条【征收补偿费专户预存】

征收批准机关应当设立征收补偿费专户。在征收请求人提出正式征收申请时，征收批准机关应当要求征收请求人将评估的征收补偿费等费用全额存入该专户。征收请求人请求提供担保而不全额存入的，征收批准机关不得受理征收申请。

征收申请人未依法足额预存征收补偿费，征收批准机关受理征收申请并作出批准决定的，批准决定无效。

第四十四条【征收的物权变动效果】

征收批准决定生效后，征收人取得征收标的的相关权利；但因征收补偿费未足额预存导致征收批准决定无效的，不发生物权变动效果。

在补偿安置方案实施完毕前，被征收人、征收关系人有权继续占有、使用、收益征收标的，有权拒绝征收人交出征收标的的请求。

第五章　土地征收补偿

第四十五条【公平、合理补偿原则】

征收土地应当给予公平、合理的补偿，使其具备重新取得与征收所致财产损失同等或类似地位的财产的能力，保障被征地农民原有生活水平不降低、长远生计有保障。

第四十六条【征收补偿范围】

土地征收补偿的范围应包括给土地的所有人及关系人造成的直接损失和间接损失。

被征收土地为耕地的，直接损失的补偿费用包括土地补偿费、安置补助费以及地上附着物和青苗的补偿费；被征收土地为宅基地的，直接损失的费用包括土地补偿费、农村村民住宅的补偿费用；征收其他土地的土地补偿费和安置补助费标准，由省、自治区、直辖市参照征收耕地的土地补偿费和安置补助费的标准规定。

土地征收的间接损失包括下列情形：

集体土地权利人对土地追加的生产性长久投资；

集体土地权利人重新就业必要的生产技能培训费用；

集体土地权利人子女额外的教育支出；

部分征收集体土地导致的剩余土地价值的减损；

集体土地权利人迁移产生的费用支出；

因征收导致的被征收土地上物件的移转费用；

其他因土地征收产生的客观的现实的间接损失。

第四十七条【区片综合地价标准】

征收农用地的土地补偿费、安置补助费标准由省、自治区、直辖市制定区片综合地价确定。制定区片综合地价应当综合考虑土地原用途、土地资源条件、土地产值、安置人口、区位、供求关系以及经济社会发展水平等因素，并根据社会、经济发展水平适时调整。

第四十八条【征收补偿的其他确定标准】

征收农村村民住宅的，应当按照先补偿后搬迁、居住条件有改善的原则，尊重农村村民意愿，采取重新安排宅基地建房、提供安置房或者货币补偿等方式给予公平合理补偿，保障其居住权和农村村民合法的住房财产权益。具体办法由省、自治区、直辖市制定。

市、县人民政府应当将被征地农民纳入相应的养老保障体系。被征地农民的社会保障费用主要用于符合条件的被征地农民的养老保险等社会保险缴费补贴。

征收农用地以外的其他土地、地上附着物和青苗等的补偿标准以及被征地农民社会保障费用的筹集、管理和使用办法，由省、自治区、直辖市制定。

第四十九条【补偿方式】

土地征收以货币补偿为主要补偿方式，也可通过分配安置地、提供技术与就业机会等非货币方式补偿；但被征收人要求以货币补偿的，应当以货币方式补偿。

第五十条【补偿确定的时间节点】

土地征收补偿数额的计算日一般为国务院或省、自治区、直辖市人民政府作出土地征收决定当日，但在征收决定作出之前被征收财产因征收决定产生价值变化的，应当相应地扣除或增加征收补偿的数额。

土地征收补偿不包含因征收所致的价值变动。

第五十一条【补偿最低标准】

征收农村土地的补偿不得低于以下标准：

支付给土地所有权人的土地补偿费不得低于该土地被征收前三年平均年产值的三十倍，或者根据区片综合地价计算的标准；

支付给土地承包经营权人的土地补偿费不得低于该土地被征收前三年平均产值乘以承包期限的剩余年限；

宅基地使用权、建设用地使用权补偿费为取得相同面积和性质的宅基地或建设用地应支付的费用，并直接支付给宅基地使用权人或建设用地使用权人；

其他土地附着物补偿费按征收决定公告时该土地附着物市场价值计算，该土地附着物以出产成熟孳息产生收益的，按成熟孳息的市场价计算；

根据《中华人民共和国土地管理法》第四十八条，因征收农村土地需要安置农业人口的，应为需要安置的农业人口缴纳城市基本养老保险、城镇居民医疗保险；并参照失业保险标准发放失业保险金。

第五十二条【集体经营性建设用地上附着物征收补偿】

按照国家规定，征收可自由流转的集体经营性建设用地上的建筑物、构筑物及其他土地附着物，以可流转范围内的市场价值确定补偿标准，其市场价参照本法第四十七条的规定确定。

第五十三条【剩余土地征收的请求权】

因征收或使用属于同一集体土地所有人的一片土地中的部分土地，导致按照原来的目的继续利用土地变得非常困难的，土地所有人可以请求全部征收。

对于根据前款规定提出征收请求的土地所有权以外的权利，可以考虑附近同类土地上权利的交易价格确定征收补偿。

第五十四条【安置补偿协议】

需用地人一般应在被征收财产价值确定后十五日内与被征收人达成安置补偿协议，并在土地征收实施之前完成补偿与安置。

被征收人应于达成安置补偿协议后十五日内向土地行政主管部门申请发放补偿款或其他形式的补偿。

第五十五条【集体组织公布补偿费收支】

集体经济组织应当根据《村集体经济组织财务公开暂行规定》第五条以及《中华人民共和国土地管理法》第四十九条的规定，向集体组织成员公布土地征收补偿费的收支状况。

第五十六条【补偿款分配】

集体经济组织取得补偿款之日起十五日内，由村委会起草集体组织成员补偿款分配方案草案，并保证被征地农民获得土地补偿款的比例不得少于土地补偿款总额的百分之七十。补偿款分配草案应当包括以下内容：

集体经济组织在土地征收中所获补偿款总额；

集体经济组织与成员之间的具体分配比例；

集体经济组织成员之外的他项权利人应当获得的补偿数额；

集体经济组织预存金额的用途预算；

参与分配的集体经济组织成员的范围；

分配标准；

分配的日程安排；

分配的组织、实施与监督规则；

其他应当载明的内容。

第五十七条【表决规则】

分配草案完成后，应召开村民大会表决通过分配方案，集体经济组织成员之外的他项权利人可以列席村民大会。

村民大会应由十八周岁以上的村民过半数参加，或者有本村三分之二以上的户的代表参加，所作决定应当经到会人员的三分之二以上多数通过；但与被征收土地有直接利害关系的集体成员必须参加。

不能以法定多数通过的，应由村委会根据村民的意见对草案进行修改，并依据前款规定再次召集村民大会进行表决。

第五十八条【补偿分配异议】

补偿方案一经村民大会表决通过，即在方案所规定的期限内完成对村民的补偿。对补偿分配有异议的，可向人民法院提起诉讼。

第六章　权利救济

第五十九条【征收决定监督】

人民检察院行使土地征收监督权。

土地行政主管部门滥用土地征收决定权和执行权，损害公共利益和社会利益的，人民检察院应代表国家对其提起行政公益诉讼。

土地征收主管部门及其工作人员在行使土地征收决定权和执行权过程中有犯罪行为的，人民检察院依法对单位或个人提起刑事公诉，依法追究其刑事责任。

第六十条【司法救济范围】

土地征收当事人在以下情况可向人民法院提起行政诉讼：

集体土地权利人认为土地征收不符合人大制定的土地征收规划或公共利益的；

集体土地权利人与土地征收申请人对土地行政主管部门决定的补偿安置方案不服的；

集体土地权利人认为土地征收或补偿与安置违反法定程序，造成损害的。

人民法院在受理行政诉讼后，具体行政行为应当停止执行。

法院认定土地征收程序违法的，应当责令被申请人在一定期限内重新作出具体行政行为；认为补偿确实显失公平的，应当责令被申请人改正或直接予以改正；认定补偿确实显失公平的，应当责令被申请人改正或直接予以改正。

第六十一条【征收决定司法救济】

被征收人认为征收不符合公共利益而向人民法院提起行政诉讼的，主要包括以下情形：

举行听证后，仍认为征收决定不符合公共利益的；

征收决定违反城乡规划、土地利用总体规划、土地利用年度计划的；

征收决定的批准程序违反本法规定的程序。

征收决定批准机关应对征收决定的作出负说明义务。

第六十二条【征收决定司法审查内容】

集体土地权利人可以向人民法院提起行政诉讼，人民法院就以下土地征收申请裁量过程的内容进行审查：

是否有本来最应当重视的要素和内容而没有充分重视；

是否评价了本来不应加以考虑的事项；

是否有本来不应过大评价而过度重视的事项。

法院认定存在上述情形，可裁定征收决定因超越裁量权而违法无效；也可对征收事项重新评估作出同意征收或者不同意征收的司法决定，或者责令土地行政主管部门在一定期限内重新作出审查决定。

第六十三条【程序违法行政救济】

土地征收违反土地征收规划或者违反法定程序的，集体土地权利人可依法向省、自治区、直辖市人民政府提起行政复议。行政复议机关认为土地征收程序违法的，应当责令被申请人在一定期限内重新作出具体行政行为。

第六十四条【补偿显失公平行政救济】

国家作为征收申请人征收土地的，被征收人认为征收补偿方案显失公平的，可以向省、自治区、直辖市人民政府提起行政复议。行政复议机关认为补偿确实显失公平的，应当责令被申请人改正或直接予以改正。

第六十五条【补偿和安置不当行政救济】

土地征收补偿及安置违法或者不当的，集体土地权利人可依法向省、自治区、直辖市人民政府提起行政复议。行政复议机关认为补偿或安置违法或者不当的，可以责令申请人在一定期限内履行法定职责。

第六十六条【行政复议】

行政复议机关受理行政复议后，具体行政行为应当停止执行。

第六十七条【公共监督】

社会团体和公众认为土地征收违法，侵害公共利益和社会利益，而人民检察院未向人民法院提起诉讼的，可以向人民法院提起行政公益诉讼。

第七章　法律责任

第六十八条【征收批准机关的法律责任】

违反本法规定，征收批准机关有下列行为之一的，对直接负责的主管人员和其他直接责任人员，依法给予行政处分；造成损失的，依法承担赔偿责任；构成犯罪的，依法追究刑事责任：

违反本法规定作出无效征收批准决定的；

强迫当事人之间达成征收标的的权利移转协议的；

作出的公共利益目的认定裁决被人民法院依法撤销的；

作出的征收补偿安置裁决被人民法院依法撤销的。

第六十九条【征收实施机关的法律责任】

行使土地征收权的国家机关及其工作人员有以下行为的，依法追究其行政责任以及刑事责任：

未在法定期限内履行职责，致使公共利益或集体土地权利人利益受损的；

隐瞒或虚构事实，致使土地征收决策失误的；

滥用土地征收权，造成土地资源浪费的；

滥用土地征收权，致使公共利益或者集体土地权利人利益受损的；

故意降低土地征收补偿标准，谋取个人利益的；

其他未依法行使土地征收程序，造成国家、集体或个人损失的。

第七十条【暴力征收搬迁的法律责任】

违反法律规定，采取暴力、胁迫以及其他违法手段实施征收搬迁，构成犯罪的，依法追究刑事责任。

第七十一条【集体组织分配中的法律责任】

集体组织负责人在土地征收补偿款分配过程中有以下行为的，依法追究其民事责任或刑事责任：

侵占、挪用、截留土地征收补偿款的；

土地征收补偿款分配显失公平的；

无法律依据剥夺集体组织成员补偿款分配权利的。

集体组织成员对侵害自身合法权益的行为，可依法提起民事诉讼，也可向司法机关进行检举。

第七十二条【强制执行】

集体组织及其成员在土地征收依法启动后，拒绝搬迁的，土地征收权人可申请人民法院强制执行；情节严重的，由公安机关依法给予治安处罚；构成犯罪的，依法追究其刑事责任。

第八章　附则

第七十三条【实施条例的适用】

本法施行之日尚未完成的土地征收的补偿与安置标准参照本法执行。

第七十四条【施行时间】

本法自某年某月某日起施行。